Dictionnaire amoureux de la République

Du même auteur

Essais historiques

La Justice au XIXe siècle. Les Magistrats, Perrin, 1980

La Justice au XIXe siècle. Les Républiques des avocats, Perrin, 1984

Les Oubliés de la République, Fayard, 2008 (prix Agrippa-d'Aubigné 2008)

Les Dynasties républicaines, Fayard, 2009

En tête à tête avec de Gaulle (illustrations de Philippe Lorin), Gründ, 2010

En tête à tète avec les présidents de la République (illustrations de Philippe Lorin), Gründ, 2012

Ces femmes qui ont réveillé la France (avec Valérie Bochenek), Fayard, 2013

Nos illustres inconnus : ces oubliés qui ont fait la France, Albin Michel, 2018

Essais politiques

Les Idées constitutionnelles du général de Gaulle, Librairie générale de droit et de jurisprudence, 1974, rééd. 2015 (prix Edmond-Michelet 1974)

Le Pouvoir politique, Seghers, 1976

Le Gaullisme (avec Michel Debré), Plon, 1978

En mon for intérieur, JC Lattès, 1997

Le gaullisme n'est pas une nostalgie, Robert Laffont, 1999

La Laïcité à l'école, un principe républicain à réaffirmer, Odile Jacob, 2004

(suite en fin d'ouvrage)

Jean-Louis Debré

Dictionnaire amoureux de la République

Dessins d'Alain Bouldouyre

L'ABEILLE
PLON

Cet ouvrage est paru initialement dans la collection « Dictionnaire amoureux » fondée par Jean-Claude Simoën

92, avenue de France
75013 Paris
Tél. : 01 44 16 09 00
Fax : 01 44 16 09 01
www.plon.fr
www.lisez.com

Dépôt légal : janvier 2022
ISBN : 978-2-259-31036-9
ISSN : 2727-8360
Mise en pages : Nord Compo

À Camille Gabrielle, Aurèle,
Vivienne, Margaux, Lila-Marianne

« Il n'y a pas de hasard,
Il n'y a que des rendez-vous. »
Paul Eluard

Avant-propos

Nous n'avons que trop tendance à résumer l'histoire de notre pays à quelques grandes dates symboliques, à quelques conquêtes politiques ou sociales fortes.

Cette théâtralisation et cette sélection de l'histoire sont probablement nécessaires tant il est vrai que celle-ci s'incarne dans des personnages et dans le verbe. Mais elle ne saurait tenir lieu de viatique pour comprendre l'évolution des nations et les mutations des sociétés. L'histoire ne se résume pas à l'événement. Si on veut l'analyser et l'appréhender à sa juste mesure, il convient de resituer le spectaculaire dans ce que Marc Bloch appelait le « temps long ».

Les Républiques se succèdent de mère en fille, comme les rois de père en fils, note avec humour Gaston Bonheur, même si pour la France ce ne fut pas toujours l'exacte réalité.

La France a hérité de cinq Républiques :

La première, du 22 septembre 1792 au 18 mai 1804. Elle est la conséquence de l'onde de choc de la Révolution, de la fuite et de l'arrestation de Louis XVI à Varennes le 21 juin 1791, de l'insurrection parisienne du 10 août 1792. Elle n'a pas été formellement proclamée, c'est la royauté qui a été abolie. Elle existait déjà de fait. Elle a connu trois formes de gouvernement :

— La Convention nationale, du 22 septembre 1792 jusqu'au 26 octobre 1795, qui promulgue ses actes au « nom de la République française ». La réalité du pouvoir est aux mains d'un Comité de salut public. Cette période est marquée par la dictature de Robespierre et la « Terreur » qu'il fit régner.

— Le Directoire, du 26 octobre 1795 (4 brumaire an IV) au 9 novembre 1799 (18 brumaire an VIII). Pour éviter les risques d'un retour à une dictature personnelle comme celle de Robespierre, la Constitution de l'an III (22 août 1795) institue une rigoureuse séparation des pouvoirs. Elle divise chacun de ces pouvoirs entre plusieurs corps ou individus. Les députés, élus selon un régime censitaire, pour trois ans, sont renouvelés par tiers chaque année. Les députés forment alors, par tirage au sort, le Conseil des Cinq-Cents et celui des Anciens. Les Cinq-Cents ont seuls l'initiative des lois que les Anciens ne peuvent qu'approuver sans amendement ou rejeter.

Le pouvoir exécutif est confié à un Directoire de cinq membres élus par les Anciens sur une liste de dix candidats présentée par les Cinq-Cents. Renouvelable par cinquième, tous les ans, ce Directoire ne peut dissoudre les Conseils.

— Le Consulat, de 1799 à 1804, issu du coup d'État du 18 brumaire an VIII, qui renverse le Directoire. Avec la Constitution du 22 frimaire an VIII s'installe un régime politique autoritaire dirigé par trois consuls (Bonaparte, Cambacérès et Lebrun), en réalité par le seul Premier consul Bonaparte. Le Consulat a duré jusqu'au 18 mai 1804 (28 floréal an XII). Peu à peu, Napoléon Bonaparte prend tous les pouvoirs en devenant consul à vie en 1802.

Le 18 mai 1804, une nouvelle Constitution fait de la France un empire. Le 2 décembre 1804, Napoléon Bonaparte est sacré empereur par le pape Pie VII et devient Napoléon Ier. Une autre histoire débute sans la République.

La IIe République (1848-1852) prend la suite de la monarchie, après l'élimination des Bourbons.

Louis XVIII, le frère cadet de Louis XVI, qui est revenu en France lors de la Restauration qui suit la chute de Napoléon, est renversé durant les Cent-Jours, puis s'installe de nouveau au pouvoir après la bataille de Waterloo. Charles X lui succède. Il sera le dernier Bourbon à avoir régné en France.

À la suite de la révolution de 1830, Louis-Philippe d'Orléans devient « roi des Français » et non plus roi de France.

Le 24 février 1848, la France se débarrasse de la monarchie, la République est proclamée à Paris, elle dure jusqu'à l'avènement de Louis Napoléon Bonaparte comme empereur le 2 décembre 1852, amorcé – jour pour jour l'année précédente – par un coup d'État.

La République qui a renoué avec l'histoire de la France s'abandonne, hélas, en 1852 dans les bras de Napoléon III.

L'instauration, pour la première fois, du suffrage universel masculin et l'abolition de l'esclavage dans les colonies françaises sont à porter à son crédit.

La France qui a expérimenté, en quatre-vingts ans, sept régimes politiques – trois monarchies constitutionnelles, deux Républiques (pendant douze et quatre ans) et deux empires –, renoue avec la République, la IIIe, le 4 septembre 1870. Cet héritage politique et institutionnel chaotique explique pourquoi l'Assemblée nationale met neuf ans, de 1870 à 1879, pour renoncer officiellement à la royauté et proposer une troisième Constitution républicaine.

Texte de compromis, les lois constitutionnelles de 1875 établissent une République parlementaire de type bicaméral. Marqués par le renversement en 1851 de la République par son premier président élu, les républicains n'accordent, dans la pratique, au chef de l'État qu'un rôle représentatif. Mais le bilan de la IIIe République (1870-1940) est important en dépit d'une désespérante instabilité ministérielle, 104 gouvernements entre 1871 et 1940 : lois sur l'instruction, séparation des Églises et de l'État, droit de grève, liberté d'association et de réunion... illustrent notamment son bilan.

Le 10 juillet 1940, l'Assemblée nationale, réunie à Vichy, vote une loi constitutionnelle en vue de rédiger une nouvelle Constitution et délègue les pleins pouvoirs à Pétain. Le lendemain, le 11, Pétain se nomme lui-même « chef de l'État français », mettant *de facto* un terme à la IIIe République. Le même jour, le général de Gaulle, pour qui le régime de Vichy est « illégitime, nul et non avenu », forme le gouvernement de la France libre.

Instituée après la libération de la France, la IVe République (1946-1958) est entrée en vigueur le 24 décembre 1946.

Le 21 octobre 1945, les Français et les Françaises désignent les députés, et le même jour décident de confier à ces nouveaux élus la mission d'élaborer une nouvelle Constitution pour remplacer les lois constitutionnelles de 1875.

Le 5 mai 1946, est soumis à référendum le projet de Constitution, condamné notamment par de Gaulle : il est rejeté par 53 % des suffrages exprimés.

Une nouvelle Assemblée constituante est élue le 2 juin 1946. Elle prépare et adopte un projet Constitution le 29 septembre 1946, qui est approuvée, par référendum le 13 octobre suivant, malgré l'opposition du général de Gaulle.

Elle est le fruit d'un compromis entre les trois principaux partis politiques : SFIO (Section française de l'Internationale ouvrière), MRP (Mouvement républicain populaire) et PC (Parti communiste).

L'une des principales préoccupations des élus du MRP, ce qui explique l'approbation qu'ils donnent à ce projet après avoir critiqué le premier, a été de ne pas rompre avec les socialistes et, ainsi, isoler les communistes. En votant ce projet, ils affirment que c'est pour « sortir du provisoire » et qu'il conviendra ultérieurement de réviser cette nouvelle Constitution.

Empêtrées dans un régime institutionnel où « tous les pouvoirs procèdent et dépendent des partis politiques », pour reprendre la déclaration du général de Gaulle du 1er novembre 1946, les nouvelles institutions n'ont pas mis fin à cette instabilité gouvernementale (24 gouvernements entre 1947 et 1958) qui avait pourtant été dénoncée depuis longtemps comme une source de l'impuissance de l'État.

Le bilan de la IVe République n'est pas cependant totalement négatif. La France connaît pendant onze ans un indéniable redressement économique, grâce à l'aide américaine (plan Marshall), à la croissance économique mondiale, mais aussi du fait d'une démographie positive. La consommation est à la hausse, et les ménages modernisent leurs équipements.

Mais cette instabilité gouvernementale rend impossible la poursuite d'une politique étrangère cohérente et indépendante. Certes, la construction européenne prend son essor avec la création du Marché commun (traité de Rome, 1957).

Néanmoins, à l'égard des colonies, la IVe République marque son incapacité à comprendre la réalité de l'aspiration des pays sous tutelle française à plus d'autonomie, voire d'indépendance.

La Constitution de 1946 a bien remplacé l'Empire colonial par l'Union française, mais cela ne change pas grand-chose au sort des peuples colonisés.

Cet immobilisme de la France favorise les premières émeutes pour l'indépendance, à Sétif en Algérie en 1945, puis à Madagascar en 1947. En Indochine, c'est à une véritable guerre que doit se livrer la France, contre le Việt-Minh d'Hô Chi Minh qui a proclamé l'indépendance en 1945. La défaite de Diên Biên Phu en 1954 oblige la France à abandonner ce pays dans les pires conditions pour elle et son image internationale.

En Afrique du Nord, si la Tunisie et le Maroc obtiennent leur indépendance en 1956, il n'en va pas de même pour l'Algérie, peuplée d'un million d'Européens. Face à l'insurrection lancée par le FLN en 1954, la France renforce ses effectifs militaires, s'enlise dans une guerre douloureuse et révèle l'impuissance des politiques à trouver les chemins de la paix.

La crise de mai 1958, déclenchée par le putsch d'Alger mené par quelques généraux et une fraction de l'armée, conduit le président de la République, René Coty, à faire appel au général de Gaulle pour former le gouvernement.

Investi dans les fonctions de président du Conseil le 1er juin 1958, de Gaulle obtient du Parlement, deux jours plus tard, l'autorisation de préparer une nouvelle Constitution.

Tandis que celle de 1946 avait été élaborée par une Assemblée constituante élue à cet effet, la Constitution de 1958 est rédigée sous l'autorité du garde des Sceaux, Michel Debré. Approuvé par le gouvernement, le projet est alors, le 28 septembre 1958, soumis par référendum au peuple français qui l'adopte à 79,25 % des votants. Il devient la Constitution du 4 octobre 1958. La Ve République est née.

*

En France, plus personne, aujourd'hui, ne conteste vraiment la République comme devant être le régime politique.

Mais la République a pu revêtir des tuniques différentes.

Les historiens ont évoqué la République des ducs, celle des camarades, des comités, des avocats, des instituteurs, des professeurs… celle des fonctionnaires et aujourd'hui des énarques.

La République est qualifiée de jacobine, ailleurs de girondine, ou de montagnarde… La voici aussi opportuniste, radicale, socialiste, conservatrice…

Alors comment définir la République ?

La réponse, pour beaucoup d'entre nous, est simple : c'est la liberté, l'égalité, la fraternité, notre devise nationale. Pour d'autres, selon la définition d'Abraham Lincoln, c'est : « Le gouvernement du peuple, par le peuple, pour le peuple. »

Jean-Jacques Rousseau, dans *Du contrat social*, la définit comme « tout État régi par des lois, sous quelque forme d'administration que ce puisse être ; car alors seulement l'intérêt public gouverne, et la chose publique est quelque chose. Tout gouvernement légitime est républicain ».

Certes, nul ne conteste qu'elle ne saurait exister en dehors du suffrage universel direct. La légitimité à gouverner vient du peuple, c'est lui qui confère ou délègue ce droit à ses représentants pour un temps déterminé.

Mais des divergences peuvent apparaître sur l'âge, les conditions et capacités à être citoyen français.

Cela dit, la citoyenneté se résume-t-elle à des conditions juridiques ?

Dans un État de droit, la citoyenneté se définit par des critères juridiques. La loi fixe les règles qui fondent la citoyenneté et les droits qui s'y attachent.

Cependant, être citoyen français, n'est-ce pas aussi partager ce qu'Ernest Renan appelle « un rêve d'avenir », une volonté de vivre ensemble, une espérance commune, dont l'exigence de liberté fait intégralement partie ?

L'impératif d'égalité est inhérent à la République, à la recherche de la fraternité, c'est-à-dire la solidarité.

L'affirmation de ces principes, de liberté, d'égalité et de fraternité, sont au cœur du pacte républicain, mais des nuances, des divergences apparaissent vite quant à leur contenu.

La liberté, certes, mais d'abord l'ordre public, affirment certains. Comment garantir à chacun sa liberté, si la paix, la sécurité ne sont pas des réalités ?

Mais est-il concevable de porter atteinte à ces libertés individuelles au nom de l'intérêt général ?

L'État est-il une menace pour les libertés ?

Cette thèse de la nécessité d'un État fort a été défendue par ces républicains qui estiment que, sans un État capable d'imposer le respect des lois, il n'y a pas de liberté individuelle ou collective. Celles-ci meurent de l'absence d'État ou de son incapacité à assumer ses responsabilités. Il n'y aurait pas de République sans autorité, sans la primauté de l'intérêt général sur les revendications individuelles.

Le souci d'égalité, la recherche de fraternité ne posent pas de problème sur leurs principes, mais l'histoire témoigne qu'ils opposèrent les républicains libéraux, radicaux, socialistes.

Il y a toujours eu en France au sein des républicains des conservateurs, des libéraux ou des progressistes.

La République, pour certains, ce sont des institutions, un régime politique où l'État se doit d'intervenir le moins possible dans le fonctionnement de l'économie, de se borner à corriger les injustices sociales, de garantir la liberté et la paix publique.

Avec de nombreuses variantes, pour d'autres, au contraire, l'État républicain se doit d'être surtout le promoteur, le garant des libertés individuelles et collectives, de l'égalité sociale. Il lui revient la mission de corriger les inégalités et de les prévenir.

Connaître l'histoire de la République, le cheminement de l'idée républicaine, c'est se confronter à notre histoire, la comprendre, la juger pour donner un sens à notre vie collective et politique. « Il n'y a pas de meilleur moyen de [...] découvrir ce que peuvent les passions et les intérêts, les temps et les conjonctures, les bons et les mauvais conseils », affirmait déjà Bossuet.

*

La République, c'est notre ambition, notre idéal, notre bien commun. Il faut l'aimer.

Ce dictionnaire, parce qu'il est précisément amoureux, est personnel et incomplet.

J'aime la République et les républicains. J'ai fait des choix. Ils peuvent surprendre, être contestés. Je les assume.

A

Abolition

Elle est belle, la République, quand elle abolit l'esclavage.

J'ai été fier des représentants de la République quand ils ont voté, le 18 septembre 1981, l'abolition de la peine de mort.

Longtemps présentée comme une garantie de sécurité pour la société et la réparation nécessaire aux crimes les plus graves, il faut attendre, en France, la fin du XVIIIe siècle pour que certains commencent à s'interroger sur le bien-fondé de la peine de mort.

Voltaire, dans son *Traité sur la tolérance*, dénonce avec force le recours à la peine de mort.

Dès 1791, le rapporteur du code pénal, Le Peletier de Saint-Fargeau, dépose une motion d'abolition. Robespierre l'accepte, mais uniquement pour les crimes de droit commun.

Le 26 octobre 1795, la Convention nationale abolit la peine capitale, mais seulement « à dater du jour de la publication de la paix générale ». Avec l'arrivée de Napoléon Bonaparte, la peine de mort, qui n'a en fait pas été abolie, est rétablie le 12 février 1810, dans le Code pénal impérial français, qui prévoit 39 cas d'application dont : l'assassinat, le meurtre, l'attentat, l'incendie volontaire, le faux monnayage, la trahison, la désertion.

Napoléon la considère indispensable pour réprimer les crimes qui portent atteinte au nouvel ordre social.

Sous la Restauration, Joseph de Maistre, porte-parole des légitimistes, fait de la peine de mort la clé de voûte de la société.

Le débat ressurgit en 1830, mais c'est le gouvernement provisoire la IIe République, les 26 au 29 février 1848, qui abolit par décret la peine de mort en matière politique. Cette législation sera de courte durée, l'insurrection de juin 1848 est noyée dans le sang, et la nouvelle Assemblée nationale rétablit la peine de mort, sauf en matière politique.

La même année, Lamartine et Victor Hugo s'engagent pour sa suppression totale.

Le 15 septembre 1848, c'est Victor Hugo qui, du haut de la tribune de l'Assemblée, s'adresse en vain avec gravité à ses collègues :

> « Messieurs, une Constitution, et surtout une constitution faite par la France et pour la France, est nécessairement un pas dans la civilisation. Si elle n'est point un pas dans la civilisation, elle n'est rien.
>
> Eh bien, songez-y, qu'est-ce que la peine de mort ? La peine de mort est le signe spécial et éternel de la barbarie. Partout où la peine de mort est prodiguée, la barbarie domine ; partout où la peine de mort est rare, la civilisation règne.
>
> Messieurs, ce sont là des faits incontestables. L'adoucissement de la pénalité est un grand et sérieux progrès.

Le XVIIIe siècle, c'est là une partie de sa gloire, a aboli la torture ; le XIXe siècle abolira la peine de mort.

Vous ne l'abolirez pas peut-être aujourd'hui ; mais, n'en doutez pas, demain vous l'abolirez, ou vos successeurs l'aboliront.

Vous écrivez en tête du préambule de votre Constitution "En présence de Dieu", et vous commenceriez par lui dérober, à ce Dieu, ce droit qui n'appartient qu'à Lui, le droit de vie et de mort.

Messieurs, il y a trois choses qui sont à Dieu et qui n'appartiennent pas à l'homme, l'irrévocable, l'irréparable, l'indissoluble. Malheur à l'homme s'il les introduit dans ses lois ! Tôt ou tard elles font plier la société sous leur poids, elles dérangent l'équilibre nécessaire des lois et des mœurs, elles ôtent à la justice humaine ses proportions ; et alors il arrive ceci, réfléchissez-y, messieurs, que la loi épouvante la conscience.

Je suis monté à cette tribune pour vous dire un seul mot, un mot décisif, selon moi ; ce mot, le voici. Après février, le peuple eut une grande pensée, le lendemain du jour où il avait brûlé le trône, il voulut brûler l'échafaud. Ceux qui agissaient sur son esprit alors ne furent pas, je le regrette profondément, à la hauteur de son grand cœur. On l'empêcha d'exécuter cette idée sublime.

Eh bien, dans le premier article de la Constitution que vous votez, vous venez de consacrer la première pensée du peuple, vous avez renversé le trône. Maintenant consacrez l'autre, renversez l'échafaud.

Je vote l'abolition pure, simple et définitive de la peine de mort. »

Les parlementaires de la IIIe République ouvrent de nouveau le débat à la suite d'une proposition de loi de Joseph Reinach et d'un projet du gouvernement Clemenceau, accepté par le président Fallières qui use systématiquement de son droit de grâce depuis le début de son septennat. Mais la Chambre des députés, en 1908, en décide autrement.

Aristide Briand, garde des Sceaux du gouvernement Georges Clemenceau, soumet aux députés un projet de loi visant à abolir la peine de mort. Malgré l'appui de Jean Jaurès, qui s'oppose à Maurice Barrès, ce projet est repoussé le 8 décembre 1908 par 330 voix contre 201.

Écoutons la voix de Jaurès s'écrier : « La peine de mort est contraire à ce que l'humanité depuis deux mille ans a pensé de plus haut et rêvé de plus noble. Elle est contraire à la fois à l'esprit du christianisme et à l'esprit de la Révolution. »

Comme si les abolitionnistes avaient renoncé, le temps a passé, et cette question de l'abolition n'a pas ressurgi dans nos enceintes parlementaires.

Depuis le début de la Ve République, plus d'une dizaine de propositions de loi tendant à abolir la peine de mort sont déposées sans succès par des députés. En 1978, lors de la discussion du budget de la justice, les députés abolitionnistes reviennent à la charge mais, faute de majorité, ils n'aboutissent pas à ce qu'elle soit votée.

« Dans ma conscience profonde, qui rejoint celle des Églises, [...] la totalité des grandes associations humanitaires, internationales et nationales, je suis contre la peine de mort », déclare le 16 mars 1981, François Mitterrand, alors candidat à la présidence de la République.

À son accession à l'Élysée, François Mitterrand nomme Robert Badinter, garde des Sceaux, ministre de la Justice, et le charge de faire voter par le

Parlement un projet de loi portant abolition totale de la peine de mort.

Robert Badinter dont le père, Simon Badinter, du fait de ses origines juives, fut arrêté par les Allemands à Lyon en 1943, et ne revint pas du camp d'extermination de Sobibór en Pologne, s'engage avec talent et conviction dans ce combat.

Comment oublier son discours à l'Assemblée nationale, le 17 septembre 1981 ?

« La France est grande, non seulement par sa puissance, mais au-delà de sa puissance, par l'éclat des idées, des causes, de la générosité qui l'ont emporté aux moments privilégiés de son histoire.

La France est grande parce qu'elle a été la première en Europe à abolir la torture malgré les esprits précautionneux qui, dans le pays, s'exclamaient à l'époque que, sans la torture, la justice française serait désarmée, que, sans la torture, les bons sujets seraient livrés aux scélérats.

La France a été parmi les premiers pays du monde à abolir l'esclavage, ce crime qui déshonore encore l'humanité.

Il se trouve que la France aura été, en dépit de tant d'efforts courageux, l'un des derniers pays, presque le dernier – et je baisse la voix pour le dire – en Europe occidentale, dont elle a été si souvent le foyer et le pôle, à abolir la peine de mort. [...]

Cette justice d'élimination, cette justice d'angoisse et de mort, décidée avec sa marge de hasard, nous la refusons. Nous la refusons parce qu'elle est pour nous l'antijustice, parce qu'elle est la passion et la peur triomphant de la raison et de l'humanité. [...]

Demain, grâce à vous, la justice française ne sera plus une justice qui tue. [...] »

À l'Assemblée nationale, les députés votent à une large majorité, 363 voix contre 117, l'abolition de la peine de mort. Au Sénat, ce n'est que par 160 voix contre 126 qu'ils l'adoptent.

Jacques Chirac alors, avec 15 autres députés de l'opposition, vote cette abolition.

À l'époque, juge d'instruction à Paris, j'ai pris position publiquement en ce sens.

Plus tard j'ai suivi Chirac lorsqu'il décida, en 2007, de rendre inconstitutionnelle toute loi qui proposerait de revenir sur cette abolition. Et de nouveau fier des parlementaires de la République qui, réunis en congrès à Versailles, ont approuvé par 828 voix contre 26 cette réforme de la Constitution pour consacrer l'inconstitutionnalité de la peine de mort.

Amendement

Pour un député ou un sénateur, la possibilité d'amender une loi est un droit inhérent à sa fonction. Le Conseil constitutionnel veille au respect de la faculté, pour un parlementaire, de modifier, corriger, compléter, supprimer une disposition législative.

Lors de l'examen du projet de loi sur l'énergie, en septembre 2006, l'opposition de l'époque avait déposé 137 449 amendements.

S'ils avaient tous été examinés, cela aurait nécessité, à raison de cinq minutes par amendement, plus de onze mille heures de débat. L'Assemblée nationale, pour en venir à bout, aurait dû siéger vingt-quatre heures sur vingt-quatre pendant quatre cent soixante dix-sept jours et, au rythme normal des séances parlementaires, huit ans et quatre-vingts jours.

Face à ce détournement de procédure, il m'a fallu, j'étais alors président de l'Assemblée nationale, trouver un moyen de dénoncer cette absurde tactique de blocage du débat, de faire « tomber », comme on dit dans le jargon parlementaire, la plupart de ces amendements destinés à paralyser le débat.

J'ai auparavant fait photographier les piles de papier nécessaire pour imprimer ces amendements et les distribuer aux députés, afin de montrer publiquement que tout cela déconsidérait les initiateurs de cette mascarade.

La majorité devenue depuis l'opposition a repris la technique d'obstruction de ses opposants, celle qu'elle critiquait hier. Ce sont ces derniers, maintenant, qui dénoncent ce détournement du droit d'amendement.

Deux chiffres pour mesurer cette inflation d'amendements : lors de la session parlementaire 2000-2001, à l'Assemblée nationale étaient déposés 7 821 amendements ; en 2012-2013, on atteignait le chiffre de 32 545. Et cela ne s'est pas arrêté depuis. En juillet 2016, quelque 1 100 amendements ont été déposés pour l'examen en seconde lecture de la loi travail. Il y en avait 5 000 pour la première lecture.

Cette avalanche d'amendements aujourd'hui, souvent, n'a plus comme but d'améliorer la rédaction du projet de loi mais l'ambition d'en retarder le vote, de créer ou de faire durer une agitation politique, de contraindre le gouvernement à capituler ou à utiliser la procédure du vote bloqué.

Ces jeux politiques doivent être pratiqués avec modération, ils risquent d'alimenter l'antiparlementarisme.

Arago

Belle dynastie républicaine pour laquelle j'ai toujours eu une grande sympathie.

Commençons le défilé de cette famille, originaire du petit village d'Estagel dans les Pyrénées-Orientales, par le père, François Bonaventure (1754-1814). Très vite il adhère aux idées humanistes des philosophes des Lumières telles qu'elles s'expriment en 1789 et les transmet à ses fils François et Étienne.

Il participe à la rédaction des cahiers de doléances de la commune d'Estagel dont il était le représentant à l'assemblée provinciale. Il dénonce les privilèges de certains. En 1790, il est désigné comme maire, puis élu comme juge de paix. Il devient en 1792 membre du directoire départemental. Prudent, il ne cache toutefois pas que son souhait va vers l'instauration d'une monarchie constitutionnelle. Mais, au fur et à mesure du temps et des événements, il s'affirme plus ouvertement républicain.

Son fils François (1786-1853), le plus connu des Arago, après une brillante scolarité à Perpignan, intègre l'École polytechnique.

La contestation des idées reçues ne fait pas peur à ces jeunes scientifiques à qui on enseigne la nécessité de l'esprit critique. On y est volontiers libéral. Ainsi, avec ses camarades étudiants, il refuse de signer le message d'hommage que les corps constitués doivent adresser à Napoléon lorsqu'il devient empereur.

C'est en 1830 que la politique lui donne un véritable rendez-vous.

À l'Académie des sciences dont il est membre, il doit rendre hommage à la mémoire du physicien Augustin Fresnel qui vient de décéder et en profite pour critiquer le régime et le non-respect de la charte de 1814. Ses propos ne passent pas inaperçus dans la France qui s'apprête à changer de souverain et à remplacer les Bourbons par les Orléans.

Louis-Philippe finit par dissoudre la Chambre des députés, et François Arago se présente en ce début de juillet 1831, aux élections à Perpignan, où il est élu au premier tour, et à Paris, au second.

Dans l'hémicycle, il s'installe à gauche, aux côtés des républicains. Il s'avance vers la République avec prudence. Il affirme en 1834, dans sa profession de foi – ce n'est pas très courageux, mais habile peut-être et efficace probablement : « Pour ceux qui, comme moi, reconnaissent la souveraineté nationale, il y a une règle : la volonté du pays. Le pays, aujourd'hui

[...] ne veut pas de République : donc, je ne suis pas républicain. »

En 1844, il déclare toujours que « le gouvernement constitutionnel, monarchique et héréditaire est [...] le seul qui puisse prendre racine en France et y fructifier ». Les élections d'août 1846 sont difficiles pour lui. Il n'est élu que dans un des trois arrondissements de Perpignan où il se présentait.

Sa prudence politique lui permet, à la veille de 1848, de bénéficier dans les milieux politiques de sympathies multiples.

Les orléanistes apprécient sa modération, son faible empressement à défendre la République. Il n'inquiète pas trop les légitimistes. Les bonapartistes n'oublient pas qu'il a été décoré de la Légion d'honneur pendant les Cent-Jours.

Les républicains, dans les rangs desquels œuvrent son frère Étienne et son fils Emmanuel, lui sauront gré de ses positions publiques en faveur du principe du suffrage universel. Les plus extrémistes d'entre eux se retrouvent dans son combat pour la justice, l'égalité sociale... Il incarne pour certains l'ordre, pour d'autres la réforme. Tous voient en lui un modéré qui allie le respect de la tradition et l'exigence de la modernité.

François Arago, cela explique peut-être sa prudence vis-à-vis de la République, considère que l'instauration du suffrage universel prime sur le choix de la nature du régime politique. Il estime d'ailleurs que la monarchie est compatible avec le suffrage universel. C'est loin d'être une idée admise par l'ensemble des républicains. De même, il ne fait pas l'unanimité lorsqu'il affirme que l'instauration du suffrage universel est un préalable nécessaire aux réformes sociales.

En dépit des oppositions ou réticences qu'il suscite, François Arago, par sa modération, son autorité parmi les scientifiques, rassure la majorité des républicains et libéraux, il est l'homme de la situation en ce début 1848 où le pouvoir orléaniste vacille.

Scandales, maladresses politiques, compromissions, manifestations, répressions… contraignent Louis-Philippe à abdiquer en faveur de son petit-fils. Mais il est déjà trop tard pour sauver une monarchie qui s'est discréditée.

Devant la foule des manifestants qui a envahi le Palais-Bourbon, Lamartine fait approuver la constitution d'un gouvernement provisoire dont Arago fait partie.

Cette République, il l'accepte avec une certaine appréhension, mais le respect qu'il porte à la volonté du peuple explique qu'il signe, avec les autres membres du gouvernement, non pas une proclamation de la République mais la promesse de consulter le peuple pour savoir s'il la désire.

Néanmoins l'autorité des dirigeants peine à s'imposer. Les revendications sociales s'expriment sur la place publique où les manifestations ouvrières et politiques sont pratiquement quotidiennes. L'exercice du pouvoir ne s'improvise pas. La Commission exécutive hésite, tergiverse, transmet une impression de pathétique inefficacité et de dramatique impuissance.

Du 23 au 26 juin, à la suite de la fermeture des Ateliers nationaux, les manifestations des ouvriers prennent un tour dramatique. On dénombrera plusieurs milliers de morts. Finalement, l'Assemblée met fin le 28 juin au pouvoir de la Commission.

François Arago quitte le pouvoir déçu, probablement amer, sûrement blessé par l'ingratitude exprimée à son égard. On avait eu besoin de lui, de son autorité, de sa notoriété, de sa modération pour rassurer sur la République. Lui, il l'avait finalement cru possible, l'avait servie. Elle ne voulait plus de lui, l'écartait du pouvoir… Dures lois de la politique.

La politique va prendre un autre Arago, Étienne (1802-1892). Seize ans le séparent de son frère François. La République est son idéal, la motivation de son engagement politique pour elle sans ambiguïté.

Dès 1822, il a alors vingt ans, il tente, sans y parvenir, de se joindre aux républicains de Naples, qui ont entrepris de renverser le régime des Bourbons. Il participe aussi à l'évasion de « Carbonari » emprisonnés à la prison de Perpignan. Il assiste, le 21 septembre 1822, à La Rochelle, à l'exécution de quatre sergents condamnés à mort pour appartenance à la « Charbonnerie », à laquelle il a adhéré dès l'âge de dix-huit ans, à l'instigation de Godefroy Cavaignac. C'est d'ailleurs au sein de la franc-maçonnerie qu'Étienne noue des relations et s'intègre à un réseau d'entraide fraternelle qui lui sera très utile.

Lorsque les prémices des manifestations de juillet 1830 apparaissent, Étienne Arago s'active fiévreusement pour qu'elles se transforment en un véritable soulèvement pour contraindre Charles X à abandonner les Tuileries.

Étienne Arago espère la République et n'obtient que la monarchie de Juillet.

La France change de roi, mais pas de politique. L'expression d'opinions critiques à l'égard du pouvoir est toujours réprimée. De la révolution de Juillet à octobre 1832, le gouvernement fait saisir 281 journaux. Les juridictions rendent 251 jugements ou arrêts du chef de délits d'opinion. 86 responsables de presse sont condamnés dont 41 à Paris.

Conséquence, la contestation politique, loin de cesser, s'amplifie. Les associations révolutionnaires et républicaines ne désarment pas pour autant. Étienne Arago s'active au sein de plusieurs associations d'obédience républicaine. Il y retrouve Barbès, Blanqui, Flocon, Ledru-Rollin, Cabet… Il ne manque jamais une occasion de diffuser la propagande républicaine. Il participe en 1834 à l'évasion de républicains incarcérés à la prison parisienne Sainte-Pélagie.

En 1846, le voici membre du comité de direction de *La Réforme*. Ce journal républicain a pour ambition de sensibiliser ses lecteurs aux questions sociales, sur le droit au travail. Il milite pour le suffrage universel, prône un enseignement public, gratuit, laïque et obligatoire pour le primaire, refuse toute idée de compromis avec le pouvoir.

Dès le début des manifestations de février 1848, Étienne Arago, de barricade en barricade, encourage les manifestants, harangue la foule, incite les badauds à rejoindre les insurgés. Il prend la tête des cortèges, affronte les forces de l'ordre aux Tuileries et au Palais-Royal.

Professionnel de l'agitation politique, il sait que l'issue d'une révolution dépend souvent du contrôle que l'on exerce sur les forces de l'ordre et les moyens de communication. Ainsi, dès le 24 février, au moment où d'autres négocient âprement la composition du gouvernement provisoire et la maîtrise du pouvoir politique, Étienne Arago, accompagné de quelques camarades, s'introduit de force dans le bureau du directeur général des Postes, le destitue et prend sa place. Sans perdre de temps, il s'ingénie à faire partir des malles-poste pour répandre dans toute la France la nouvelle du soulèvement du peuple de Paris.

Arago se révèle un maître dans l'art de la communication, de la propagande politique. Il apparaît comme un manipulateur efficace. Il fait diffuser une description de la réalité parisienne sans toujours dire l'exacte vérité. Il oriente, interprète, minimise ou amplifie certains faits. « Il faut que partout vous portiez cette pensée : que la République est inattaquable ; que Paris est unanime dans son adhésion ; que c'est un enthousiasme général et que cet enthousiasme est partagé par toutes les populations que vous aurez parcourues », telles sont ses instructions aux postiers.

Depuis les débuts de son engagement actif pour la République, Étienne Arago est tiraillé entre deux pôles : ses amis politiques, moins modérés que son frère François… devenu républicain.

À partir de février 1848, François fait partie du gouvernement provisoire et représente le pouvoir. Étienne est donc placé au pied du mur. Pas plus avant les élections à la Constituante qu'après il ne voudra, en dépit de l'incompréhension de ses anciens amis, notamment Cabet, se séparer de François. Ce frère qui l'a aidé, qu'il admire, qui lui a servi de père.

Lors des élections à la Constituante, Étienne Arago affronte le suffrage universel dans le département des Pyrénées-Orientales où il retrouve son frère François et Emmanuel Arago, son neveu. Les trois Arago sont élus et siègent ensemble à la Constituante. Étienne et Emmanuel prennent place à l'extrême gauche. Ils laissent François s'asseoir sur les bancs de la gauche modérée.

L'opposition d'Étienne Arago à Louis Napoléon Bonaparte, élu président de la République, est instantanée. Il pressent que la logique politique du nouveau régime ne peut pas être libérale.

Ayant renoncé à se présenter aux législatives de mai 1849, il n'en continue pas moins d'animer la contestation de Louis Napoléon.

La manifestation du 13 juin est durement réprimée. Le pouvoir est fort. Étienne Arago s'enfuit, se cache et s'exile à Bruxelles puis se réfugie à Londres.

Poursuivi en France pour complot, attentat, excitation à la guerre civile, il est condamné par contumace à la déportation dans une enceinte fortifiée, à la perte de ses droits civiques et à la saisie de ses biens.

Ne se plaisant pas à Londres, il regagne la Belgique. Il est assigné à résidence à Spa, puis à Bruxelles. Il y retrouve de nombreux exilés comme lui, et non des moindres : Raspail, Barbès, Dupont de Bussac, ancien avocat de Barbès, l'éditeur Hetzel, Edgar Quinet, Victor Considerant, le journaliste Émile de Girardin… Il y a même Alexandre Dumas qui a surtout fui ses créanciers.

Avec les exilés français, qui arrivent nombreux, notamment après le coup d'État du 2 décembre 1851, il met en place, avec son ami Émile Labrousse, une « Commission d'assistance fraternelle », dont le but est d'aider les proscrits de l'Empire.

Irrémédiablement critique à l'égard du régime impérial, il publie en 1853, sous un prête-nom vite démasqué par la police, un poème en cinq chants intitulé « Le deux décembre ».

Ce pamphlet très sévère à l'égard de Napoléon III lui vaut d'être expulsé de Belgique. Il gagne la Hollande, Genève, Annecy, qui fait alors partie du royaume de Piémont-Sardaigne, et enfin Turin. Partout il est sous la surveillance vigilante des polices. Il ne peut s'empêcher de prendre contact avec les républicains et libéraux locaux et soutenir leurs combats politiques. Arago espère une fin rapide du régime impérial qui lui permette de regagner la France.

Ce souhait est exaucé le 15 août 1859, Napoléon III proclamant une amnistie pour tous les proscrits. Après dix ans d'exil, Étienne Arago retrouve enfin le sol national.

Étienne Arago se tient, un temps, en dehors de la politique mais conserve des liens avec les proscrits qui n'ont pas voulu rentrer en France en 1859, notamment avec Barbès. Il va d'ailleurs lui rendre plusieurs visites, en juin 1870, à la veille de sa mort, en Hollande où il s'est retiré.

Avec les prémices de la chute du régime impérial, Étienne Arago retrouve ses réflexes de contestataires. Il rejoint un groupe de vieux républicains et de députés qui se réunissent régulièrement à Paris, rue de La Sourdière, chez Crémieux. Il y retrouve les principales « notabilités » républicaines : Jules Favre, Léon Gambetta, Jules Simon, Eugène Pelletan, Ernest Picard… mais aussi parfois Blanqui, Delescluze…

Fin août et début septembre, il passe des longs moments à l'Assemblée, dans la tribune réservée aux anciens députés, dans la salle des Quatre Colonnes ou des Pas perdus, il discute avec les journalistes. Le 4 septembre, il est à l'Assemblée, avec Charles Ferry, le frère cadet de Jules, lorsqu'elle est envahie par les manifestants.

Jules Favre les incite à se rendre à l'hôtel de ville de Paris pour y proclamer la République. Étienne se joint au cortège des députés et des manifestants. Il est reconnu, des cris « Vive Étienne Arago ! » fusent à plusieurs reprises.

À l'Hôtel de Ville, Gambetta propose de nommer Étienne Arago maire de Paris. Emmanuel Arago, son neveu, lui remet l'écharpe tricolore.

Le nouveau maire de Paris se met à la tâche dans un climat d'agitation permanente, d'excitation, de rivalités politiques exacerbées par certains agitateurs d'extrême gauche, dans une ville menacée d'encerclement par les troupes prussiennes. Il nomme les maires d'arrondissement dont Clemenceau dans le XVIIIe, tente de régler les problèmes d'approvisionnement, et surtout d'hygiène.

Les manifestations sur la place de l'Hôtel-de-Ville sont quotidiennes. Très souvent, on frôle l'insurrection, notamment en octobre 1870. Tout est en permanence l'objet de contestation d'une foule manipulée et inquiète. Il fait voter avec Blanqui une motion réclamant « la Commune et la loi martiale ».

Le 31 octobre est connu, à Paris la capitulation de Bazaine trois jours plus tôt, la colère des républicains est d'autant plus grande qu'elle s'ajoute aux échecs des tentatives du général Trochu pour desserrer l'étau des Prussiens sur Paris.

Les manifestants sont de plus en plus excités place de l'Hôtel-de-Ville. Ils réclament des élections. Étienne Arago n'arrive pas à les calmer, il est pris à partie. Il menace de démissionner. Des membres du gouvernement sont séquestrés. Étienne Arago hésite – pour certains panique –, il annonce des élections municipales dont le gouvernement avait seulement, et pour gagner du temps, accepté le principe.

Le 6 novembre, des élections municipales ont lieu dans les arrondissements. Le gouvernement souhaite en rester là et éviter que le maire de Paris ne soit également élu. Mais Arago estime qu'il ne peut présider une assemblée de maires élus. Il démissionne le 15 novembre. Il est remplacé par Jules Ferry qui cumule les fonctions de délégué à la préfecture de la Seine et de délégué du gouvernement à l'Hôtel de Ville. Ainsi se termine sa vie politique au service de la République.

Le 15 novembre 1870, il sera bien élu à l'Assemblée nationale par les Pyrénées-Orientales, mais démissionne sans y siéger. Il a été nommé, à titre de reconnaissance, comme envoyé extraordinaire en

Italie. Il sera par la suite désigné comme archiviste du musée du Luxembourg.

Il assiste alors à l'émergence sur la scène politique et républicaine d'un autre Arago, Emmanuel, le fils de son frère François.

Emmanuel Arago (1812-1896) choisit le barreau pour faire carrière et défendre ses idées républicaines, la liberté quand elle est agressée.

En 1837, il obtient l'acquittement d'étudiants suspectés d'avoir fait des propositions subversives à des militaires. Il ne peut empêcher, en mai 1838, Aloys Huber d'être condamné pour complot républicain contre Louis-Philippe. Mais sa plaidoirie est courageuse. Il s'écrie : « Est-il un crime que de penser que la république est une forme de gouvernement préférable à la royauté ? Ah, s'il en était ainsi, sortez d'ici ! Tenez vos assises au milieu du Champ-de-Mars : la place n'y sera pas trop large pour juger les coupables. » Ces propos lancés à des magistrats suspectés d'être souvent trop complaisants à l'égard du pouvoir du roi impressionnent les milieux républicains.

En 1839, il est le défenseur de Barbès et, plus tard, en 1841, il assiste Ledru-Rollin dans le prétoire de la cour d'assises d'Angers.

En 1848, il prend une part active lors des journées qui entraînent le départ de Louis-Philippe. Hostile au principe même d'une régence, c'est lui qui, du balcon de l'Hôtel de Ville, proclame la déchéance de la monarchie.

Le gouvernement, dont son père François fait partie, l'envoie à Lyon comme commissaire du gouvernement provisoire de la République. Dès son installation le 28 février 1848, il fait naturellement célébrer la République, crée des Ateliers nationaux, préside au choix des nouveaux notables politiques, assume et exécute les décisions du gouvernement. Il décide de mettre fin à l'exposition publique des criminels et délinquants, la suppression des contributions indirectes, notamment sur le sel, l'abolition des titres de noblesse… Mais, surtout, il lui faut rétablir le calme.

Quand il arrive à Lyon, les « Voraces », comme on nomme les membres de cette « société » politique composée de canuts, ont installé le drapeau rouge un peu partout dans la ville. Ils se sont retranchés à la Croix-Rousse pour mieux dominer Lyon et imposer leur force. Ils sont déterminés et exigent de la République une révolution sociale.

Face à cette exigence, Arago entend d'abord enrayer la fuite des capitaux. Aussi décide-t-il qu'« aucune somme en numéraire au-dessus de 500 francs ne pourra sortir de Lyon sans un laissez-passer. Les espèces d'or et d'argent, dont la sortie serait tentée […] seront saisies et déposées dans des caisses publiques » et « en échange, pareilles sommes seront remises au contrevenant » en billets de banque.

Il institue un « impôt extraordinaire égal au chiffre des quatre contributions directes pour l'année 1848 […] exigible par moitié ». De même, il décide la perception d'une taxe « sur les capitalistes de Lyon et des communes suburbaines ».

L'illégalité de ces décisions est manifeste. Ce n'est pas à un représentant de l'État de décider la levée d'impôts.

En plus de cette fiscalité supplémentaire, Arago « invite tous les citoyens à verser immédiatement et par anticipation dans les caisses du Trésor ce qu'il reste à payer sur leurs contributions [...] tant ordinaires que temporaires ». Comme cela ne suffit pas, il fait saisir au nom du « salut public » 500 000 francs au Comptoir d'escompte de Lyon.

Ces mesures ne règlent pas durablement les problèmes du financement des Ateliers nationaux et ne calment pas la contestation. Elles incitent les « Voraces » à poursuivre leurs pressions sur Arago, à réclamer toujours plus. Les vols se développent chez les notables de la bourgeoisie lyonnaise. Les congrégations religieuses sont menacées. Les « Voraces », pour empêcher la concurrence, brûlent les métiers à tisser installés dans les communautés religieuses. Pour les « protéger », Arago expulse les Jésuites et les Capucins... Un peu plus tard, Arago ne veut pas empêcher des manifestants de fraterniser avec des soldats, il s'oppose au commandant qui dirige ces militaires...

De concession en concession, Arago permet aux meneurs révolutionnaires, qui ne trouvent de la part du représentant du pouvoir aucune résistance, à donner libre cours à ce qui fait leur raison d'être : l'agitation. Malgré les interventions de la garde nationale, l'insécurité est de plus en plus totale à Lyon, notamment quand l'information se répand que les agitateurs de la Croix-Rousse se sont emparés de 1 000 fusils en pillant un convoi destiné à l'Italie et qu'ils ont dérobé neuf pièces de canon, de grosses quantités de poudre et de cartouches entreposées dans le fort des Bernardines.

Cette première expérience de l'exercice du pouvoir est pour le moins difficile pour Emmanuel Arago.

Le 23 avril 1848, il est élu député à la Constituante. Il a posé sa candidature dans les Pyrénées-Orientales. Le scrutin de liste lui permet d'être élu en compagnie de son père et de son oncle, mais il participe peu aux travaux parlementaires.

Un mois plus tard, il est l'« envoyé extraordinaire et ministre plénipotentiaire » de la République française auprès du roi de Prusse. Dès que Louis Napoléon Bonaparte est élu président de la République, il donne sa démission de ce poste diplomatique. Il reprend sa place dans l'hémicycle de l'Assemblée au milieu des républicains.

Le 23 mars 1849, il s'élève avec véhémence contre les limitations que l'on veut porter au droit d'association et donc au droit de réunion. Il déclare que ces restrictions font courir un immense péril pour « nos libertés les plus chères » et que « c'est souscrire d'avance aux caprices de l'arbitraire ».

Il est réélu lors des élections du 13 mai 1849 et s'installe de nouveau dans le camp des opposants républicains. Il critique l'expédition de Rome et les lois qui portent atteinte aux libertés.

Au cours de la séance de l'Assemblée législative du 23 février 1850, il intervient lors de l'examen du projet de loi sur l'instruction publique. Il dénonce l'action de la Congrégation de Jésus en des termes très violents. Il s'écrie :

> « Quoique nés sur notre sol, dès qu'ils deviennent jésuites, ils ne sont plus français, ils ne sont que jésuites ; ils n'obéissent qu'au pape et au général de leur ordre, lequel habite Rome ; et les ordres qu'on leur envoie sont des ordres impérieux qu'ils devront accomplir,

fussent-ils dirigés, comme ils le seront top souvent […] contre la République. […] C'est donc pour que la liberté républicaine se répande dans tout ce pays, et pour que tous ses bienfaits profitent réellement à tous nos nationaux, que nous ne devons pas subir en France une association étrangère, qui vient créer un État dans l'État, et mettre les mains partout, se glisser en tous lieux. […] »

Avec l'établissement du Second Empire, il reprend le chemin des prétoires ; ils sont pour lui une tribune politique où, chaque fois qu'il le peut, il fustige le nouveau régime.

Ainsi en 1864, à Paris, à la 6e chambre du tribunal, il plaide lors du « procès des Treize ». Le 5 août comparaissent pour avoir fait partie d'une association non autorisée les républicains Garnier-Pagès, Carnot, Hérold, Floquet, Ferry, Jozon, Hérisson… procès politique intenté par le régime impérial qui entend réagir face à la montée de la contestation républicaine.

Pour assister les prévenus, le barreau républicain s'est mobilisé. Jules Favre, Marie, Grévy, Ernest Picard… et Emmanuel Arago qui défend Anne-Charles Hérisson sont là.

Ce procès a un grand retentissement dans l'opinion eu égard à la personnalité des prévenus et à la qualité de leurs avocats. Les plaidoiries sont des actes d'accusation contre la politique du régime. « Si vous condamnez, nous devrions nous voiler la face, et nous dire que la grande nation de 1789, la France de nos pères, si libre, si morale en 1848, est bien dégénérée », lance Emmanuel Arago aux juges. Lors d'un autre procès, en 1867, il s'écrie en plein prétoire :

« J'aime mieux ceux qui sont poursuivis que ceux qui vautrent leur liberté dans la fange. »

En compagnie de son jeune confrère Léon Gambetta, en 1868, il est avocat dans le procès dit Baudin.

Le 2 novembre 1868, des militants républicains rendent hommage à Alphonse Baudin autour de sa sépulture au cimetière de Montmartre. Ce représentant du peuple, le 3 décembre 1851, a été tué d'une balle dans la tête, lors d'une manifestation au faubourg Saint-Antoine, pour protester contre le coup d'État. Ils profitent de l'occasion pour rappeler son héroïque résistance, fustiger le régime de Napoléon III et lancer une souscription nationale pour l'érection d'un monument à la gloire de Baudin. Confronté au succès de cette initiative à laquelle Étienne et Emmanuel Arago versent 100 francs, le pouvoir prend peur et entame des poursuites pénales contre les organisateurs de la manifestation du cimetière et les initiateurs de la souscription.

Dès la convocation, le 6 novembre 1868, des inculpés chez le juge d'instruction, Emmanuel Arago et ses confrères Adolphe Crémieux et Clément Laurier lui font parvenir une note pour établir le mal-fondé des poursuites. Cette consultation juridique est très vite cosignée par une cinquantaine d'avocats, et elle est publiée dans les colonnes du journal républicain *L'Avenir*. Arago se demande publiquement si désormais il n'y a pas en France un « délit universel applicable à tous les actes déplaisants de la vie publique ».

Les magistrats ne font pas droit aux conclusions d'Arago et de ses confrères, et les inculpés comparaissent le 13 novembre devant les juges de la 6e chambre correctionnelle du tribunal de Paris.

Emmanuel Arago, le vieil Adolphe Crémieux, le jeune Gambetta… assurent la défense des prévenus. Lors de l'audience, en terminant sa plaidoirie, Emmanuel Arago s'écrie dans un prétoire envahi par un public attentif et passionné, que, condamner ceux qui ont voulu honorer Baudin, « c'est exciter à la haine et au mépris du gouvernement ».

La réputation d'Emmanuel Arago est alors très forte au sein du barreau républicain, qui apparaît de plus en plus en ces dernières années du Second Empire comme le refuge des valeurs libérales et républicaines. À côté de la vieille garde républicaine se dressent progressivement de jeunes avocats qui placent leur ambition et leur talent au service de la cause républicaine et pour lesquels le nom d'Arago est une référence.

C'est au barreau plus qu'au Corps législatif qu'Emmanuel Arago mène ce combat républicain. En effet élu en 1848 et réélu en 1849 dans les Pyrénées-Orientales, il y est battu en 1857. En 1869, il se présente dans son département d'origine et dans le Var. Il échoue aux deux endroits. Ce n'est qu'aux élections partielles du 22 novembre 1869, dans la 8e circonscription de la Seine, en remplacement de Jules Simon qui a opté pour la Gironde, qu'il arrive à retrouver le chemin de l'hémicycle du Corps législatif et les bancs de l'opposition de la Gauche républicaine. Tout de suite, il s'oppose au ministère d'Émile Ollivier et vote contre la déclaration de guerre à l'Allemagne.

C'est à ce moment-là qu'Emmanuel Arago décide de rejoindre les rangs de la maçonnerie. Le 26 août 1870, il est initié dans la loge « le Réveil maçonnique » du Rite écossais. Il va rapidement s'élever dans la hiérarchie maçonnique. Il sera plus tard « orateur » et, en 1878, « lieutenant grand commandeur du Suprême Conseil de France ». À la mort de Crémieux, Emmanuel Arago aurait dû lui succéder au poste de « souverain grand-commandeur », mais il refuse la fonction.

Cette appartenance d'Emmanuel Arago à la franc-maçonnerie n'est pas surprenante. Elle succède à celle d'Étienne Arago qui a été initié dès la Restauration dans la loge « les Amis de la Vérité ». L'appartenance maçonnique de François Arago a certes parfois été affirmée mais n'a jamais été prouvée.

Il est manifeste aussi que, dès le règne de Charles X, nombre d'« ateliers » du Grand Orient et du Rite écossais propagent des idées résolument libérales. Après avoir espéré la chute des Bourbons et généralement soutenu l'avènement de Louis-Philippe, les principaux républicains, à la fin de la monarchie de Juillet, se retrouvent dans les « ateliers » du Grand Orient et, dans une moindre mesure, dans ceux du Rite écossais, pour préparer les contours de la République qu'ils appellent de leurs vœux.

En 1870, sur les 12 membres du gouvernement de la Défense nationale, 7 sont francs-maçons. Crémieux, Jules Simon et Arago appartiennent au Rite écossais, Pelletan, Garnier-Pagès, Rochefort, Gambetta ont été initiés au Grand Orient.

Après la chute de l'Empire, Arago est, comme député de Paris, un des membres du gouvernement de la Défense nationale constitué à l'Hôtel de Ville de Paris le 4 septembre 1870. Ses fonctions ministérielles dureront six mois, période délicate marquée par le soulèvement des extrémistes parisiens du 31 octobre 1870. Séquestré par les émeutiers, il est libéré par la garde nationale.

Jules Favre, le 21 janvier 1871, entérine la défaite française et signe l'armistice. Gambetta, à Bordeaux, veut poursuivre la guerre. Le 4 février, Arago, Garnier-Pagès et Camille Pelletan sont à Bordeaux pour convaincre Gambetta d'accepter la défaite et de ne pas faire scission. Gambetta démissionne, et Arago le remplace à la tête du ministère de l'Intérieur.

Élu député des Pyrénées-Orientales, il s'inscrit au groupe de la Gauche républicaine qu'il préside. Il vote contre l'abrogation des lois d'exil frappant les Bourbons, intervient sur la situation des députés prisonniers de guerre, la question des poursuites en matière de délits commis par voie de presse... Il dépose plusieurs propositions de loi sur le mode de nomination et les conditions de capacité des magistrats.

Pour lui, la vraie cause « du mal que nous devons guérir » est « le régime arbitraire des nominations et de l'avancement des magistrats ». Il propose l'élection des juges. Il critique le principe du recrutement de la magistrature « par le choix arbitraire du pouvoir exécutif », mais aussi par la magistrature elle-même. « Les magistrats ne peuvent pas, dans le milieu où ils vivent, s'abstraire de leurs sentiments de famille, de leurs amitiés, de l'esprit de corps qui les anime tous », déclare-t-il en ajoutant : « Ils ne choisiront [...] que leurs proches et les proches de leurs collègues [...], ils constitueront de la sorte, en France, pays d'égalité, une classe à part, une caste, un ordre, l'ordre des magistrats [...]. »

Élu sénateur des Pyrénées-Orientales en 1876, Emmanuel Arago décède dans l'exercice de son mandat le 26 novembre 1896.

Arbre de la liberté

Quel magnifique symbole que l'arbre, surtout lorsqu'il est associé à la liberté.

L'arbre plonge ses racines au plus profond de la terre pour mieux s'élancer vers le ciel. Il est le lien qui relie la terre et le ciel, incarne la vie, une vie qui dépasse celle des hommes sur la terre. Il est la continuité, s'inscrit dans la durée.

L'arbre est un magnifique emblème religieux avant de devenir un symbole politique.

Dans la mythologie, l'olivier était consacré à Minerve, le myrte à Vénus, la vigne à Bacchus, le laurier à Apollon, le peuplier à Hercule, incarnation de la force. Le dieu des dieux, celui de la terre et du ciel, Jupiter, avait droit au chêne. Le figuier était destiné à Mars, le dieu de la guerre, le pin, arbre qui pousse au bord des océans, à Poséidon...

Dès les temps les plus anciens, pour rendre hommage à la nature, l'usage s'était établi, en mai, avec le retour du printemps, de planter un arbre à l'occasion d'une cérémonie festive.

Pour les révolutionnaires, il devient l'emblème de la liberté et doit entraîner l'homme vers cet idéal.

Selon *Le Moniteur universel* du 24 mai 1790, ce pourrait être les curés constitutionnels d'Hazebrouck dans le Nord ou de Saint-Gaudent, dans la Vienne, qui auraient planté les premiers chênes de la liberté.

Pour ce dernier, l'abbé Grégoire, dans son *Essai historique et patriotique sur les arbres de la liberté*, publié en « l'an II de la République française », nous livre le récit suivant : « En mai 1790, le jour de l'organisation de la municipalité, il fait arracher dans la forêt un chêneau de belle venue et le fait transporter sur la place du village, où les deux sexes réunis concourent à le planter ; il les harangue ensuite sur les avantages de la Révolution et de la liberté : "Au pied de cet arbre, dit-il, vous vous souviendrez que vous êtes français, et, dans votre vieillesse, vous rappellerez à vos enfants l'époque mémorable à laquelle vous l'avez planté." Alors, poursuit l'abbé Grégoire, tous les citoyens qui avaient des procès consentent, sur sa demande, à les terminer par arbitres ; ils s'accordent sur le choix, s'embrassent après avoir entendu leur sentence ; et les chants de l'allégresse terminent cette fête digne d'un peuple libre. »

Les plantations d'arbres de la liberté offraient l'occasion de cérémonies solennelles, souvent populaires. Ornés de fleurs, d'oriflammes, rubans tricolores, lampions et devises patriotiques, ces arbres servaient de stations comme les autels de la patrie aux processions et aux fêtes civiques.

L'abbé Grégoire plaide avec insistance pour que le chêne soit préféré, notamment au peuplier, pour l'arbre de la liberté.

Il est vrai que dans la mythologie le chêne tient une place essentielle. Abraham a reçu les révélations de Yahvé auprès de chênes de Mambré. Dans l'*Odyssée*, Ulysse vint consulter deux fois le feuillage du grand chêne de Zeus. La Toison d'or, gardée par un dragon, était suspendue à un chêne…

Plus tard, Jean de Joinville n'a-t-il pas représenté Louis IX, il n'est pas encore Saint Louis, rendant à Vincennes la justice sous un chêne ?

Dès le printemps 1792, les plantations d'arbres de la liberté se multiplient : la France, en guerre contre l'Autriche, est saisie d'un élan patriotique. La défense de la patrie se confond avec celle des conquêtes de la Révolution.

Selon un document conservé aux archives municipales de Tours, le futur député d'Indre-et-Loire à la Convention, Veau-Delaunay, rédige ces vers pour la plantation de l'arbre de la liberté le 17 juin 1792 :

Silence à vous voix mensongères
Qui flattiez l'orgueil des tyrans.
Cessez dans vos chants éphémères
De diviniser les brigands.
La Raison dissipe le songe,
L'univers enfin se réveille,
Les peuples vont prêter l'oreille
Aux accents de la Liberté.
[…]
Ô toi qui de tous es le père
Adoré sous cent noms divers
Être éternel et nécessaire
Qui seul anime l'univers
De la Liberté notre idole
Cet arbre est pour nous le symbole,

Protège-le contre les ans,
Que ton bras ne réduise en poudre
Que les fourbes et les tyrans.
Et nous que la loi seule enchaîne
Citoyens, frères égaux
Soyons à l'ombre de ce chêne
Non moins unis que ses rameaux.
Que sa force un jour soit l'image
De notre inflexible courage
Et maintenir la Liberté.
Que souvent son feuillage donne
Aux vertus l'auguste couronne
Des héros de l'humanité.

Symbole de liberté, cet arbre, planté au milieu des villes ou des villages, qui incarne l'idéal révolutionnaire, est de ce fait même une cible pour les opposants à la République.

En plusieurs endroits en France, les contre-révolutionnaires, déçus de la Révolution, et nostalgiques des régimes anciens, arrachent ces arbres, les coupent, les mutilent d'inscriptions ou même les arrosent d'acide pour les faire disparaître. Ces attentats, rapidement réprimés, donnent lieu contre leurs auteurs à des condamnations sévères, parfois à mort.

Au fil du temps et des événements politiques, l'arbre va demeurer ce symbole de liberté, de la lutte pour la liberté. Et les républicains vont perpétuer la tradition de planter un arbre : une occasion de mobiliser les opposants, de faire acte de foi en la République.

À Bourges, lors du premier anniversaire de la Révolution, le 27 juillet 1831, aux abords de la place Séraucourt, des républicains, dont l'avocat Louis-Chrysostome Michel, dit Michel de Bourges, plantèrent un arbre de la liberté. Le maire, opposé à cette manifestation trop républicaine, le fit arracher par les militaires qui, en même temps, dispersèrent les manifestants. Plusieurs personnes furent interpellées, une petite dizaine, dont Michel, incarcéré, après jugement, un mois au palais ducal qui était alors la prison de Bourges.

En 1848, réapparaissent ces manifestations au cours desquelles, en cortège, le peuple, parfois accompagné de notables, se rend sur la place du village ou à un lieu symbolique de la commune pour planter un arbre symbole de la liberté.

Gustave Flaubert, dans *Bouvard et Pécuchet*, décrit bien l'ambiance de ces manifestations :

> « Un tambour retentit, une croix d'argent se montra ; ensuite, parurent deux flambeaux que tenaient deux chantres, et M. le curé avec l'étole, le surplis, la chape

et la barrette. Quatre enfants de chœur l'escortaient, un cinquième portait le seau pour l'eau bénite, et le sacristain le suivait. Il monta sur le rebord de la fosse où se dressait le peuplier, garni de bandelettes tricolores. »

En Moselle, le 5 mars 1848, la commune de Coin-lès-Cuvry fut, semble-t-il, l'une des premières de ce département à planter un arbre de la liberté.

À Limoges, le 19 mars 1848, une foule importante parcourt la ville avant de planter, place de la République, ancienne place royale, un arbre.

À Toulouse, entre le 2 avril et la fin mai, 12 arbres furent plantés. Celui place Lucas le fut en présence des autorités civiles, du clergé paroissial qui bénit l'arbre et de l'abbé Carboy rappelant que, « il y a dix-huit siècles », le premier arbre planté fut la Croix.

À Chinon, en Touraine, le dimanche 2 avril 1848, la plantation d'un arbre de vingt mètres de haut eut lieu place de l'Hôtel-de-Ville, là où, au moment de la Révolution, en avait déjà été installé un.

Une foule nombreuse, venue de tout l'arrondissement, assistait, joyeuse, à cette cérémonie. Le canon grondait, les musiques de l'artillerie de Tours et de la garde nationale de Chinon jouaient « La Marseillaise » tandis que des cris : « Vive la liberté ! », « Vive la République ! » éclataient dans la foule.

Puis ce furent les discours.

« Le citoyen André Marchais, commissaire du gouvernement, prenait la parole : “Arbre des forêts, il y a soixante ans, nos pères plantaient à cette place même un de tes frères. Nos pères fondèrent la liberté, ils ont donné à ton frère le beau nom d'arbre de la liberté. Nous voulons, nous, fonder aussi l'égalité et la fraternité… Au nom du peuple souverain, je te consacre aujourd'hui arbre de liberté, d'égalité, de fraternité. Vive la République !"

Le citoyen Boisseau, vicaire de Saint-Étienne, prit ensuite la parole, puis l'arbre fut bénit solennellement par le clergé de Saint-Étienne et de Saint-Maurice réunis. Il fut suivi par des discours vibrants du citoyen Raveau, sous-commissaire de l'arrondissement, du citoyen Léon Joubert, maire de Chinon, du citoyen Michel Gillot, capitaine des Grenadiers, qui avait déjà vu planter au même endroit celui de 1790.

Entre ces discours, les élèves du lycée exécutèrent, en chœur, "Le Chant des Girondins", auxquels répondirent les airs républicains. […] L'hymne des travailleurs fut chanté par un de nos concitoyens et accueilli avec l'enthousiasme accoutumé. Puis commença autour de l'arbre, devant toutes les autorités réunies, le défilé des gardes nationales qui dura une heure. Les cultivateurs en blouses, vestes grises et chapeaux ronds, avec la cocarde nationale, brandissaient leurs armes en saluant le symbole de la République.

Les rangs rompus, une partie de la foule se transporta sur le champ de foire où avaient été préparés un mât de cocagne et des danses publiques. L'autre se dirigeait vers le quai où avaient été dressées les tables du banquet pour 800 convives ; une table au milieu pour les autorités et deux autres immenses tables parallèles, chacune pour 350 citoyens, des deux côtés du quai. Le ciel était par bonheur de la fête.

Différents toasts furent portés à la fin du banquet, à l'humanité, à l'émancipation des peuples, à la France républicaine, à la résurrection de la Pologne, à la fraternité universelle. […]

Un feu de joie eut lieu au champ de foire aussitôt après le banquet, et le soir tous les édifices publics et les maisons particulières furent illuminés[1]. [...] »

Écoutons Victor Hugo qui, le 2 mars 1848, s'exclame, place des Vosges à Paris, lors de la plantation d'un arbre de la liberté :

« C'est un beau et vrai symbole pour la liberté qu'un arbre ! La liberté a ses racines dans le cœur du peuple, comme l'arbre dans le cœur de la terre ; comme l'arbre, elle élève et déploie ses rameaux dans le ciel ; comme l'arbre, elle grandit sans cesse et couvre les générations de son ombre. Le premier arbre de la liberté a été planté, il y a dix-huit cents ans, par Dieu même sur le Golgotha. Le premier arbre de la liberté, c'est cette croix sur laquelle Jésus-Christ s'est offert en sacrifice pour la liberté, l'égalité et la fraternité du genre humain. »

Laissons parler George Sand qui, dans une lettre à Maurice, son fils, le 28 mars 1848, décrit l'ambiance de ces manifestations républicaines :

« Tous les jours et sur tous les points, on plante des arbres de la liberté. J'en ai rencontré 3 hier en diverses rues, des pins immenses, portés sur l'épaule de 50 ouvriers. En tête le tambour, le drapeau, et des bandes de ces beaux travailleurs de la terre, forts, graves, couronnés de feuillage, la bêche, la pioche ou la cognée sur l'épaule. »

---

1. Raymond Mauny, *Bulletin de la Société des amis du Vieux Chinon*, 1980.

À Metz, *L'Indépendant de la Moselle* du 10 avril 1848 rapporte :

« L'arbre, porté par une délégation d'ouvriers, fut amené au centre de la place Royale, devenue la place de la République, dont les côtés étaient bordés par la garde nationale et de nombreux détachements de la garnison. Les élèves du lycée et des autres établissements d'enseignement marchaient en tête du cortège, accompagnés de leurs professeurs, tandis que les autorités civiles suivaient l'arbre. Le curé de Saint-Martin fut prié de procéder à la bénédiction, puis successivement le curé de la paroisse, le maire de Metz et le commissaire général prononcèrent des discours. Le pasteur protestant et le rabbin avaient été conviés à la cérémonie. [...] »

À Bordeaux, le 25 avril 1848, c'est sur l'île du jardin public que l'on commémora la révolution de 1848 par la plantation d'un arbre de la liberté.

On se souvient alors du 23 septembre 1793, où le commissaire du peuple, Jean-Lambert Tallien, envoyé à Bordeaux par Robespierre pour réprimer les mouvements fédéralistes, avait créé une commission militaire qui ordonna l'arrestation de près de 5 000 personnes et prononça environ 300 condamnations à mort. Sa mission était aussi de favoriser la déchristianisation de Bordeaux. Il avait organisé une fête de la Raison et s'était exclamé : « Afin que l'arbre de la liberté jette de profondes racines, il faut que le pied en soit arrosé par le sang des fédéralistes et des aristocrates »... L'avenir lui donna raison... 302 citoyens y seront exécutés d'octobre 1793 à juillet 1794.

Deux jours plus tard, le 27 avril 1848, c'est le conseil municipal d'Évreux qui prend l'initiative, rue

Joséphine, en cœur de ville, d'en installer un. Moment festif, ressenti comme une volonté d'émancipation et de liberté.

Garnier-Pagès, dans *Histoire de la Révolution de 1848*, rapporte lui aussi le cérémonial et l'atmosphère qui entouraient ces plantations :

> « Les chants patriotiques, les cérémonies religieuses, les discours, la musique, la garde nationale, les acclamations, les fleurs, les rubans, des décharges d'armes à feu, la foule curieuse formaient un spectacle plein d'animation. »

Architecture

Existe-t-il une architecture républicaine ? Il est difficile de répondre avec certitude à cette interrogation. Mais je ne suis pas loin de le penser.

Certes, l'architecte est d'abord un artiste, c'est son talent qui s'imprime dans son œuvre. Mais il ne vit pas en dehors de son époque, il en est le reflet. Nombre de constructions de mairies, préfectures, palais de justice, écoles, vers les années 1890, sont marquées par une volonté de faire triompher la République, d'imposer son respect, par un style souvent comparable.

La IIIe République se caractérise ainsi par une intensive période de constructions de bâtiments publics et une volonté politique des dirigeants, maîtres d'œuvre, de glorifier la République, la liberté mais aussi l'autorité de l'État républicain.

« Sous le régime du suffrage universel, chaque citoyen, si obscur soit-il, peut être appelé à pénétrer dans ces municipalités, dont Mirabeau a dit qu'elles doivent être les écoles primaires de la liberté », écrit Charles Floquet dans la préface du livre de l'un de ses collaborateurs, sur la loi municipale.

La loi du 5 avril 1884 prévoit que toute ville doit avoir un « hôtel de ville », qui ne doit pas être la maison du maire, du secrétaire de mairie ou de l'instituteur. La mairie, appelée « maison commune » dans les campagnes, devient véritablement le centre de la vie civique locale.

Lieu de pouvoir, la mairie a une fonction républicaine essentielle. Elle est garante des libertés et de la citoyenneté.

Dans de nombreuses communes importantes, les mairies s'inscrivent dans la tradition architecturale des hôtels de ville de l'Ancien Régime. Celles édifiées ou reconstruites au XIXe siècle, dans les grandes villes, marquent, par le choix d'une architecture monumentale et de décors qui allient l'histoire locale et la République, une volonté politique d'affirmer, d'imposer la puissance de cette institution républicaine de proximité, parfois de contrebalancer le rayonnement architectural des cathédrales.

À Évreux, l'actuel hôtel de ville, édifié sur l'ancien château des comtes d'Évreux, inauguré le 25 avril 1895, après quatre années de travaux, a été conçu dans un style néoclassique, et l'édifice comporte quatre niveaux.

Sur le fronton, quatre stèles, œuvres du statuaire Albert-Ernest Miserey (1862-1938), résument les grandes étapes de la vie d'un citoyen : la naissance, le service militaire, le mariage et la mort.

À gauche et à droite de l'inscription « Hôtel de ville » sont représentés des animaux de la ferme, notamment des bœufs et des chevaux, image de la Normandie.

Au-dessus, les armes de la ville et les symboles républicains traditionnels : la prospérité (flambeau et corne d'abondance), une urne électorale et deux haches rappelant l'emblème des licteurs, chargés, sous la Rome antique républicaine, d'exécuter les décisions des magistrats.

La première pierre de l'imposant hôtel de ville de Tours fut posée par le président de la République Félix Faure le 24 mai 1896, et construit entre 1896 et 1904 par l'architecte tourangeau Victor Laloux (1850-1937).

Les thèmes iconographiques, éléments essentiels de l'édifice, Laloux les a conçus dans un but éducatif et moral cher à la IIIe République et au sénateur maire de Tours, Eugène Pic-Paris, membre au Sénat de la Gauche démocratique. Il s'agissait d'exalter les vertus patriotiques de la République et de vanter les richesses de la Touraine. Laloux a très bien traduit l'ambition du maire d'avoir un hôtel de ville monumental et richement décoré pour faire contrepoint à l'imposante basilique Saint-Martin.

À Roubaix, l'hôtel de ville, également œuvre de Victor Laloux, construit entre 1907 et 1911, marque avec force, au cœur de la ville, le pouvoir municipal et la glorification de la République.

Laloux, sous l'influence du maire Eugène Motte, patron des filatures Motte-Bossut, principale industrie roubaisienne, représente les différentes étapes du traitement de la laine et du coton.

Victor Laloux participe en 1884 au concours en vue de l'édification d'un monument à la gloire de Gambetta. Projet qu'il travaille avec son ami le sculpteur Antoine Injalbert (1845-1933) dont le *Buste de Marianne*, qu'il réalisera à l'occasion du centenaire de la Révolution française, en 1889, est un des plus répandus dans les mairies et les écoles françaises à la fin du XIXe et au début du XXe siècle. Leur projet ne sera pas retenu.

Bien des hôtels de préfecture témoignent aussi de cette volonté politique d'imposer la permanence et le respect de l'État républicain en province. Cette exigence politique avait d'ailleurs été celle de l'Empire, elle est reprise par la République.

L'impressionnante préfecture de Lyon, confiée à l'architecte Antonin Louvier, inaugurée le 18 août 1890, par sa façade monumentale et son agencement intérieur, se doit d'être l'expression visible de l'autorité du représentant de l'État républicain, de la solidité et de la pérennité du régime républicain triomphant sous la IIIe République, à partir de 1880.

La décoration intérieure a été inspirée par Jules Cambon, préfet du Rhône de 1886 à 1890. Républicain fervent, Cambon, ordonne un ornement qui proclame le régime républicain, sa force, son amour pour le peuple ; il souhaite que la République apparaisse fondatrice de la nation. Et, pour une partie de ce programme décoratif, il obtient la participation financière du ministère de l'Instruction publique, des Beaux-Arts et des Cultes. Ainsi, la préfecture de Lyon fait partie intégrante de ce vaste programme national de construction, de restauration et de décoration mis en place par les hommes de la IIIe République, destiné aux édifices du pouvoir comme l'Hôtel de Ville de Paris, ou nombre de palais de justice ou de lycées.

Art, artistes

Nombre d'écrivains, de peintres, de dessinateurs, d'architectes, de musiciens, de chansonniers, à toutes les époques de la République, ont honoré de leur talent l'idée républicaine, se sont engagés dans sa défense ou sa promotion.

L'art a une finalité, celle « de faire prendre conscience aux hommes, selon Malraux, « de la grandeur qu'ils ignorent en eux ».

À l'artiste la fonction sociale et politique d'exprimer une réalité, le courage de dénoncer, la force de critiquer, l'audace de traduire des espérances, la mission d'œuvrer pour la justice. Sa liberté de création doit être garantie, protégée, car il incarne la liberté d'expression.

Tous les régimes, pas seulement républicains, ont compris l'importance de l'artiste et de l'art.

C'est l'honneur de la République de permettre, par la liberté qu'elle porte en elle, le respect de la liberté de l'artiste et de sa création, de refuser toute censure politique.

Mais la liberté de l'artiste n'est pas forcément et toujours acceptée par les politiques, même s'ils se disent républicains. Et, même en République, bien des artistes ont vu leur liberté de création tentée d'être muselée, contestée, condamnée.

La pièce de Jean Genet *Les Paravents*, créée à l'Odéon-Théâtre de France le 16 avril 1966, déchaîne les passions. Certains critiques n'y voient qu'une atteinte à la morale et une insulte à l'armée. D'anciens combattants d'Indochine et d'Algérie manifestent, et des bagarres éclatent.

À l'Assemblée nationale, des députés s'élèvent contre la création de cette pièce dans un théâtre subventionné. N'osant demander directement sa déprogrammation, ils réclament la suppression de la subvention accordée à l'Odéon.

André Malraux, ministre d'État chargé des Affaires culturelles, intervient le 27 octobre 1966 pour s'opposer à cette censure déguisée.

> « La liberté, mesdames, messieurs, n'a pas toujours les mains propres ; mais quand elle n'a pas les mains propres, avant de la passer par la fenêtre, il faut y regarder à deux fois. Il s'agit d'un théâtre subventionné, dites-vous. Là-dessus, je n'ai rien à dire. Mais la lecture qui a été faite à la tribune est celle d'un fragment. Ce fragment n'est pas joué sur la scène, mais dans les coulisses. Il

donne, dit-on, le sentiment qu'on est en face d'une pièce antifrançaise. Si nous étions vraiment en face d'une pièce antifrançaise, un problème assez sérieux se poserait. Or, quiconque a lu cette pièce sait très bien qu'elle n'est pas antifrançaise. Elle est antihumaine. Elle est antitout. Genet n'est pas plus antifrançais que Goya antiespagnol. Vous avez l'équivalent de la scène dont vous parlez dans *Les Caprices*. Par conséquent, le véritable problème qui se pose ici – il a d'ailleurs été posé – c'est celui, comme vous l'avez appelé, de la "pourriture". Mais, là encore, mesdames, messieurs, allons lentement ! car avec des citations on peut tout faire :

"Alors, ô ma beauté ! dites à la vermine qui vous mangera de baisers...", c'est de la pourriture ! "Une charogne", ce n'est pas un titre qui plaisait beaucoup au procureur général, sans parler de *Madame Bovary*.

Ce que vous appelez de la pourriture n'est pas un accident. C'est ce au nom de quoi on a toujours arrêté ceux qu'on arrêtait. Je ne prétends nullement – je n'ai d'ailleurs pas à le prétendre – que M. Genet soit Baudelaire. S'il était Baudelaire, on ne le saurait pas. La preuve, c'est qu'on ne savait pas que Baudelaire était un génie. Ce qui est certain, c'est que l'argument invoqué : "Cela blesse ma sensibilité, on doit donc l'interdire" est un argument déraisonnable. L'argument raisonnable est le suivant : "Cette pièce blesse votre sensibilité. N'allez pas acheter votre place au contrôle. On joue d'autres choses ailleurs. Il n'y a pas obligation. Nous ne sommes pas à la radio ou à la télévision." Si nous commençons à admettre le critère dont vous avez parlé, nous devons écarter la moitié de la peinture gothique française, car le grand retable de Grünewald a été peint pour les pestiférés. Nous devons aussi écarter la totalité de l'œuvre de Goya, ce qui sans doute n'est pas rien. Et je reviens à Baudelaire que j'évoquais à l'instant...

Le théâtre existe pour que les gens y retrouvent leur propre grandeur. Mais le Théâtre de France n'est pas un théâtre où l'on ne joue que *Les Paravents*. C'est un théâtre où l'on joue *Les Paravents*, mais entre *Le Pain dur* de Claudel et les classiques, en attendant Shakespeare. Il ne s'agit plus du tout de savoir si on donne de l'argent pour jouer *Les Paravents*. Il s'agit de savoir si l'on doit ne jouer dans un théâtre de cette nature que des œuvres qui sont dans une certaine direction. Quand on parlait de théâtre subventionné, il y a un siècle, on parlait d'un théâtre d'exception. Or, aujourd'hui, la subvention s'adresse à presque tous les théâtres. Je ne parle pas de théâtres privés parisiens. Je parle des centres dramatiques. Si nous admettons une censure particulière pour le théâtre privé parisien, que nous ne subventionnons pas, nous l'aurons pour le théâtre privé de province ; si nous admettons une censure pour les théâtres subventionnés parisiens, nous l'admettons pour tous les centres dramatiques, c'est-à-dire pour tout ce qui est le théâtre vivant en France.

C'est pourquoi on ne peut s'engager dans une telle voie qu'avec une extrême prudence, et je ne supprimerai pas pour rien la liberté des théâtres subventionnés. J'insiste sur les mots "pour rien", car si nous interdisons *Les Paravents*, ils seront rejoués demain, non pas 3 fois mais 500 fois. Nous aurons à la rigueur prononcé un excellent discours et prouvé que nous étions capables de prendre une mesure d'interdiction, mais en fait nous n'aurons rien interdit du tout. L'essentiel n'est pas de savoir ce que nous pourrons faire de 3 francs de subvention mais de savoir ce qu'on interdira ou non, de savoir quelle gloire sera donnée par l'interdiction à une pièce dont on veut minimiser la portée par une opération de Gribouille. Je ne crois pas que ce soit urgent. En fait, nous n'autorisons pas *Les Paravents* pour ce que vous leur reprochez et qui peut être légitime ; nous les autorisons malgré ce que vous leur reprochez, comme nous admirons Baudelaire pour la fin d'"Une charogne" et non pas pour la description du mort. »

Difficile de concevoir que la création artistique puisse être autrement que libre ? Mais lorsque l'artiste exalte le racisme, l'antisémitisme, la xénophobie…, la République doit-elle le laisser faire au nom de la liberté d'expression ? Existe-t-il des limites à la liberté de création ?

Charles Baudelaire affirme cependant : « En matière d'art, j'avoue que je ne hais pas l'outrance ; la modération ne m'a jamais semblé signe d'une nature artistique vigoureuse. »

Albert Camus, dans ses *Carnets*, aborde cette question : « J'ai la plus haute idée, et la plus passionnée, de l'art. Bien trop haute pour consentir à le soumettre à rien. Bien trop passionnée pour vouloir le séparer de rien. »

Lisons André Gide, dans *Prétextes* : « L'art naît de contraintes, vit de luttes et meurt de liberté. »

L'art est devenu un enjeu politique, et les gouvernants manifestent leur intérêt pour le développement d'une politique culturelle.

Le 15 mai 1870, le gouvernement d'Émile Ollivier crée un ministère des Beaux-Arts puis des Lettres, Sciences et Beaux-Arts, qu'il confie à Maurice Louis Richard.

Du 14 novembre 1881 au 30 janvier 1882 : Gambetta nomme Antonin Proust au nouveau poste de secrétaire d'État aux Beaux-Arts. Gambetta lui confiera aussi l'enseignement artistique à l'école.

Dans les années 1930, le retour à un ministère des Arts autonome devient une revendication des partis de gauche, mais Léon Blum, président du Conseil dès juin 1936, maintient les Beaux-Arts sous la tutelle de l'Éducation nationale confiée à Jean Zay qui en sera nommé ministre.

Après avoir quitté le pouvoir, Jean Zay esquissa le projet d'un « ministère de la Vie culturelle » qui sera repris à la Libération dans le programme de l'Organisation civile et militaire issue de la Résistance.

Ainsi, le préambule de la Constitution de 1946 « enregistre une innovation en garantissant des droits culturels » : « La nation garantit l'égal accès de l'enfant et de l'adulte à l'instruction, à la formation professionnelle et à la culture. »

Avec André Malraux, le ministère de la Culture connaît une promotion politique qui tient à la personnalité exceptionnelle de l'auteur de *La Condition humaine*.

Mitterrand a, quant à lui, fait de la culture une priorité de sa présidence.

Voir : Béranger, Pierre-Jean de (1780-1857) ; Caricaturistes ; Chants républicains ; Dalou, Jules (1838-1902) ; France, Anatole (1844-1924) ; Lamartine, Alphonse de (1790-1869) ; Musique ; Peintres.

Assemblée nationale

Cette dénomination d'Assemblée nationale pour évoquer le lieu où siègent les députés est maintenant fixée et ne devrait plus changer.

Certains, lors de la période révolutionnaire, l'auraient volontiers baptisée : « Assemblée des représentants du peuple français ». Elle fut Assemblée nationale constituante du 9 juillet 1789 au 30 septembre 1791, puis Assemblée nationale législative de 1791 jusqu'en 1852. Tout au long du Second Empire, on parle de Corps législatif, la IIIe République consacre l'appellation de Chambre des députés, comme au temps de la monarchie de Juillet. La Constitution de 1946 fait réapparaître le titre d'Assemblée nationale, repris par la Constitution de 1958.

Évoquer l'Assemblée nationale, ce lieu magique de la République, c'est se plonger dans l'histoire de la France, c'est retracer la naissance de la démocratie dans notre pays et montrer comment la République s'est imposée face à la monarchie.

Que de chemin parcouru depuis que les députés du tiers état, considérant qu'ils représentaient aussi la nation, se sont proclamés, le 17 juin 1789, Assemblée nationale. Que d'événements marquants depuis ce 23 juin 1789, lorsque Mirabeau apostrophe ainsi le maître des cérémonies de Louis XVI, le marquis de Dreux-Brézé : « Allez dire à votre maître que nous sommes ici par la volonté du peuple et que nous n'en sortirons que par la force des baïonnettes. » Que de rebondissements politiques depuis le 30 janvier 1875 et le célèbre amendement Wallon qui enracine, à une voix de majorité, une République encore fragile.

Évoquer l'Assemblée nationale, c'est, à travers les Républiques successives, entendre ces grandes voix qui résonnent encore dans les couloirs du Palais-Bourbon, celles de Lamartine, d'Hugo, mais aussi celles de Léon Blum, Clemenceau, Poincaré, Aristide Briand…

Évoquer l'Assemblée nationale, c'est se souvenir de ces lois qui ont façonné la France, fait progresser la liberté, l'égalité ou la fraternité, de cette enceinte naturelle de la souveraineté nationale, ce refuge des droits et des libertés pour les citoyens.

Voir : Discours ; Loi ; Palais-Bourbon.

Auclert, Hubertine (1848-1914)

> « Je suis presque de naissance une révoltée contre l'écrasement féminin, tant la brutalité de l'homme envers la femme dont mon enfance avait été épouvantée, m'a de bonne heure déterminée à revendiquer pour mon sexe l'indépendance et la considération. »

Cet aveu d'Hubertine Auclert explique que le combat de sa vie fut celui de la cause des femmes, de leur place dans la République. Je veux lui rendre un hommage affectueux.

Originaire de Saint-Priest-en-Murat, dans l'Allier, Hubertine Auclert est née le 10 avril 1848, avec la IIe République. Placée dès neuf ans en pension chez les religieuses à Montluçon, elle y suit toute sa scolarité. Dirigée sur un couvent en 1866, elle est destinée à une vie religieuse. Manifestement, cela ne lui convient pas, elle restera toujours marquée par des sentiments anticléricaux. Elle choisit un autre engagement, et rapidement proclame sa foi républicaine.

Elle a vingt-deux ans quand, le 4 septembre 1870, place de l'Hôtel-de-Ville à Paris, la République est proclamée. Cet avènement bouleverse sa vie. Elle devient profondément républicaine, espère de ce nouveau régime politique une transformation profonde de la société. Elle attend de la République l'égalité promise, la reconnaissance entre l'homme et la femme des mêmes droits.

Elle le confesse, ce sont « les échos des discours prononcés aux banquets périodiques organisés par Léon Richer qui, presque à ma sortie du couvent, m'ont fait venir du Bourbonnais à Paris combattre pour la liberté de mon sexe ».

Le journaliste libre-penseur et franc-maçon Léon Richer a, en 1869, avec Maria Deraismes, fondé l'Association pour le droit des femmes, qui publie le journal *Le Droit des femmes* et devient en 1871 le journal *L'Avenir des femmes*.

Hubertine Auclert se joint à leur action militante et participe le 9 juin 1872, dans un restaurant du Palais-Royal, au banquet qu'ils organisent. Elle collabore à *L'Avenir des femmes*, fait partie de son « comité féministe ». Elle est, semble-t-il, la première à utiliser le terme de « féminisme ».

Elle privilégie rapidement la revendication pour l'obtention du droit au suffrage pour les femmes à tout autre combat. La reconnaissance des droits civiques est pour elle un préalable à la possibilité d'amélioration des droits civils. Elle est convaincue que, lorsque la femme disposera de la possibilité de voter, de désigner les députés, il en découlera une évolution positive de son statut.

Pour favoriser son action et faire triompher ses convictions, elle crée en 1876 la société « Le droit des femmes », qui deviendra plus tard, en 1883, « Le suffrage des femmes ».

Elle lance au printemps 1877 un appel aux femmes de France :

« Nous n'avons aucun droit. Si préoccupées que nous soyons du gouvernement de notre pays, nous sommes impitoyablement repoussées de toutes les assemblées, tant électives que législatives. La République n'aurait cependant pas trop du concours de tous et de toutes. Nous comptons moins que rien dans l'État. L'homme qui joint le plus de sottise au plus d'ignorance compte plus en France que la femme la plus instruite ; il peut nommer ses législateurs, la femme ne le peut pas ; elle est un être à part qui naît avec beaucoup de devoirs et pas de droits. […] »

Et elle dresse un amer constat :

« En présence de la loi pénale, la femme est cependant l'égale de l'homme. Quelle drôle d'anomalie ! La femme est incapable pour les actes de la vie sociale et politique, on l'assimile aux interdits et aux fous ; mais quand elle s'écarte de la loi, elle est tout aussi sévèrement punie que l'homme en pleine possession de ses capacités. Toute carrière libérale nous est fermée ; nous ne devons nous immiscer dans aucune administration financière ; mais le fisc nous trouve bonnes pour payer des impôts que notre sexe n'a pas été admis à discuter… Femmes de France, nous aussi nous avons des droits à revendiquer : il est temps de sortir de l'indifférence et de l'inertie, pour réclamer contre les préjugés et les lois qui nous humilient. Unissons nos efforts, associons-nous ;

l'exemple des prolétaires nous sollicite ; sachons nous émanciper comme eux. »

Elle se tourne alors vers le mouvement socialiste et participe au Congrès ouvrier socialiste qui se tient à Marseille en octobre 1879. Elle y prononce son premier grand discours de féministe : « Avant que vous, hommes, vous conquériez le droit de vous élever jusqu'à vos maîtres, il vous est imposé le devoir d'élever vos esclaves, les femmes, jusqu'à vous. [...] »

Pour diffuser ses idées, elle crée le journal *La Citoyenne*, dont le premier numéro date du 13 février 1881. Il cessera de paraître le 15 novembre 1891. Dans cette entreprise, elle est aidée de Léon Giraud et Antonin Lévrier, qui deviendra son mari en 1887 et qu'elle suivra quelques années en Algérie où il sera juge de paix dans la région d'Oran.

Afin de donner plus d'éclat à son militantisme, elle tente de se faire inscrire sur les listes électorales. Elle invoque le respect de la loi du 5 mai 1848, qui précise que sont électeurs « les Français ». Elle considère que ce terme englobe aussi bien les hommes que les femmes.

L'Administration n'accepte pas cette interprétation et refuse son inscription sur la liste électorale. Elle entame alors une grève du paiement de ses impôts. Elle somme le préfet de la Seine, puisqu'on lui refuse le droit de vote, que son nom soit effacé du rôle des assujettis à l'impôt.

Comment pourrait-elle être une contribuable si on ne lui accorde pas le droit de désigner ceux qui décident de ses impôts ? s'interroge-t-elle publiquement. Le préfet ne fait pas droit à sa requête. Elle refuse de s'incliner et saisit le conseil de Préfecture, aux fins d'annulation de la décision préfectorale. L'arrêté du préfet du 11 août 1880 est validé. Elle ne s'avoue toujours pas vaincue.

Elle dépose un recours devant le Conseil d'État. Le 8 avril 1881, la haute juridiction administrative rejette sa requête. Les impôts étant exigibles, elle doit régler au fisc sa contribution mobilière et personnelle. Persistant dans son attitude, les huissiers déboulent chez elle, apposent les scellés sur ses meubles. Hubertine Auclert finit par obtempérer.

Sa grève du paiement de l'impôt n'est pas passée inaperçue et lui confère une notoriété certaine. Les journalistes se passionnent pour cette femme « seule contre tous », pour reprendre le titre d'un article du *Petit Parisien* du 27 juillet 1880.

Forte de celle-ci, elle entame une série de conférences en France, publie des articles pour justifier son combat pour le droit de vote. N'hésitant pas, par des actions d'éclat, en s'invitant dans les mairies au moment des mariage, à interpeller les élus et notables.

En 1885, elle refuse d'être inscrite sur la liste de la Fédération républicaine socialiste des candidats à la députation, mais dans son journal *La Citoyenne*, elle publie un « programme électoral des femmes » dont le titre significatif affirme que « L'esclavage de la femme entrave la liberté de l'homme ».

Dans *La Citoyenne* du 13 février 1887, après avoir passé en revue toutes les dispositions de notre législation qui portent atteinte à l'égalité entre les hommes et les femmes, elle affirme :

> « Il ressort de toute évidence que le droit politique est pour la femme la clef de voûte qui lui donnera tous les

autres droits. Quand les femmes pourront intervenir dans les affaires publiques, leur premier soin sera de réformer l'injuste législation ; leur premier acte sera d'user du droit qui leur sera donné de changer leur sort. »

Hubertine Auclert n'entend pas que son combat féministe soit écarté au profit de la lutte des classes. Elle considère même que la révolution promise par certains ne changerait rien pour le droit des femmes. Dans un article publié par *La Citoyenne* en mai 1885, elle indique :

« Des Français, au nom de ceux qui ne possèdent rien, et d'autres Français, au nom de ceux qui possèdent quelque chose, se sont formés en camps retranchés et, en attendant l'heure de se battre à coups de fusil pour ou contre la mise en commun des fortunes particulières, ils se préparent à se battre à coups de bulletins de vote. [...] Ceux qui partent en guerre contre les monopoleurs du capital ne songent pas que les hommes sont, comme les riches, des monopoleurs dans la société. Les hommes sont les monopoleurs du travail lucratif, des fonctions publiques, des emplois, des droits et de la souveraineté. [...] La femme n'a ni le droit ni le pouvoir d'arriver à la liberté. […] C'est à tort que certains révolutionnaires englobent dans leur haine pour la classe possédante les femmes riches ; les femmes riches sont souvent de par les lois qui régissent le mariage de véritables pauvres. […] La situation civile et politique des femmes riches ou pauvres est identique. »

Elle ajoute en conclusion :

« Toutes les femmes sont opprimées par les lois et par les préjugés qui en découlent, toutes *les* femmes sont dupes dans l'association humaine. […] Les femmes étant dans la société les opprimées parmi les opprimés, ceux qui veulent réellement fonder un ordre de justice doivent d'abord s'occuper d'elles. La question des femmes est le nœud gordien qui, une fois tranché, permettra de résoudre la question sociale ; mais, pendant que les femmes ont les mains liées par les lois civiles et sont au point de vue politique bâillonnées, la transformation économique préconisée par les collectivistes s'opérerait au seul profit des hommes. »

Dans *Les Femmes au gouvernail*, elle précise :

« Les hommes de la Révolution ont commis une faute en ne voulant point entendre parler de l'immixtion des ouvriers dans la politique. Eh bien, les républicains d'aujourd'hui qui ne veulent point entendre parler de l'immixtion des femmes dans la politique commettent une faute bien plus grande, puisqu'ils rendent la République impuissante à inaugurer l'ère de la justice, que tout le monde attend. »

Elle se permet même de tancer les députés socialistes qui reconnaissent que le suffrage est l'instrument de l'émancipation politique et économique de l'homme. « S'ils ne s'efforcent point de mettre la femme en possession de cet instrument, c'est qu'ils ne veulent point qu'elle s'émancipe ! »

Elle innove encore dans le combat féministe en réclamant la féminisation de certains mots. « L'omission du féminin dans le dictionnaire contribue, plus qu'on ne croit, à l'omission du féminin dans le code (côté des droits). L'émancipation par le langage ne doit pas être dédaignée. N'est-ce pas à force de prononcer certains mots qu'on finit par en accepter le sens qui tout d'abord heurtait ? », écrit-elle dans *Le Radical* du 18 avril 1898. Elle ajoute : « La féminisation de la langue est urgente, puisque, pour exprimer la qualité que quelques droits conquis donnent à la femme, il n'y a pas de mots. »

Elle fournit des exemples : dans la mesure où les femmes peuvent désormais devenir avocats, faut-il dire, se demande-t-elle : « une avocat ou une avocate » ? La femme pouvant être appelée à témoigner au civil, conviendra-t-il de préciser « une témoin » ? La loi du 15 janvier 1898 ayant accordé aux femmes, sous certaines conditions, le droit de voter pour la désignation des juges du tribunal de commerce, mais non d'y être élue, Hubertine Auclert pose la question de leur dénomination : « une électeure ou une électrice » ?

Elle conclut son article ainsi :

> « En mettant au point la langue, on rectifierait les usages, dans le sens de l'égalité des sexes. La féminisation initiale est celle de la langue, car le féminin non distinctement établi sera toujours absorbé par le masculin.

Quand on aura révisé le dictionnaire et féminisé la langue, chacun de ses mots sera, pour l'égoïsme mâle, un expressif rappel à l'ordre. »

Elle ne cesse de harceler les ministres et parlementaires en leur adressant pétitions, injonctions, réclamations. En 1904, elle interpelle le ministre de la Justice pour protester contre l'absence de femmes dans la commission chargée de préparer des modifications au code civil. « C'est décider à l'avance que la législation laissera subsister l'injustice pour les Françaises, donc restera toujours en contradiction avec les principes républicains. »

Dans une « lettre ouverte » aux sénateurs et députés, qu'elle cosigne avec Caroline Kauffmann, secrétaire générale de l'association Solidarité des femmes, et Jeanne Oddo-Deflou, pour le Groupe français d'études féministes, elle fait part de son émotion « de voir [les] législateurs glorifier le code qui depuis cent ans asservit les femmes françaises ». Elle fait distribuer un tract intitulé « Le code écrase la femme » et proteste « contre sa glorification » et « contre la contradiction des hommes qui, après avoir rejeté l'Empire, glorifient sa législation despotique ».

Ainsi appelle-t-elle les femmes françaises, « riches et pauvres, femmes de tous rangs et de toutes conditions », à se rassembler devant la Chambre des députés.

Le 29 octobre, avec les autres mouvements féministes, elle manifeste au pied de la colonne Vendôme, non pour la déboulonner, comme l'avait demandé le peintre Gustave Courbet, mais pour tenter de brûler un exemplaire du code civil.

Elle profite de la campagne électorale de 1906 pour faire placarder à Paris des affiches réclamant pour les femmes le droit de voter.

En 1908, après avoir publié son livre sur *Le Vote des femmes*, la nouvelle période électorale municipale lui procure l'opportunité d'interpeller l'opinion sur sa revendication du droit au suffrage.

Le 3 mai, des militantes suffragistes tentèrent de s'emparer des urnes électorales dans les mairies du Ier et IIe arrondissements. Leur opération échoua, mais créa une grande confusion. À la mairie du IVe arrondissement, Hubertine arrive à dérober une urne et la renverse par terre en s'écriant, selon les termes qu'elle rapporte dans *Le Vote des femmes* : « Ces urnes sont illégales ! Elles ne contiennent que des bulletins de vote masculins ! Alors que les femmes ont comme les hommes des intérêts à défendre à l'hôtel de ville. » Naturellement, elle est appréhendée et conduite au commissariat de police.

Un mois après, le 4 juin, Hubertine Auclert doit répondre de ses agissements devant les juges de la 9e chambre correctionnelle du tribunal de Paris. Elle en profite, dans un prétoire bien rempli par les chroniqueurs judiciaires et militantes féministes, pour déclarer : « Les hommes ont dressé des barricades pour conquérir le droit de vote ; j'ai secoué une urne pour arriver au même but et pour venir devant vous afin que vous donniez aux législateurs une leçon en m'acquittant. […] »

Le tribunal l'a condamnée à 16 francs d'amende avec sursis ! Il ne pouvait faire moins.

Le 24 avril 1910, elle fait acte de candidature aux élections législatives dans le XIe arrondissement de

Paris, alors que les femmes ne sont pas éligibles. Elle est imitée par deux autres femmes : Renée Mortier et Gabrielle Chapuis. Ensemble, elles signent un programme commun.

Rendre hommage à Jeanne d'Arc, en faire un symbole de la lutte des féministes, c'est ce à quoi s'emploie aussi Hubertine Auclert.

En 1908, ce n'est pas la première fois, elle vient déposer une couronne de fleurs au pied de la statue de Jeanne, place des Pyramides, à Paris. Elle déclare alors, dans une brève allocution, résumée dans un tract distribué : « Jeanne d'Arc fut la personnalisation du féminisme, elle ne tint compte ni des usages ni de l'autorité des puissants, et elle usa, malgré les hommes, des droits des hommes, pour sauver le pays. »

Par cet hommage, qu'elle souhaitait renouveler chaque année, Hubertine Auclert illustre parfaitement le sens qu'elle voulut donner à son militantisme pour la cause des femmes et une République égalitaire dont les hommes et les femmes jouissent des mêmes droits civiques.

B

Banquets républicains

Des agapes postrévolutionnaires aux banquets réformistes de la fin de la monarchie de Juillet, à ceux de 1848 pour célébrer la République nouvelle et renforcer la foi des citoyens, aux tablées des maires organisées par les présidents de la République ou à l'occasion de leur venue en province, ces banquets, incontournables cérémonies, sont liés à l'histoire de la République.

Ils se sont imposés comme le rassemblement de la citoyenneté et l'expression d'une fraternité politique. Aujourd'hui encore, de nombreux repas sont, dans les communes, l'occasion pour les citoyens de manifester leur solidarité et leur reconnaissance envers les anciens. Ils ont aussi une dimension électorale et militante qui n'a pas échappé aux partis politiques ni aux élus.

Ces banquets, qui permirent aux républicains de se rassembler et prendre conscience de leur unité et de leur force, c'est un noble qui en eut l'idée !

Le marquis de Villette, il est vrai, est une personnalité bien particulière en marge de la noblesse traditionnelle. À l'époque de la Révolution, il rédige les cahiers du bailliage de Senlis, dans lesquels il se prononce pour l'adoption de principes nouveaux, et écrit des articles révolutionnaires dans *La Chronique de Paris*. Il brûle publiquement ses lettres de noblesse pour supprimer la particule de son nom et propose que Louis XVI soit dépossédé de ses pouvoirs mais maintenu à la tête de l'État en tant qu'empereur.

Quelques jours après la prise de la Bastille, il écrit dans *La Chronique de Paris* du 18 juillet 1789 :

> « Je voudrais que tous les bourgeois de Paris fissent dresser leurs tables en public et prissent leurs repas devant leur maison. Le riche et le pauvre seraient unis, et tous les rangs confondus. [...] La capitale, d'un bout à l'autre, ne formerait qu'une immense famille : on verrait un million de personnes assises à la même table. [...] Au même instant, dans tous les quartiers de Paris, ce jour-là, la nation tiendrait son grand couvert. »

Cet appel est entendu et, le 26 juillet, sur les ruines de la Bastille, pour célébrer sa disparition, se tient un grand banquet. Villette se dispense d'y assister, de même que les bourgeois, effrayés par la tournure que prennent ces agapes qui ne rassemblent que des partisans d'un nouveau régime. L'appel de Villette fut aussi entendu en province, mais, pas plus qu'à Paris, ces banquets ne furent ceux de la réconciliation ou de la fraternité.

Un an après la prise de la Bastille, lors de la fête de la Fédération, organisés en plein air, ils sont l'occasion de saluer la liberté, la Constitution. Dans nombre de villes ou villages de France, ce 14 juillet 1790, on chante, danse et l'on trinque pour manifester sa foi en la nation, en la liberté, en la réconciliation et l'unité nationale, sa joie devant la fin de la monarchie absolue, son espérance d'égalité et de fraternité.

À Paris, au Champ-de-Mars, la foule rassemblée entend Louis XVI déclarer : « Moi, roi des Français, je jure d'employer le pouvoir qui m'est délégué par la loi constitutionnelle de l'État à maintenir la Constitution décrétée par l'Assemblée nationale et acceptée par moi et à faire exécuter les *lois.* »

Certes, Michelet, dans son *Histoire de la Révolution française*, décrivant les participants à la fête, s'exclame :

> « [Ils] ne savent plus, ce jour-là, de quelle province ils étaient... Enfants isolés, perdus jusqu'ici, ils ont trouvé une mère ; ils sont bien plus qu'ils ne croyaient : ils avaient l'humilité de se croire Bretons, Provençaux... Non, enfants, sachez-le bien, vous étiez les fils de la France, c'est elle qui vous le dit, les fils de la grande mère, de celle qui doit, dans l'égalité, enfanter les nations. [...] Tout a disparu, la géographie est tuée. Plus de montagnes, plus de fleuves, plus d'obstacles entre les hommes... Les voix sont diverses encore, mais elles s'accordent si bien qu'elles ont l'air de partir, d'un même lieu, d'une même poitrine... Tout a *gravité* vers un point, et c'est ce point qui résonne, tout part à la fois du cœur de la France. [...] Personne ne pouvait manquer à la fête ; personne n'était simple témoin ; tous étaient acteurs. [...] »

C'est par l'entremise du journal à succès et opposé à la monarchie et à la famille royale, les *Révolutions de Paris*, dont le principal rédacteur est Élisée Loustallot, avec Sylvain Maréchal, Pierre-Gaspard Chaumette et Fabre d'Églantine, que le journaliste Louis Marie Prudhomme, au mois de juillet 1794, a cherché à relancer l'idée de Villette. « Il faut que, dans chaque rue, soit dressée une table où tous les citoyens s'assoient et fraternisent ; que chacun apporte son plat, s'il le peut. Celui qui n'aura rien préparé partagera avec son voisin. [...] Il faut que tous les mets soient mêlés, confondus, de façon qu'aucun ne mange le sien, mais bien celui de son frère », écrivait-il.

Cette initiative connaît un certain succès à Paris : dans plusieurs rues, des tables sont dressées pour ces repas fraternels. Au fil du temps, ils disparaissent.

Après la chute de l'Empire et l'effondrement de la restauration des Bourbons, la monarchie constitutionnelle est acclamée en 1830. La République espérée par certains n'est pas encore au rendez-vous de l'Histoire.

Prémices d'une contestation qui se développe et finira par entraîner la fin de la monarchie de Juillet, une campagne de banquets est organisée entre 1847 et 1848 par les opposants au régime. Il s'agit pour eux de contourner l'interdiction des réunions politiques, de réclamer un élargissement du corps électoral et de s'opposer à la politique de Guizot.

Imaginés par les opposants pour faire pression sur l'immobilisme du pouvoir politique, ils ont entretenu et ravivé la flamme de la révolte politique dans le cadre d'une monarchie constitutionnelle.

Les toasts « à la République », les discours plus ou moins enflammés et lyriques sur la Révolution, les critiques sur le gouvernement et l'absence de réformes agaçaient certainement l'entourage de la monarchie, irritaient peut-être le roi, mais tous estimaient que cela ne déboucherait pas sur une nouvelle révolution.

Pendant cette période, près de 70 banquets sont organisés en France.

Le premier se déroule le 9 juillet 1847 à Paris, dans le jardin public « Château rouge » à l'angle de la rue de Clignancourt et de la rue Custine, où généralement se donnent des bals. Quelque 1 200 convives y participent. Sur les 154 députés invités, environ 80 sont présents. Un orchestre joue « La Marseillaise » et autres chants de la Révolution.

La fin du repas est l'occasion de nombreux toasts. Le président Lasteyrie, député de la Seine, lève son verre « à la souveraineté nationale ». Duvergier de Hauranne y dénonce la trahison des principes de 1830 par le gouvernement. Odilon Barrot, lui, fustige l'égoïsme du pouvoir.

L'avocat et député Marie rappelle que :

> « L'union a fait et fait encore aujourd'hui la force des gouvernements despotiques contre les peuples ; l'union fera la force des peuples contre les gouvernements despotiques. La France a dû à son unité, sa grandeur au-dedans, sa puissance au-dehors. Grâce à elle, et par elle, elle a vaincu tous les despotismes : la féodalité, la théocratie, la monarchie absolue. Par elle aussi, elle a pu accomplir cette grande révolution de 89 d'où sont sorties la liberté, l'égalité et cette fraternité sainte sans laquelle il n'y a ni vraie liberté ni vraie égalité.
>
> Soyons donc unis, et l'avenir est à nous ; l'avenir avec ses espérances, ses promesses, ses réalisations, dussions-nous pour en assurer la conquête, avoir encore à subir de nouvelles luttes, à livrer de nouveaux combats.

Eh, messieurs, il ne faut pas nous faire d'illusions, l'œuvre des révolutions n'est pas accomplie. Encore aujourd'hui se posent sur le sol de France deux puissances rivales, deux puissances jalouses ; elles peuvent se concilier, dit-on : je le veux bien. Je ne veux pas jeter ici le doute, mais ce qu'il y a de certain, c'est que dans le présent elles sont toujours en lutte… »

Il oppose alors les forces du progrès à celles de l'immobilisme. Beau discours de fin de banquet. Naturellement très applaudi, le repas ayant été bien arrosé.

Souvent, en province, ils sont l'occasion de rassemblements importants.

À Mâcon, le 18 juillet 1847, autour de Lamartine. Ailleurs, parfois sous l'impulsion d'avocats, ils deviennent le lieu où s'exprime l'opposition pour mobiliser ses partisans, entretenir la flamme de la critique du gouvernement à travers l'urgence de la « réforme électorale et parlementaire ».

Progressivement, les modérés qui ne souhaitent qu'une mutation libérale du régime vont être dépassés par les partisans d'une transformation radicale de la société, les militants de l'idée républicaine.

À Strasbourg, en septembre 1847, le bâtonnier est présent avec de nombreux confrères pour fustiger « le népotisme, le favoritisme, ces autres espèces de corruption qui ferment à la jeunesse l'entrée des carrières ».

C'est l'avocat Gaudin qui anime celui de Saintes en présence d'Odilon Barrot. Son confrère Gavaret préside celui de Condom, dans le Gers, et, à Montpellier, c'est maître Charamaule. Les avocats libéraux et républicains s'investissent dans ces manifestations.

À Chartres, le 24 octobre 1847 selon *Le Glaneur*, 500 convives, notables, maires, élus, « presque tous les fariniers de la vallée d'Eure et de tous les points du département, les principaux cultivateurs [...] sont entrés aux sons de "La Marseillaise". À la table d'honneur figurait un vieillard de quatre-vingt-douze ans, garde national de 1789 ». Ils écoutent François-André Isambert, député de la Vendée, ancien député d'Eure-et-Loir, conseiller à la Cour de cassation, qui préside ce banquet :

> « J'appelle dilapidateur un gouvernement qui ne sait que multiplier et éparpiller les emplois ; augmenter les paperasses de la bureaucratie, sans expédier les affaires du pays ; qui emploie les bâtiments et les subventions de l'État, pour procurer des promenades amusantes à MM. les écrivains des feuilletons, afin qu'ils leur rendent des éloges ; à donner des missions prétendues diplomatiques à tous ceux de ses amis qui veulent voyager aux dépens de l'État. [...] Souvent, il est vrai, les ministres sont punis par où ils ont péché ; c'est par les papiers saisis chez leurs journalistes qu'on a découvert les plaies les plus hideuses de la corruption qui nous dévore... À quel degré d'avilissement ne sommes-nous pas descendus ! Vous, honnêtes et laborieux pères de famille, qui alimentez les caisses de l'État de lourds subsides prélevés sur vos travaux, souffriez-vous, quand vous pouvez l'empêcher, qu'on vous pille pour déshonorer la France, pour déshonorer notre époque. Et n'est-ce pas pour y remédier surtout qu'elle est urgente, la réforme électorale et parlementaire ? »

Après un tel réquisitoire, Isambert ne propose pas la révolution. Il est réformiste et non révolutionnaire.

« Nous ne sommes pas assez aveugles pour vouloir du suffrage universel » car, affirme-t-il : « Il suffit de jeter les yeux sur les petits États de la Suisse [...] pour apercevoir le danger que court la liberté dans les mains de masses incapables et fanatisées par leurs prêtres [...]. »

Mais, en dépit des revendications modérées des réformistes, au fil de ces banquets apparaissent des slogans qui offrent à la méditation des convives des mots d'ordre plus évocateurs et efficaces que la réforme électorale. « À la probité politique », « À l'amélioration du sort des classes laborieuses », « À la presse libre »...

Ces mots d'ordre deviennent de plus en plus offensifs, révolutionnaires. Ils favorisent la mobilisation des opposants. Ils sont repris par la presse locale, pas encore libre, mais qui aspire à le devenir. Elle ose rendre compte de ces manifestations, d'autant plus que ses responsables ont moins peur du pouvoir et se sentent soutenus par une opposition libérale et républicaine qui progresse dans la bourgeoisie locale.

Les thématiques sociales apparaissent clairement, notamment à celui d'Orléans, le 27 septembre 1847, où l'avocat Marie oppose les vertus des ouvriers aux défauts de l'aristocratie bourgeoise.

Ce banquet a un grand retentissement dans la région. La presse rapporte que, parmi les 500 convives, on note la présence de l'avocat Crémieux, député d'Indre-et-Loire, du député Roger, mais aussi de 19 conseillers municipaux d'Orléans, de nombreux magistrats et avocats.

Ils écoutent et applaudissent Jacques-Pierre Abbatucci, président de chambre à la Cour royale et député du Loiret, qui, oubliant le devoir de réserve que lui impose sa fonction de magistrat, s'écrie :

> « Eh quoi ! après soixante ans de luttes arrosées de sang et de tant de larmes, après deux révolutions glorieuses et sans égales dans les fastes du monde, en serions-nous encore réduits à nous demander si la pratique réelle, sincère du gouvernement représentatif est possible, si le dogme immortel de la souveraineté du peuple est un mot sans application possible et sans portée [...] ? »

Lors de banquets de novembre 1847, comme ceux d'Autun, de Dijon, des thèmes sociaux apparaissent encore plus présents. Ils sont parfois l'occasion de l'expression d'idées socialistes.

À Valenciennes, un toast est porté « à l'abolition de la misère par le travail » ; ailleurs, on boit « à l'amélioration du sort des classes laborieuses ».

Cette évolution de la campagne des banquets est particulièrement manifeste avec la présence de plus en plus fréquente de personnalités tel Alexandre Ledru-Rollin.

Avocat au barreau de Paris, il s'est signalé par ses plaidoyers en faveur des journalistes républicains. Élu député radical du Mans en 1841, il siège à l'extrême gauche. Il a publié en 1846 un manifeste dans lequel il réclame le suffrage universel, ce qui lui vaut un procès retentissant. Il s'affirme partisan de « réformes de structure économiques et sociales » pour faire face à la misère du peuple français, et ses principes républicains sont ceux de la République sociale. Il dénonce les « féodalités de l'argent ». Opposant à la monarchie de Juillet, il devient une figure radicale très importante de la Chambre, voulant changer les institutions, par l'adoption du suffrage universel. Il a fondé en juin 1843 le journal *La Réforme* pour propager son programme radical et républicain.

Ainsi, Odilon Barrot, le 7 novembre de la même année, refuse de présider le banquet de Lille du fait de la présence de Ledru-Rollin. Cela illustre bien l'embarras et l'inquiétude de cette bourgeoisie libérale, modérée, qui se retrouve dans les principes de liberté de la Révolution pourvu qu'ils soient le rempart à l'établissement de la République. Odilon Barrot comprend que cette campagne pour une réforme « électorale et parlementaire » dans le cadre de la monarchie de Juillet prend une tournure politique qui ne lui convient pas.

Le théoricien de la République socialiste, Louis Blanc, a compris lui aussi l'intérêt de ces banquets pour le développement de la cause qu'il défend.

Ferdinand Flocon, membre de plusieurs sociétés secrètes républicaines telles que les « Carbonari », rédacteur en chef de *La Réforme*, qui sera l'auteur d'articles sur Proudhon, Bakounine, Engels et Marx et avait sous la Restauration déjà conspiré contre les Bourbons, a perçu lui aussi l'importance de ces banquets. Ils sont l'occasion de dépasser les simples slogans réformistes et de semer une idéologie plus radicale.

Commencée aux cris de « Vive la réforme ! », cette campagne des banquets se termine aux cris de « Vive la République ! ».

Le gouvernement prend conscience avec retard de cette évolution. Il finit par s'inquiéter de cette dérive préoccupante pour l'avenir du régime de la monarchie de Juillet. Il a noté la présence dans ces manifestations de ses opposants les plus résolus. Mais il réagit trop tard. Les bourgeois libéraux ont joué aux apprentis sorciers et ouvert les portes de la contestation aux républicains.

La dégradation du climat social dans la capitale est évidente, la contestation progresse, l'agitation populaire est permanente dans certains quartiers de Paris. La crainte de dérives insurrectionnelles pousse les chefs de l'opposition dynastique, comme Odilon Barrot, à accepter un report du banquet prévu à Paris le 19 février 1848. Il est donc interdit par le préfet de Paris, de même que tout attroupement.

Mais les opposants les plus radicaux entendent braver l'interdiction du gouvernement et aller à l'épreuve de force.

Pour limiter les risques, le banquet est déplacé aux Champs-Élysées et reporté au mardi 22 février au lieu du samedi initialement prévu.

La veille, Marrast, dans *Le National*, lance un appel aux citoyens résolus à combattre les ennemis de la liberté. Il invite les Parisiens à venir en masse le 22 février pour manifester place de la Madeleine et après à se rendre au banquet des Champs-Élysées. *Le National* s'enhardit à convoquer la garde nationale, en uniforme mais sans arme, pour qu'elle escorte dans une haie d'honneur le cortège des manifestants et, même, se mêle à eux.

Provocation naturellement inacceptable pour le gouvernement qui prend peur des risques graves de désordres à l'ordre public. Il interdit la manifestation et le banquet.

Le 23 février des manifestants dans les rues crient « À bas Guizot ! Vive la réforme ! ». Des barricades s'élèvent. L'agitation ne se calme pas, bien au contraire. L'armée riposte à des tirs, et la fusillade fait 20 morts parmi les manifestants boulevard des Capucines.

L'annonce de ce drame se diffuse très vite, soulève une grande indignation, une colère dans certains quartiers de Paris. L'insurrection gronde. Les barricades se multiplient. Plusieurs casernes sont envahies. La garde nationale est dépassée, hésitante. Les morts de la veille la paralysent d'effroi.

Le 24 au matin, les barricades sont de plus en plus nombreuses, de l'ordre de 1 500. En divers endroits, les soldats fraternisent avec les émeutiers. Le gouvernement tente de réagir. « L'ordre est donné de suspendre le feu. » Odilon Barrot et Adolphe Thiers annoncent qu'ils sont chargés de former un nouveau ministère… Trop tard.

Les manifestants s'emparent de l'Hôtel de Ville, menacent les Tuileries. Le roi abdique en faveur de son petit-fils, le comte de Paris, et va s'embarquer pour l'Angleterre à Trouville.

Au début de l'après-midi, la duchesse d'Orléans, accompagnée de ses deux fils et du duc de Nemours, va à la Chambre pour faire reconnaître la régence, mais les révolutionnaires envahissent le Palais-Bourbon et elle doit fuir à son tour. Les Tuileries sont mises à sac. Lamartine et Ledru-Rollin proclament la République avant de se rendre à l'Hôtel de Ville, où se constitue un gouvernement provisoire. En trois journées, la monarchie constitutionnelle s'est effondrée.

La proclamation de la République est saluée en France à l'occasion de nombreux banquets par les prêtres et les pasteurs.

Ainsi que le rapporte *Le Glaneur des Alpes* du 2 mars 1848, l'évêque de Digne, Auguste Sibour, dès le 1er mars 1848, adresse une lettre circulaire à ses curés qu'il leur demande de lire le dimanche suivant à la messe paroissiale.

> « Notre devoir à tous, Monsieur le curé, dans les circonstances critiques, est clairement tracé. Nous avons à seconder de tout notre pouvoir le nouveau gouvernement dans sa mission d'ordre et de paix. Nous avons à joindre nos efforts à tous ceux des bons citoyens qui partout, sans distinction de parti, ont manifesté une si énergique volonté de réprimer les passions anarchiques. Rassurons les âmes fidèles. Il y a en ce moment des souvenirs qui les épouvantent, faisons-leur comprendre que le présent ne ressemble pas au passé…
>
> Qu'on le sache bien, et que la sincérité et la loyauté de notre langage, qu'on a plus d'une fois méconnues, fassent enfin tomber des préventions injustes. Nous voulons, pour nous et pour tous, la liberté, mais la liberté franche et entière, la liberté de réunion et d'association, la liberté des cultes, la liberté des consciences et la liberté d'enseignement inséparable des autres. »

Ainsi les fidèles pourront-ils assister à ces banquets qui chantent l'avènement de la République.

À Bourdeaux, dans la Drôme, le 7 mars 1848, c'est le pasteur Muston qui bénit la République.

Après l'effondrement du Second Empire, alors que la République n'a pas encore entièrement conquis les Français, qu'elle est encore institutionnellement dans le provisoire, au banquet de La Ferté-sous-Jouarre, le 14 juillet 1872, Léon Gambetta montre bien le sens politique de ces agapes :

« Oui, ces réunions sont bonnes, je dis plus, elles sont nécessaires. Elles sont nécessaires à plusieurs points de vue : d'abord pour rapprocher les deux fractions de la société française que la révolution de 89 avait associées et réunies et que les trois monarchies successives, épaves du vieux monde, se sont ingéniées, depuis trois quarts de siècle, à diviser, à séparer, à jeter les unes sur les autres les armes à la main. En second lieu, ces réunions ne sauraient être trop multipliées, surtout au cœur des campagnes ; car on ne saurait trop souvent visiter face à face celui qui vit sur le sol, qui le féconde de ses sueurs, qui manque de moyens d'information avec la ville qu'on lui représente comme un foyer de sédition, d'anarchie, cherchant ainsi, par la division de classes semblables, par la division d'intérêts conciliables, à créer un antagonisme qui est le fondement même du despotisme. Oui, il faut que ces réunions se multiplient… C'est par la rencontre, par la fréquentation, par la conversation que ces deux frères, le paysan et l'ouvrier, l'homme de ville et l'homme de campagne, doivent être réunis et associés par leur frère aîné, celui qui appartient à la bourgeoisie et qui, grâce à une fortune antérieure ou à des sacrifices immédiats, a obtenu une éducation qui doit en faire à la fois un initiateur et un guide… Eh bien, au 14 juillet 89, cette unité morale, sociale et politique existait en France. Elle était le fruit d'intérêts reconnus égaux et qu'il s'agissait de faire triompher, et elle se fit jour à cette date, pour la première et pour la plus décisive fois, dans ce glorieux Paris, initiateur du mouvement contre Versailles, qui réclamait, avec ses franchises municipales, des libertés politiques pour tout le pays, une Constitution nationale et l'expulsion des hordes étrangères. Paris alors était groupé, entendez-le bien ; Paris formait comme un faisceau où le bourgeois, l'ouvrier, le peuple, tout le peuple, ce que l'on appelait le tiers, concouraient sans division, avec une unité d'action admirable, à l'œuvre nationale de la Révolution française, car vous n'avez qu'à compter ceux qui se battirent à la Bastille et ceux qui les mènent dans ce grand jour, vous les trouvez tous réunis, depuis le penseur, le publiciste, l'ouvrier, le garde-française, l'électeur, le marchand jusqu'au simple tâcheron ! Ils y sont tous, tous représentent l'unité française réclamant ses droits, non pas seulement pour renverser une Bastille de pierres, mais pour détruire la véritable Bastille : le Moyen Âge, le despotisme, l'oligarchie, la royauté ! Français, c'était partout l'allégresse… Pourquoi donc cet amas de pierres disjointes causait-il tant de joie ? C'est que l'on sentait que le vieux monde était fini et que la chute de la Bastille annonçait un monde nouveau, le monde de la justice, du droit et de la dignité individuelle ; c'est parce que le monde civil et la volonté laïque apparaissaient à tous et faisaient pour la première fois leur entrée définitive. Et voilà comment les faits s'enchaînent, l'un entraînant l'autre ! Il est bien certain, en effet, que le 10 août, que le 22 septembre, que les journées les plus décisives de la Révolution française sont contenues, sont impliquées dans ce premier fait qui les enveloppe : le 14 juillet 1789. Et voilà pourquoi aussi c'est la vraie date révolutionnaire, celle qui a fait tressaillir la France ; celle qui l'a fait lever jusque dans la dernière de ses communes ; celle qui a fait surgir, comme par un coup de baguette magique, un citoyen dans le dernier des serfs, dans le plus humble, dans le plus infime des travailleurs. C'est pourquoi le 14 juillet n'est pas une date monarchique, et vous voyez qu'on ne la revendique pas de ce côté, quoique ce grand fait ait eu lieu sous la monarchie ; on comprend que ce jour-là notre nouveau testament nous a été donné, et que tout doit en découler.

La République n'est donc pas pour nous seulement une question d'origine, de sentiment, de tradition, elle est une nécessité intellectuelle, elle s'impose à nous par les besoins mêmes de l'esprit. Nous ne pouvons pas comprendre l'ordre, l'équilibre entre les divers intérêts de la nation, la paix sociale, cette nécessaire et auguste paix après laquelle la France soupire, et que j'appellerai la paix républicaine… Nous ne pouvons pas comprendre ces choses et l'avènement définitif de ces éléments essentiels de sécurité, de prospérité matérielle, de réparation morale, de restauration, de grandeur de la patrie sans la République. »

Au fil du temps, la République s'est installée, le suffrage universel masculin est proclamé comme la source du pouvoir. Le « banquet républicain » devient un instrument plus électoral. Il offre l'opportunité de rencontrer des électeurs, l'occasion de rallier une « clientèle » à son combat politique et électoral, de recruter des « agents » électoraux, des relais pour diffuser ses idées.

Ainsi en janvier 1881, Gambetta préside celui de la Chambre syndicale des marchands de vin « bleu, blanc, rouge », pour reprendre l'expression d'un journaliste de l'époque. Ceux-ci peuvent être des agents électoraux influents. Ils rencontrent du monde, parlent, il convient de s'attirer leur sympathie, de les ménager, de les convaincre à suivre le bon chemin politique, à faire le bon choix.

Les maires sont aussi une « cible » pour les politiques. Ce sont des notables dont l'influence électorale dans leur commune n'est pas à négliger. Les ruraux sont encore bien souvent conservateurs. Il importe de les rassurer sur la République. Les maires participent à l'élection des sénateurs qui, eux, font partie du collège électoral du président de la République, il s'agit donc de bien les mettre à l'honneur.

Sadi Carnot, tout juste élu président de la République convie, à l'occasion du 14 juillet 1888, à Paris à un banquet tous les maires des chefs-lieux d'arrondissement et de cantons. Environ 4 000 répondent à son invitation.

Le 17 juin 1889, Jules Ferry, président de l'Association nationale républicaine, profite d'un grand banquet à l'hôtel Continental, pour prononcer un discours très offensif. Concernant les institutions, il réclame un « pouvoir exécutif plus résolu et plus actif », mais aussi « un Sénat moins modeste et moins effacé, [...] une Chambre moins indiscrète, moins disposée à empiéter sur les attributions d'autrui ». Il réfute l'idée qu'en France il y aurait deux pouvoirs, celui de l'Église et celui de l'État. Il réaffirme qu'il n'y a « qu'une seule puissance... La puissance civile et séculière ». Son discours est imprimé, largement distribué ou vendu 5 centimes.

L'année suivante, 18 août 1889, le banquet du Centenaire est organisé par la municipalité de Paris à l'occasion du centenaire de la Révolution française. 11 182 maires sont réunis au palais de l'Industrie pendant l'Exposition universelle de Paris, en présence du président de la République, Sadi Carnot, et de celui du Conseil.

Le 13 juillet 1898, un grand banquet est donné dans la grande salle des fêtes de l'Hôtel de Ville par la municipalité de Paris, où Louis Navarre, président du conseil municipal, convie les maires des principales villes de France en l'honneur du centenaire de l'historien Michelet.

Le 22 septembre 1900 – la date ne fut pas choisie au hasard, elle est celle du jour anniversaire de la proclamation de la République en 1792, soit cent huit ans auparavant et à l'occasion de l'inauguration de l'Exposition universelle –, le président de la République Émile Loubet et Waldeck-Rousseau, président du Conseil, invitent les 36 172 maires de France à un gigantesque banquet. Il en vient 20 777, tous ceints de leur écharpe tricolore. Au total, avec les parlementaires, les ministres et personnalités diverses, il rassemble près de 23 000 convives. Plus de 600 tables ont été dressées dans les jardins des Tuileries. Le menu de ces agapes est généreux : « Hors-d'œuvre, darnes de saumon glacées à la parisienne, filet de bœuf en bellevue, pains de canetons de Rouen, poulardes de Bresse rôties, ballotines de faisans Saint-Hubert, salade Potel, glaces Succès, Condés, dessert. » Et surtout abondamment arrosé : 39 000 bouteilles dont 1 500 de fine champagne sont consommées, successivement : du preignac, du saint-julien. Mais aussi du haut-sauternes, du bourgogne. Le repas se terminant par du champagne Montebello.

Il est aisé de comprendre pourquoi l'allocution de Loubet est vivement ovationnée. Le président de la République, évoquant les révolutionnaires de 1789, s'exclame :

> « Lorsqu'ils proclamèrent la République, ils voulaient organiser la défense nationale en même temps que la démocratie, de sorte qu'ils nous ont donné l'exemple du courage sous ses deux plus belles formes, et que cet anniversaire est la fête du patriotisme autant que la fête de la liberté ! »

Naturellement, un tel banquet aiguisa la verve des chansonniers montmartrois. Ainsi Vincent Hyspa, qui excellait dans la satire politique, brocardait-il de sa voix rocailleuse de Narbonne, « Le Banquet des maires » :

Que j'aime à voir faisant bombance,
Le verre en main, et de bon cœur,
Les vingt-deux mill' deux cent vingt-deux mair's de France…
Que c'est comme un bouquet de fleurs.
Soutenez-vous, que pas une ne balance !
Rappelez-vous, messieurs, que l'étranger…
Que l'étranger… que dis-je ? que la France,
En ce moment, nous regarde manger.
Vive l'armée des maires de campagne !

J'entends vos cœurs flotter comme un drapeau ;
Portez-les haut, mais après le champagne,
Ah ! Ne les mettez pas sur le carreau
Tout ce qu'ont fait les mair's de quarant'huit,
S'il le fallait, vous le feriez encore ;
Sur eux, messieurs, réglez votre conduite,
Conduisez-vous comme les mair's d'alors !
Quatre-vingt-neuf a vu forcer les grilles
Où s'étouffait l'air de la liberté ;
C'est nos aïeux qui prirent la Bastille
Et nous, messieurs, nous prenons le café.

La venue du président de la République dans les départements est aussi souvent l'occasion d'un grand banquet républicain où se pressent élus municipaux, départementaux et nationaux, et les notables locaux. Le chef de l'État peut ainsi, de façon solennelle, s'adresser aux notables et vanter les vertus de la République.

Ainsi un grand banquet républicain de 320 convives, dont les parlementaires, de nombreux maires du département, est organisé le 29 mai 1898 pour la venue à Vichy de Félix Faure. Au menu : turbot sauce riche, cuissots de rennes grand veneur, quenelles truffées financières, jambon d'York maillon, spums au kirsch, morilles chantilly, chapons truffés à la broche, mousses de foie gras à la gelée, langoustes tartare, parfaits pralinés, dessert. Le tout arrosé de haut-sauternes, saint-émilion, pommard Louis Roederer.

Le 9 juillet 1911, le président de la République, Armand Fallières, passe la journée à Roubaix. À son arrivée, une chorale chante au Président un petit hymne de circonstance : « Hourra au Président et pour la vie. En ce grand jour les Roubaisiens. Jurent au nom de la patrie de rester bons républicains. » À l'heure du déjeuner, un banquet pour plus de 200 convives est servi en musique dans la salle Pierre-de-Roubaix. Le banquet se termine en apothéose avec le vivat flamand entonné par une chorale.

Le 10 septembre 1913, Guéret accueille Raymond Poincaré et son épouse en voyage touristique et venant de Limoges. À leur arrivée, une salve de 21 coups de canon éclate. Le déjeuner de 285 couverts, rassemblant élus et personnalités creusoises, permet au président de la République de s'entretenir avec les notables locaux.

Le 14 octobre 1923, après avoir été reçu à l'hôtel de ville par le maire d'Évreux, Alexandre Millerand préside un banquet organisé à la préfecture. Y sont conviés les membres de l'assemblée départementale, les présidents des conseils d'arrondissements et les maires des chefs-lieux de canton.

Après avoir dégusté des truites de l'Iton, un poulet à la normande et sûrement apprécié les poires ébroïciennes, il s'engage dans un discours très politique et clairement électoral. Il s'en prend directement aux adversaires du Bloc national : les communistes, partisans de la lutte des classes, car, affirme-t-il, « pour introduire plus de justice dans les rapports entre les hommes et pour améliorer la condition du malheureux », la guerre civile n'est pas un préalable indispensable. Il fustige aussi les « illusions pacifistes » des socialistes, et, sans les citer, dénonce l'irréalisme des propositions des radicaux.

Ce discours d'Évreux ne passe pas inaperçu et, dès le lendemain, dans *Le Populaire*, Léon Blum désigne comme enjeu des prochaines élections législatives la démission d'Alexandre Millerand de la présidence de la République.

Et l'on pourrait crier avec lui : « Vive les banquets, et vive la République ! »

Ils sont aussi l'occasion pour les républicains d'honorer l'un des leurs. Ainsi, en 1905, le 5 juillet, les groupes parlementaires républicains offrirent à Aristide Briand un grand banquet à l'hôtel Moderne, pour lui signifier, après le vote à la Chambre de la loi de séparation des Églises et de l'État, leur reconnaissance. Jaurès, Caillaux, Millerand, Combes… avaient pris place parmi les nombreux convives.

Béranger, Pierre-Jean de (1780-1857)

Auteur de chansons populaires, il confère au titre de chansonnier ses lettres de reconnaissance populaire.

À Paris, en 1813, où il est arrivé de Péronne, il se produit au Caveau Moderne. Il ne se contente plus d'écrire des chansons satiriques et populaires de fins de banquets, il s'introduit dans la critique sociale et politique. Avec « Le Roi d'Yvetot », il brocarde par allusions perfides l'autoritarisme impérial.

Il était un roi d'Yvetot
Peu connu dans l'histoire ;
Se levant tard, se couchant tôt,
Dormant fort bien sans gloire,
Et couronné par Jeanneton

D'un simple bonnet de coton,
Dit-on.
Oh ! oh ! oh ! oh ! ah ! ah ! ah ! ah !
Quel bon petit roi c'était là !
Là, là.
Il faisait ses quatre repas
Dans son palais de chaume,
Et sur un âne, pas à pas,
Parcourait son royaume.
Joyeux, simple et croyant le bien,
Pour toute garde il n'avait rien
Qu'un chien.
Oh ! oh ! oh ! oh ! ah ! ah ! ah ! ah
Quel bon petit roi c'était là !
Là, là.
Il n'avait de goût onéreux
Qu'une soif un peu vive ;
Mais en rendant son peuple heureux,
Il faut bien qu'un roi vive.
Lui-même, à table et sans suppôt,
Sur chaque muid levait un pot
D'impôt.
Oh ! oh ! oh ! oh ! ah ! ah ! ah ! ah !
Quel bon petit roi c'était là !
Là, là.
Aux filles de bonnes maisons
Comme il avait su plaire,
Ses sujets avaient cent raisons
De le nommer leur père
D'ailleurs il ne levait de ban
Que pour tirer quatre fois l'an
Au blanc.
Oh ! oh ! oh ! oh ! ah ! ah ! ah ! ah !
Quel bon petit roi c'était là !
Là, là.
Il n'agrandit point ses états,

Fut un voisin commode,
Et, modèle des potentats,
Prit le plaisir pour code.
Ce n'est que lorsqu'il expira
Que le peuple qui l'enterra
Pleura.
Oh ! oh ! oh ! oh ! ah ! ah ! ah ! ah !
Quel bon petit roi c'était là !
Là, là.
On conserve encore le portrait
De ce digne et bon prince ;
C'est l'enseigne d'un cabaret
Fameux dans la province.
Les jours de fête, bien souvent,
La foule s'écrie en buvant devant :
Oh ! oh ! oh ! oh ! ah ! ah ! ah ! ah !
Quel bon petit roi c'était là !
Là, là.

La liberté qu'il s'accorde dans l'écriture de ses chansons le fait apparaître rapidement comme un opposant au régime des Bourbons. Il est d'autant plus écouté que la presse est politiquement corsetée. Il dénonce gaiement les atteintes à la liberté d'expression, l'Ancien Régime et l'influence de l'Église, célèbre les gloires de la République et de l'Empire.

Il brocarde les magistrats dans « Le Juge de Charenton », les députés dans « Le Ventru », les prêtres et les Jésuites. Il s'en prend plus ouvertement et plus violemment à la politique réactionnaire des nobles et du clergé.

Ses chansons paraissent en deux volumes le 25 octobre 1821. En huit jours, les 10 000 exemplaires sont vendus.

En décembre 1821, condamné à trois mois de prison et 500 francs d'amende, il est incarcéré à la prison Sainte-Pélagie. Il continue dès sa sortie à chanter sa liberté, à braver la censure ministérielle.

Son insolence joyeuse agace, et son « indépendance » politique, qu'il revendique, irrite ceux qui gravitent autour du roi. D'autant plus qu'il ne manque jamais de les railler.

Chacun rit des flatteurs du Louvre,
Valets, en tout temps prosternés,
Dans cette auberge qui ne s'ouvre
Que pour les passants couronnés.

En 1828, il écope de neuf mois de prison et 10 000 francs d'amende. Cette condamnation ne fait que rendre son nom plus populaire : l'amende est acquittée par souscription.

Ces poursuites ne le font pas renoncer à chanter sa liberté d'expression et donc ses convictions. Sur l'air de vaudeville de *La Petite Gouvernante*, de Michel-Joseph Gentil de Chavagnac, c'est « Ma République » :

J'ai pris goût à la République
Depuis que j'ai vu tant de rois.
Je m'en fais une, et je m'applique
À lui donner de bonnes lois.
On n'y commerce que pour boire,
On n'y juge qu'avec gaîté ;
Ma table est tout son territoire ;
Sa devise est la liberté.
Amis, prenons tous notre verre :
Le Sénat s'assemble aujourd'hui.

D'abord, par un arrêt sévère,
À jamais proscrivons l'ennui.
Quoi ! proscrire ! Ah ! ce mot doit être
Inconnu dans notre cité.
Chez nous l'ennui ne pourra naître :
Le plaisir suit la liberté.
Du luxe, dont elle est blessée,
La joie ici défend l'abus ;
Point d'entraves à la pensée,
Par ordonnance de Bacchus.
À son gré que chacun professe
Le culte de sa déité ;
Qu'on puisse aller même à la messe :
Ainsi le veut la liberté.
La noblesse est trop abusive :
Ne parlons point de nos aïeux.
Point de titre, même au convive
Qui rit le plus ou boit le mieux.
Et si quelqu'un, d'humeur traîtresse,
Aspirait à la royauté,
Plongeons ce César dans l'ivresse,
Nous sauverons la liberté.
Trinquons à notre République,
Pour voir son destin affermi.
Mais ce peuple si pacifique
Déjà redoute un ennemi.
C'est Lisette qui nous rappelle
Sous les lois de la volupté.
Elle veut régner, elle est belle ;
C'en est fait de la liberté.

Après la révolution de 1830, il n'accepte pas de servir la monarchie de Juillet.

Un nouveau recueil de ses œuvres est publié en 1843 avec toujours un égal succès populaire, notamment pour « Le Sénateur » et cette liberté irrévérencieuse qui choque les « princes » du régime.

Mon épouse fait ma gloire :
Rose a de si jolis yeux !
Je lui dois, l'on peut m'en croire,
Un ami bien précieux.
Le jour où j'obtins sa foi,
Un sénateur vint chez moi !
Quel honneur !
Quel bonheur !
Ah ! Monsieur le sénateur,
Je suis votre humble serviteur.
De ses faits je tiens registre :
C'est un homme sans égal.
L'autre hiver, chez un ministre,
Il mena ma femme au bal.
S'il me trouve en son chemin,
Il me frappe dans la main.
Quel honneur !
Quel bonheur !
Ah ! Monsieur le sénateur,
Je suis votre humble serviteur.
Près de Rose il n'est point fade,
Et n'a rien d'un freluquet.
Lorsque ma femme est malade,
Il fait mon cent de piquet.
Il m'embrasse au jour de l'an ;
Il me fête à la Saint-Jean.
Quel honneur !
Quel bonheur !
Ah ! Monsieur le sénateur,
Je suis votre humble serviteur.
Chez moi qu'un temps effroyable
Me retienne après dîner,

Il me dit, d'un air aimable :
« Allez donc vous promener ;
Mon cher, ne vous gênez pas,
Mon équipage est là-bas. »
Quel honneur !
Quel bonheur !
Ah ! Monsieur le sénateur,
Je suis votre humble serviteur.
Certains soirs, à sa campagne
Il nous mena par hasard.
Il m'enivra de champagne ;
Et Rose fit lit à part.
Mais de la maison, ma foi,
Le plus beau lit fut pour moi.
Quel honneur !
Quel bonheur !
Ah ! Monsieur le sénateur,
Je suis votre humble serviteur.
À l'enfant que Dieu m'envoie,
Pour parrain je l'ai donné.
C'est presqu'en pleurant de joie
Qu'il baise le nouveau-né ;
Et mon fils, dès ce moment,
Est mis sur son testament.
Quel honneur !
Quel bonheur !
Ah ! Monsieur le sénateur,
Je suis votre humble serviteur.
À table il aime qu'on rie ;
Mais parfois j'y suis trop vert.
J'ai poussé la raillerie
Jusqu'à lui dire au dessert :
On croit, j'en suis convaincu,
Que vous me faites cocu !
Quel honneur !
Quel bonheur !

Ah ! Monsieur le sénateur,
Je suis votre humble serviteur.

En 1848, il fait partie bénévolement de la Commission des secours. *Le Moniteur* note dans ses colonnes le 17 avril :

« Les chanteurs de rue, joueurs d'orgue, de vielle [...] sont venus, bannière en tête, apporter leur offrande à la patrie. [...] Ils ont été reçus par Béranger, qui, aussitôt qu'il se fut nommé, fut de leur part l'objet d'une ovation des plus touchantes. Ces braves gens l'entouraient les larmes aux yeux ; c'était à qui pourrait lui serrer la main, à qui pourrait lui donner les marques de la plus vive gratitude. L'un d'entre eux, le citoyen Aubert, chanta des stances reprises en chœur par toute la députation ; puis ils quittèrent l'Élysée-Nationale aux cris mille fois répétés de "Vive Béranger ! Vive notre illustre chansonnier !" »

Dans la préface que Béranger a rédigée en 1833 pour la publication de ses œuvres complètes par l'éditeur Perrotin, il résume bien le sens de son orientation politique :

« J'eus alors la conviction profonde que les Bourbons fussent-ils tels que l'osaient encore dire leurs partisans, il n'y avait plus pour eux possibilité de gouverner la France, ni pour la France possibilité de leur faire adopter les principes libéraux, qui, depuis 1814, avaient reconquis tout ce qu'avaient fait perdre la Terreur, l'anarchie directoriale et la gloire de l'Empire. [...] Depuis 1789, le peuple ayant mis la main aux affaires du pays, ses sentiments et ses idées patriotiques ont acquis un très grand développement. [...] »

Il fut celui qui chanta les idées patriotiques et les sentiments de justice et d'égalité.

Bert, Paul (1833-1886)

Paul Bert a contribué avec Jules Ferry à poser les fondements de l'école publique. Il est trop souvent ignoré, c'est injuste.

Professeur de physiologie à la Sorbonne, membre de l'Académie des sciences, il se présente en 1872 à la députation dans l'Yonne et, vis-à-vis de ses électeurs, prend trois engagements précis : instaurer un impôt sur le revenu, le service militaire obligatoire pour tous et l'instruction obligatoire, gratuite et laïque pour les enfants de six à treize ans.

Élu le 9 juin, réélu en 1876, 1881 et 1885, il siège au sein du groupe de l'Union républicaine que préside Gambetta.

Il dépose deux propositions de loi sur le recrutement des instituteurs et la composition des conseils de l'enseignement. Pour ce libre-penseur, il s'agit de lever la tutelle de l'Église catholique sur l'enseignement, notamment celui des jeunes filles.

Ministre de l'Instruction publique et des cultes du gouvernement de Gambetta de novembre 1881 à janvier 1882, il veut être à l'origine de l'école de la République, l'école pour tous, sans distinction de religion, d'origine sociale, où l'on apprend la France, où se forge l'identité nationale et républicaine.

Il est à l'initiative de plusieurs lois ou a été le rapporteur à la Chambre des députés d'autres projets de loi.

La République lui doit notamment la loi du 9 août 1879 relative à l'établissement des écoles normales primaires ou celle du 16 juin 1881 relative aux titres de capacité exigés pour l'enseignement primaire. En ce qui concerne la loi qui établit la gratuité de l'enseignement primaire, également du 16 juin 1881, Paul Bert en a été le rapporteur lors de la première lecture à la Chambre des députés le 13 décembre 1880 et aussi lors de son examen en deuxième lecture le 11 juin 1881. C'est lui également qui rapporte la loi du 28 mars 1882 rendant l'enseignement primaire obligatoire et la loi du 30 octobre 1886 sur l'organisation de l'enseignement primaire.

Paul Bert en ce domaine a une conviction bien établie : la République doit a tout enfant une instruction gratuite, obligatoire et laïque.

Cette laïcité se marque par la neutralité religieuse des programmes, l'apprentissage d'une « foi laïque » qui se caractérise non pas sur la croyance en Dieu, mais en son propre destin. Adepte de la philosophie des Lumières, Paul Bert est convaincu que l'instituteur doit être le maître de l'école et le prêtre celui de l'Église. Il doit y avoir une frontière qui écarte les tentations des responsables religieux de s'immiscer dans les écoles. La mission de l'école de la République étant de former des citoyens libres, Paul Bert écrit à ce sujet dans l'avant-propos de *L'Instruction civique à l'école* :

> « Il faut que l'amour de la France ne soit pas pour [l'élève] une formule abstraite, imposée à sa mémoire comme un dogme de religion, mais qu'il en comprenne les motifs, qu'il en apprécie la grandeur et les conséquences nécessaires. Car c'est en l'aimant et en raisonnant cet amour qu'il apprendra à se donner tout à elle, et, accomplissant jusqu'au bout son devoir de citoyen, à se dévouer, s'il le faut, soit pour le salut de la Patrie, soit pour la défense des principes dont le triomphe a fait de lui un homme libre et un citoyen. »

L'enseignement civique et moral, l'acquisition de notions de droit et d'économie sont introduits dans les programmes de l'école primaire par la loi du 28 mars 1882. L'ambition des responsables républicains est de le substituer à l'éducation religieuse.

C'est en 1882 que Paul Bert publie *L'Instruction civique à l'école*, manuel destiné aux élèves du primaire. Dans le chapitre VI, Paul Bert traite de la liberté, de l'égalité, de la fraternité et avertit les jeunes enfants :

> « Mais voyez quelle belle chose c'est que la devise républicaine. Tout y est. Et si vous enlevez un des trois mots, cela ne marche plus. Sans la liberté peut être le plus abominable des esclavages : car tout le monde est

égal sous un tyran. Sans la fraternité, la liberté conduit à l'égoïsme. »

Il résume les principes sur les lesquels s'ordonnent la morale et la citoyenneté républicaine, que les élèves doivent retenir :

« 1. La devise de la République est “Liberté, égalité, fraternité”.

2. Tous les Français majeurs sont libres.

3. Les libertés les plus importantes sont : la liberté individuelle, la liberté du travail, la liberté de conscience.

4. La propriété, le domicile, la personne de chaque citoyen sont inviolables, excepté sur ordre des magistrats.

5. On n'est pas libre de ne pas respecter la liberté des autres.

6. Ne faites pas aux autres ce que vous ne voudriez pas qu'il vous fût fait.

7. Il y a des choses qu'on n'est pas libre de ne pas faire, comme faire instruire ses enfants, nourrir ses vieux parents, voter…

8. Toutes nos libertés datent de la révolution de 1789.

9. Tous les Français sont égaux devant le service militaire, l'impôt, la justice, le suffrage universel, l'accession aux fonctions publiques.

10. Il n'y a de différences entre eux que celle de l'intelligence, de la conduite et de l'instruction.

11. L'égalité des biens est une chimère, celle des droits et des devoirs est une réalité.

12. En pratique, il y a quelques inégalités, et surtout celle de l'instruction.

13. La République s'efforce d'établir l'égalité de l'instruction.

14. Il faut qu'on arrive à ceci : à tous l'instruction et à chacun selon ses mérites.

15. Il ne suffit pas d'être libre, il ne suffit pas de faire ce qu'on veut sauf du mal aux autres, il ne suffit pas d'être l'égal des autres : il faut encore aimer les autres.

16. Tous les Français doivent se considérer comme frères.

17. La fraternité, c'est d'abord la justice.

18. Ceux qui exercent des fonctions publiques doivent toujours agir selon l'intérêt public.

19. Il ne faut jamais rien demander qui soit contraire à l'intérêt public ou à l'intérêt d'un autre.

20. La fraternité est plus que la justice ; elle enseigne à rechercher les moyens de faire du bien aux autres ou de leur éviter du mal.

21. C'est la fraternité qui a fait organiser les services des enfants assistés, des hôpitaux, des hospices, des crèches, des sociétés de secours mutuel.

22. La fraternité n'est pas la charité.

23. La fraternité est un devoir social, la charité est une vertu individuelle.

24. Les trois parties de la devise républicaine "Liberté, égalité, fraternité" se tiennent. On ne peut en enlever une sans que les autres perdent leur sens et leur valeur. »

Il marque de son empreinte cette volonté de promouvoir une éducation laïque, patriotique, nationaliste, diront certains de ses détracteurs.

Laïque, anticlérical, il opposait la science à la religion : « Avec la science, plus de superstitions possibles, plus d'espérances insensées, plus de ces crédulités niaises, de ces croyances aux miracles, à l'anarchie dans la nature. » Adepte de la science expérimentale, il refusait de s'intéresser aux questions de l'existence de Dieu et encore moins de la croyance en Dieu.

Membre actif de la Société d'anthropologie de Paris à partir de 1861, Paul Bert participe activement à la diffusion des thèses contestables, et qui lui seront reprochées, sur la différence des races.

Blum, Léon (1872-1950)

Comment ne pas manifester du respect pour Léon Blum, originaire du même village d'Alsace – Westhoffen – que ma famille ? Il a écrit, avec le Front populaire, une belle page de l'histoire de la République.

En 1890, il intègre l'École normale supérieure où il rencontre Lucien Herr, agrégé de philosophie et bibliothécaire de l'École normale, qui l'entraîne vers le socialisme et la défense de Dreyfus. Ce fut lui, déclarait Léon Blum, « qui cristallisa toutes les tendances diffuses qui étaient en [lui], et c'est à lui [qu'il doit] d'avoir opéré une "réorientation profonde" de [sa] conception individualiste et anarchique du socialisme ».

À trente-deux ans, Blum réussit le concours d'entrée au Conseil d'État.

Il fait, malgré lui, ressurgir des moments pénibles pour ceux qui aiment la République. Même s'ils font souffrir, ils ne doivent pas être oubliés. Leur rappel vivifie notre sentiment d'attachement à la République et notre aversion pour l'extrême droite.

Alors que le Front populaire vient de remporter les élections, Léon Blum écrit dans *Le Populaire* du 4 mai 1936 que les socialistes sont prêts à assumer les responsabilités du gouvernement. *L'Action française* avertit : « Le juif Léon Blum [...] sera demain le chef du gouvernement français... »

C'est dire combien l'antisémitisme est fort et ne se cache pas : Léon Blum en devient la cible privilégiée.

Ainsi, le 6 juin 1936, Léon Blum, à la tête du gouvernement, est à la tribune de la Chambre des députés pour solliciter sa confiance. Le débat est tendu, houleux, et voici que le député de l'Ardèche Xavier Vallat interpelle le nouveau président du Conseil. Il s'écrie à l'intention de Blum : « Votre arrivée au pouvoir […] est incontestablement une date historique. Pour la première fois, ce vieux pays gallo-romain sera gouverné […] par un juif. […] Je dis parce que je le pense […] que, pour gouverner cette nation paysanne qu'est la France, il vaut mieux avoir quelqu'un dont les origines, si modestes soient-elles, se perdent dans les entrailles de notre sol qu'un talmudiste subtil. » De tels propos rapportés par le *Journal officiel* annoncent l'antisémitisme de Vichy.

Pour l'extrême droite, Blum concentre en sa personne tout ce qu'elle exècre. Il a été dreyfusard, il est juif, franc-maçon, républicain, socialiste. Il a milité pour une alliance avec les communistes. Même s'il a refusé, en 1920, au congrès de Tours, les conditions d'adhésion à l'Internationale communiste et décidé « de garder la vieille maison », la SFIO.

Le 15 mai 1936, dans *L'Action française*, Maurras écrit : « C'est en tant que juif qu'il faut voir, concevoir, entendre, combattre et abattre le Blum. » Auparavant il avait, en 1935, dans son journal, même osé préciser qu'il fallait le fusiller, « mais dans le dos ». L'écrivain Louis-Ferdinand Céline ajoute en 1937, avec indécence, dans *Bagatelles pour un massacre* : « Je préférerais douze Hitler plutôt qu'un Blum omnipotent. Hitler encore je pourrais le comprendre, tandis que Blum, c'est inutile, ce sera toujours le pire ennemi, la haine à mort, absolue… Les Boches au moins, c'est des Blancs. » Un autre antisémite, Salomon-Koechlin, proclame : « Mieux vaut mille fois, pour un peuple sain, la férule d'un Hitler que la verge d'un Léon Blum. »

La presse d'extrême droite, pas seulement *L'Action française*, mais aussi *Candide*, *Gringoire*…, manifeste une agressivité sans limites à l'égard de Blum.

Cette haine proclamée, ces menaces proférées, ces calomnies répandues à longueur de colonnes des journaux ont failli aboutir le 13 février 1936. Quittant le Palais-Bourbon en voiture, Blum est reconnu par des militants monarchistes. Blessé à la tête, il arrive de justesse à échapper à un lynchage.

Malgré le grand respect que je porte à cet homme politique, arrêté, accusé par Vichy, déporté à Buchenwald, j'ai un regret : qu'il ait raté, au moment du Front populaire, son rendez-vous politique avec l'aspiration des femmes à l'égalité politique.

Il a su bousculer les corporatismes, faire admettre des réformes qui ont façonné notre société et, pourtant, il n'a pas osé imposer le droit de vote aux femmes.

Il a eu le courage politique de faire entrer au gouvernement trois femmes, Irène Joliot-Curie, Cécile Brunschvicg et Suzanne Lacore. Mais elles n'étaient que sous-secrétaire d'État, n'occupaient donc aucune fonction politique essentielle dans le gouvernement du Front populaire. N'étant pas ministres, elles ne bénéficiaient pas d'un budget propre pour soutenir leur politique. D'ailleurs, Irène Joliot-Curie, déçue, démissionnera très rapidement.

Naturellement, Léon Blum doit ménager les partis politiques qui soutiennent le gouvernement. Le parti radical, qui craint l'influence de l'Église catholique sur les femmes, est opposé à ce que leur soient conférés des droits politiques et notamment le droit de se présenter aux élections.

Certes, les socialistes de la SFIO depuis 1906 ont inscrit dans leur programme l'accès des femmes aux droits politiques, mais cela est loin de faire l'unanimité dans leurs rangs.

Mais alors que la nomination de ces trois femmes impliquerait d'accorder dans la foulée le droit de suffrage et d'éligibilité à toutes, Léon Blum n'a de cesse de différer le projet par crainte de la défection des radicaux, pour la plupart hostiles. Il va jusqu'à imposer l'abstention de ses ministres lors du vote parlementaire à l'Assemblée en juillet 1936. À son tour, le Sénat refuse d'examiner la loi… qui reste lettre morte et suscite cette réflexion virulente de Louise Weiss : « Trois hirondelles ne font pas un printemps ! »

Léon Blum n'a pas pu, n'a pas osé passer outre ces oppositions, alors même que, député de la Seine en

1925, il avait déposé une proposition de loi tendant à accorder aux femmes le droit de vote et d'éligibilité.

Voir : Front populaire.

Bonaparte,
Louis Napoléon (1808-1873)

Le 10 décembre 1848, pour la première fois, la République s'offre un président et se choisit un prince.

C'est au suffrage universel masculin que Louis Napoléon Bonaparte est élu, pour quatre ans, président de cette IIe République enfantée dans la douleur révolutionnaire. Dix jours plus tard, il prête serment de « rester fidèle à la République démocratique, une et indivisible » et de respecter la Constitution.

Quelle tristesse qu'il ait étranglé la République en 1851 !

Fils de Louis Bonaparte et d'Hortense de Beauharnais, fille de l'impératrice Joséphine, il est le neveu de Napoléon Ier et suit le sort que les Bourbons puis les Orléans réservent à sa famille, l'exil, d'abord en Suisse, puis à Rome et à Londres.

Il espère, attend, voyage, écrit, ne doute pas de son destin singulier, fréquente des libéraux, des républicains, des conspirateurs. Il cultive son originalité, complote, est arrêté, condamné à la prison à perpétuité, incarcéré au fort de Ham dans la Somme. Il s'évade le 25 mai 1846 et, *via* Bruxelles, se réfugie à Londres.

Après la révolution de février 1848, la proclamation de la République, ses partisans présentent sa candidature aux élections à l'Assemblée nationale, et il est élu dans plusieurs départements. Le 25 septembre, il s'installe à l'hôtel du Rhin, place Vendôme, à Paris. Le lendemain, il fait son entrée à l'Assemblée nationale et déclare :

« Après trente-quatre années de proscription, je retrouve enfin ma patrie et mes droits de citoyen. La République m'a fait ce bonheur, que la République reçoive ici mon serment de reconnaissance et de dévouement et que les généreux patriotes qui m'ont porté dans cette enceinte soient certains que je m'efforcerai de justifier leurs suffrages en travaillant avec vous au maintien de la tranquillité, ce premier besoin du pays, et au développement des institutions démocratiques que le peuple a le droit de réclamer. [...] »

Les institutions nouvelles, décidées par l'Assemblée constituante, se mettent en place. Il convient d'élire au suffrage universel masculin un président. Louis Napoléon fait acte de candidature. Le 10 décembre 1848, donc, les Français le préfèrent au général Cavaignac, à Ledru-Rollin, Raspail ou Lamartine.

À l'Élysée, le président de la République se fait appeler « Monseigneur » ou « Votre Altesse ». Il sait que, en l'élisant à la tête de l'État, les Français, majoritairement, plus significativement encore dans les campagnes que dans les grandes villes, à l'exception de Marseille, Lille et Nantes, ont voulu renouer avec une légende, retrouver une épopée, poursuivre une histoire, ressusciter une espérance de grandeur et de fierté nationale.

Au libéralisme économique, au « laisser-faire » des politiques de la monarchie de Juillet, Louis Napoléon répond par l'interventionnisme en économie, une politique de grands travaux, un volontarisme à l'égard des plus pauvres afin d'aboutir à « l'extinction du paupérisme ».

Le nouveau président de la République, dont tous les actes doivent être contresignés par un membre du gouvernement, se trouvant confronté à des ministres et députés républicains, légitimistes ou orléanistes, et ne pouvant briguer selon la Constitution un second mandat consécutif, reniant son serment, inspire le coup d'État du 2 décembre 1851 qui engage le processus de fin de la IIe République.

Les 21 et 22 décembre, par plébiscite, les Français donnent mission à Louis Napoléon Bonaparte de rédiger une nouvelle Constitution confiant le pouvoir à un président de la République désigné pour dix ans, dont les ministres dépendront. Le 1er janvier 1852, Louis Napoléon Bonaparte quitte l'Élysée pour s'installer au palais des Tuileries. Le 7 novembre 1852 est rétablie la « dignité impériale ». Le 21 novembre, par plébiscite toujours, est restauré l'Empire. Le 2 décembre 1852, un décret proclame, sous le nom de Napoléon III, Louis Napoléon Bonaparte empereur des Français.

La IIe République est enterrée par son premier Président.

Bonnet phrygien

Avant de se présenter en France, au moment de la Révolution, comme l'emblème de la liberté puis comme symbole de la République, le bonnet est, dans la Rome antique, pour un esclave, le signe qu'il a été « affranchi ». Il est donc une marque de liberté retrouvée.

Ce bonnet confectionné en poils non tissés est alors appelé « pileu ». Dans la mythologie grecque, il était déjà connu sous l'appellation de « bonnet oriental ».

Emblème d'une République qui revendique la liberté comme une composante des droits de l'homme, il apparaît sur le premier sceau de la République au bout d'une pique.

Pourquoi est-il rouge ? Il n'y a pas d'explication certaine. Dans *L'Histoire de la Révolution*, Michelet indique « que l'on préférait la couleur rouge à toute autre comme plus gaie, plus éclatante, plus agréable à regarder ». Pourquoi pas ?

Boutmy, Émile (1835-1906)

À l'exception de quelques étudiants de l'Institut d'études politiques de Paris qui connaissent son nom du fait d'un amphithéâtre qui le porte, Émile Boutmy est passé à la trappe de l'histoire. Pourtant, il est à l'origine de la création en 1872 de l'« École libre des sciences politiques ».

Après la défaite de Sedan et la Commune de Paris, frappé par le manque de compétences de bien des dirigeants, son ambition est de « refaire une tête au peuple » et de favoriser l'émergence d'une élite politique pour la République et son administration.

Cette école deviendra l'Institut d'études politiques, Sciences-Po, et développe l'étude des sciences de la politique. Elle apparaît bien souvent comme la porte d'entrée à l'École nationale d'administration.

Briand, Aristide (1862-1932)

Son nom a toujours fait partie de ma jeunesse. Mon grand-père maternel, Charles Lemaresquier, ami d'Aristide Briand, avait acheté dans l'Eure, à Ménilles, une petite maison proche de Cocherel où Briand aimait séjourner, d'abord dans l'auberge du village avant d'acquérir lui-même une propriété.

Ils allaient ensemble pêcher à la ligne dans l'Eure, me racontaient mon grand-père et son fils Jacques, qui avait hérité de cette maison.

Élu de ce département, à plusieurs reprises, je suis passé dans le cimetière de Cocherel où Briand est enterré, un monument nous rappelle sa mémoire.

Non loin de là, à Pacy-sur-Eure, le 11 novembre 1933, Albert Sarraut, président du Conseil, entouré de plusieurs ministres, a inauguré une statue à sa gloire.

Dans son discours, le chef du gouvernement a voulu saluer l'œuvre de Briand :

> « Être fidèle aux enseignements de Briand, c'est ne pas être moins souple à l'égard des réalités qu'il ne le fut lui-même durant sa prodigieuse carrière. Son but, le nôtre, toujours demeure invariable, mais comme sa nature l'eût commandé, la méthode saura s'adapter à l'impératif des faits… Invariabilité dans le but, plasticité dans les moyens, telle reste la leçon qu'il nous lègue. Pour notre part, nous sommes résolus à ne point l'oublier. Puissent également, par-delà nos frontières, qui n'ont jamais arrêté le regard et le cœur de Briand, répondre ainsi les peuples auxquels Briand a souvent tendu la main de la France, cette main toujours ouverte, énergique et loyale. Car la paix, que voulait Briand, est leur bien comme il est le nôtre. »

La carrière politique d'Aristide Briand, s'étale sur trente ans. Député, il est demeuré au pouvoir pendant dix-huit ans, vingt-cinq fois ministre, de l'Instruction publique et des Beaux-Arts, de la Justice, des Cultes, de l'Intérieur, des Affaires étrangères. À onze reprises, il a été président du Conseil. Un prix Nobel de la paix, en 1926, viendra couronner un homme politique exceptionnel.

Issu d'un milieu modeste, clerc d'avoué, journaliste, avocat, député, ministre, Briand est de ces hommes qui impriment par leur talent à une époque leur personnalité, mais aussi laissent une trace dans notre histoire nationale.

Un tel parcours politique est nécessairement l'expression d'un personnage original et complexe.

Porteur de convictions forgées au cours d'un itinéraire riche en expériences, Aristide Briand est aussi le reflet d'influences diverses, d'une capacité d'évolution idéologique remarquable.

Républicain, il a débuté dans une forte contestation politique. Il reprend les thèmes des radicaux d'alors, qui considèrent que les idéaux de la Révolution ont été oubliés par les républicains opportunistes.

Il est passé d'un républicanisme radical à un républicanisme modéré, opportuniste dans son expression. Briand n'est pas un révolutionnaire, même si, un temps, il le laisse croire. Il hésite entre le courant de gauche et celui des modérés du parti radical, penche progressivement vers le socialisme. Il sera jaurésien et pas d'avantage, et cela ne durera pas.

Aux élections de 1889, il a vingt-sept ans. Il se présente, sans succès, en Loire-Inférieure, il demeure dans l'équivoque politique vis-à-vis du boulangisme.

Alors que nombre de républicains imaginent que Boulanger peut « sauver » la République, il reste prudent.

Candidat « radical révisionniste », il propose une réforme des institutions avec la suppression du Sénat ou, « tout au moins, son élection par un mode plus conforme aux principes du suffrage universel », la rétribution de toutes les fonctions électives pour en faciliter l'accès à tous les citoyens, l'abolition du cumul des mandats, la séparation des Églises et de l'État. Mais aussi la fin de l'inamovibilité des juges et l'élection des magistrats.

Il se prononce pour la suppression « des trésoriers payeurs généraux et des grosses sinécures », la création d'un impôt progressif et proportionnel, qu'on dénommera plus tard l'impôt sur le revenu. Il propose l'augmentation du traitement des petits employés et des instituteurs, l'harmonisation des retraites…

À la fin de sa première profession de foi, il verse dans une certaine démagogie électorale. Il joint sa démission en blanc et « autorise [ses] électeurs à s'adresser au président de la Chambre, au cas où [il] faillirai[t] à [ses] engagements ». Le mandat que le député reçoit du peuple, pour Briand, se doit d'être impératif.

Il est de nouveau battu aux élections de 1893 alors qu'elles se soldent par un succès des candidats socialistes ; Briand se présente pour la troisième fois, après la Loire-Inférieure et Paris, il choisit une circonscription de Clichy-Levallois, où l'électorat populaire et ouvrier domine. Nouvel échec. La quatrième fois sera la bonne, ce sera à Saint-Étienne le 27 avril 1902. Il deviendra député du bloc des gauches.

Briand va alors associer son nom à la loi de séparation des Églises et de l'État dont il est le rapporteur à la Chambre des députés.

Il n'est pas antireligieux bien que libre-penseur. Il siège au bureau local de la « Libre-pensée » de Saint-Nazaire.

Sa demande d'adhésion à la loge maçonnique « le Trait d'union » a été refusée, à la suite de sa condamnation par la cour de Rennes le 2 février 1892, pour outrage public à la pudeur, consécutive à ses ébats amoureux en pleine nature avec la femme d'un notable de Saint-Nazaire.

À la différence d'autres républicains, s'il croit nécessaire de détacher la France de l'influence politique de l'Église – l'anticléricalisme devient le ciment de l'unité des républicains –, il n'est pas antireligieux, mais convaincu de la nécessité de la sécularisation de la société française.

Pour Briand, la politique laïque ne peut pas se contenter d'être une attitude négative, l'anticléricalisme, mais au contraire l'expression d'une volonté positive de promouvoir une morale laïque, celle de la société civile, fondée sur l'espoir du progrès par la science et la raison. La laïcité ne nie pas le fait religieux, ne répudie pas les religions, mais en fait une simple démarche individuelle et non celle d'une société ou d'un État.

Il n'a jamais été le promoteur d'une guerre contre la religion, le partisan d'une société athée.

En 1904, les débats à la Chambre opposent vivement ceux qui veulent la fin du Concordat à ceux qui estiment qu'il faut préserver le *statu quo*. Briand prône l'apaisement. Ses prises de position ne trouvent pas l'adhésion de toute la gauche.

Les relations entre la France et le Saint-Siège viennent interférer dans ces affrontements entre adversaires du Concordat et partisans de son maintien. Au printemps, le président de la République, Émile Loubet, lors de sa visite officielle à Rome, refuse de se rendre au Vatican, comme c'est la tradition, pour saluer le pape. Affront diplomatique.

Le Saint-Siège menace alors de rappeler son nonce diplomatique à Paris.

En juillet, Émile Combes fait voter la loi du 7 juillet 1904 qui met fin à l'enseignement congréganiste.

C'est dans ce climat de tensions politiques, de haines, de rancœurs où la France, coupée en deux, se complaît dans cette querelle religieuse, qu'Aristide Briand publie son rapport sur la séparation des Églises et de l'État.

Résultat de plus de vingt mois de travail en commission, il faut quarante-huit pages au *Journal officiel* pour sa publication. Conformément au règlement de la Chambre des députés, il se conclut par un projet de loi de quarante-deux articles qui est la synthèse habile de diverses propositions de loi.

En 2004, je l'ai fait rééditer par l'Assemblée nationale, tant il est révélateur de la personnalité d'Aristide Briand et l'expression d'une méthode de travail que je tenterais de suivre lorsque je serais confronté au problème du voile à l'école.

Avec la montée d'un extrémisme islamique, il nous a fallu légiférer intelligemment et trouver un consensus parlementaire pour aboutir au vote à la quasi-unanimité de la loi du 15 mars 2004. Elle interdit, dans les écoles, le port de tenues par lesquelles les élèves manifestent ostensiblement une appartenance religieuse.

Le rapport Briand proclame la coexistence de la liberté de conscience et le libre exercice des cultes. Position courageuse dans le contexte politique d'alors. Mais, Briand l'écrit dans son rapport, il s'agit pour lui d'accomplir non pas « une œuvre de passion, de représailles, de haine, mais une œuvre de raison, de justice et de prudence combinées ». Dans *L'Éclaireur* du 8 octobre 1904, il précise : « La République se doit à elle-même de traiter l'Église d'une façon libérale et juste. » Cette position apparaît comme une rupture et une provocation à l'égard de nombre d'anticléricaux extrémistes.

L'un des passages les plus intéressants de ce rapport apparaît lorsque, évoquant Mirabeau, Cambon, l'abbé Grégoire, Aristide Briand regrette que la laïcisation de l'État sous la Révolution ait dégénéré en un affrontement sanglant. « À cette époque de la Révolution, écrit-il, la paix et la liberté religieuses eussent pu être réalisées, si les esprits plus avisés avaient su reconnaître, dans le principe de la séparation des Églises et de l'État, la solution de bon sens, la solution logique. »

S'inscrivant dans la lignée de l'édit de Nantes et celui de tolérance de 1787, Briand sera conduit, au cours de la discussion en séance publique, à réduire le Concordat de 1801, qu'il s'agit d'abolir, même si les républicains s'en sont jusqu'ici accommodés, à une « convention interlope, née dans la contrainte et dans la ruse ».

Il faut donc toute l'habileté et le talent de Briand pour que le débat sur le projet de loi ne s'enlise pas dans une discussion sans fin, ne se termine pas dans un compromis fade et sans intérêt.

Le projet de loi issu des débats parlementaires n'a pas été dénaturé, Briand est demeuré ferme, sans rien concéder sur l'essentiel. Il a su convaincre ses collègues de gauche, affronter l'extrême gauche, une partie des radicaux de gauche antireligieux, dressés contre l'Église catholique.

L'offensive est menée par Maurice Allard, député blanquiste du Var, qui par provocation cherche à choquer, mais qui dans le fond exprime bien son ambition de détruire tout fondement religieux à notre société. Il ne croit qu'au culte de l'État, à celui de la raison. Ainsi propose-t-il que la cathédrale Notre-Dame de Paris soit transformée en salle de spectacle, et la condamnation de tout prêtre qui aura fait espérer un miracle…

Briand doit aussi combattre ces monarchistes, bonapartistes, nostalgiques des temps anciens qui, même s'ils se sont ralliés à la République, s'opposent avec force à l'idée même de séparation de l'Église catholique et de l'État. Ils refusent toute remise en cause du Concordat.

Finalement, par 341 voix contre 233, la loi de séparation des Églises et de l'État est votée le 3 juillet 1905. Ce succès est d'abord celui d'Aristide Briand, dont le savoir-faire a été reconnu par les parlementaires. C'est lui qui a conçu cette loi, l'a portée sur les fonts baptismaux, l'a fait adopter.

Le Sénat la valide le 6 décembre 1905, par 179 voix contre 103. Ce vote est aussi à mettre au crédit de Briand. Certes, il n'est pas sénateur, mais il n'est pas resté inactif pour convaincre ses collègues du palais du Luxembourg de ne pas modifier le texte, de le voter conforme à celui approuvé par les députés afin d'éviter un nouveau débat au Palais-Bourbon.

Ce débat a illustré le pragmatisme de Briand, certains ont dit de lui qu'il était un « socialiste opportuniste ». Il n'est pas de ces idéologues arc-boutés à des principes sur lesquels il n'est pas question d'évoluer.

Le Briand de la loi de séparation des Églises et de l'État a montré sa capacité à dépasser les réflexes des partis et confirmé qu'il avait su prendre ses distances avec le militant révolutionnaire qu'il avait été au début de son engagement sur la scène politique. Il a abandonné la révolution pour le réformisme, il est devenu progressiste.

Ce pragmatisme, la distance qu'il prend avec des engagements anciens, son goût pour la pacification sont des traits de caractère de sa personnalité.

Défenseur, comme avocat, du monde ouvrier, syndicaliste révolutionnaire, il soutient le principe de la grève générale, à condition qu'elle soit pacifique et légale. Il prononce le 13 août 1892, face aux ouvriers de Trignac, un vibrant plaidoyer pour la grève générale comme moyen d'action révolutionnaire pour arracher « le capital aux mains qui le détiennent ».

> « Je crois que le jour où quelqu'un aura trouvé la formule de la grève universelle où les ouvriers du monde entier, opposant à la force brutale l'inertie, se croiseront les bras et ne produiront plus, la révolution sera faite. [...] Pour que les gouvernements s'écroulent, il suffira que plusieurs millions d'hommes demeurent inactifs. »

Ce thème de la nécessité de la grève générale et universelle, il va plusieurs fois le reprendre comme étant le seul moyen de la « libération » du prolétariat.

Devenu président du Conseil, il tient un autre discours. Au nom du respect du suffrage universel, de l'autorité de l'État, de la nécessité de l'ordre et de la paix publics, il n'est plus admissible, pour lui, de paralyser le pays par des grèves révolutionnaires.

Aussi, il s'opposera à la syndicalisation des fonctionnaires qui doit être le seul fait des « travailleurs libres ». Lors d'un discours à Saint-Chamond, le 11 avril 1910, il ne peut être plus clair : « Quand je vois des mouvements de fonctionnaires assaillir le Palais-Bourbon, la menace à la bouche, je suis obligé de déclarer que de pareilles manifestations sont intolérables. [...] »

En octobre 1910, pour mettre fin à la grève des cheminots, Briand fait envoyer aux grévistes en âge d'accomplir leurs obligations militaires une convocation à une période militaire de vingt et un jours. Toute infraction étant passible de poursuites pour insoumission devant le Conseil de guerre.

Le Briand qui prônait la grève générale est oublié. Face à d'autres mouvements de grève, le gouvernement joue la carte de la fermeté au nom « du droit de la société à vivre », comme il le déclare aux députés le 29 octobre 1910. Ce qui amène Jaurès à traiter Briand de « social-traître ».

Militant, il n'a cessé d'opposer le capital et le travail. Mais, en 1895, il accepte, pour sauver d'une déroute financière le journal *La Lanterne* dont il deviendra rédacteur en chef puis directeur, de solliciter l'aide financière des très capitalistes frères Pereire.

Il participe, aux côtés de Jaurès, à la création de *L'Humanité*, dont le premier numéro date du 18 avril 1904. Il s'écarte progressivement de la révolution sociale qu'un temps il préconisa et rompt en 1907 avec Jaurès.

Aristide Briand, avec talent, se joue de ses reniements et fait fi de sa rupture politique avec ses « amis » politiques ou compagnons de luttes syndicales.

Homme de gouvernement, Briand va aussi imprimer sa marque d'homme d'État sur le terrain diplomatique.

Ministre des Affaires étrangères, Briand, à sept reprises, de 1915 à 1932, a dirigé le Quai d'Orsay.

Au cours d'une période difficile pour la France, il a assuré la conduite de la politique internationale du pays avant le traité de Versailles, qui pour la France a été paraphé par Georges Clemenceau, chef du gouvernement et ministre de la Guerre. Surtout, il a retrouvé le Quai d'Orsay le 23 juillet 1926 pour ne le quitter qu'en janvier 1932.

Surnommé le « pèlerin de la paix », il n'a cessé tout au long de sa carrière diplomatique de multiplier les initiatives afin de consolider la paix en Europe. « Arrière les canons, les mitrailleuses, les voiles de deuil ! Place à l'arbitrage, à la conciliation, à la paix », s'écrie-t-il à la tribune de la Société des nations le 10 septembre 1926.

Briand est persuadé que le traité de Versailles, dans le temps, ne permettrait la paix en Europe et la sécurité de la France que s'il était accompagné d'un rapprochement franco-allemand et d'une union solidaire des peuples européens. Cette fédération des peuples européens devant se faire dans le respect des peuples qui composent les nations. Cette Europe des nations devant d'abord être une union économique et financière avant de devenir politique. « Je pense qu'entre les peuples qui sont géographiquement groupés comme les peuples d'Europe il doit exister une sorte de lien fédéral. [...] Je suis sûr qu'au point de vue politique, au point de vue social, le lien fédéral, sans toucher à la souveraineté d'aucune des nations qui pourraient faire partie d'une telle association, peut être bienfaisant », déclare-t-il le 5 septembre 1929.

Il reçoit le prix Nobel de la paix en 1926, pour son action en faveur de la réconciliation entre la France et l'Allemagne (accords de Locarno, 1925).

En 1928, poursuivant son rêve de paix par la sécurité collective, dont l'axe serait la Société des nations, il signe avec l'Américain Frank Billings Kellogg le pacte Briand-Kellogg visant à mettre la guerre hors la loi.

Mais son idéal de paix et de sécurité, son pacifisme se sont écroulés avec la crise économique de 1929, la montée du nationalisme et du nazisme.

Les critiques à l'égard de Briand ont été nombreuses et souvent agressives. Il est normal de ne pas partager ses idées, de s'agacer de certaines de ses volte-face idéologiques. Il est justifié de lui reprocher son opportunisme et le fait qu'il ait défendu une paix impossible.

La gauche socialiste ne lui a jamais pardonné ses trahisons.

Il n'en reste pas moins qu'il apparaît comme l'une des personnalités les plus intéressantes de la IIIe République.

C

Cabet, Étienne (1788-1856)

Fils d'un tonnelier de Dijon, dont l'enfance a été bercée par Valmy et Jemmapes, Saint-Just et Robespierre, Étienne Cabet est républicain. L'amour qu'il porte à la liberté et à l'égalité va l'entraîner sur les rives de l'utopie, et il en faut pour faire progresser les idées et permettre une prise de conscience.

Avocat à Dijon, élu député de la Côte-d'Or en juillet 1831, il fonde en septembre 1833 *Le Populaire*, un journal ultradémocratique dans lequel il attaque avec violence le gouvernement de Louis-Philippe. Interdite deux ans plus tard, la publication reparaîtra en mars 1841, encore plus virulente que dans la première version.

Condamné en 1834 à deux ans de prison pour délit de presse, il préfère se réfugier en Angleterre. De retour en France en 1839, Étienne Cabet reprend son combat par la parole et par l'écrit.

Avec *Voyage en Icarie*, publié anonymement en 1840, et sous son nom en 1842, Cabet connaît un immédiat grand succès. Son livre est plusieurs fois réédité. Dans sa préface, Cabet le présente comme « un véritable traité de morale, de philosophie, d'économie sociale et politique », qu'il invite ses lecteurs à « relire souvent et étudier ».

Cabet décrit un État, l'Icarie, où « c'est la communauté qui, chaque année, détermine tous les objets qu'il est nécessaire de produire ou de fabriquer pour la nourriture, le vêtement, le logement et l'ameublement du peuple ; [...] toutes les manufactures étant nationales, tous les ouvriers étant nationaux, c'est elle qui fait construire ses ateliers [...] ». La journée de travail d'un Icarien dure sept heures en été et six heures en hiver. Les femmes enceintes ou celles qui allaitent sont dispensées de travail. Un « comité de savants institué par la représentation nationale » dresse la liste des aliments qui doivent figurer sur la table de chaque foyer icarien et les partage « de manière que chacun en reçoive la même quantité ». Le repas en Icarie est pris en commun... En Icarie, plus de juges ou d'avocats. Avec la disparition de la propriété privée, pour Cabet, plus de vols, plus de tribunaux, car « chaque école est un tribunal pour juger les délits de l'école ; chaque atelier juge les délits de l'atelier, [...] chaque famille s'érige en cour de justice pour juger les délits de la famille [...] ».

Ces idées, cette utopie, cette vision puérile de la société déclinée au nom de la République et des droits de l'homme et du citoyen séduisent certains ouvriers confrontés à des difficultés pour subvenir aux besoins de leur famille. Ainsi à Lyon, Marseille, Limoges, Rouen, Tours, se constituent des « Républiques icariennes ». Elles furent éphémères car totalement utopiques.

Caillaux, Joseph (1863-1944)

L'histoire républicaine est injuste à son égard. Il faut dire qu'il a suscité bien des haines et des oppositions. Ses colères, son air parfois méprisant, souvent hautain, lui ont attiré bien des inimitiés politiques.

Il a eu le tort d'apparaître comme un rival pour Clemenceau qui a tout fait pour l'éliminer politiquement. Plus tard, la gauche ne lui pardonnera pas d'avoir contribué à faire tomber le cabinet Blum lors du Front populaire.

Il est vrai, sa maîtresse, devenue sa seconde épouse, a assassiné le directeur du *Figaro* pour se venger de la campagne de presse qu'il avait orchestrée contre lui.

Certes, et c'est surtout grave pour la République, il a persisté dans son erreur d'analyse : il a cru en 1940 que l'entente franco-allemande était encore possible et a voté les pleins pouvoirs au maréchal Pétain.

Mais je veux aussi retenir de lui sa volonté de réformer, de transformer et moderniser le fonctionnement de l'État. Il ne fait pas partie de ces ministres, à toutes les époques légion, qui se contentent de plus ou moins bien gérer leur administration, font de la figuration ou profitent du pouvoir. Pour lui, s'engager en politique, c'est vouloir agir, réformer, transformer, insuffler le mouvement. Le politique, lorsqu'il accède aux responsabilités gouvernementales, doit diriger son administration et refuser le confort de l'immobilisme. Il a le sens de l'État, ce qui n'excuse pas ses erreurs.

Artisan opiniâtre de la réforme de la fiscalité, initiateur déterminé de l'impôt sur le revenu, il s'inscrit dans la lignée des réformateurs de la société par la fiscalité.

Son but fut de promouvoir une fiscalité plus juste, « également répartie entre tous les citoyens, en raison de leurs facultés », comme le préconise la Déclaration des droits de l'homme et du citoyen de 1789.

Il aura, au ministère des Finances, successivement modifié le régime fiscal des boissons, celui des droits de succession, rénové la taxation sur les sucres, institué le cautionnement mutuel, réglé le rachat de la Compagnie des chemins de fer de l'Ouest. Il restera surtout comme l'artisan résolu d'un impôt sur le revenu.

Le 7 février 1907, alors ministre des Finances dans le cabinet Clemenceau, Caillaux dépose sur le bureau de la Chambre un projet de loi instituant un impôt général sur le revenu. Il faudra au Parlement sept années de débats difficiles, de discussions parfois très âpres et de controverses passionnées pour adopter la loi du 15 juillet 1914, dont la mise en application interviendra en 1917.

Joseph Caillaux a été le principal auteur de cette réforme fondamentale de notre fiscalité. Même si elle lui a valu des haines tenaces, elle est son principal titre de gloire.

Notre fiscalité, telle qu'elle est issue de la Révolution et des nombreuses modifications législatives apportées depuis lors, est en 1900 d'une grande complexité, d'une efficacité toute relative. Il y a d'abord les « quatre vieilles » contributions directes : la contribution foncière frappe le revenu des propriétés foncières en distinguant celles qui sont bâties de celles qui ne le sont pas ; la contribution personnelle mobilière connaît des modalités différentes avec, d'une part, une capitation égale pour tous au sein d'une même commune, et, d'autre part, une taxe mobilière sur la propriété d'immeubles à usage d'habitation ; à la contribution des portes et fenêtres s'ajoute enfin la contribution des patentes qui touche les bénéfices industriels et commerciaux et frappe les professions libérales.

À ces quatre impôts s'ajoutent encore les taxes perçues pour le compte des collectivités locales, comme celle sur les chiens, ou, pour celui de l'État, comme celles sur les billards, les vélocipèdes, ou la taxe sur les valeurs mobilières.

Cette complexité, Caillaux en est convaincu, ne peut durer. Inspecteur des finances, alors membre de la commission de législation fiscale, il a présenté en 1898 à ses collègues un exposé comparatif sur les divers systèmes d'impôts sur le revenu en application à l'étranger.

Il est aussi persuadé que notre fiscalité est injuste, du fait de l'incohérence des méthodes de fixation de l'assiette et du recouvrement des impôts. Héritière de la Révolution, elle ne correspond plus à l'évolution industrielle de notre société. Mais il a aussi parfaitement conscience de la difficulté de réformer notre fiscalité depuis que, en 1900, il a cherché à limiter le privilège fiscal des bouilleurs de cru.

Joseph Caillaux n'est pourtant pas le premier à vouloir imposer un impôt général sur le revenu. Nombre des ministres des Finances avant lui ont initié une réforme fiscale pour taxer les revenus, mais ils n'ont pu mener à terme leurs projets, faute de majorité au Parlement.

À toutes les époques, il s'est trouvé à la Chambre et au Sénat des partisans résolus de l'impôt sur le revenu et des adversaires tout aussi déterminés. Caillaux sait donc que sa réforme sera difficile à faire admettre et qu'il devra, pour réussir, affronter des tempêtes politiques. Imaginait-il que cela serait si long et si ardu ?

Déposé le 7 février 1907, le projet est examiné par la commission de la législation fiscale du 14 février au 19 juin 1907 ; il faut vingt-neuf séances et deux auditions de Caillaux pour que le député René Renoult dépose, le 25 juin 1907, son rapport.

La Chambre se saisit de ce projet pendant dix jours, pour une discussion générale au cours de laquelle interviennent de nombreux orateurs. Ensuite, six séances sont nécessaires pour permettre un examen complémentaire par la commission de la législation fiscale, et une nouvelle audition de Caillaux. Le 17 janvier 1908 est déposé le rapport complémentaire.

Pendant près d'un mois, du 20 janvier au 17 février 1908, se poursuit alors la discussion générale, et ce n'est que le 18 février que débute enfin le débat sur les articles de la loi. Entrecoupé de nombreuses réunions de la commission de la législation fiscale et de multiples auditions du ministre, le débat au Palais-Bourbon dure jusqu'au 9 mars 1908. La Chambre, par 388 voix contre 129, approuve alors la réforme, qui est ensuite transmise pour examen au Sénat.

Les sénateurs, qui savent parfaitement comment retarder le vote des lois qui ne conviennent pas à sa majorité conservatrice, vont prendre cinq ans pour se prononcer. Ayant la maîtrise de son ordre du jour, le Sénat a bloqué tant qu'il a pu la réforme. Les gouvernements successifs ont été paralysés par l'inertie sénatoriale, même si, le 2 mars 1911, Caillaux a fait son retour aux Finances et si, le 27 juin, il est devenu président du Conseil. Mais son gouvernement ne dure pas plus de sept mois. Il ne lui est pas possible de contourner la paralysie sénatoriale et d'arracher aux sénateurs le vote de l'impôt.

Sa façon de faire, son insistance ont un peu plus braqué les sénateurs. Leur exaspération a été avivée quand il a menacé d'équilibrer le budget de 1914 à l'aide d'un impôt progressif sur le capital !

Ses adversaires se sont alors déchaînés, exprimant publiquement leur hostilité à son endroit. Sous l'impulsion de son directeur, *Le Figaro* se complaît dans des attaques personnelles les plus odieuses. Son but est de discréditer et de déstabiliser Caillaux, accusé de trafic d'influence, de détournement de fonds publics, de violation des règles de la comptabilité publique, de captation d'héritage, de filouterie ! En quatre-vingt-quinze jours, *Le Figaro* livre à ses lecteurs 138 articles contre Joseph Caillaux et, le 13 mars 1914, publie une lettre de 1901 écrite à Henriette, qui était alors sa maîtresse, avant de devenir sa seconde femme.

Le Figaro annonce également qu'il va rendre publiques d'autres lettres intimes de Caillaux à Henriette. Ne supportant plus cette violente campagne, celle-ci se rend le 16 mars 1914 rue Drouot, siège de ce quotidien, et abat, avec le revolver qu'elle vient d'acquérir, son directeur Gaston Calmette.

L'événement a une portée considérable. Les élections approchent, et les partis de droite cherchent à exploiter politiquement ce drame. Caillaux démissionne du gouvernement. La réforme instituant un impôt général sur le revenu est plus que jamais bloquée au Sénat.

Les élections législatives se déroulent les 26 avril et 10 mai. C'est un échec pour les partis de droite. Les radicaux-socialistes progressent, eux, de 23 sièges, et les socialistes en gagnent 29.

En dépit du drame qu'il a vécu et des attaques dont il est la cible, Caillaux est réélu député de la Sarthe. Le scrutin législatif permet de débloquer le débat sur l'impôt sur le revenu. Prenant conscience qu'ils ne peuvent plus indéfiniment le différer, les sénateurs, le 3 juillet 1914, adoptent son principe par 224 voix pour et 52 contre, puis votent ses modalités d'application au cours de quatre séances.

Après une « navette » législative entre les deux Chambres, la réforme Caillaux est approuvée le 15 juillet 1914. La loi « portant fixation du budget général des dépenses et des recettes pour l'exercice 1914 » est promulguée par Raymond Poincaré, président de la République. Son article 5 précise qu'« il est établi un impôt général sur le revenu ». Son objet est de taxer les citoyens en fonction de leur capacité contributive totale. L'objectif de Joseph Caillaux de parvenir à l'équité fiscale est atteint. Sa réforme régira désormais la fiscalité française pour de nombreuses années. Il en aura été l'opiniâtre et douloureux promoteur.

Député de la Sarthe en 1898, à trente-cinq ans, il restera membre de la Chambre des députés jusqu'en 1914, avant de devenir sénateur jusqu'à la fin de la IIIe République. Conseiller général et président de l'assemblée départementale de 1907 à 1917, ministre des Finances à trente-huit ans, il occupera ce poste à de nombreuses reprises. Président du Conseil à quarante-huit ans, président du Parti radical, admiré, promis à un destin politique hors du commun, il trouve sur sa route Clemenceau. Et il ne fait pas bon affronter celui qui deviendra le « Tigre ».

Depuis le 16 novembre 1917, Caillaux sait que la confrontation avec Clemenceau, devant ses collègues députés, est inévitable. Dans sa déclaration ministérielle d'investiture, Clemenceau a été sans ambiguïté et a fait preuve d'une froide détermination. Il s'est prononcé en faveur d'une « guerre intégrale ». Il a indiqué qu'il n'aurait aucune faiblesse pour ceux qui auraient pactisé avec l'ennemi.

Lors du débat qui suit la déclaration du président du Conseil, deux députés sont mis en cause : Joseph Caillaux et Louis Malvy. Ils sont soupçonnés de défaitisme, voire de trahison. Le gouverneur militaire de Paris, sortant de sa réserve, accuse publiquement Caillaux de collusion avec des traîtres.

C'est, pour Clemenceau, l'occasion d'en finir avec un rival politique et de prouver sa fermeté. Il menace même de démissionner si la Chambre ne décide pas de lever l'immunité parlementaire de Caillaux pour permettre des poursuites devant la Haute Cour.

Dans un hémicycle comble, face à des tribunes du public bondées, ce 22 décembre 1917, Caillaux se défend devant ses collègues. Il réfute les accusations dont il est l'objet, reconnaît avoir tout fait pour éviter la guerre, se dit partisan d'une autre politique, moins belliciste, plus diplomatique que celle voulue par Clemenceau.

L'atmosphère est pesante. Nombreux sont ceux qui ont conscience que, derrière les accusations, se joue un acte de la rivalité entre Clemenceau et Caillaux. La levée de l'immunité de Caillaux est votée par 396 voix contre 2. Certains de ses amis – en a-t-on, dans ces moments-là ? – l'ont lâché, et les socialistes, courageusement, se sont réfugiés dans l'abstention.

Clemenceau a gagné. Son rival est à terre. La « justice » va alors se mettre en mouvement. Caillaux n'étant plus protégé par son immunité parlementaire, il est incarcéré, calomnié, diffamé, vilipendé. Harcelé par la haine de ses ennemis, abandonné par la plupart de ses amis, Joseph Caillaux, malgré ces insupportables épreuves, a encore la force de se défendre.

Le 17 avril 1920, il est son propre avocat devant la Haute Cour :

> « Je ne m'abaisserai pas à crier mon innocence. Regardez-moi : est-ce que cette innocence ne jaillit pas de tout mon être, de toute mon attitude, de mon calme,

de ma superbe même, si l'on veut ? *Jamais*, jamais, jamais je n'ai eu de conversations avec l'ennemi ! Jamais, jamais, jamais je n'ai pensé à séparer l'Allemagne de ses alliés ! Je n'ai eu qu'une idée : le bien et la grandeur de mon pays ! [...] Messieurs, c'est peut-être la dernière fois, quoi qu'il arrive, que je parle dans une enceinte parlementaire. J'ai cinquante-sept ans, un long passé politique pour le jugement duquel je m'en rapporte à l'Histoire. Peut-être ai-je le droit, avec la modestie qui convient, de dire que j'ai pu rendre quelques services à mon pays. Ce sont ces services qui me valent d'être ici. Mais si je pouvais refaire ma vie, je chercherais de nouveau à instituer en France les grands impôts démocratiques qui seuls fournissent le moyen de mesurer les accroissements de la richesse et d'empêcher ainsi l'éclosion et le développement de la ploutocratie !

[...] Si l'on avait pris le temps d'appliquer les mesures fiscales nécessaires dans ce pays, combien aujourd'hui notre situation serait différente !

J'ai maintenu la paix du monde en 1911. J'ai le droit de le proclamer avec fierté. On peut différer d'opinion sur la qualité de mon œuvre, mais j'ai pour moi les témoignages d'hommes hautement autorisés. Je possède notamment une lettre de M. Cambon qui dit : "Si, en 1870, on avait su gagner quelques années, comme l'état de l'Europe eût été changé, comme les forces en présence eussent été autrement balancées !" Eh bien ! en 1911, il ne fallait pas renouveler l'erreur de 1870. Telle est la pensée qui a dominé mon esprit. Je vous livre ces quatre dates : 1870-1873, 1911-1914. Faites la comparaison ! Je ne vous en dis pas davantage.

Messieurs, j'ai fini. J'ai tout souffert, tout supporté depuis longtemps, et surtout dans ces dernières années où l'on m'a jeté en prison avec des détenus de droit commun ! Je suis prêt à tout subir encore, dans le calme et la paix d'une conscience qui n'a rien à se reprocher, je le jurerais sur la tombe de mes parents ! Mais je ne veux ni ne puis croire que, dans le Sénat de la République, l'iniquité la plus monstrueuse puisse, même un instant, triompher ! Messieurs, jugez-moi ! »

Caillaux a été écouté dans un impressionnant et pesant silence, et, lorsqu'il termine, dans les tribunes, les applaudissements éclatent. Les avocats de Caillaux le congratulent.

Le 23 avril 1920, il est condamné à trois ans d'emprisonnement, peine que couvre sa détention préventive. Il est donc remis immédiatement en liberté, mais cette sanction est assortie d'une interdiction de voter et d'être éligible pendant dix ans. C'est sa « mort civique et politique ». Malgré tout, réconforté par la vague d'indignation qui accompagne l'arrêt de la Haute Cour, proscrit, Caillaux quitte Paris mais ne renonce pas. Il attend le moment de sa revanche.

Le succès électoral du Cartel des gauches, en 1924, va sonner l'heure de la reconquête politique. Amnistié, il reprend son poste de président du conseil général de la Sarthe, redevient sénateur et trois fois ministre des Finances, dont une fois paré au surplus du titre de vice-président du Conseil.

Il recommence à guerroyer au Parlement contre les ministères qui ne lui conviennent pas. Comme on l'a vu, président de la commission des finances du Sénat, il contribue à la chute du cabinet Blum. Mais hélas, en 1940, toujours fidèle au rapprochement franco-allemand et à la paix, il vote les pleins pouvoirs au maréchal Pétain.

Calendrier républicain

Imaginé pendant la Révolution française, après la prise de la Bastille, il entre en vigueur le 15 vendémiaire an II (6 octobre 1793), mais débute le 1er vendémiaire an I (22 septembre 1792), jour de proclamation de la République, déclaré premier jour de l'« ère des Français ».

Il marque la volonté des révolutionnaires d'adopter un système qui ne soit plus lié à la monarchie ou au christianisme, en remplacement du calendrier grégorien.

L'année du calendrier républicain était découpée en douze mois de trente jours chacun (soit trois cent soixante jours), plus cinq à six jours complémentaires (selon les années) ajoutés en fin d'année pour qu'elle reste alignée avec l'année tropique.

Les noms des mois et des jours furent conçus par le poète Fabre d'Églantine avec l'aide d'André Thouin, jardinier du Jardin des Plantes du Muséum national d'histoire naturelle, et le concours du député Charles-Gilbert Romme.

Laissons à son initiateur et poète le soin de nous le présenter comme il le fit à l'Assemblée le 24 octobre 1793 :

> « "Vendémiaire", le mois des vendanges qui ont lieu de septembre en octobre ; "Brumaire", celui des brouillards et des brumes basses qui sont d'octobre en novembre ; et "Frimaire", celui du froid qui se fait sentir de novembre en décembre ; "Nivose", le mois des neiges, qui blanchit la terre de décembre en janvier ; "Pluviose", celui des pluies qui tombent généralement avec plus d'abondance

de janvier en février ; et “Ventôse”, celui du vent, qui vient sécher la terre de février en mars ; “Germinal”, le mois de la germination et du développement de la sève, de mars en avril ; “Floréal”, celui de l'épanouissement des fleurs, d'avril en mai ; et “Prairial”, celui des récoltes des prairies, de mai en juin ; “Messidor”, le mois des ondoyantes moissons qui dorent les champs de juin en juillet ; “Thermidor”, celui de la chaleur, à la fois solaire et terrestre, qui embrase l'air de juillet en août ; et enfin “Fructidor”, celui des fruits que le soleil mûrit d'août en septembre. »

Il fut utilisé de 1792 à 1806, ainsi que brièvement durant la Commune de Paris.

Caricaturistes

Charles Philipon (1800-1862), Honoré Daumier (1808-1879), Jean Sennep (1894-1982), Jean Effel (1908-1982), Jacques Faizant (1918-2006), Cabu (1938-2015), Plantu (1951), par le talent de leur impertinence, ont montré la puissance politique de la caricature.

Par leurs dessins des personnages politiques, leurs dénonciations des mœurs politiques, leurs représentations de la politique, ils ont bravé censures, conformismes, pensée unique.

Ils ont servi l'avènement de la République ou l'ont défendue en illustrant la liberté d'expression par la caricature.

Charles Philipon participe à la création, en 1829, du journal *Silhouette* et publie sa première caricature politique : *Charles X en jésuite*. Après la révolution de Juillet, il fait paraître un hebdomadaire illustré sous le titre *La Caricature morale, religieuse, littéraire et scénique* qui progressivement manifeste une opposition sans concession au régime de Louis-Philippe.

Il n'hésite pas à s'en prendre à la personne du roi, à ses ministres. En 1831, sous le titre *Mousse de juillet* ou *Les Bulles de savon*, il montre Louis-Philippe soufflant sur les bulles où sont affichées ses promesses non tenues.

Il récidive quelques mois plus tard avec un autre dessin, connu sous le titre *Le Replâtrage*, où le roi est représenté en maçon effaçant symboliquement les traces de la révolution de Juillet. Il va aussi faire apparaître notamment le visage de Louis-Philippe sous l'aspect d'une poire.

Cette impertinence, à sa demande, est reprise et complétée par Honoré Daumier, dessinant *Les Poires*.

Le succès est immense. Au-delà de la personne du roi, la « poire » symbolise le régime et ses affidés. Elle fut reprise abondamment par les artistes travaillant avec Philipon, parmi lesquels Daumier (*Une énorme poire pendue par les hommes du peuple*), Grandville (*La Naissance du Juste-Milieu*), Traviès (*M. Mahieux poiricide*), Bouquet (*La Poire et ses pépins*).

Il se retrouve plusieurs fois poursuivi en justice et condamné pour « outrages à la personne du roi ».

Arrêté le 12 janvier 1832, il doit purger six mois de prison et verser 2 000 francs d'amende, auxquels s'ajoutèrent sept mois liés à d'autres motifs de condamnation.

Philipon publiera dans son journal du 7 juillet 1832 le *Projet d'un monument Expia-poire à élever sur la place de la Révolution, précisément à la place où fut guillotiné Louis XVI.* Il sera taxé d'incitation au régicide.

La Caricature fait paraître plusieurs dessins de ses amis, notamment le 11 avril 1833 *Barbe bleue, blanche et rouge* par Grandville et Desperet. L'avènement de la République y est annoncé à la manière d'un conte de Perrault : « La presse, ma sœur, ne vois-tu rien venir ? », où Louis-Philippe, de dos, subterfuge destiné à éviter la censure, s'apprête à poignarder la Constitution.

Son engagement républicain ne se démentira jamais.

Attaché à la liberté, démocrate, anticlérical, Honoré Daumier a mis son talent de caricaturiste au service de ses idées.

Il a ridiculisé les mœurs de la bourgeoisie dirigeante de la monarchie de Juillet. Il a vingt-deux ans à son avènement, en 1830. Il dessine Louis-Philippe sous les traits de Gargantua et écope de six mois de prison. *Le Ventre législatif, ou l'aspect des bancs ministériels de la chambre improstituée de 1834* fait scandale.

Avec la République, il rêve d'une ère nouvelle où les politiques seraient plus dignes, plus respectueux du peuple, moins cupides ou moins corrompus.

Il prépare un projet pour illustrer la République. Il la représente sous les traits d'une forte femme, Marianne, qui alimente deux enfants : la République nourricière. À ses pieds, un enfant qui lit : la République qui instruit. Elle tient un drapeau tricolore : la République qui revendique l'héritage de liberté, d'égalité, de fraternité, de celle de 1848.

Quand il décède en 1879, il n'a pas connu la République de ses rêves.

Quel bonheur pour moi d'avoir pu faire acquérir par l'Assemblée nationale une exceptionnelle collection de bustes de Daumier, désormais exposée au Palais-Bourbon.

François Lejeune, plus connu sous le nom Jean Effel, présente quant à lui Marianne coiffée de son bonnet phrygien rouge, dialoguant avec de Gaulle.

Son dessin de Marianne sous les traits de la tour Eiffel, accueillant le 25 août 1944 le général de Gaulle avec ces mots : « Mon grand ! » est resté célèbre.

En 1983, un timbre-poste reprend sa Marianne cachetant une lettre. C'est le premier timbre-poste français qui soit illustré par un dessin humoristique.

Jean Effel est l'un des maîtres de Jacques Faizant.

Le 14 février 1960, *Paris-Presse* publie le premier dessin de Jacques Faizant, qui s'attaque au premier essai de la bombe atomique française, avec cette légende : « Cette fois ça y est. Nous voilà descendus au niveau de civilisation des autres puissances atomiques. »

À partir du 1er septembre 1960 et pendant quarante ans, Jacques Faizant, après avoir collaboré à plusieurs journaux, illustre la première page du *Figaro* dont il devient la figure de proue. Il ne cesse de montrer de Gaulle, pour lequel il éprouve une évidente et touchante sympathie, aux prises avec les revendications des Français.

Lors de la mort du général de Gaulle, son dessin de Marianne pleurant sur un grand chêne abattu est un émouvant hommage, qui découvre un peu plus le talent de Faizant.

Il a popularisé une figure de Marianne, sympathique, naïve interpellant de Gaulle et ses ministres.

Je me souviens de sa représentation de mon père dialoguant avec de Gaulle et lorsqu'il était ministre de l'Économie et des Finances, tenant sous son bras une tirelire sous la forme d'un petit cochon.

De 1960 à 1969, le journal *Le Canard enchaîné* publie toutes les semaines « La Cour », une chronique satirique et sans complaisance du « royaume gaulliste ». Les textes sont de Roger Fressoz, *alias* André Ribaud, et les dessins de Moisan.

Jean Cabut, dit Cabu, fut assassiné parce que les ennemis de la liberté ne supportaient pas que, avec ses camarades de *Charlie Hedbo*, il ose aimer la liberté, celle de dénoncer par des dessins, caricatures, provocations ceux qui ne tolèrent pas la liberté des autres.

À partir de 1982, c'est au journal *Le Monde* et depuis 1991 dans l'hebdomadaire *L'Express* que Jean Plantureux, dit Plantu, brocarde avec son talent, sa liberté critique, son esprit provocateur la politique et les politiques.

En 2009, une polémique éclate à propos de l'un de ses dessins montrant le Christ qui distribue des préservatifs à une foule d'Africains.

Ce fut pour moi une grande satisfaction d'avoir pu organiser en mars 2004 au Palais-Bourbon une exposition d'envergure intitulée « La caricature politique entre à l'Assemblée ».

Pour ce faire, j'avais demandé à six dessinateurs, Boll, Cabu, Calvi, Pétillon, Plantu et Wiaz, de s'installer pendant plusieurs semaines à l'Assemblée nationale et de croquer des scènes de la vie parlementaire. Je leur avais même donné accès à l'hémicycle pour qu'ils puissent décrire, avec leurs crayons ou feutres, les débats.

Je les avais assurés de leur totale liberté, qu'il n'y aurait aucun interdit et que j'organiserais une grande exposition ouverte au public pour montrer leurs œuvres. Ce qui fut fait et remporta un vif succès.

J'ai voulu rendre hommage à la caricature politique car elle est aussi la garante de la liberté. L'honneur, la force de la République sont de l'accepter.

Les époques changent, la caricature politique ne s'exprime plus uniquement par le dessin, mais aussi par l'image et le son et se popularise grâce à la télévision.

Henri Tisot (1937-2011), ce pensionnaire de la Comédie-Française, acquiert la célébrité en imitant la voix du général de Gaulle. Il parodie avec talent et impertinence la politique gaulliste. Le spectacle qu'il a présenté au Théâtre de Dix-Heures en 1960 et édité en disque a été vendu à un million d'exemplaires.

Thierry Le Luron (1952-1986) est célèbre dans les années 1970 et 1980 pour ses imitations de personnalités politiques – Jacques Chaban-Delmas, Valéry Giscard d'Estaing, Jacques Chirac, Raymond Barre, François Mitterrand ou Georges Marchais – qui lui valent une très grande popularité. En 1984, il interprète « L'emmerdant, c'est la rose », parodie d'une chanson de Gilbert Bécaud, en s'adressant directement au président François Mitterrand.

Lancé en 1988 à l'occasion de l'élection présidentielle, « Le Bébête show », au moyen de marionnettes, était une satire sévère des personnages politiques. Jean Roucas en fut l'animateur.

L'émission « Les Guignols de l'info », devenus « Les Guignols », offre une caricature du monde politique, des médias, des personnalités ou plus généralement de la société française et du monde actuel.

Dès septembre 1990, et pendant huit ans, à une heure de grande écoute, sur la chaîne Canal +, elle était un rendez-vous avec la liberté de critiquer. D'août 1988 à juin 2015, elle pouvait encore être vue par tout téléspectateur. Depuis, il faut un décodeur payant.

La marionnette de Jacques Chirac et sa voix, imitée par Yves Lecoq, resteront dans les mémoires.

On peut dire que Coluche (1944-1986), Henri Tisot, Thierry Le Luron, et avant eux Pierre Dac (1893-1975), ont magnifiquement illustré l'avertissement de Beaumarchais dans *Le Mariage de Figaro* : « Sans la liberté de blâmer, il n'est point d'éloge flatteur. »

Carnot, Hippolyte (1801-1888)

De la famille Carnot, accorder une importance particulière à Hippolyte, c'est par avance m'attirer des reproches. Il est le moins connu de cette lignée de républicains, il n'a été ministre que peu de temps, du 24 février au 5 juillet 1848, et simplement de l'Instruction publique et des Cultes.

Certes, Lazare (1753-1823), père d'Hippolyte, surnommé le « grand Carnot » est le plus célèbre. Sa personnalité, son action accaparent les lumières de notre histoire républicaine. Gagné aux idées révolutionnaires, son rôle militaire et politique à partir de 1791 fut éminent. Par son génie, son dynamisme, il sut restaurer le patriotisme, il a incarné une République victorieuse.

Mon père, dans son bureau, avait accroché un petit tableau montrant Carnot ceint de l'écharpe tricolore, signe du respect qu'il lui portait.

Sadi (1837-1894), fils d'Hippolyte, restera dans l'histoire républicaine comme le président de la République qui, en 1887, au premier tour de scrutin, a distancé Jules Ferry. Mais aussi comme celui qui fut assassiné à Lyon le 24 juin 1884 par l'anarchiste italien Caserio.

Hippolyte, lui, est à l'origine dans le domaine de l'enseignement des réformes qui ne trouveront leur aboutissement que quelques années plus tard sous la IIIe République.

Il est l'un des principaux fondateurs de « l'école de la République ». Celle qui ne doit pas simplement permettre aux jeunes d'acquérir des connaissances dans tous les domaines mais aussi former des citoyens pour favoriser l'épanouissement de la République.

Il a aussi compris combien était essentiel, pour la République, le rôle des maîtres. Il leur a accordé attention et les a incités à s'investir dans la République pour devenir des représentants du peuple.

Cette école de la République se doit, pour Hippolyte Carnot, de prendre en charge les enfants dès leur plus jeune âge. Aussi décide-t-il de créer des écoles maternelles remplaçant ce que l'on appelait alors les « salles d'asile » qui accueillaient les petits enfants dont les mères n'avaient pas les moyens ou la capacité de s'occuper.

Il est aussi, le 28 avril 1848, à l'origine d'une école pour les directeurs des maternelles. Cette institution a pour vocation de former des responsables aptes « à diriger les écoles maternelles dans l'esprit de la République ».

Pour ce qui concerne l'enseignement primaire, il précise le sens du projet de loi qu'il dépose à l'Assemblée, le 30 juin 1848 : « Il ne s'agit pas seulement de mettre les enfants en mesure de recevoir les notions de la lecture, de l'écriture et de la grammaire ; le devoir de l'État est de veiller, indique-t-il sans ambiguïté, à ce que tous soient élevés de manière à devenir véritablement dignes de ce grand nom de citoyens qui les attend. »

Cet enseignement se doit d'être obligatoire « parce que aucun citoyen ne saurait être dispensé, sans dommage pour l'intérêt public, d'une culture intellectuelle reconnue nécessaire au bon exercice de sa participation personnelle à la souveraineté ».

Pour Hippolyte Carnot, l'école de la République est gratuite. C'est le corollaire de son caractère obligatoire : « Sur les bancs des écoles de la République, écrit-il, il ne doit pas exister de distinctions entre les enfants des riches et des pauvres. »

L'enseignement religieux n'est pas du ressort des écoles publiques, mais Hippolyte Carnot admet que celui-ci puisse être dispensé, en leur sein, par des religieux.

S'il souhaita le rattachement des Cultes au ministère de l'Instruction publique et non à la Justice, comme c'était l'habitude auparavant, c'est qu'il croyait possible l'alliance de la République et du clergé, la réconciliation entre prêtres et instituteurs. « Le ministre de la religion et le maître d'école sont à mes yeux les colonnes sur lesquelles doit s'appuyer l'édifice républicain. » Son appartenance à la maçonnerie n'en avait pas fait un adversaire du fait religieux ni un « laïcard ».

Se prononçant pour la liberté de l'enseignement, il admet « le droit de tout citoyen de communiquer aux autres ce qu'il sait, et le droit du père de famille de faire élever ses enfants par l'instituteur qui lui convient ». Il accepte la possibilité d'écoles privées au côté de l'enseignement public.

Hippolyte Carnot met également l'accent sur le statut des instituteurs dont la nomination et la rétribution ne peuvent être que le fait de l'État.

Dans une circulaire aux recteurs du 27 février 1848, il déclare son intention d'améliorer la condition des instituteurs du primaire, car « c'est à eux que sont confiées les bases de l'éducation nationale », et il importe, écrit-il, « pas seulement d'élever leur condition par une juste augmentation de leurs appointements ; il faut que la dignité de leur fonction soit rehaussée de toute manière [...], il faut qu'au lieu de s'en tenir à l'instruction qu'ils ont reçue dans les écoles normales primaires ils soient constamment sollicités à l'accroître... Rien n'empêche que ceux qui en seront capables ne s'élèvent jusqu'aux plus hautes sommités de notre hiérarchie. Leur sort quant à l'avancement ne saurait être inférieur à celui des soldats ; leur mérite a droit aussi de conquérir des grades ».

Hippolyte Carnot voulait faire des instituteurs les sentinelles de la République. Dans cette circulaire, il précise le but politique qu'il leur assigne :

> « Que nos 36 000 instituteurs du primaire se lèvent à mon appel. [...] Je les prie de contribuer pour leur part à fonder la République. Il ne s'agit pas, comme du temps de nos pères, de la défendre contre le danger à ses frontières, il faut la défendre contre l'ignorance et le mensonge, et c'est à eux qu'appartient cette tâche. »
>
> [Il va même plus loin, leur mission est d'incarner une relève politique :]
>
> « Des hommes nouveaux, voilà ce que réclame la France ! Une révolution ne doit pas seulement renouveler les institutions, il faut qu'elle renouvelle les hommes.

On change d'outil quand on change d'ouvrage. C'est un principe capital de politique. »

On ne pouvait être plus clair.

Pour l'enseignement secondaire, Hippolyte Carnot réforme le système des bourses afin de permettre aux enfants de familles aux revenus modestes d'accéder, après le primaire, aux collèges et aux lycées :

> « Les choix de l'Administration ne se fixeront que sur les enfants des pauvres. [...] Les bourses entières seront uniquement réservées aux fils des citoyens qui se sont dévoués pour la patrie et à ceux qui, par leur aptitude naturelle et un système d'examen [...], auront été signalés à l'attention du gouvernement. »

Pour ce qui est des programmes d'études dans les collèges et lycées, il insiste sur la nécessité d'apprendre l'histoire, mais pas seulement celle de l'Antiquité.

Dans une circulaire aux recteurs, il donne instruction que, « à dater de la prochaine année scolaire, l'histoire de la Révolution française entre dans le cadre des études classiques ».

Hippolyte Carnot est aussi à l'origine de l'École d'administration. Ouvrir aux jeunes les carrières administratives et diplomatiques, pour ne pas laisser le monopole du service de l'État aux seuls enfants des familles privilégiées. Il entend donc démocratiser l'accès à la haute fonction publique et diplomatique.

Carnot explique clairement la finalité du décret du 8 mars 1848 qui précise que c'est sur le modèle de l'École polytechnique que l'École d'administration devra fonctionner :

« Notre personnel administratif est insuffisant, et son recrutement irrégulier. [...] Le hasard, la faveur, la fortune conduisent et poussent dans les carrières politiques. Tandis que pour exercer comme avocat ou comme médecin, pour arriver aux grades de l'armée, pour servir le pays comme ingénieur des Mines et des Ponts et Chaussées, il faut avoir constaté son aptitude par des examens, on peut obtenir la direction d'un département, la gestion des plus grands intérêts financiers, la responsabilité des affaires diplomatiques les plus graves, sans avoir fait aucune étude de l'administration des finances ou de la politique. [...] Du moment que la nation reprend possession d'elle-même pour se conduire par sa propre souveraineté, il faut de toute nécessité que l'étude des hautes sciences du gouvernement soit instituée dans son sein sur le mode le plus large et le plus efficace. La perfection et la puissance de l'administration publique sont à ce prix. »

Cette École d'administration eut une existence éphémère. Pourtant, ses débuts sont prometteurs. Les épreuves d'admissibilité se déroulent au printemps 1848. Elles ont lieu à Paris et dans 22 centres en province. Les examens d'admission sont organisés notamment à Paris, Aix, Alger, Bastia... 152 étudiants sont sélectionnés sur les 852 jugés admissibles. Des locaux ont été trouvés à Paris, pour les accueillir, ainsi que la centaine de jeunes sélectionnés ensuite en novembre 1848.

Mais les hiérarques des facultés de droit n'apprécient guère l'apparition de cette École d'administration.

Enfermés dans le confort de leurs privilèges et de leurs certitudes, ils y voient une concurrence qu'ils ne tolèrent pas. Les responsables de la haute administration craignent quant à eux de ne plus avoir la maîtrise de leur recrutement, ce qui signerait la fin d'un certain népotisme. Or, les grands corps de l'État restent viscéralement attachés à assurer eux-mêmes, selon leurs propres critères, leur propre renouvellement.

Carnot parti, Louis Napoléon Bonaparte élu président de la République, Falloux devenant ministre de l'Instruction publique, les cours de cette nouvelle école sont vite suspendus, et, le 9 août 1849, une loi la supprime purement et simplement.

En 1870, Émile Boutmy en reprendra l'idée, créant une École libre des sciences politiques dont Jules Ferry n'obtiendra pas la nationalisation en 1881.

Au moment du Front populaire, en 1936, Jean Zay, ministre de l'Éducation nationale, tentera lui aussi de mettre en place une école destinée à la formation des hauts fonctionnaires et un centre des hautes études administratives, mais le Sénat s'y opposera. Il faudra attendre 1945 et l'ordonnance du 9 octobre pour que le général de Gaulle, sur proposition de Michel Debré, reprenne cette idée républicaine d'une école spécifique pour les serviteurs de l'État, et que soit ainsi décidée la création de l'École nationale d'administration.

Carnot envisageait, par ailleurs, de s'intéresser à l'enseignement des jeunes filles. Il avait en projet de transformer la maison d'éducation de la Légion d'honneur de Saint-Denis pour en faire l'École normale supérieure préparant à l'enseignement des filles.

En ce domaine, il eut le temps de prendre deux initiatives. Il autorisa l'ouverture au Collège de France d'un cours spécialement destiné aux femmes. Plus important, dans son projet soumis à l'examen des députés le 30 juin 1848, il précise que la loi nouvelle doit « embrasser dans sa sphère l'éducation des femmes ». Pour lui, l'enseignement public primaire est obligatoire, gratuit et destiné aux enfants des deux sexes. Signe fort, lointain prélude à l'octroi du droit de vote aux femmes…

Il voulut aussi instituer des bibliothèques communales, ainsi que des salles de lecture publiques.

Il est certain que cette volonté réformatrice inquiétait fort les milieux conservateurs, d'autant plus qu'elle avait pour but avoué d'assurer, par l'éducation du plus grand nombre, l'affermissement de la République.

Le souci d'Hippolyte Carnot d'intégrer dans les manuels scolaires l'histoire de la Révolution et de l'avènement de la République préoccupe les représentants des monarchistes, légitimistes comme orléanistes. Ils prennent prétexte des circulaires adressées en ce sens aux instituteurs pour le mettre en difficulté à l'Assemblée.

D'autant plus qu'Hippolyte Carnot ne cesse d'inciter les enseignants du primaire à entrer dans l'arène politique, les exhorte « à presser les citoyens des campagnes de remplir leur devoir d'électeurs, car il ne leur est pas permis d'être indifférents au choix des hommes qui, dans quelques jours, vont revêtir le caractère auguste de mandataires de la nation ». Il ajoute, irritant un peu plus les notables locaux :

> « La plus grande erreur contre laquelle il faille prémunir les populations de nos campagnes, c'est que, pour être représentant, il soit nécessaire d'avoir de l'éducation et de la fortune. »

Il poursuit, ce qui n'est pas de nature à plaire à tout le monde :

> « Quant à l'éducation, il est manifeste qu'un brave paysan, avec du bon sens et de l'expérience, représentera infiniment mieux à l'Assemblée les intérêts de sa condition qu'un citoyen riche et lettré, étranger à la vie des champs, ou aveuglé par des intérêts différents de ceux de la masse des paysans. Quant à la fortune, l'indemnité qui sera allouée à tous les membres suffira. [...] Le danger que les amis sincères de la République peuvent redouter n'est pas qu'il y ait dans l'Assemblée trop peu de lettrés, c'est plutôt qu'il y ait trop peu de gens de pratique, honnêtement et profondément

dévoués aux intérêts de la classe la plus nombreuse et la plus pauvre. »

Il va même directement les inciter à faire acte de candidature.

Les termes de ses circulaires sont inhabituels de la part d'un ministre de l'Instruction publique. Si elles ont pu soulever l'enthousiasme de certains instituteurs, elles ne furent guère appréciées des milieux conservateurs et irritèrent de nombreux notables politiques qui ne voulaient pas de la concurrence de la « vile multitude » dans la conquête des places.

En dehors même de tout débat sur la nature du prochain régime politique, il leur fallait se débarrasser au plus vite d'Hippolyte Carnot. C'est à la suite d'une demande de crédits supplémentaires qu'Hippolyte Carnot est mis en minorité. Il ne peut que donner sa démission du gouvernement.

Battu aux élections de 1849, c'est à la faveur d'un scrutin partiel qu'il redevient député. Coincés entre un prince-président qui pense à la restauration de l'Empire et une majorité politique qui rêve d'un retour à la monarchie, les républicains paraissent alors bien isolés.

L'action d'Hippolyte Carnot, Victor Hugo, Jules Favre et Michel de Bourges, regroupés au sein d'un comité de résistance, n'empêchera pas le prince-président de devenir Napoléon III ni le Second Empire de mettre fin à la IIe République.

Le 29 février 1852, candidature officielle oblige, les premières élections au Corps législatif marquent le succès de ceux qui se réclament de l'empereur. Cependant, Carnot est élu à Paris. Il exclut de se soumettre, avant d'entrer en fonctions, à l'obligation de prêter serment à Louis Napoléon. Il est alors déclaré démissionnaire d'office.

En 1857, réélu, Hippolyte Carnot refuse toujours de faire allégeance à l'empereur. Il est de nouveau déclaré démissionnaire. Républicain convaincu, il n'est pas concevable, en effet, pour Hippolyte Carnot, d'accepter la moindre compromission avec le régime impérial. Il écrit, en 1852 :

> « La République française n'existe plus depuis le 2 décembre ; bientôt, sans doute, elle aura perdu jusqu'à son nom. [...] Selon certaines opinions, les idées de 1848 sont un rêve, elles ont disparu pour toujours. [...] Selon d'autres, ces idées appartiennent dans leur ensemble au développement normal de la société. [...] Le temps nous dira laquelle de ces deux opinions est la mieux fondée. Quant à moi, je crois au retour de la République, parce que, de toutes les formes de gouvernement, c'est la plus parfaite, la plus juste, la plus libre, et je ne crains point d'ajouter : la plus stable, en dépit de l'expérience que nous venons de faire. »

Hippolyte Carnot tente alors d'analyser l'échec de la IIe République et de trouver les causes de son éphémère durée :

> « Si notre République a succombé sous le plomb des conspirations, c'est précisément parce qu'elle ressemblait trop à une monarchie, parce qu'elle avait conservé les traditions d'une centralisation exagérée. [...] Le gouvernement de février a fait des fautes. [...] La plupart de ces fautes ont été inspirées par un excès de confiance et de générosité. »

Après avoir dressé la liste des réformes de la IIe République, Hippolyte Carnot tire le bilan de sa propre action au ministère de l'Instruction publique :

« Lorsque je concentre mes regards dans le cercle [...] où s'est exercée mon action [...], je vois étouffé dans son berceau un plan de réforme de l'Éducation nationale qui embrassait depuis l'école maternelle jusqu'au seuil de la vie civile et politique, je vois annulés les efforts que nous avions faits pour maintenir le clergé dans la sphère toute morale qu'il ne dépasse jamais sans danger pour la religion elle-même. Avons-nous cru trop facilement que le curé s'allierait au maître d'école pour élever le peuple dont ils sont enfants l'un et l'autre ? Que le prêtre chrétien se contenterait du royaume du Christ sans prétendre dominer la terre ? Oui, peut-être... »

Mais Carnot n'est pas complaisant pour autant avec « le socialisme », qui, affirme-t-il, « s'est plus d'une fois égaré, a tristement obéi à l'esprit de sectes ».

La République a sombré, Napoléon III l'a enterrée depuis maintenant plus de dix ans, et Hippolyte Carnot, qui a toujours refusé de faire allégeance à l'empereur par refus du serment, souhaite néanmoins devenir député. Il sait que l'action politique passe par l'élection et par la tribune du Corps législatif, d'autant plus que le régime impérial commence à connaître un certain essoufflement politique.

En 1863, il accepte finalement de signer le serment d'allégeance. D'après le sénatus-consulte du 17 février 1858, les candidats devaient, huit jours avant l'ouverture du scrutin, remettre personnellement à la préfecture une lettre indiquant qu'ils acceptaient le régime impérial.

Hippolyte Carnot retrouve donc les bancs du Corps législatif où siègent 35 opposants à gauche ou à l'extrême gauche. Il cesse d'être député lorsque, en 1869, les électeurs lui préfèrent Gambetta, qui s'est présenté contre lui. Peu après, lors d'une élection partielle, il est de nouveau battu, cette fois par Henri Rochefort.

L'Empire s'écroule en 1870, et, le 4 septembre, la République renaît. Un gouvernement dit de la Défense nationale est constitué. Les arrondissements de Paris se dotent de municipalités. Carnot revient à la politique. Le voici maire du VIIIe arrondissement, et, le 8 février 1871, il est élu représentant de Seine-et-Oise à l'Assemblée nationale. Il y siège naturellement à gauche. Il y retrouve son fils Sadi, élu député de la Côte-d'Or.

Peu après, les deux Carnot, Hippolyte et Sadi, signent une proposition d'ordre du jour votée à l'unanimité moins six voix, confirmant « la déchéance de Napoléon III et de sa dynastie », le déclarant « responsable de la ruine, de l'invasion et du démembrement de la France ». Le père et le fils émettent un vote identique, mais se séparent sur la question de la poursuite de la guerre avec l'Allemagne. Hippolyte est pour la paix, Sadi estime qu'il ne faut pas accepter les conditions posées par l'ennemi, mais poursuivre la guerre.

Devenu le 15 décembre 1875 sénateur inamovible, Hippolyte assiste à l'émergence sur la scène politique de son fils Sadi et à son élection à la présidence de la République, un an avant sa mort.

Je ne pouvais pas ne pas mentionner l'itinéraire et l'œuvre de ce républicain authentique, sincèrement épris de justice sociale. Il avait foi en l'égalité et savait qu'elle conditionnait la liberté.

Cartel des gauches

Il s'agit d'une coalition électorale constituée dans une cinquantaine de départements lors des élections législatives de 1924 entre les Radicaux indépendants, le Parti radical et radical-socialiste, le Parti républicain-socialiste, auxquels se joignent des socialistes indépendants et la SFIO.

Le Cartel fonde son unité sur une critique de la politique financière du gouvernement de Poincaré et de son attitude à l'égard de l'Église. La politique religieuse du gouvernement est estimée pas assez laïque. Les candidats du Cartel confortent leur unité en concentrant leurs attaques contre le président de la République Alexandre Millerand qui, lors de son discours d'Évreux, le 14 octobre 1923, est intervenu dans la campagne électorale, sortant de sa neutralité politique, pour réclamer une révision constitutionnelle et appeler à « une politique républicaine, sociale, nationale ».

Peu importe que les adversaires du Cartel, par ailleurs divisés, remportent les élections au regard des suffrages exprimés, en nombre de sièges conquis, c'est une victoire pour les candidats se réclamant du Cartel des gauches. Ses 286 députés forment une majorité à la Chambre.

Mais, à l'épreuve, il apparaît évident que les députés du Cartel se sont rassemblés sur des critiques politiques et, face aux réalités du pouvoir, leurs convictions divergent.

La législature débute par un débat sur les institutions qui aboutit à la démission le 11 juin du président de la République Alexandre Millerand. Cependant, les députés du Cartel n'arrivent pas à faire élire à l'Élysée leur candidat, Paul Painlevé. C'est le président du Sénat, Gaston Doumergue, qui est élu le 13 juin.

Le 15 juin, Édouard Herriot forme un gouvernement qui décide rapidement quelques mesures spectaculaires : transfert des cendres de Jean Jaurès au Panthéon, contesté par des militants communistes qui crient à l'accaparement de Jaurès par le pouvoir. Le gouvernement décide aussi une amnistie des grévistes de 1920 et des hommes politiques condamnés pendant la guerre (Joseph Caillaux et Louis Malvy), la création d'un Conseil économique et social mais aussi l'autorisation pour les fonctionnaires de se syndiquer... et la reconnaissance, en octobre 1924, de l'Union soviétique. Herriot, dans sa déclaration ministérielle devant la Chambre, annonce sa volonté de fermeture de l'ambassade de France auprès du Vatican, le dépôt d'un projet de loi mettant fin aux relations de la France avec le Saint-Siège. Mais il doit rapidement y renoncer. Il prévoit aussi l'extension de notre législation laïque aux départements d'Alsace et de Moselle...

Mais, confronté à la crise du franc, le Cartel ne résiste pas à ses divisions internes. Des divergences apparaissent entre les élus et les ministres de la Gauche radicale et socialiste au sujet d'un impôt sur le capital. Le ministre des Finances, Étienne Clémentel, hostile à cette fiscalité, démissionne. Il est remplacé par Anatole de Monzie, qui souhaite instituer un prélèvement exceptionnel de 10 % sur le capital. Finalement, le gouvernement est renversé pour la première fois par le Sénat. Il s'ensuit une période, d'avril 1925 à juillet 1926, marquée par une instabilité ministérielle : six gouvernements se succèdent, les divisions parmi les élus du Cartel et surtout chez les radicaux débouchent sur la fin de cette coalition électorale.

Le président de la République Gaston Doumergue, le 21 juillet 1926, fait appel à Raymond Poincaré, l'ancien président de la République, pour gouverner la France dans un esprit de « réconciliation nationale ».

Chaban-Delmas, Jacques (1915-2000)

Député de la Gironde de 1946 à 1997, maire de Bordeaux de 1947 à 1995, président de l'Assemblée nationale à trois reprises, au total, pendant quinze ans et huit mois, ministre plusieurs fois sous la IVe République, Premier ministre de la Ve République, il savait, depuis la Résistance, combien les Français avaient besoin d'un État capable d'imposer l'intérêt général. Seul un État respecté peut construire une société de liberté.

Animé d'une certaine idée de la France, partisan d'une France libre et indépendante comme le souhaitait de Gaulle, Chaban-Delmas n'en était pas moins un partisan de la construction de l'Europe, une Europe unie, donc écoutée et entendue.

Chaban-Delmas, le compagnon de la Libération, a montré que l'on pouvait être patriote sans pour autant devenir nationaliste, ardemment défendre sa ville – Bordeaux –, sa région – l'Aquitaine –, sans pour autant renoncer à l'unité de la France. Oui, il a montré qu'il est possible de construire l'Europe sans défaire la France, de s'affirmer partisan de la décentralisation sans briser l'État.

Avec de Gaulle et au premier rang de ses compagnons, il a œuvré pour restaurer un État respecté.

Un État dont le pouvoir n'est pas contesté, un pouvoir dont les titulaires peuvent bénéficier de la durée pour agir.

Jacques Chaban-Delmas avait vu comme ministre son action compromise par l'instabilité gouvernementale qui a caractérisé la vie politique de 1947 à 1958.

Il a alors approuvé la nouvelle Constitution qui a instauré un pouvoir gouvernemental autonome, un gouvernement assuré de durer, un Parlement cantonné dans son rôle de contrôle de l'exécutif et de législateur et qui puisse être dissuadé d'administrer la nation à la place du gouvernement.

Chaban-Delmas a toujours œuvré pour un État non pas tentaculaire, pour reprendre sa terminologie, qui gère tout, s'occupe de tout, réglemente tout, légifère sur tout, mais pour un État qui, concentré sur ses missions régaliennes, assume ses responsabilités. Un État qui n'hésite pas à anticiper sur les problèmes qui vont se poser à notre société.

Comme Premier ministre, en 1971, il décide ainsi d'instituer, pour la première fois dans notre histoire, un ministère chargé de l'Environnement. Il a eu l'intuition, avant beaucoup d'autres, que les questions touchant à l'avenir de notre planète deviendraient essentielles.

Il était résolument tourné vers le futur. Le progrès, l'industrialisation de cette France de l'après-guerre ne lui faisaient pas peur, pourvu qu'ils servent la cause de l'homme, de sa liberté, de sa dignité.

L'État se devait, pour lui, d'être le gardien et le garant de la liberté, de toutes les libertés. Ce droit aux libertés passe notamment, pour les citoyens, par l'accès à une information libre.

Aussi est-ce à lui que l'on doit le début d'une information détachée du pouvoir. C'est ce qu'il entreprit de faire avec l'information télévisée qui, selon ses termes, doit informer « totalement et contradictoirement ». La diversité des sources de l'information, le pluralisme de la diffusion des informations, il en était persuadé, sont des piliers de la démocratie.

L'État, pour Chaban-Delmas, se doit aussi d'être l'initiateur et le garant du dialogue social.

Ainsi, dans son discours du 16 septembre 1969 à l'Assemblée nationale, il incite les organisations professionnelles à mieux se structurer pour développer le dialogue social afin de négocier de façon responsable avec les pouvoirs publics.

Inspiré par la formule du président des États-Unis John Kennedy, Jacques Chaban-Delmas, nommé Premier ministre par Georges Pompidou le 21 juin 1969, propose aux députés de construire une « nouvelle société ».

« Le fonctionnement défectueux de l'État et l'archaïsme de nos structures sociales sont autant d'obstacles au développement économique qui nous est nécessaire.

Tentaculaire et en même temps inefficace : voilà, nous le savons tous, ce qu'est en passe de devenir l'État, [...] car, par l'extension indéfinie de ses responsabilités, il a peu à peu mis en tutelle la société française tout entière.

Cette évolution ne se serait point produite si, dans ses profondeurs, notre société ne l'avait réclamée. Or c'est bien ce qui s'est passé. Le renouveau de la France après la Libération, s'il a mobilisé les énergies, a aussi consolidé une vieille tradition colbertiste et jacobine, faisant de l'État une nouvelle providence. Il n'est presque aucune profession, il n'est aucune catégorie sociale qui n'ait, depuis vingt-cinq ans, réclamé ou exigé de lui protection, subventions, détaxation ou réglementation.

Mais, si l'État ainsi sollicité a constamment étendu son emprise, son efficacité ne s'est pas accrue car souvent les modalités de ses interventions ne lui permettent pas d'atteindre ses buts. [...]

Nos collectivités locales étouffent sous le poids de la tutelle. Nos entreprises publiques, passées sous la coupe des bureaux des ministères, ont perdu la maîtrise de leurs décisions essentielles : investissements, prix, salaires. Les entreprises privées, elles-mêmes, sont accablées par une réglementation proliférante.

Le résultat de tout cela ? C'est d'abord le gonflement des masses budgétaires. C'est ensuite, pour les partenaires de l'État, un encouragement à la passivité et à l'irresponsabilité.

Et si encore toutes nos interventions, qu'il s'agisse de prélèvements fiscaux ou des subventions publiques, atteignaient leur but !

Mais il s'en faut de beaucoup.

Notre système fiscal est ressenti comme étant à bien des égards affecté par l'inégalité et faussé par la fraude.

La fiscalité est en outre le domaine d'élection du perfectionnement administratif et, permettez-moi de le dire, parlementaire. À force de vouloir, par des subtilités sans nombre, rendre l'impôt plus juste ou plus efficace, on l'a rendu souvent inintelligible, ce qui le prédispose à être inefficace et injuste.

S'agit-il des subventions ?

Parmi les subventions économiques, la majeure part, et de loin, va non pas à des activités d'avenir ni à des opérations de reconversion, mais au soutien d'activités non rentables.

Quant aux subventions sociales, leur distribution est dominée par une conception étroitement juridique de l'égalité qui aboutit à l'absence d'équité. Sous prétexte de ne pas faire de différence entre les bénéficiaires, on fournit des aides identiques à ceux qui en ont le besoin, à ceux qui en ont modérément besoin et aussi à ceux qui n'en ont pas besoin du tout. Résultat : les buts initiaux ne sont pas atteints. [...]

Nous sommes encore un pays de castes. Des écarts excessifs de revenus, une mobilité sociale insuffisante maintiennent des cloisons anachroniques entre les groupes sociaux.

J'ajoute que ce conservatisme des structures sociales entretient l'extrémisme des idéologies. On préfère trop souvent se battre pour des mots, même s'ils recouvrent des échecs dramatiques, plutôt que pour des réalités. C'est pourquoi nous ne parvenons pas à accomplir des réformes autrement qu'en faisant semblant de faire des révolutions. La société française n'est pas encore parvenue à évoluer autrement que par crises majeures. [...]

Il existe un rapport profond entre l'omnipotence de l'État et la faiblesse de la vie collective dans notre pays.

Les groupes sociaux et les groupes professionnels sont, par rapport à l'étranger, peu organisés et insuffisamment représentés.

La conséquence de cet état de choses est que chaque catégorie sociale ou professionnelle ou plutôt ses représentants, faute de se sentir assez assurés pour pouvoir négocier directement de façon responsable, se réfugient dans la revendication vis-à-vis de l'État, en la compliquant souvent d'une surenchère plus ou moins voilée. À un dialogue social véritable se substitue ainsi trop souvent un appel à la providence de l'État, qui ne fait que renforcer encore son emprise sur la vie collective, tout en faisant peser un poids trop lourd sur l'économie tout entière. [...]

Depuis vingt ans, la France, après avoir longtemps retardé les échéances et les mutations, s'est trouvée obligée de les affronter toutes à la fois : explosion démographique, bouleversement technologique, décolonisation, urbanisation, et maintenant compétition internationale pleine et entière. [...]

[Je] suis certain que nous devons aujourd'hui nous engager à fond dans la voie du changement.

Il y a à cela deux raisons principales :

La première est que, si nous ne le faisons pas, nous nous exposerions à un avenir qui ne serait guère souriant.

D'une part, nous risquerions de "décrocher" durablement par rapport aux grands pays voisins qui, par suite de circonstances diverses, ont commencé plus tôt que nous la révolution du développement économique et qui sont bien décidés à la poursuivre. Et il n'y a pas loin du retard économique à la subordination politique.

D'autre part, notre existence en tant que nation serait elle-même menacée. Nous sommes, en effet, une société fragile, encore déchirée par de vieilles divisions et, faute de pouvoir maintenir notre équilibre dans la routine et la stagnation, nous devons le trouver dans l'innovation et le développement.

La seconde raison, la raison positive, c'est que la conquête d'un avenir meilleur pour tous justifie à elle seule tous les efforts, tous les changements.

Cette nouvelle société, quant à moi, je la vois comme une société prospère, jeune, généreuse et libérée. [...]

C'est sous l'égide de la générosité que je vous propose de placer notre action. Nous devons aller d'un égalitarisme de façade qui conduit à des transferts importants sans faire disparaître pour autant les véritables pauvretés morales et matérielles. Nous devons, par une solidarité renforcée, lutter contre toutes les formes d'inégalité des chances.

Nous devons aussi apprendre à mieux respecter la dignité de chacun, admettre les différences et les particularités, rendre vie aux communautés de base de notre société, harmoniser les rapports administrations et administrés, en un mot transformer la vie quotidienne de chacun. Enfin – et c'est l'essentiel –, nous devons reprendre l'habitude de la fraternité, en remplaçant mépris et indifférence par compréhension et respect.

Rien de tout cela ne sera possible sans un vaste effort d'imagination et d'organisation dans tous les domaines, visant à la fois l'éducation permanente et le libre accès à l'information, la transformation des rapports sociaux et l'amélioration des conditions et de l'intérêt du travail, l'aménagement des villes et la diffusion de la culture et des loisirs. Quelle exaltante entreprise ! [...]

C'est la transformation de notre pays que nous recherchons, c'est la construction d'une nouvelle société, fondée sur la générosité et la liberté. [...] »

Ce discours sur « la nouvelle société », encore d'une certaine actualité, apparaît comme un refrain inachevé. En 1971, il marque le début de la fracture qui va progressivement s'installer entre Chaban-Delmas et Pompidou.

En traçant le chemin politique, en énonçant les réformes nécessaires au « déblocage » de la société,

Chaban-Delmas donne le sentiment que c'est lui qui conçoit la politique de la France et non le président de la République. Il se trompe de République et oublie la pratique de la Ve. C'est en fait le Président qui détermine cette politique, et le Premier ministre qui la conduit.

Pompidou ne cachera d'ailleurs pas son irritation lorsque, au cours d'une conférence de presse, le 2 juillet 1970, répondant à un journaliste, il précisera : « J'attache plus d'importance à l'homme qu'à la société, et à la place de l'homme dans la société plus qu'à la forme de la société. »

À l'élection présidentielle, il n'arrive pas à se qualifier pour le second tour et rate sa sortie politique, même s'il redevient président de l'Assemblée.

Malgré des personnalités très différentes, il y avait entre lui et Michel Debré, mon père, une authentique amitié.

Je me souviens encore aujourd'hui combien – c'est rare en politique – leur fraternité était sincère et indestructible. Cela n'empêchait pas entre eux de fortes discussions et divergences, notamment lorsque Chaban-Delmas, du temps de la IVe République, accepta de faire partie d'une coalition ministérielle.

Chaban-Delmas a été six mois ministre de la Défense à partir de novembre 1957 dans le gouvernement de Félix Gaillard, un peu plus d'un an ministre d'État, dans celui de Guy Mollet, et un peu plus de cinq mois ministre des Travaux publics, des Transports et du Tourisme dans le gouvernement de Pierre Mendès France.

Mon père n'admettait pas qu'il apporte la caution des gaullistes à des gouvernements de coalition qui bien souvent de ce fait ne duraient que quelques mois. Il regrettait qu'il participe ainsi au maintien d'un régime politique dominé par le jeu des partis, des alliances éphémères, et incapable d'une politique nationale cohérente.

Chambre bleu horizon

Face à une gauche divisée, le Bloc républicain national remporte les élections de novembre 1919, les premières depuis la fin de la guerre ; une large victoire avec 433 élus sur un total de 616 sièges à pourvoir.

Composé principalement de la droite conservatrice et du centre, avec la Fédération républicaine, l'Alliance démocratique et l'Action libérale, ainsi que de plusieurs partis de la droite radicale, le Bloc national se veut la continuation patriotique de l'Union sacrée, rassemblée autour de la figure de Georges Clemenceau. Elle a une figure de proue : Raymond Poincaré.

La Chambre ainsi élue fut surnommée « Chambre bleu horizon », couleur des uniformes des soldats français, car la nouvelle assemblée comprend de nombreux anciens combattants.

Ces élections se déroulent au scrutin proportionnel avec une forte prime à la majorité. Les listes y sont départementales. Ce régime électoral adopté par la loi du 12 juillet 1919 rompt avec le scrutin uninominal majoritaire à deux tours en cours depuis 1889, et à l'évidence favorise les coalitions, donc le Bloc national. La volonté de renouvellement politique est réalisée par le Bloc national : 369 députés sont élus pour la première fois, dont beaucoup d'anciens combattants.

Chansonniers républicains

Il ne s'agit pas ici de présenter une anthologie de ces chansonniers républicains. Ils sont si nombreux et de qualités diverses, mais certains d'entre eux ont eu une notoriété particulière. Leurs textes, chantés parfois par eux-mêmes, sont devenus populaires. Ils ont été repris et fredonnés par des opposants à la monarchie et à l'empire. Ils ont été des éléments de la propagande républicaine. Ils ont popularisé, crédibilisé un désir de changement, ils ont fait souffler un vent de liberté, attisé les audaces d'opposants, bousculé des indécis ou des indifférents, galvanisé des militants.

Pierre Dupont (1821-1870), républicain convaincu, compose en 1846 « Le Chant des ouvriers » et « La Républicaine » :

La République, cette reine
Qui donne des leçons aux rois,
En trois tours d'horloge a sans peine
Ressuscité tous nos vieux droits,
On se battait pour des réformes,
Pour des semblants de liberté ;
Elle a brisé les vaines formes,
Et rétabli son unité.
[...]
Le monde enfin voit luire une ère
Que dès longtemps nous prédisions ;
La République, notre mère,

De ses yeux emplis de rayons,
À la liberté nous convie,
À la douce fraternité :
C'est le ciel même en cette vie
En attendant l'éternité. […]

Eugène Pottier (1816-1887) imagine sa première chanson, « Vive la liberté », en 1830. En 1840, il publie « Il est bien temps que chacun ait sa part ». Il participe activement à la révolution de 1848, écrit *Le Peuple* :

Il lui faut des droits et du pain !
Du pain pour les enfants qui souffrent les tortures
De la misère et de la faim !
Son droit, c'est d'être enfin compté dans la balance
Où doit se peser son destin
Ce qu'il veut, c'est qu'enfin sur le sol de France
Chaque homme soit citoyen !
Mais ces droits, il les veut ; c'est au prix de sa vie
Qu'il les sut conquérir
Au palais des Tyrans, de sa main amaigrie,
Il a gravé ces mots « vivre libre ou mourir ».

Membre de la garde nationale, il participe aux combats durant le siège de Paris de 1870, puis il prend une part active à la Commune de Paris, dont il est élu membre pour le IIe arrondissement.

En juin 1871, il compose son poème « L'Internationale » et se réfugie en Angleterre. Condamné à mort par contumace le 17 mai 1873, il s'exile aux États-Unis, d'où il organise la solidarité pour les communards déportés. C'est de là aussi qu'il adhère à la franc-maçonnerie puis au Parti ouvrier socialiste d'Amérique. Il regagne la France après l'amnistie de 1880.

L'Internationale d'Eugène Pottier, sur une musique de Pierre Degeyter, deviendra l'hymne de la révolte du monde ouvrier des communistes, des anarchistes et même parfois des socialistes. En 1989, *L'Internationale* fut chantée par les étudiants et manifestants de la place Tian'anmen, en Chine ; elle fut même l'hymne national russe de 1918 à 1943.

Charles Gille (1820-1856) veut enseigner au peuple ouvrier, qui vient l'écouter et l'applaudir dans les goguettes, l'histoire de la Révolution française en chansons. Il crée pour cela des chansons à succès : « Le Vengeur », « Le Départ de la garde nationale en 1792 », « La Trente-Deuxième Demi-Brigade », « Le Bataillon de la Moselle ». À la veille de la révolution de 1848, il évoque pour la critiquer « La République bourgeoise ».

Voir : Béranger, Pierre-Jean de (1780-1857).

Chants républicains

Quel bonheur, encore aujourd'hui, d'écouter ces chants dont les paroles entraînent vers et pour la République, exaltent le sentiment patriotique, glorifient la liberté. Certes, ils apparaissent parfois vieillis, et peuvent faire sourire, ils ne font pas dans la nuance, mais ce sont des hymnes politiques, ils doivent rythmer un combat, celui des républicains pour mobiliser, galvaniser les militants de la liberté, populariser et glorifier la République.

Ce sont les marqueurs politiques d'une époque. Ils ont accompagné la République.

« Le Chant du départ » est un hymne à la liberté contre toutes les formes de despotisme.

Le texte est de Marie-Joseph Chénier (1764-1811), le frère cadet d'André Chénier, qui fut membre de la Convention et vota la mort du roi. La musique est d'Étienne Nicolas Méhul (1763-1817).

La tonalité volontariste, agressive, guerrière de ce chant, les personnages qui défilent, sa structure lui confèrent un rythme martial.

Il a été pour la première fois exécuté à Fleurus à la suite de la victoire, le 26 juin 1794, des armées de la France révolutionnaire sur celles de la coalition européenne, et le 14 juillet 1794 pour célébrer la République.

Premier couplet : Un député du peuple

La victoire en chantant
Nous ouvre la barrière
La liberté guide nos pas.
Et du Nord au Midi
La trompette guerrière
A sonné l'heure des combats
Tremblez ennemis de la France
Rois ivres de sang et d'orgueil.
Le peuple souverain s'avance
Tyrans descendez au cercueil.

Refrain : Chant des guerriers

La République nous appelle
Sachons vaincre ou sachons périr

Un Français doit vivre pour elle
Pour elle un Français doit mourir.

Deuxième couplet : Une mère de famille

De nos yeux maternels ne craignez pas les larmes
Loin de nous de lâches douleurs !
Nous devons triompher quand vous prenez les armes :
C'est aux rois à verser des pleurs.
Nous vous avons donné la vie,
Guerriers, elle n'est plus à vous ;
Tous vos jours sont à la patrie :
Elle est votre mère avant nous

Troisième couplet : Deux vieillards

Que le fer paternel arme la main des braves ;
Songez à nous au Champ-de-Mars ;
Consacrez dans le sang des rois et des esclaves
Le fer béni par vos vieillards ;
Et, rapportant sous la chaumière
Des blessures et des vertus,
Venez fermer notre paupière
Quand les tyrans ne seront plus.

Quatrième couplet : Un enfant

De Barra, de Viala le sort nous fait envie ;
Ils sont morts, mais ils ont vaincu.
Le lâche accablé d'ans n'a point connu la vie :
Qui meurt pour le peuple a vécu.
Vous êtes vaillants, nous le sommes :
Guidez-nous contre les tyrans ;
Les républicains sont des hommes,
Les esclaves sont des enfants.

Cinquième couplet : Une épouse

Partez, vaillants époux ; les combats sont vos fêtes ;
Partez, modèles des guerriers ;
Nous cueillerons des fleurs pour en ceindre vos têtes :
Nos mains tresseront vos lauriers.
Et, si le temple de mémoire
S'ouvrait à vos mânes vainqueurs,
Nos voix chanteront votre gloire,
Nos flancs porteront vos vengeurs.

Sixième couplet : Une jeune fille

Et nous, sœurs des héros, nous qui de l'hyménée
Ignorons les aimables nœuds ;
Si, pour s'unir un jour à notre destinée,
Les citoyens forment des vœux,
Qu'ils reviennent dans nos murailles
Beaux de gloire et de liberté,
Et que leur sang, dans les batailles,
Ait coulé pour l'égalité.

Septième couplet : Trois guerriers.

Sur le fer devant Dieu, nous jurons à nos pères,
À nos épouses, à nos sœurs,
À nos représentants, à nos fils, à nos mères,
D'anéantir les oppresseurs :
En tous lieux, dans la nuit profonde,
Plongeant l'infâme royauté,
Les Français donneront au monde
Et la paix et la liberté.

Quant au « Chant des partisans », comment ne pas vibrer d'émotion quand s'élève, dans le silence du recueillement, cet hymne de la Résistance ? Ce « murmure » d'espoir et de liberté ?

C'est Anna Marly qui en composa la musique à Londres en 1943.

Anna Marly ou Anna Betoulinski, née en octobre 1917 à Petrograd pendant la révolution russe, au cours de laquelle son père a été fusillé. En compagnie de sa mère, elle se réfugie en France au début des années 1920 et commence alors une carrière de chanteuse. En 1940, nouvel exode devant l'invasion des troupes nazies, elle gagne Londres. À vingt-trois ans, elle s'engage comme cantinière dans les Forces françaises libres.

Ce furent Joseph Kessel et Maurice Druon qui rédigèrent les paroles de ce chant.

Ami, entends-tu le vol noir des corbeaux sur nos plaines ?
Ami, entends-tu les cris sourds du pays qu'on enchaîne ?
Ohé, partisans, ouvriers et paysans, c'est l'alarme.
Ce soir l'ennemi connaîtra le prix du sang et les larmes.

Montez de la mine, descendez des collines, camarades !
Sortez de la paille les fusils, la mitraille, les grenades.
Ohé, les tueurs à la balle et au couteau, tuez vite !
Ohé, saboteur, attention à ton fardeau : dynamite...

C'est nous qui brisons les barreaux des prisons pour nos frères.
La haine à nos trousses et la faim qui nous pousse, la misère.
Il y a des pays où les gens au creux des lits font des rêves.
Ici, nous, vois-tu, nous on marche et nous on tue, nous on crève.

Ici chacun sait ce qu'il veut, ce qu'il fait quand il passe.
Ami, si tu tombes, un ami sort de l'ombre à ta place.
Demain du sang noir sèchera au grand soleil sur les routes.
Chantez, compagnons, dans la nuit la liberté nous écoute…

Ami, entends-tu ces cris sourds du pays qu'on enchaîne ?
Ami, entends-tu le vol noir des corbeaux sur nos plaines ?
Oh oh…

Chauvin, Jeanne (1862-1926)

Par sa ténacité, son courage politique, Jeanne Chauvin fut la première femme à devenir avocat. Elle a dû livrer un combat difficile, supporter bien des critiques pour contraindre les avocats du barreau de Paris à l'admettre au sein de leur ordre.

Originaire de Jargeau, dans le Loiret, où son père était notaire, orpheline à seize ans, elle fut l'une des premières femmes bachelières et probablement l'une des rares à être titulaire de deux baccalauréats, de lettres et de sciences, de deux licences de droit et de philosophie.

« Les femmes sont les égales des hommes par le cœur et par le sentiment, par la pensée et par la raison. […] Dans la civilisation moderne, la femme ne peut plus n'être rien, alors que l'homme serait tout. […] Philosophiquement et rationnellement, l'idée de l'égalité se conçoit et s'impose dans tous les domaines », écrit-elle dans *La Revue de France* datée de novembre 1887.

Poursuivant ses études, elle soutient une thèse de doctorat. Elle y affirme et démontre que c'est sous l'influence de la Bible et du catholicisme qu'a été introduite dans notre société l'inégalité juridique entre les hommes et les femmes. Pour elle, cette différenciation existait de façon beaucoup moins prononcée dans l'Antiquité gréco-latine.

Mais ses idées ne font pas l'unanimité et, lorsqu'elle se présente devant le jury de thèse, des étudiants envahissent la salle, entonnent « La Marseillaise » et déclenchent un tel chahut que la soutenance est ajournée. Quelques jours plus tard, elle est reçue docteur en droit à l'unanimité des membres du jury.

Forte de ce succès, par un article dans *L'Illustration* du 16 juillet 1892, elle affirme qu'une légende a vécu, celle de la supériorité masculine. Poursuivant son combat pour l'égalité des sexes, elle s'adresse aux parlementaires en 1893 pour leur demander de voter une loi pour « accorder à la femme mariée le droit d'être témoin dans les actes publics ou privés, et admettre la capacité des femmes mariées à disposer des produits de leur travail ou de leurs industries personnelles ».

Titulaire des diplômes nécessaires, elle décide alors d'entamer une carrière d'avocat. À cette fin, elle transmet au bâtonnier de l'ordre des avocats de Paris une demande d'inscription au tableau des avocats. Il lui oppose une fin de non-recevoir. Cela ne la décourage pas. Elle se présente alors, le 24 novembre 1897, à l'audience de la première chambre civile de la cour de Paris qui doit recueillir le serment des nouveaux avocats. Elle entend convaincre les magistrats du bien-fondé de son souhait et leur montrer que, juridiquement, rien ne s'oppose à ce qu'elle devienne avocat.

Courageusement, les juges refusent de rendre immédiatement leur décision et mettent la demande de Jeanne Chauvin en délibéré.

Quelques jours plus tard, la cour lui refuse l'accès au barreau au motif que la loi n'autorise pas expressément les femmes à exercer la profession d'avocat. Alors qu'elles peuvent devenir médecins depuis une loi du 30 novembre 1892.

Jeanne Chauvin alerte alors des députés républicains, notamment René Viviani, qui reprend une proposition déposée lors de la législature précédente par Léon Bourgeois, Paul Deschanel, Jules Léveillé et Raymond Poincaré qui naturellement n'avait pas été inscrite à l'ordre du jour et donc pas pu être votée.

L'exposé des motifs rédigé par Viviani ne manque pas d'un certain humour. Il indique que, de même qu'on n'interdit pas aux hommes, sous prétexte que ce seraient là plutôt des occupations féminines, de coudre des vêtements ou de mesurer des dentelles et du ruban, de même le législateur moderne ne peut pas laisser subsister dans les lois un silence que l'on interprète comme une protection faite aux femmes d'exercer la profession d'avocat sous prétexte que ce fut là, autrefois, un "office viril" ».

Le débat à la Chambre voit monter au front les députés de la droite conservatrice, ceux qui s'opposent par principe à toute égalité entre les hommes et les femmes. L'argumentation avancée par Joseph Massabuau, député de l'Aveyron, est simple :

> « Cette égalité complète de la femme vis-à-vis de l'homme, ce droit d'égalité en vertu duquel elle revendique la liberté d'exercer la profession d'avocat, nous

mène, comme conséquence fatale à la suppression de la propriété et au collectivisme [...], si l'égalité des sexes est reconnue par la loi, la femme préférera l'union libre au mariage ; dès lors, il n'y aura plus d'héritier légitime, sans héritier point d'héritage, sans héritage plus de propriété individuelle ! Ainsi, l'ouverture aux femmes de la profession d'avocat est les prémices de l'arrivée du collectivisme et le début du déclin du capitalisme. »

Il fallait y penser.

Son collègue de la Gironde, le comte Périer de Larsan, avance des arguments moins subtils. Il avertit ses collègues : « Quand la femme veut faire l'homme, elle s'en acquitte aussi mal que quand l'homme veut faire la femme ! » Il ajoute solennellement à l'intention de ses collègues qui seraient tentés de voter cette proposition de loi : « Vous aurez beau être niveleurs tant que vous voudrez, vous ne nivellerez jamais un sexe. » Il se demande même, si les femmes ont le droit de plaider, si on ne risque pas d'accuser le magistrat « de s'être laissé convaincre par d'autres moyens que de bons arguments juridiques ». Il conclut sa brillante intervention en rappelant à ses collègues : « Notre devoir ici est de faire des lois sérieuses, réclamées par le pays, et non des canevas pour opérettes. »

Mais, le 30 juin 1899, les députés adoptent la proposition de loi par 319 voix contre 114. En novembre 1900, après un débat où les sénateurs de la droite conservatrice ont utilisé des arguments identiques à ceux entendus au Palais-Bourbon, le Sénat vote cette proposition par 172 voix contre 34. Publiée au *Journal officiel* le 1er décembre 1900, la loi accorde ainsi aux femmes le droit de devenir avocat. Jeanne Chauvin a gagné son combat et, le 19 décembre 1900, elle est admise au barreau. La République, grâce à elle, progresse dans le sens de l'égalité proclamée dans sa devise.

Chirac, Jacques (1932)

Personnalité complexe, multiple, bien difficile à décoder, une énergie fascinante, un optimisme surprenant.

Je l'ai rencontré pour la première fois un soir de juillet 1967. Le général de Gaulle, à la suite de son « Vive le Québec libre ! », écourte son voyage officiel au Canada.

Mon père, ministre de l'Économie et des Finances, va accueillir de Gaulle à l'aéroport d'Orly, dînant avec lui ce soir-là. Je l'accompagne. Nous sommes, je crois me souvenir, dans la nuit du 26 juillet.

L'attente au pavillon d'honneur est longue, l'avion a du retard. Les membres du gouvernement patientent. Ces visages, à part deux ou trois, ne me disent pas grand-chose. Un personnage, qui domine par sa taille, sort à plusieurs reprises pour fumer, je le retrouve, nous bavardons tout en tirant sur nos cigarettes. C'est Jacques Chirac.

Première rencontre, mais je sais alors que je vais le suivre longtemps, tant le personnage me fascine.

Dans la vie, nous croisons beaucoup de copies, rarement des originaux, des personnalités qui sortent de l'ordinaire. C'est notamment vrai en politique.

Rien ne prédestinait Jacques Chirac à suivre une carrière politique : il aspirait à devenir capitaine au long cours. Il n'est pas issu d'une famille de notables politiques. Ses grands-parents étaient instituteurs, et seul sont grand-père, Louis Chirac, militant anticlérical, franc-maçon et radical-socialiste, s'est engagé dans un combat politique. Son père fut cadre dans une banque à Clermont-Ferrand, puis directeur d'une société qui construit des avions.

Étudiant à l'École des sciences politiques, Jacques Chirac vend le journal *L'Humanité* dans les rues de Paris, mais s'éloigne vite des communistes et ne rejoint pas les rangs des socialistes de la SFIO, comme le lui propose son camarade Michel Rocard, futur Premier ministre de Mitterrand.

Dans le livre d'entretiens *Si la gauche savait*, avec Georges-Marc Benamou, Michel Rocard raconte son amitié avec Chirac.

> « C'était un jovial, un gars généreux, pas trop compliqué. Il aimait s'amuser. J'avais essayé de lui fourguer la carte des étudiants socialistes SFIO... Il ne l'a pas prise. [...] C'était vraiment un bon copain. Je me souviens surtout qu'il me bluffait par son aisance et ses manières. J'étais éberlué par son audace auprès des filles. »

C'est sur la proposition de Pompidou Premier ministre, dont il est le collaborateur, qu'il se présente en 1967 aux élections législatives en Corrèze.

Commence alors un exceptionnel parcours politique. Député, président du conseil général de la Corrèze, maire de Paris de 1977 à 1995, plusieurs fois ministre, il fut deux fois Premier ministre, avec Valéry Giscard d'Estaing puis François Mitterrand.

Après deux tentatives, en 1981 et 1988, il devient président de la République le 17 mai 1995.

Cette dernière campagne présidentielle restera gravée dans ma mémoire comme une période bien pénible par la « trahison » de mes camarades députés.

Après le succès de son parti aux élections législatives de 1993, Jacques Chirac avait souhaité ne pas devenir Premier ministre pour mieux préparer la prochaine campagne présidentielle. Édouard Balladur est alors nommé Premier ministre. Celui-ci, prenant goût à l'exercice du pouvoir, a très vite, sondage aidant, voulu lui-même briguer l'Élysée et empêcher Chirac d'être candidat.

S'appuyant sur les enquêtes d'opinion, Balladur, secondé par Nicolas Sarkozy, a organisé la « trahison » des parlementaires proches de Chirac afin de l'isoler. Tous les moyens ont été utilisés pour déstabiliser et décrédibiliser Chirac. Mais ces procédés n'ont pas abouti.

À la lisière du printemps 1995, au moment où les sondages se sont retournés à son profit, Chirac m'a fait remarquer avec humour : « Balladur, c'est comme les poteries chinoises, cela supporte les décorations, mais pas le feu. »

À son arrivée à l'Élysée, Jacques Chirac, conformément à ses promesses électorales, ne prononce pas la dissolution de l'Assemblée nationale, ce qui apparaîtra plus tard comme une erreur politique majeure. Il estimait qu'il pouvait gouverner avec la majorité en place, et le paysage parlementaire était à reconstruire. Cet espoir de recomposer les contours de la majorité ne va pas durer et, deux ans plus tard, sera l'une des causes qui justifieront la dissolution et entraîneront une cohabitation avec les socialistes.

La Constitution est modifiée dès le mois d'août 1995, notamment pour décider que le Parlement se réunira désormais en une session unique ordinaire d'octobre à juin, et le champ du recours au référendum est étendu. Par la suite, Jacques Chirac fera modifier la Constitution le 24 septembre 2000 pour réduire le mandat présidentiel à cinq ans et, le 1er mars 2005, pour y joindre la Charte de l'environnement.

Mais l'état de grâce est bref, les affaires politico-financières qui avaient marqué les présidences de Giscard et de Mitterrand continuent. Elles touchent maintenant aussi des personnalitées proches du nouveau pouvoir ou appartenant à la majorité présidentielle.

La France est visée dès juillet 1995 par une vague d'attentats terroristes d'origine islamiste. À l'automne, elle est perturbée par d'importants mouvements sociaux et des grèves.

Le Premier ministre, Alain Juppé, de plus en plus contesté au sein même de la majorité présidentielle et dans le pays où son impopularité ne cesse de grandir, plaide auprès de Chirac pour qu'il mette fin avant terme au mandat des députés.

Le 21 avril 1997, Jacques Chirac prononce la dissolution de l'Assemblée nationale. Peu nombreux sont alors ceux qui prédisent la défaite de la majorité sortante, au mieux ils estiment qu'elle perdra quelques sièges.

La victoire de la gauche qui, toutes tendances confondues, se retrouve majoritaire, constitue un véritable séisme politique. Elle engendre une nouvelle cohabitation. Chirac, qui espérait tant diriger le pays, est contraint seulement après deux ans de pouvoir de le partager avec Lionel Jospin, qu'il nomme Premier ministre.

La cohabitation est difficile entre un président affaibli par le résultat des élections, des députés de droite dépités, perturbés par l'expression des rancœurs de certains et le réveil des ambitions d'autres. Cohabitation d'autant plus délicate qu'elle met face à face un président et un Premier ministre non seulement aux convictions politiques différentes, mais aux caractères opposés et qui s'étaient affrontés deux ans plus tôt à l'élection présidentielle.

À la fin du premier mandat de Chirac, la gauche prend espoir, mais ne retrouve pas son unité. La droite, dont les plaies de la division ont du mal à cicatriser, cherche une raison d'espérer et n'arrive pas à se rassembler autour de Chirac.

Seize candidats, un record pour la Ve République, sollicitent, le 21 avril 2002, la confiance des Français. La droite attend avec inquiétude l'échéance et l'affrontement prévisible du second tour entre Jacques Chirac et Lionel Jospin.

Surprise, Jean-Marie Le Pen, candidat du Front national, incarnant les idées de l'extrême droite, devance à l'issue du premier tour Lionel Jospin. Jacques Chirac est assuré de sa réélection le 5 mai 2002 et prolonge de cinq ans son bail à l'Élysée.

Tout au long des années passées à l'Élysée, Chirac a su à maintes reprises se détacher du quotidien, des querelles politiques habituelles et situer son action dans une perspective historique. Le seul combat qui vaille pour lui étant celui pour l'homme et son devenir.

Le voici, le 16 juillet 1995, reconnaissant la responsabilité de l'État français dans la déportation, les 16 et 17 juillet 1942, à la suite de la rafle du Vél' d'Hiv', de milliers de juifs.

Il a toujours refusé tout compromis avec les partisans des extrémistes du Front national, alors même que certains dans sa propre majorité souhaitaient passer des alliances électorales avec les candidats frontistes.

Viscéralement républicain, la laïcité est pour lui un pilier essentiel de la République. Il ne manque jamais une occasion de le rappeler. Il a voulu la loi du 15 mars 2004 selon laquelle : « Dans les écoles, les collèges et les lycées publics, le port de signes ou tenues par lesquels les élèves manifestent ostensiblement une appartenance religieuse est interdit. »

Le 23 juin 2005, il installe la Haute Autorité de lutte contre l'exclusion. Il est convaincu que le combat des républicains pour l'égalité, depuis l'abolition des privilèges à celle de l'esclavage le 27 avril 1848, passe par cette lutte contre toutes les formes de discrimination.

Lorsque, en 2007, critiqué dans les rangs mêmes de sa majorité, il ose dénoncer l'intervention américaine en Irak, il fait non seulement preuve de courage politique, mais aussi d'une lucidité qui le hisse au niveau des authentiques hommes d'État. Sa vision du rôle de la France dans le monde, de son indépendance, se situe dans le sillon tracé par le général de Gaulle.

L'attrait que Chirac manifeste pour les grandes civilisations du monde est l'expression d'une recherche permanente sur l'humanité. N'a-t-il pas d'ailleurs, en 1992, quand nombre de pays s'apprêtaient à fêter le cinquième centenaire de la découverte de l'Amérique par Christophe Colomb, écrit au roi d'Espagne pour lui indiquer que Paris ne s'associerait pas à cette célébration qui avait provoqué l'un des plus terribles génocides de l'histoire de l'humanité ? Cette position incomprise et critiquée à l'époque est aussi l'expression d'une sincère réflexion sur la politique et sur l'homme.

À la fatalité d'une histoire fondée sur la haine, les peurs et l'exclusion de l'autre, Chirac oppose toujours la nécessité d'un monde reposant sur le « dialogue des cultures ».

La défense de l'environnement est pour lui un combat prioritaire. Il ne cesse d'exhorter les gouvernements du monde à se mobiliser pour la promotion d'une économie au service du développement durable. L'écologie, « grande ambition qui s'impose à tous », est une des composantes de sa réflexion sur l'homme.

Jacques Chirac, qui ne brigue pas un troisième mandat, quitte l'Élysée le 16 mai 2007 après y être demeuré douze années.

Citoyen, citoyenne, citoyenneté

Ces mots apparaissent de nos jours comme des marqueurs politiques, des références essentielles des discours politiques, des slogans idéologiques. Ils peuvent aussi être utilisés pour « excommunier » un adversaire en qualifiant son attitude et ses prises de position de non citoyennes.

Ils permettent de justifier un impôt supplémentaire. Voici le gouvernement qui impose une « taxe citoyenne ». Y aurait-il des prélèvements obligatoires qui ne seraient pas citoyens ? Voilà l'« écocitoyenneté » pour qualifier une attitude et dénoncer d'autres comportements. Ici, on loue l'« entreprise citoyenne », l'« agriculture citoyenne », et certaines manifestations, selon leurs organisateurs, sont « citoyennes », même lorsqu'elles ont pour but de s'opposer au gouvernement. Parfois, j'entends évoquer les « pétitions citoyennes » pour contester une loi discutée ou même votée par les parlementaires.

L'école, revendique-t-on ici ou là, doit devenir ou redevenir citoyenne.

Pourquoi cette référence de plus en plus fréquente à la citoyenneté ?

S'agit-il de la conséquence d'une perte de repères idéologiques, d'un effondrement de la morale, du triomphe de l'individualisme ?

Peut-être est-ce le résultat de la fin de l'autorité de l'État, la marque du délitement de la solidarité sociale, l'effondrement du sentiment national, l'arrivée du communautarisme, du multiculturalisme, de la mondialisation.

Mais qu'est-ce que la citoyenneté ? Pour les républicains, ceux de la Déclaration des droits de l'homme et du citoyen, elle est l'expression de l'égalité de l'individu dans ses relations avec l'État et au sein de la société. Elle marque la rupture avec l'Ancien Régime, la fin des particularismes et des différences monarchiques, notamment celles fondées sur l'hérédité.

Telle est la philosophie de la Déclaration des droits de l'homme et du citoyen et notamment de l'article premier : « Les hommes naissent et demeurent libres et égaux en droits [...]. »

La citoyenneté est un brevet de capacité politique qui confère à chaque individu, sans distinction de « race ou de religion », les mêmes droits. Elle lui donne une égalité politique dans la confection de la loi qui « est l'expression de la volonté générale. Tous les citoyens ont droit de concourir personnellement, ou par leurs représentants, à sa formation ».

Clemenceau, Georges (1841-1929)

Issu d'une famille bourgeoise et républicaine de Vendée, il devient médecin comme son père et député comme son grand-père. Il s'installe à Paris en 1865.

C'est la proclamation de la République en 1870 qui l'entraîne vers la politique. Maire du XVIIIe arrondissement, élu député de Paris aux législatives en 1876, il siège à l'extrême gauche avec les radicaux.

Orateur de talent, redouté et redoutable, il sera surnommé « le tombeur de ministères ». Clemenceau s'impose par son verbe comme le chef incontesté des républicains radicaux (qui ne sont pas encore constitués en parti) et de l'opposition d'extrême gauche à ceux qu'il appelle les « opportunistes ».

Il a toujours revendiqué son attachement à la République et aux objectifs tels qu'ils avaient été énoncés par Gambetta dans le programme de Belleville en 1869.

Dans le discours qu'il prononce à Marseille le 28 octobre 1880, il fixe le cap de son action politique, la séparation des Églises et de l'État, la confiscation des biens des congrégations, le rétablissement du divorce, la suppression du Sénat, l'élection des magistrats, l'autonomie municipale, l'impôt sur le revenu, la limitation de la durée légale de la journée de travail, la retraite des vieux travailleurs, la responsabilité des patrons en cas d'accident, et la reconnaissance du droit syndical, ainsi que l'interdiction du travail pour les enfants en dessous de quatorze ans, la liquidation des grandes compagnies de chemin de fer, des canaux et des mines.

Pour lui, il l'affirme lors d'un discours à La Roche-sur-Yon, le 30 septembre 1906, la République « n'est rien qu'un instrument d'émancipation, de justification, un instrument d'évolution pour l'éducation de tous, par l'effort de chacun ».

Le but de la République est l'instauration de la démocratie qui « empêche la confiscation du pays par un homme » et a l'avantage « d'être un premier pas vers un gouvernement de justice et de liberté au profit de tout le monde », avait-il écrit auparavant dans le journal *Le Bloc*, le 25 août 1901. Et, peu après, le 29 septembre, de préciser dans le même organe de presse : « Tout imparfaite qu'elle soit, notre République est forte de ses institutions de liberté, forte des espérances de justice qu'elle apporte au travailleur. »

Républicain et démocrate, Clemenceau est athée et donc laïc. Pour lui, « la religion n'a toujours été qu'une religion de haine et non de paix et d'amour », comme il l'avait déclaré en 1881 et répété dans un éditorial du *Bloc* le 27 janvier 1901 : « Nous avons fait l'expérience d'une religion de bonté où les paroles de douceur aboutissent à l'oppression des consciences au nom de la liberté, à l'accaparement des biens de la terre sous des étiquettes de pauvreté, aux bûchers, aux massacres, parmi les éloquentes prédications d'amour. »

Homme aux convictions ancrées à gauche, hier contesté, décrié et maudit par la gauche, présenté lors de sa mort, en 1929, par *L'Humanité* comme « l'un des ennemis les plus acharnés de la classe ouvrière » et le « défenseur des intérêts capitalistes », Clemenceau n'est plus aujourd'hui l'objet de crispations à gauche, du moins pour celle qui est républicaine et détachée du marxisme.

Clemenceau accède à soixante-cinq ans, le 14 mars 1906, enfin, à des responsabilités gouvernementales.

Il devient ministre de l'Intérieur dans le gouvernement du radical Ferdinand Sarrien, pour lequel il n'a aucune estime et qu'il surnomme : « Ça… rien. » Il le remplace à la présidence du Conseil le 25 octobre 1906 et cumule cette fonction de chef de gouvernement avec celle de ministre de l'Intérieur jusqu'au 20 juillet 1909. Ainsi, ce n'est pas fréquent sous la IIIe République, le premier gouvernement Clemenceau dure plus de deux ans et demi, et le ministère de l'Intérieur est sous sa responsabilité pendant près de trois ans et demi.

Homme de gauche, il croit en une République sociale, capable de réformes pour une plus juste égalité entre des classes sociales. Mais il est aussi un homme d'ordre. Il revendique cette caractéristique dans son discours du 18 juin 1906, répondant à Jaurès : « C'est vrai, le préjugé de l'ordre, je l'ai […], rien ne peut se modifier, rien ne peut se créer si l'ordre légal n'est pas maintenu. »

Dès son arrivée place Beauvau, il se trouve confronté à une vague de contestation ouvrière. Aussi n'hésite-t-il pas à envoyer l'armée pour rétablir l'ordre républicain dans le Pas-de-Calais, où, à la suite de la catastrophe minière de Courrières le 10 mars 1906, qui fera au total plus de 1 000 morts, les mineurs refusent de reprendre le travail et multiplient les manifestations.

La surproduction viticole, ajoutée à la forte concurrence des vins d'Algérie, pousse les vignerons du Languedoc en 1907 à une révolte. Elle se transforme rapidement en une importante vague de contestation. Des manifestations impressionnantes par le nombre des participants ont lieu à maints endroits et sont d'une rare violence. Clemenceau envoie là aussi l'armée mettre fin à ces désordres et rétablir l'ordre républicain.

De même en mai 1908 à Draveil et Villeneuve-Saint-Georges (département de Seine-et-Oise), où Clemenceau fait réprimer sévèrement les manifestations. Plusieurs grévistes sont tués.

Pour rendre plus efficace la police et moderniser ses méthodes d'investigation, sur les conseils de Célestin Hennion, directeur de la Sûreté générale, Clemenceau fonde, en 1907, les structures qui donneront naissance à la Police judiciaire d'aujourd'hui. Le décret du 30 décembre 1907 crée ainsi 12 brigades – les brigades du Tigre, un des surnoms de Clemenceau. Chargées de combattre le crime organisé, elles sont implantées à Paris, Lille, Caen, Nantes, Tours, Limoges, Bordeaux, Toulouse, Marseille, Lyon, Dijon et Châlons-sur-Marne.

Le gouvernement Clemenceau est renversé le 20 juillet 1909.

Le 16 novembre 1917, à soixante-seize ans, Clemenceau devient de nouveau président du Conseil, malgré l'opposition de Briand et des socialistes. Il cumule sa fonction de chef du gouvernement avec le portefeuille de la Guerre.

Le 20 novembre 1917, il dévoile à la Chambre son programme de gouvernement : « Ni trahison ni demi-trahison : la guerre, rien que la guerre ! » Voilà pour les pacifistes, qui vont être rapidement réprimés.

L'engagement de la France dans la guerre, Clemenceau le justifie au non de l'humanité :

> « Champ clos des idéals, notre France a souffert pour tout ce qui est l'homme. Ferme dans les espérances

puisées aux sources de l'humanité la plus pure, elle accepte de souffrir encore, pour la défense du sol des grands ancêtres, avec l'espoir d'ouvrir, toujours plus grandes aux hommes comme aux peuples, toutes les portes de la vie. La force de l'âme française est là. C'est ce qui meut notre peuple au travail comme à l'action de guerre. Ces silencieux soldats de l'usine, sourds aux suggestions mauvaises, ces vieux paysans courbés sur leurs terres, ces robustes femmes au labour, ces enfants qui leur apportent l'aide d'une faiblesse grave : voilà nos poilus. De nos poilus qui, plus tard, songeant à la grande œuvre, pourront dire, comme ceux des tranchées : j'en étais. Avec ceux-là aussi, nous devons demeurer, faire que, pour la patrie, dépouillant nos misères, un jour, nous soyons aimés. »

Il conduit ainsi une politique de guerre sans concession, visite les tranchées, suscitant l'admiration des poilus pour son courage.

Le 8 mars 1918, à un député socialiste qui dénonce à la Chambre son autoritarisme, il répond :

« Ah, moi aussi, j'ai le désir de la paix le plus tôt possible, et tout le monde la désire. Il serait un grand criminel celui qui aurait une autre pensée, mais il faut savoir ce qu'on veut. Ce n'est pas en bêlant la paix qu'on fait taire le militarisme prussien [...]. Ma politique étrangère et ma politique intérieure, c'est un tout. Politique intérieure, je fais la guerre ; politique étrangère, je fais la guerre. Je fais toujours la guerre. »

Il ajoute, le 4 juin 1918 :

« [...] quoi qu'il arrive, vous pouvez être sûrs que la patrie sera défendue à outrance et qu'aucune force ne sera épargnée pour vous donner le succès. Nous ne consentirons qu'à une paix de victoire. [...] Nous ne céderons à aucun moment. [...] Il reste aux vivants à parachever l'œuvre magnifique des morts. »

Le 6 novembre 1918, devant les députés, il rend hommage à la République combattante : « Nous avons fait la République dans la paix, nous l'avons gardée dans la guerre, elle nous a sauvés dans la guerre. »

Le 11 novembre 1918, il annonce aux députés l'armistice :

« [Au] nom du peuple français, au nom du gouvernement de la République française, j'envoie le salut de la France une et indivisible à l'Alsace et la Lorraine retrouvées. [...] Et puis, honneur à nos grands morts, qui nous ont fait cette victoire. Par eux, nous pouvons dire qu'avant tout armistice, la France a été libérée par la puissance des armes. [...] Quant aux vivants, vers qui, dès ce jour, nous tendons la main et que nous accueillerons, quand ils passeront sur nos boulevards, en route vers l'Arc de triomphe, qu'ils soient salués d'avance ! Nous les attendons pour la grande œuvre de reconstruction sociale. Grâce à eux, la France, hier soldat de Dieu, aujourd'hui soldat de l'humanité, sera toujours le soldat de l'idéal. »

Le 21 novembre 1918, l'Académie française l'élit à l'unanimité, aux côtés du maréchal Foch, mais Clemenceau ne siégera jamais sous la Coupole. *L'Humanité*, toujours critique à son égard, ironise : « M. Clemenceau a contribué à la Commune. Il est devenu conservateur. M. Clemenceau a été dreyfusard.

Il a étouffé la justice. M. Clemenceau a assailli, criblé de sarcasmes et ruiné le Sénat. Il est sénateur. M. Clemenceau a mésestimé l'Académie française. Il en a été élu hier membre. »

Représentant de la France à la conférence de paix de Paris, il y défend trois priorités : la ratification de la réintégration de l'Alsace-Lorraine, les réparations et l'assurance de la sécurité de la frontière franco-allemande.

Pour cela, il exige l'annexion de la rive gauche du Rhin et de lourdes indemnités matérielles et financières. En mars, il obtient la réduction de l'armée allemande à 100 000 hommes, avec un service militaire sur la base du volontariat.

Le 14 avril 1919, il obtient l'occupation du Rhin pendant quinze ans avec évacuation partielle tous les cinq ans, celle-ci pouvant être retardée en cas d'absence de garanties suffisantes contre des projets d'agression allemande. Il revendique également l'annexion de la Sarre, bassin minier qui remplacerait les pertes du nord de la France, et obtient finalement, en avril 1919, un consensus avec la création d'un statut autonome, sous administration de la Société des Nations, de celle-ci.

Le 19 février 1919, à 8 h 30 du matin, l'anarchiste Émile Cottin, qui reproche à Clemenceau d'être un briseur de grèves et un tortionnaire de la classe ouvrière, tire à neuf reprises en direction de sa voiture. Il le touche trois fois, sans le blesser grièvement. Une balle, jamais extraite, se loge dans l'omoplate à quelques millimètres de l'aorte.

L'attentat déclenche dans la population et dans la presse une ferveur extraordinaire, un enthousiasme populaire sans précédent vis-à-vis de lui. Six jours plus tard, il reprend ses activités.

Comme le voulait Clemenceau, le traité de Versailles est signé le 28 juin 1919, dans la galerie des Glaces du château. La même où, à la suite de la défaite de 1870, le chancelier Bismarck avait fait proclamer, le 18 janvier 1871, l'Empire allemand.

En janvier 1920, Clemenceau accepte que ses amis parlementaires soumettent sa candidature à la présidence de la République. Mais ses nombreux ennemis, à gauche comme à droite, s'unissent dans le dessein de soutenir la candidature de son adversaire, le président de la Chambre des députés, Paul Deschanel. Aristide Briand, en particulier, convainc la droite catholique du danger que cet anticlérical impénitent représente tandis que les socialistes de la SFIO mènent campagne contre le « premier flic de France », le « briseur de grèves », l'« adversaire des travailleurs ». Finalement, Deschanel est préféré à Clemenceau, qui renonce à briguer l'Élysée.

Le 17 janvier, Paul Deschanel est élu président de la République, et Clemenceau présente la démission de son gouvernement au chef de l'État sortant, Raymond Poincaré. Il quitte la politique et décède à quatre-vingt-huit ans, le 24 novembre 1929.

Clemenceau a toujours voulu être et demeurer un homme libre. Dans *Grandeurs et Misères d'une victoire*, livre publié en 1930, après sa mort, il revendique cette liberté :

> « Je suis ce que j'étais. Qualités et défauts tout au service de la patrie, dans le désintéressement des honneurs, des grades dûment rentés qui font poids aux balances

du succès. Personne qui eût le pouvoir de m'attribuer des récompenses. C'est une force que de n'attendre rien que de soi. »

Colette, Sidonie-Gabrielle (1873-1954)

Merci à la République d'avoir promu Colette dans l'ordre de la Légion d'honneur.

Le gouvernement a dû batailler rudement pour imposer son choix d'élever Colette à la dignité de grand officier de la Légion d'honneur. Pour ce faire, le gouvernement et le président de la République se sont longtemps heurtés aux dignitaires de l'ordre. « [L]'immoralité et le manque total de dignité de la vie de l'intéressée sont de notoriété publique. Dans ces conditions, la faire accéder aux plus hautes dignités de notre ordre national, alors surtout qu'elle serait la première Française à être ainsi proposée en exemple, serait une mesure bien déconcertante », écrit le 3 septembre 1952 le général Dassault, grand chancelier de la Légion d'honneur, à Vincent Auriol, président de la République qui souhaite décorer Colette.

Le chef de l'État et grand maître de l'ordre de la Légion d'honneur avait écrit, le 26 août 1952, au général Dassault pour lui faire part de sa détermination à honorer notre grand écrivain malgré l'avis négatif du conseil de l'Ordre, alors que le Conseil des ministres, sur proposition du président du Conseil, Antoine Pinay, avait pourtant émis un avis favorable unanime.

Mais pour les membres du conseil de l'Ordre, qui avaient déjà refusé deux ans auparavant qu'une telle distinction soit décernée à Colette, l'opposition est partagée par la totalité des sept membres présents à la séance du 5 août qui a statué sur la proposition du gouvernement.

Faite chevalier en 1920, officier huit ans plus tard, commandeur en 1936, ils considèrent cependant, « certains farouchement », que Colette n'est pas digne d'être grand officier de la Légion d'honneur. Et le général Dassault ose même indiquer au président de la République qu'il « serait mauvais et inutile [...], et d'ailleurs désobligeant », de saisir de nouveau le conseil de l'Ordre du dossier de Colette.

Il faudra attendre le 3 mars 1953 pour qu'enfin cette distinction lui soit décernée, faisant donc d'elle la première femme élevée à la dignité de grand officier de la Légion d'honneur. C'est André Marie, ministre de l'Éducation nationale, qui lui remettra officiellement cette distinction. Il a d'ailleurs certifié « qu'il résult[ait] de l'enquête que [sa] moralité et [son] attitude pendant l'Occupation permet[taient] » l'octroi de cette dignité.

La personnalité de Colette heurte les conservateurs, ceux qui savent où se trouve le bien et où réside le mal, ceux qui ne tolèrent d'autres vérités que la leur. Ils critiquent son œuvre littéraire comme étant l'expression indécente de simples sensations, lui reprochent d'avoir décrit un monde immoral soumis aux plaisirs de la chair.

La vie de Colette ne répond pas aux standards bourgeois de l'époque.

Elle a été mariée trois fois. Elle a échangé un long baiser sur la scène du Moulin-Rouge avec Mathilde de Morny en jouant *Rêve d'Égypte*. Le scandale est tel, nous sommes en janvier 1907, que le préfet de police interdit la suite des représentations. Plus tard, dans *La Chair* de Georges Wague, interprétant une danseuse gitane, elle laisse apparaître un sein. Elle reconnaîtra aussi avoir eu des relations homosexuelles.

Tout cela est inadmissible pour le grand chancelier de l'ordre de la Légion d'honneur qui précise au président de la République : « D'ailleurs, certains journaux et revues ayant publié la nouvelle de sa promotion, je ne cesse de recevoir la visite d'hommes éminents, civils, militaires et anciens combattants, appartenant aux milieux les plus sains du pays, et venant m'exprimer leur inquiétude et leur indignation [...]. » C'est aussi le ton de la presse catholique qui a constamment accusé Colette d'immoralité.

Merci à la République d'avoir tenu bon et d'avoir obtenu une telle distinction pour celle qui, encore aujourd'hui, est considérée comme l'un de nos plus grands écrivains.

Colette, avec le recul du temps et de la sérénité qu'il engendre vis-à-vis des passions, des polémiques et de l'esclavage des préjugés, apparaît comme une figure de proue d'une évolution positive de la condition féminine.

Reconnaissance aussi à la République pour lui avoir organisé des obsèques solennelles.

Le 3 août 1954, le curé de l'église Saint-Roch refuse à Colette des funérailles religieuses souhaitées par son mari. Le cardinal-archevêque de Paris, Mgr Feltin, dans *Le Figaro littéraire,* justifiera son opposition à des obsèques religieuses par « la conduite inconvenante » de Colette.

À la suite de cette défaillance de l'Église, le samedi 7 août 1954, dans la cour du Palais-Royal, la République organise une cérémonie officielle. Cet « hommage national » est suivi par une foule impressionnante. Il s'agit des premières obsèques solennelles accordées par la République à une femme.

Concordat

En 1801, Bonaparte, Premier consul, signe avec le pape Pie VII un concordat. La religion catholique est reconnue par l'État qui nomme administrativement les évêques, crée un « service public des cultes », les ecclésiastiques qui doivent prêter serment à la République sont rémunérés par l'État. Il en va du même statut pour les protestants et les juifs.

En contrepartie, l'Église catholique renonce à revendiquer les biens du clergé qui avaient été confisqués au moment de la Révolution. Le pape reconnaît la République.

Il faut attendre la IIIe République pour que soit abrogé le régime du concordat et proclamé la séparation des Églises et de l'État. Tel est l'objet de la loi du 9 décembre 1905.

Mais cette loi ne s'applique pas à l'Alsace-Moselle. Après la défaite française de 1870, les départements d'Alsace et de Moselle passent sous la domination allemande. Ils ne sont pas des territoires français en 1905, donc pas soumis aux dispositions de ladite loi.

À l'issue de la Première Guerre mondiale, en 1918, les départements du Bas-Rhin, du Haut-Rhin et de la Moselle sont rendus à la France et obtiennent que la spécificité de leur régime cultuel ne soit pas remise en cause.

Il est aujourd'hui toujours en vigueur, comme l'a confirmé une décision du Conseil constitutionnel de février 2013, au motif que les constituants, ceux de 1946 comme ceux de 1958, n'ont pas souhaité modifier le régime des cultes en Alsace-Moselle et qu'il n'appartient pas au juge constitutionnel de se substituer au législateur constituant.

Congrès de Tours

En décembre 1920, la gauche française vit un événement fondamental de son histoire, à travers la scission de la SFIO (Section française de l'Internationale ouvrière) lors de son 18e congrès, à Tours : la tendance « majoritaire » du parti créera la SFIC (Section française de l'Internationale communiste), futur Parti communiste français, et celle des « minoritaires », refusant les conditions de Lénine, maintiendra la « vieille maison » socialiste.

La Première Guerre mondiale, qui s'achève par l'armistice entre la France et l'Allemagne en novembre 1918, a bouleversé la classe politique française, notamment les partis issus du mouvement ouvrier : la SFIO, après l'assassinat de Jaurès le 31 juillet 1914, a choisi de rejoindre l'Union sacrée (ainsi appelée par le président Poincaré dans son discours à la Chambre le 4 août 1914) et a participé aux gouvernements durant le conflit : Jules Guesde, Marcel Sembat et Albert Thomas sont ministres.

Néanmoins l'unité de la SFIO va progressivement se décomposer, face à ce conflit qui n'en finit pas et qui entraîne d'incommensurables pertes humaines, mais aussi face à la révolution bolchevique de 1917 en Russie, emmenée par Lénine, qui balaie l'Empire et instaure un nouveau régime, le communisme.

Le Parti socialiste, issu de l'union en avril 1905 des multiples formations socialistes qui existaient depuis la fin du XIXe siècle, va, à partir des élections législatives de 1919, se diviser inéluctablement en tendances radicalement opposées, qui vont s'affronter lors du 18e congrès de la SFIO à Tours, se déroulant du 25 au 30 décembre 1920.

— La tendance dite des « majoritaires », emmenée par Marcel Cachin (élu député en 1914, il a été envoyé en mission en Russie en 1917), Louis-Oscar Frossard et Charles Rappoport.

Cachin et Frossard, qui reviennent en août 1920 d'un séjour à Moscou, souhaitent l'adhésion du Parti socialiste français au Komintern, l'Internationale communiste fondée par Lénine en 1919 après la révolution bolchevique ; cette adhésion est soumise à 21 conditions énoncées par Lénine.

— La tendance des « minoritaires », qui rejettent résolument l'adhésion aux 21 conditions du Komintern, et au nom desquels Léon Blum, élu député de la Seine en novembre 1919, prononce à la tribune de ce congrès un discours qui fait sensation parmi les délégués.

L'affrontement entre les deux tendances durant tout le congrès est d'une telle intensité, et les débats si houleux que la motion présentée par Blum et ses compagnons minoritaires, intitulée « motion du comité de résistance socialiste », est finalement retirée du vote, celui-ci ne laissant aucune autre issue que la scission : 3 208 voix pour les « majoritaires » partisans de l'adhésion au mouvement bolchevique, et qui fondent dès lors la SFIC, contre 1 022 pour les socialistes de la « vieille maison », rassemblés autour de Léon Blum, Marcel Sembat, Jean Longuet et Paul Faure, qui devient le nouveau secrétaire général de la SFIO, amputée mais maintenue.

Conseil constitutionnel

Le premier Conseil constitutionnel a été installé par le général de Gaulle, le 5 mars 1959, au cours d'une cérémonie au palais de l'Élysée ; les neuf membres nommés ont prêté serment en présence des anciens présidents de la République, Vincent Auriol et René Coty, membres de droit. Et, le 13 mars 1959, il a tenu sa première séance dans l'aile Montpensier du Palais-Royal.

Le Conseil constitutionnel apparaît avec la Constitution de la Ve République.

« C'est une novation considérable car elle rompt d'une manière ouverte et éclatante avec la thèse traditionnelle de la souveraineté illimitée du Parlement », écrit Michel Debré dans ses *Mémoires*.

Il n'était pas en effet dans notre tradition politique et juridique de permettre un contrôle de la loi.

Avant la Révolution française, le roi, représentant de Dieu sur terre, possédait tous les pouvoirs :

celui d'imaginer la loi, de la faire exécuter et d'en faire juger les manquements. C'était la monarchie absolue.

C'est cet absolutisme royal que les révolutionnaires ont combattu. Et ce pouvoir d'écrire la loi, ils ont voulu en transmettre la responsabilité au peuple, source de toute légitimité, et à ses élus nationaux.

Ainsi, dans la France de l'après-Révolution, imprégnée par la philosophie révolutionnaire et celle de Rousseau, considérant que la loi « expression de la volonté générale » ne pouvait pas être contestée puisqu'elle était voulue soit par le peuple directement soit par ses représentants élus, il n'était pas souhaitable d'en envisager son contrôle par une juridiction.

De 1791 à 1945, les différentes Constitutions qui ont successivement rythmé l'organisation des pouvoirs législatif et exécutif n'ont pas instauré la mise en place d'un contrôle de constitutionnalité des lois, c'est-à-dire la vérification qu'elles étaient conformes aux principes énoncés dans la Constitution.

Au lendemain de la Seconde Guerre mondiale, les constituants de 1946 marquent leur volonté d'édifier un État de droit avec la création d'un Comité constitutionnel.

Ce Comité constitutionnel, par la limitation de ses prérogatives et la difficulté de sa saisine, ne pouvait cependant pas exercer le rôle qui devait être le sien.

La Constitution de la Ve République a opéré une très prudente rupture avec cette histoire. Au départ, le Conseil, par le contrôle qu'il peut avoir sur la loi, s'il en est saisi, est de vérifier en fait que les mécanismes de régulation du régime parlementaire fonctionnent bien et que les délimitations respectives du domaine législatif et réglementaire sont respectées.

Michel Debré précise qu'il s'agit seulement alors de faire respecter « une vraie séparation des pouvoirs ».

Mais le Conseil constitutionnel a rapidement dépassé sa condition initiale de rouage du parlementarisme, d'organe régulateur de l'activité des pouvoirs publics. Aujourd'hui, le cœur de sa jurisprudence consiste en la protection des droits et libertés républicains. Au-delà de l'énumération de ces droits et libertés, ce sont les conditions de garantie de ces libertés qui deviennent l'un des axes de sa jurisprudence.

Depuis une décision de 1971, à propos de la liberté d'association, le Conseil a intégré dans les normes de référence du contrôle opéré par lui non seulement l'actuelle Constitution, mais son préambule qui lui-même renvoie au préambule de la Constitution de 1946 et à la Déclaration des droits de l'homme et du citoyen de 1789. En 2005, il a même étendu à la Charte de l'environnement ses normes de référence.

Le Conseil constitutionnel, qui ne peut se saisir d'office, ne peut l'être que par le président de la République, le Premier ministre, le président de l'Assemblée nationale et celui Sénat, par 60 députés ou 60 sénateurs, pour des dispositions législatives définitivement votées par les parlementaires et avant leur promulgation par le président de la République.

Depuis la révision constitutionnelle du 23 juillet 2008, il peut désormais être saisi de lois déjà promulguées et appliquées, même depuis longtemps, selon certaines modalités, par tous les justiciables. La question prioritaire de constitutionnalité (QPC) est ce droit reconnu à toute personne qui est partie à un procès ou une instance juridictionnelle de soutenir qu'une disposition législative porte atteinte aux droits et libertés que la Constitution garantit.

Ainsi, à l'issue des cinq premières années de la QPC, le Conseil a rendu plus de décisions qu'en un demi-siècle.

En dehors de cette fonction du contrôle de constitutionnalité de la loi, le Conseil a d'autres missions. Il est juge de la régularité des élections nationales et en appel des comptes de campagne des candidats à la présidence de la République.

Institution majeure dont la fonction est de rappeler aux législateurs que la légitimité de la loi suppose aussi le respect des droits et des libertés fondamentaux qui sont inhérents à la République.

Conseil national de la Résistance

Le programme élaboré par le Conseil national de la Résistance (CNR), le 15 mars 1944, va inspirer les mesures prises par le gouvernement du général de Gaulle à la Libération, le préambule de la Constitution de 1946, marquer la politique et les revendications sociales pendant la IVe République.

Ce « programme d'action de la Résistance » comprend deux parties. La première concerne un « plan d'action immédiate », où les représentants des mouvements de résistance, ceux des centrales syndicales et des partis ou tendances politiques groupés au sein du CNR déclarent que :

« C'est seulement par l'organisation, l'intensification de la lutte menée par les forces armées, par les organisations constituées, par les masses, que pourra être réalisée l'union véritable de toutes les forces patriotiques pour la réalisation de la libération nationale inséparable, comme l'a dit le général de Gaulle, de l'insurrection nationale. [...] »

Dans une deuxième partie, les membres du CNR évoquent :

« [Les] mesures à appliquer dès la libération du territoire [par] le gouvernement provisoire de la République formé par le général de Gaulle pour défendre l'indépendance politique et économique de la nation, rétablir la France dans sa puissance, dans sa grandeur et dans sa mission universelle. [...] »

Le CNR réclame notamment :

« l'instauration d'une véritable démocratie économique et sociale, impliquant l'éviction des grandes féodalités économiques et financières de la direction de l'économie [...], le retour à la nation des grands moyens de production monopolisés, [...] des sources d'énergie, des richesses du sous-sol, des compagnies d'assurances et des grandes banques ».

Dans le domaine des réformes sociales à entreprendre, le CNR réclame :

« Le droit au travail et le droit au repos [...], la garantie d'un niveau de salaire et de traitement qui assure à chaque travailleur et à sa famille la sécurité, la dignité et la possibilité d'une vie pleinement humaine ; la garantie du pouvoir d'achat national par une politique tendant à la stabilité de la monnaie ; la reconstitution, dans ses libertés traditionnelles, d'un syndicalisme indépendant [...], un plan complet de Sécurité sociale, visant à assurer à tous les citoyens des moyens d'existence [...], la sécurité de l'emploi, la réglementation des conditions d'embauche et de licenciement, le rétablissement des délégués d'atelier [...], une retraite permettant aux vieux travailleurs de finir dignement leurs jours [...], aux salariés agricoles les mêmes droits qu'aux salariés de l'industrie [...]. »

Le CNR veut enfin une « démocratie la plus large en rendant la parole au peuple français par le rétablissement du suffrage universel », bien sûr aussi la restauration de toutes les libertés et « la possibilité effective pour tous les enfants français de bénéficier de l'instruction et d'accéder à la culture ».

Ce programme du CNR est à l'origine du modèle social français, que ni la droite ni la gauche républicaines ne remettront en cause, car il apparaît comme le fondement du pacte républicain. Mais la mondialisation, les guerres économiques que se livrent les grandes nations, l'effondrement social des pays aux économies administrées, nationalisées, incitent certains, en France, à tenter, au nom du libéralisme, de mettre fin à ce modèle social.

Constitution

Il s'agit du règlement intérieur de la France, approuvé par les Français par référendum ou adopté à une majorité qualifiée, par les députés et les sénateurs réunis en Congrès à Versailles.

Revendiquer le droit à une Constitution, c'est affirmer que le pouvoir ne doit pas être absolu, illimité, qu'il doit s'exercer dans le cadre fixé par le constituant. La Constitution, c'est l'organisation de l'État de droit qui s'oppose à l'État de fait en fixant des règles juridiques pour le fonctionnement de la vie politique et sociale.

La Constitution est l'acte juridique fondateur d'un État, ou l'architecture juridique d'un régime politique.

La France, depuis 1791, a connu 11 Constitutions, sans compter les nombreuses modifications. La première de nos Constitutions, celle de 1791, a duré vingt et un mois, les lois constitutionnelles de 1875 furent appliquées soixante-cinq ans, la Constitution de la Ve République a cinquante-huit ans d'existence. Elle fut modifiée 24 fois, mais tous les changements n'ont pas la même importance.

Coty, René (1882-1962)

Cela pourra surprendre que j'évoque ici René Coty.

Il est généralement dépeint comme un parlementaire sans grande aura. Député de la Seine-Inférieure de 1923 à 1935 puis de 1945 à 1948, sénateur de la Seine-Inférieure de 1936 à 1944 puis de 1948 à 1953, il fut vice-président du Conseil de la République. Aussi bien au Palais-Bourbon qu'à celui du Luxembourg, il ne fait pas partie de ces parlementaires à qui on rend encore hommage.

Certes, comme sénateur, il vote, le 10 juillet 1940, les pleins pouvoirs au maréchal Pétain. Mais le jury d'honneur, chargé d'examiner l'incapacité qui frappe les parlementaires qui ne se sont pas opposés au maréchal Pétain, dans sa décision du 29 septembre 1945, le relève de l'inéligibilité en retenant qu'il « a publiquement, en diverses occasions, manifesté son opposition politique à l'usurpateur ; cette opposition a été constante depuis 1940. Il a participé et organisé chez lui des réunions clandestines de résistants notamment en présence de représentants de la France libre ».

Sa carrière ministérielle fut brève et banale. Il occupe les fonctions de ministre de la Reconstruction et de l'Urbanisme, de 1947 à 1948. Il n'est à l'origine d'aucune réforme majeure.

Certes, il a été élu président de la République le 23 décembre 1953, après 13 tours de scrutin. Faute de pouvoir se mettre d'accord sur un nom, les députés et sénateurs ont fait appel à lui, sa personnalité sans histoires convenant à la majorité. Au surplus, il n'avait pas participé au débat qui marqua la IVe République et divisa la classe politique, celui sur la Communauté européenne de défense (CED). Il était absent pour cause d'opération de la prostate. De toute façon, cela n'avait pas une grande importance politique, car le président de la République ne disposait pas des prérogatives constitutionnelles lui permettant de s'immiscer dans le jeu politique.

Alors pourquoi le mentionner dans cet ouvrage ?

Au printemps 1958, interpellé et confronté par les événements qui se déroulent en Algérie, René Coty a le courage politique de faire appel au général de Gaulle pour sauver la République qui sombre dans ses contradictions, son impuissance et le jeu des partis.

Le 29 mai 1958, il adresse un message au Parlement, où il indique :

« Nous voici maintenant au bord de la guerre civile. Après s'être, depuis quarante ans, tant battus contre l'ennemi, les Français vont-ils demain se battre contre les Français ? [...] Je demande au général de Gaulle [...] d'examiner [...] ce qui, dans le cadre de la légalité républicaine, est immédiatement nécessaire à un gouvernement de salut national et ce qui pourra, à échéance plus ou moins proche, être fait ensuite pour une réforme profonde de nos institutions. »

Avec une parfaite dignité, un sens évident de l'État et de l'intérêt national, René Coty a contribué à sortir la France de ses difficultés, à éviter que la crise politique ne débouche sur une guerre civile qui eût pu être fatale à la République.

Telle est la raison de sa présence dans ce *Dictionnaire amoureux de la République*.

Culte de la République

La République qui affiche fièrement ses valeurs au fronton des édifices publics a besoin de rituels, de sacré. Elle a toujours tenté de rassembler les citoyens dans une ferveur et une foi communes.

En 1793, les hébertistes cherchèrent à instituer le culte de la Raison dans leur volonté de déchristianiser notre société, d'imposer l'athéisme par une « religion universelle qui n'a ni secrets ni mystères, dont le seul dogme est l'égalité, dont nos lois sont les orateurs, dont les magistrats sont les seuls pontifes ».

Mais Robespierre, en mai 1794, reprenant les idées de Jean-Jacques Rousseau, le remplaça par celui de l'Être suprême. Le décret du 18 floréal an II (7 mai 1794) dispose :

> « Le peuple français reconnaît l'existence de l'Être suprême et l'immortalité de l'âme. Il reconnaît que le culte de l'Être suprême est la pratique des devoirs de l'homme. Il sera institué des fêtes pour rappeler l'homme à la pensée de la divinité et à la dignité de son être. »

La République, enfin installée en France, après la période révolutionnaire et ses exactions, a besoin de retrouver le chemin du cœur des Français.

En 1848, il convient de rassembler les citoyens autour de cérémonies patriotiques, de commémorations, de réunir les républicains dans l'exaltation de l'amour de la République. Elle cherche un rituel pour renforcer la foi républicaine des citoyens. Croire, espérer est indispensable à l'homme.

Certes, déjà à cette époque ils réclament une séparation entre les Églises et l'État, mais ils ne cherchent pas à inventer une nouvelle religion d'État qui se substituerait au catholicisme.

Les Républicains espèrent faire de la nation, de la République, l'objet de l'amour des citoyens. La République doit être vénérée pour durer.

Il s'agit de conférer à la République une dimension affective, donner aux Français foi en elle et en la nation, les faire participer à ce rêve d'avenir partagé qu'évoque Renan dans *Qu'est-ce qu'une nation ?*

George Sand, en mai 1848, dans *La Vraie République*, publie trois articles pour expliquer la volonté des républicains d'instituer le culte de la République, de la patrie, une religion sans dieu :

> « Oui, il faut un culte à la France [...], c'est l'expression de l'idéal des masses ; c'est la proclamation de l'idée commune à tous ; et ce n'est que dans des manifestations publiques que cette idée prend une valeur religieuse. [...] Le culte, par l'attrait d'une joie sainte, entraîne dans ses fêtes fraternelles une foule d'amis improvisés, qui ne s'aimaient pas, qui ne se connaissaient pas hier, mais qui, à l'appel du plus beau des sentiments, s'élancent, se joignent, vivent ensemble tout un jour, et oublient, dans le transport commun, l'inévitable mais triste notion de l'individualisme. »

Les républicains en sont convaincus, il convient de permettre aux citoyens de se retrouver, de communier ensemble dans un même enthousiasme, une même ferveur afin d'honorer la République par un rituel, sans dieu.

Ils cherchent, pour consolider le régime, à construire un nouvel imaginaire national, autour de symboles républicains. C'est pourquoi Benjamin Raspail propose en 1880 que le 14 juillet devienne la date de notre fête nationale.

Mais sa proposition de loi donne lieu à des débats parlementaires difficiles.

Le 14 juillet 1789, marqué par la prise de la Bastille, est estimé par nombre de parlementaires comme une journée trop sanglante pour être commémorée. C'est finalement autour du 14 juillet 1790, jour de la fête de la Fédération, que se fait le consensus.

Ce jour-là, sur le Champ-de-Mars, à Paris, le premier anniversaire de la prise de la Bastille est célébré dans un climat d'union nationale. Une foule de citoyens réunis autour du roi et des députés des 83 départements entend Louis XVI prêter serment à la nation et à la loi.

La proposition de loi de Benjamin Raspail, signée par 64 députés, est finalement adoptée par la Chambre des députés le 8 juin 1880.

Le Sénat l'examine ensuite, après le rapport du sénateur Henri Martin, qui précise :

> « Deux de nos collègues ont combattu, non la pensée d'une fête nationale, mais la date choisie pour cette fête. Ils ont proposé deux autres dates, prises dans l'histoire de la Révolution, et qui, toutes deux, avaient, suivant eux, l'avantage de ne rappeler ni luttes intestines ni sang versé. L'un préférait le 5 mai, anniversaire de l'ouverture

des états généraux en 1789 ; l'autre recommandait le 4 août, dont la nuit fameuse est restée dans toutes les mémoires.

La majorité, composée des sept autres membres de la commission, s'est prononcée en faveur de la date votée par la Chambre des députés.

Le 5 mai, date peu connue aujourd'hui du grand nombre, n'indique que la préface de l'ère nouvelle : les états généraux n'étaient pas encore l'Assemblée nationale ; ils n'étaient que la transition de l'ancienne France à la France de la Révolution.

La nuit du 4 août, bien plus caractéristique et plus populaire, si grand qu'ait été le spectacle qu'elle a donné au monde, n'a marqué cependant qu'une des phases de la Révolution, la fondation de l'égalité civile.

Le 14 juillet, c'est la Révolution tout entière. C'est bien plus que le 4 août, qui est l'abolition des privilèges féodaux ; c'est bien plus que le 21 septembre, qui est l'abolition du privilège royal, de la monarchie héréditaire. C'est la victoire décisive de l'ère nouvelle sur l'Ancien Régime. Les premières conquêtes qu'avait values à nos pères le serment du Jeu de paume étaient menacées ; un effort suprême se préparait pour étouffer la Révolution dans son berceau ; une armée, en grande partie étrangère, se concentrait autour de Paris. Paris se leva, et, en prenant la vieille citadelle du despotisme, il sauva l'Assemblée nationale et l'avenir. Il y eut du sang versé, le 14 juillet : les grandes transformations des sociétés humaines – et celle-ci a été la plus grande de toutes – ont toujours jusqu'ici coûté bien des douleurs et bien du sang. Nous espérons fermement que, dans notre chère patrie, au progrès par les révolutions succède, enfin, le progrès par les réformes pacifiques.

Mais, à ceux de nos collègues que des souvenirs tragiques feraient hésiter, rappelons que le 14 juillet 1789, ce 14 juillet qui vit prendre la Bastille, fut suivi d'un autre 14 juillet, celui de 1790, qui consacra le premier par l'adhésion de la France entière [...]. Cette seconde journée du 14 juillet, qui n'a coûté ni une goutte de sang ni une larme, cette journée de la Grande Fédération, nous espérons qu'aucun de vous ne refusera de se joindre à nous pour la renouveler et la perpétuer, comme le symbole de l'union fraternelle de toutes les parties de la France et de tous les citoyens français dans la liberté et l'égalité.

Le 14 juillet 1790 est le plus beau jour de l'histoire de France, et peut-être de toute l'histoire. C'est en ce jour qu'a été enfin accomplie l'unité nationale, préparée par les efforts de tant de générations et de tant de grands hommes, auxquels la postérité garde un souvenir reconnaissant. Fédération, ce jour-là, a signifié unité volontaire.

Elles ont passé trop vite, ces heures où tous les cœurs français ont battu d'un seul élan ; mais les terribles années qui ont suivi n'ont pu effacer cet immortel souvenir, cette prophétie d'un avenir qu'il appartient à nous et à nos fils de réaliser.

Votre commission [est] pénétrée de la nécessité de donner à la République une fête nationale ; persuadée par l'admirable exemple qu'a offert le peuple de Paris, le 30 juin 1878, que notre époque est capable d'imprimer à une telle fête un caractère digne de son but ; convaincue qu'il n'est aucune date qui réponde comme celle du 14 juillet à la pensée d'une semblable institution. »

Le Sénat, le 29 juin 1880, approuve la loi votée par les députés, qui sera promulguée le 6 juillet. Elle précise simplement que « la République adopte le 14 juillet comme jour de fête nationale annuelle », sans indiquer d'année de référence.

La République a enfin trouvé la date où toute la France va pouvoir rendre hommage à la République.

D

Dalou, Jules (1838-1902)

L'œuvre de Dalou m'a toujours impressionné. Certes, elle n'a pas la puissance de celle de Rodin, dont d'ailleurs Dalou est l'ami. Mais ses portraits, ceux de Lavoisier, Hoche, Delacroix, Hugo, Blanqui, Victor Noir, Henri Rochefort, Gambetta, Charles Floquet marquent l'histoire de la sculpture française, illustrent celle de la République. Son chef-d'œuvre restera *Le Triomphe de la République*.

Profondément républicain, né dans une famille d'artisans gantiers, il est élevé par des parents protestants dans la laïcité et l'amour de la République. Il grandit dans l'esprit de la IIe République, c'est-à-dire, notamment, l'émancipation du citoyen et l'affirmation de la souveraineté nationale par le suffrage universel.

Il étudie à l'École des beaux-arts, après avoir, dès l'âge de quatorze ans, suivi les cours de l'École de dessin. Son destin bascule avec la guerre de 1870 et la Commune qu'il rejoint en mars 1871 ; il est alors nommé conservateur révolutionnaire du Louvre.

Après l'incendie des Tuileries, il est contraint de s'exiler en Angleterre. En 1874, il est condamné par contumace aux travaux à perpétuité. Après l'amnistie, le 21 mai 1879, rentré en France, il participe au concours organisé par la Ville de Paris en vue d'ériger un monument commémorant la République française, place du Château-d'Eau qui deviendra alors la place de la République.

La République a besoin pour s'enraciner de monuments destinés à illustrer ses valeurs et à lui donner une visibilité publique. Aussi les places, squares et jardins à Paris et dans les villes de province doivent-ils être ornés de statues et de monuments visant à faire comprendre aux Français le sens des principes républicains.

Le 14 octobre 1879, le projet de Dalou, se révélant trop original et novateur, n'est pas retenu, et le concours est remporté par Léopold Morice. Néanmoins, le conseil municipal de Paris attribue le deuxième prix à l'œuvre de Dalou, *Le Triomphe de la liberté*. Et, sur intervention de Gambetta, elle est choisie pour orner le centre de la place de la Nation.

Au Salon de 1883, Dalou expose deux hauts-reliefs. Le premier représente *Mirabeau répondant à Dreux-Brézé* lors de la séance du 23 juin 1789. La scène avait eu lieu dans la salle des Menus Plaisirs où s'était réunie l'Assemblée nationale constituante. Mirabeau, s'adressant au marquis de Dreux-Brézé, avait prononcé la célèbre apostrophe : « Allez dire à votre maître que nous sommes ici par la volonté du peuple et que nous n'en sortirons que par la force des baïonnettes. »

Cette œuvre devait faire partie d'un monument que l'État envisageait d'élever à Versailles à la gloire de l'Assemblée constituante. Gambetta, après avoir visité l'exposition du concours en avril 1881, la commanda pour le Palais-Bourbon : installée en 1891 dans le salon Casimir-Perier, elle est un élément emblématique de l'Assemblée nationale.

La République ou la Fraternité, la deuxième œuvre de Dalou présentée au Salon de 1883, exalte l'une des principales vertus de la République, offrant une vision des peuples unifiés et pacifiés sous le règne de la République. Dalou s'est inspiré de vers de Pierre Dupont sur le thème « la République régnera »...

Cette œuvre, acquise par la Ville de Paris, est installée dans la salle des mariages de la mairie du Xe arrondissement.

Dalou meurt le 15 avril 1902 sans avoir eu le temps d'achever son dernier grand projet, un *Monument aux travailleurs* (ou *Monument aux ouvriers*), mais il demeure comme l'un des grands illustrateurs de la République.

Daubié, Julie-Victoire (1824-1874)

S'il y a une femme qui a sa place dans ce *Dictionnaire amoureux de la République*, c'est bien Julie-Victoire Daubié. Son combat pour l'égalité entre les femmes et les hommes devrait être montré en exemple.

Il est vrai, il a débuté sous le Second Empire, mais il prolonge l'aspiration née de la Déclaration des droits à l'égalité, annonce celui des républicains, inspire les grandes réformes de la IIIe République pour l'égalité entre les hommes et les femmes par l'éducation.

Le 17 août 1861, à trente-sept ans, elle décroche le baccalauréat. Il n'y aurait à cela rien de très extraordinaire si ce n'était la première fois qu'une femme devenait ainsi bachelière.

Cette réussite constitue une étape essentielle dans la lutte des femmes pour se voir reconnaître des droits identiques à ceux des hommes.

La fonction sociale reconnue à la femme est de se consacrer essentiellement au rôle d'épouse, de mère. Pour cela, point besoin de suivre des études. Il suffit de lui apprendre les bonnes manières, la cuisine, la couture, à bien élever les enfants, le reste étant du domaine du mari. Il est superflu, pour certains il est même dangereux, de développer « l'esprit » des femmes et leur permettre d'accéder à l'enseignement supérieur et à certaines professions.

Le baccalauréat est donc réservé aux seuls garçons âgés de seize ans révolus. Ne pas pouvoir, pour les femmes, présenter les épreuves du baccalauréat, c'est se voir fermer les portes de l'enseignement universitaire, c'est reconnaître que les « femmes savantes » n'ont de place que dans les comédies de Molière.

Julie-Victoire Daubié a d'abord dû se battre pour accéder aux épreuves du baccalauréat, mais aussi pour les réussir. Ce double succès, elle le doit avant tout à elle-même, à son érudition, à sa combativité, à la passion qu'elle met à défendre la cause de l'égalité entre les hommes et les femmes par l'enseignement.

Originaire des Vosges, elle est née à Bains-les-Bains le 26 mars 1824. Julie-Victoire est la dernière d'une modeste famille de huit enfants. Son père fut caissier à la Manufacture royale de fer-blanc, près d'Épinal. Elle a conscience que son grand-père a joué un certain rôle au service de la Révolution dans la région. Il a espéré l'avènement de la République, le triomphe de la liberté.

Orpheline de son père peu après sa naissance, elle est élevée par sa mère, Marie-Victoire, qui s'installe non loin de Bains, à Fontenoy-le-Château. Le grand-père paternel de Julie-Victoire y possède une maison.

Elle apprend à écrire, à lire à l'école. Son frère aîné, qui est prêtre, s'occupe aussi d'elle. Il lui enseigne l'histoire, la géographie, le latin et le grec. Julie-Victoire est douée, apprend vite, manifeste un grand désir de connaissances nouvelles, un appétit pour la lecture, une curiosité très vive.

Elle termine sa scolarité à l'école primaire, obtient le brevet élémentaire, puis, à Épinal, le 31 août 1844, son certificat d'aptitude pour l'enseignement primaire supérieur, unique diplôme auquel les jeunes filles peuvent alors prétendre. Il leur permet de tenir une classe dans une école élémentaire.

Mais elle ne veut pas en rester à ce niveau et entend poursuivre ses études. Elle apprend l'allemand, lit beaucoup, notamment les auteurs contemporains qui critiquent l'organisation sociale et rêvent d'un monde plus solidaire et égalitaire. Elle commence à réfléchir à un livre qu'elle intitule déjà *La Femme pauvre au XIXe siècle.*

Elle est animée d'une volonté de réagir contre cette société inégalitaire et désespérante pour les jeunes filles de condition modeste.

En 1859, elle participe à un concours lancé par l'Académie impériale des sciences, belles-lettres et arts de Lyon, pour une étude visant à « rechercher, surtout au point de vue moral, et indiquer aux gouvernants, aux administrateurs, aux chefs d'industries et aux particuliers, quels seraient les meilleurs moyens et les mesures les plus pratiques : pour, premièrement, élever le salaire des femmes à l'égal de celui des hommes lorsqu'il y a égalité de services ou de travail. Deuxièmement, ouvrir aux femmes de nouvelles carrières, et leur procurer des travaux qui remplacent ceux qui leur sont successivement enlevés par la concurrence des hommes et par la transformation des usages ou des mœurs ».

Julie-Victoire Daubié remporte le 15 juin 1859 le premier prix pour son mémoire *La Femme pauvre au XIXe siècle, par une femme pauvre.*

Elle s'attache alors la sympathie et la protection de François Barthélemy Arlès-Dufour. Cela sera déterminant pour la suite de son destin.

Autodidacte, Arlès-Dufour a acquis par son dynamisme une grande influence dans le monde économique lyonnais, voire national. Commissionnaire soyeux, il est élu, à trente-cinq ans, membre de la chambre de commerce et d'industrie de Lyon. Il jouera un rôle important dans la décision de construire la ligne de chemin de fer Lyon-Paris, s'impliquera dans le financement du canal de Suez, la création du Crédit lyonnais… mais, surtout, il croit à une société plus juste socialement, plus égalitaire.

Il partage les idéaux saint-simoniens, fonde la Ligue internationale et permanente de la paix avec Émile de Girardin et Frédéric Passy.

Les idées exprimées par Julie-Victoire Daubié rejoignent ses aspirations et les fondements de son militantisme social. Il ne va cesser de soutenir son action et d'entretenir sa flamme militante.

En 1860, avec comme ambition le baccalauréat et l'université, Julie-Victoire répond à un deuxième concours organisé par le ministère de l'Instruction publique sur le thème des besoins de l'instruction primaire dans une commune rurale. Son mémoire n'est pas retenu. Il ne sera publié que plus tard.

Convaincue que rien juridiquement n'interdit aux jeunes femmes de s'inscrire aux épreuves du baccalauréat, elle dépose à cet effet son inscription successivement auprès du rectorat des académies de Paris et, semble-t-il, d'Aix. Chaque fois elle se heurte à des refus catégoriques des autorités universitaires.

Il n'est pas pensable pour les maîtres d'université et *a fortiori* ceux de la prestigieuse Sorbonne d'accueillir des étudiantes, ce serait une révolution qu'ils n'imaginent pas possible ni souhaitable.

L'on considère que l'instruction des jeunes filles n'est pas de même nature que celle des garçons. Admettre les femmes à concourir aux épreuves du baccalauréat, c'est estimer qu'elles peuvent s'inscrire à l'université et que l'enseignement des garçons et des filles doit être semblable.

L'enseignement secondaire des filles est sommaire et surtout assuré par des religieuses qui, à la différence des instituteurs et institutrices laïques, n'ont pas à passer le brevet supérieur de capacité pour enseigner.

C'est contre la place des femmes dans le système éducatif que se révolte Julie-Victoire.

Elle plaide qu'aucune loi ne réserve formellement le baccalauréat aux hommes, même si le terme de bachelière n'existe pas. Pour elle, le terme « bachelier » englobe aussi bien les hommes que les femmes. Elle n'arrive cependant pas à convaincre les responsables des universités qui veillent à ce que les femmes ne viennent pas troubler la sérénité de l'ordre qu'ils imposent et ne bousculent pas leurs vérités. Tout est mis en œuvre par les autorités universitaires pour la dissuader de présenter l'examen.

Mais à Lyon, avec l'aide d'Arlès-Dufour et du doyen de la faculté, le philosophe Francisque Bouillier, Julie-Victoire obtient du recteur une autre interprétation de la loi et le droit de s'inscrire en candidate libre à l'examen du baccalauréat.

Le 16 août 1861, elle présente le baccalauréat en lettres. Il comprend une épreuve écrite qui se compose d'une version latine, d'une composition latine ou française suivant un tirage au sort. La note totale aux épreuves écrites conditionne l'accès à l'oral. Celui-ci comprend une explication de textes grecs, latins et français, une épreuve sur la logique, l'histoire, la géographie, l'arithmétique, la géométrie et la physique élémentaire.

Julie Victoire réussit les épreuves écrites puis passe avec succès l'oral. Elle devient, à trente-sept ans, la première femme bachelière ès lettres.

Ce succès n'est pas du tout apprécié par le recteur de l'université. Il ne lui délivre qu'une simple d'attestation et non un diplôme officiel.

Le ministre de l'Instruction publique, Gustave Rouland, saisi du cas Daubié, est lui aussi hostile à décerner à Julie-Victoire le titre de bachelière. Il refuse, « pour ne pas ridiculiser le ministère », de signer le diplôme prouvant sa réussite aux épreuves du baccalauréat. Sans ce document officiel, Julie-Victoire ne peut prétendre, comme elle l'envisage, à continuer dans la voie universitaire, vers la licence ès lettres.

C'est à la suite d'une pressante intervention d'Arlès-Dufour auprès de l'impératrice Eugénie que le ministre consent finalement, en mars 1862, au bout de sept mois d'attente et de tergiversations, à parapher le diplôme officiel.

En cette fin du Second Empire, l'éducation des filles est devenue un enjeu politique majeur. Les monarchistes, conservateurs, cléricaux espèrent que l'Église catholique, en dominant l'enseignement des filles, pourra ralentir le développement des idées progressistes.

Les républicains font de la fin de la prééminence de l'Église sur l'enseignement des filles la clé de voûte de leur combat contre le cléricalisme et pour la République.

Julie-Victoire Daubié, consciente de l'espérance qu'elle a suscitée et du soutien des féministes, poursuit aussi ses études. Elle sait que son combat est juste, que c'est d'abord par l'instruction, le savoir que les femmes gagneront la bataille de l'égalité avec les hommes et celui de leur indépendance économique.

Elle est l'auteur de plusieurs ouvrages revendiquant ce droit à l'égalité entre hommes et femmes. Le premier tome de *La Femme pauvre* paraît en 1866 et le second trois ans plus tard. Il traite de la condition de la femme, celle qui doit travailler pour vivre. Il s'agit d'une fresque historique détaillée sur la place et le rôle de la femme dans la société.

Cette étude est surtout l'expression d'une révolte passionnée. Julie-Victoire Daubié ne se contente pas de dénoncer une situation économique, professionnelle ou morale des « femmes pauvres », elle réclame, notamment par l'accès à l'enseignement, la reconnaissance du droit de vote pour les femmes afin de les extraire de leur situation injuste.

C'est avec une vérité cruelle qu'elle décrit la situation misérable de nombre de femmes et n'hésite pas à dénoncer l'hypocrisie de la morale bourgeoise. Elle fustige le mariage en ce qu'il n'est plus « qu'un contrat d'intérêts mercenaires faisant de la famille le parasite de l'héritage [...]. On se marie par cupidité d'argent, par économie ou par convenance de position [...] ».

Mais Julie-Victoire ne condamne pas totalement le mariage, elle dénonce aussi le concubinage ou l'union libre parce que cela apporte une grande précarité à la femme, qui peut à tout moment être abandonnée, et aux enfants, naturels ou adultérins, qui ne bénéficient, à cette époque, pratiquement d'aucun droit.

Elle milite pour une société plus morale où le mariage ne serait pas une union de dupes au seul bénéfice de l'homme, mais un véritable partenariat, dirait-on aujourd'hui, entre le mari et l'épouse. Et cela passe, pour elle, par une plus grande responsabilité de l'homme.

« Si la femme subit trop souvent le vice, l'homme le choisit toujours », affirme-t-elle dans le deuxième tome de *La Femme pauvre*. « Si nous examinons la condition actuelle des femmes sans fortune, nous les voyons opprimées surtout par la centralisation et par l'irresponsabilité morale [...], aussi [par] une partialité inconcevable de l'État pour la distribution des emplois publics et la fausse organisation d'un suffrage prétendu universel [...] », écrit-elle dès les premières lignes de son essai.

Julie-Victoire prend une part importante aux développements des idées féministes.

C'est en 1862 qu'elle publie dans *Le Journal des économistes* des chroniques qui reproduisent des extraits de *La Femme pauvre*. Dès 1869, elle collabore avec les journaux *Le Droit des femmes* puis *L'Avenir des femmes*, créés par Léon Richer et Maria Deraismes qui, cette année-là, ont fondé l'Association pour le droit des femmes.

Ses articles ont trait à « l'inégalité de l'enseignement primaire pour les deux sexes », au « travail des femmes dans les mines ». Elle évoque le « chômage hebdomadaire », « la prostitution », la « recherche de paternité ». Elle aborde à plusieurs reprises la nécessité du suffrage des femmes, leur droit à s'inscrire sur les listes électorales.

Sur ce sujet, elle perçoit vite à quel point il n'y a pas d'unanimité chez les féministes. Nombreux sont ceux qui redoutent les conséquences politiques d'un tel droit. Ils considèrent que l'influence de l'Église catholique sur les femmes est telle que le leur conférer aboutirait à renforcer l'influence de l'Église sur la politique. Mais peu lui importe.

Elle correspond avec diverses féministes anglaises et avec George Sand. Elle s'engage totalement dans le combat pour le droit de vote des femmes.

Elle adresse au Sénat en 1869 une pétition pour l'abolition de la prostitution réglementée et pour la recherche de la paternité. L'année suivante, Julie-Victoire tente sa propre inscription sur les registres électoraux. Elle lui est refusée par le maire du VIIIe arrondissement de Paris. Elle réitère sa demande, toujours sans succès, en 1871.

L'accès aux droits politiques est un thème important pour Julie-Victoire Daubié. Si la femme, écrit-elle dans *La Femme pauvre*, « est traitée en majeure pour les fautes et la chute, en mineure pour les droits et les lois qui concernent sa condition sociale, il y aura trouble dans l'harmonie universelle, lésion des intérêts et abaissement des mœurs ». Et elle conclut ainsi : « En général l'infériorité, le mépris des femmes attestent la barbarie ou la décadence. » Elle ajoute plus loin : « Je n'ai pas besoin de démontrer que, les droits naturels étant les mêmes pour tous, la femme se trouve opprimée dès qu'elle n'a point concouru à la formation des lois » et précise ainsi sa pensée : « La participation de la femme aux affaires ferait aussi étudier avec le cœur nos redoutables problèmes sociaux. » Julie-Victoire qualifie de « retardataires de l'avenir » ceux qui s'opposent à la reconnaissance des droits politiques pour la femme.

Le 20 novembre 1871, elle fonde l'Association pour l'émancipation progressive de la femme. Elle en est la vice-présidente, et Arlès-Dufour le président et financeur. L'association publie *La Question de la femme* d'Alexandre Dumas fils, *Le Manuel du jeune homme* de Silvio Pellico et *La Tolérance légale du vice*, ouvrages préfacés par Julie-Victoire Daubié. Ils sont interdits « au colportage ».

En 1871, toujours, Julie-Victoire entre à la Sorbonne pour obtenir une licence en lettres. Elle est alors la première femme à s'inscrire dans une faculté des lettres.

Grâce à elle, la faculté des lettres s'ouvre aux étudiantes, après celle des sciences qui, en 1867, a admis Emma Chenu, celle de médecine qui, en 1868, autorise trois jeunes femmes étrangères, ayant fait valoir que le diplôme obtenu dans leur pays équivalait au baccalauréat, à s'inscrire pour assister aux cours. La faculté de droit va suivre le mouvement quelques années après. La dernière faculté à admettre des étudiantes étant celle de pharmacie, en 1891.

Le 7 novembre 1872, le ministre de l'Instruction publique et des Cultes adresse à Julie-Victoire ses félicitations pour son succès à la licence ès lettres.

Dix ans se sont écoulés depuis l'obtention de son baccalauréat, l'Empire s'est effondré, la République peine à trouver ses fondations, mais elle est là, et le ministre ne rechigne plus à féliciter Julie-Victoire de son succès universitaire. Jules Simon a alors remplacé Gustave Rouland à la direction du ministère de l'Instruction.

Elle ambitionne de rédiger une thèse de doctorat sur *La Condition de la femme dans la société romaine*.

Elle décède le 26 août 1874 sans avoir pu en terminer la rédaction.

Première bachelière, Julie-Victoire Daubié est aussi la première femme licenciée ès lettres. Elle a imposé sa personnalité et sa détermination à vaincre la misogynie universitaire, inspiré le respect et inscrit son nom dans l'histoire de la France républicaine qui lui doit admiration et reconnaissance.

Voir : Auclert, Hubertine (1848-1914).

Debré, Michel (1912-1996)

Je relis souvent le texte de cette conférence d'Ernest Renan du 11 mars 1882, dont mon père m'a remis une édition originale lorsque j'ai passé mon doctorat en droit. J'en ai retrouvé un exemplaire sur son bureau le jour de sa mort. « L'existence d'une nation est [...] un plébiscite de tous les jours, comme l'existence de l'individu est une affirmation perpétuelle de vie. » La nation n'existe que si elle est un rêve d'avenir partagé.

L'engagement politique de Michel Debré s'explique certes par la Résistance, sa rencontre avec de Gaulle, leur première entrevue eut lieu le 22 août 1944 à Laval, mais c'est surtout par sa passion pour la France, pour la République qui le justifie.

Né à Paris le 15 janvier 1912, ses origines paternelles et maternelles le rattachent au Rhin et à la Garonne ; ses souvenirs d'enfance lui ont fait aimer la Loire.

L'histoire de la France façonne son patriotisme d'autant plus qu'elle marque l'itinéraire de sa famille. Son grand-père paternel quitte en 1872 l'Alsace et le petit village de Westhoffen, non loin de Strasbourg, pour ne pas perdre la nationalité française. La famille de sa mère se brise au moment de l'affaire Dreyfus, et une branche quitte Muret près de Toulouse.

L'histoire de la France marque son enfance. Il vit le conflit en partie chez ses grands-parents maternels à Nazelles, en Touraine. Sa mère est médecin à Paris, son père mobilisé. Le plus ancien souvenir qu'il conservait de lui, c'était en uniforme de poilu : « [...] entre un homme casqué avec une barbe blonde, un sac sur le dos, un manteau bleu délavé, un ceinturon. [...] En ce Paris de 1916, après vingt mois sur les champs de bataille, c'était le premier retour du permissionnaire [...] », raconte-t-il dans ses *Mémoires*.

La France avait des héros qu'il admirait, Colbert, Richelieu... mais aussi Lazare Carnot. Je me souviens de ce petit tableau montrant Carnot ceint de son écharpe tricolore, qu'il avait accroché dans son bureau. Carnot était pour lui le symbole d'une France audacieuse.

Il portait aussi une sincère sympathie à Jules Ferry. Pas seulement parce que son neveu Abel Ferry était un ami de son père, pas simplement parce qu'il était à l'origine des lois scolaires, de la gratuité et de la laïcité de l'enseignement, mais parce qu'il avait su incarner une France qui ne renonce pas et symboliser l'espérance du retour de l'Alsace-Lorraine.

En 1958, il écrit :

> « On imagine la France sans Napoléon, on imagine la France sans Louis XIV. On n'imagine pas la France sans Henri IV, sans Clemenceau, car au moment où [ils] ont été portés à la direction des affaires, la crise que traversait la nation était une crise mortelle, si un homme, doté de certaines caractéristiques, ne s'était pas trouvé pour en prendre le gouvernement. Il en est ainsi, qu'on le veuille ou qu'on ne le veuille pas, qu'on s'en réjouisse ou qu'on le déplore, du général de Gaulle. »

Il fut toujours attaché au Général, mais son gaullisme ne peut se résumer à une simple allégeance à un homme que le destin avait placé à la tête de la Résistance lors de l'Occupation et aux commandes de la France au moment de la Libération.

Il a toujours vu en de Gaulle l'incarnation de son idéal républicain qui allie liberté et autorité. Un État fort et respecté au service de la grandeur nationale. Combien de fois l'ai-je entendu dire : « La liberté ne s'oppose pas au pouvoir. Au contraire, elle meurt de l'absence de pouvoir ou simplement d'une insuffisante appréciation par le pouvoir de ses responsabilités » ?

La France et la République furent les passions politiques de sa vie. Fier de leur histoire qu'il connaissait parfaitement, il était heureux quand la France républicaine remportait des succès, innovait, s'imposait par son génie, sa culture. Son inquiétude était grande lorsqu'elle se laissait aller au repli sur soi, au renoncement, à la facilité.

Patriote mais refusant le nationalisme, rien ne l'indignait plus, ne le révoltait plus, même, que ces politiques qui, au nom de l'Europe ou de je ne sais quelle pudeur, oubliaient la France et la défense du Français. « Ce que les Français ne feront pas pour la France, personne ne le fera », avait-il coutume de répéter.

La Constitution de 1958, qu'il rédigea à la demande du général de Gaulle, devait permettre à l'État républicain d'exercer avec continuité et autorité ses pouvoirs pour assurer le respect de la démocratie dont il était convaincu qu'elle s'était installée en France contre le pouvoir exécutif. « Il n'y a pire ennemi de la liberté et des choses humaines les plus sacrées que l'impuissance du commandement social. Il faut donc un État soumis au droit, mais non un État faible, sinon meurt le droit », avait-il affirmé dans une préface d'un petit livre sur *Le Pouvoir politique* en 1976.

Il a toujours critiqué les idées des philosophes libéraux et des politiques qui s'unissaient pour dénoncer le besoin d'État : « Comment pouvait-on, à ce point, mésestimer la nécessité de l'État ? Comment était-il possible, à un tel degré, de faire abstraction de l'histoire et des réalités pour bâtir, en rêve, une société abstraite où les droits de l'homme seraient d'autant mieux assurés que le commandement politique de la nation serait plus faible, le pouvoir démuni contre les abus de la liberté, cependant mortels pour la liberté même ? », écrit-il en 1978.

Heureux d'avoir choisi la politique pour servir sa passion de la France, et de la République, aux diverses fonctions qu'il occupa, il s'employa à en réformer le fonctionnement.

Le voici à la Libération, au cabinet du général de Gaulle, créant l'École nationale d'administration. Démocratiser le recrutement de la haute fonction publique est une ambition qu'avait eue avant lui, sans pouvoir la faire aboutir, Hippolyte Carnot en 1848 et Jean Zay en 1936.

Comme garde des Sceaux en 1958, il est le rédacteur de la Constitution et, l'année suivante, comme Premier ministre, il réforme profondément la justice. La magistrature reçoit un statut unifié, la carte judiciaire est bouleversée, et l'organisation judiciaire refondue ; une école pour former les magistrats est créée.

Il met fin, par une loi du 23 décembre 1959, à la querelle qui ne cessait d'opposer les partisans de l'enseignement public aux défenseurs de l'école privée. La loi fixe désormais les rapports entre ces deux enseignements.

Toujours comme Premier ministre, il initie une réforme sans précédent des structures agricoles, crée les collèges et lycées agricoles, favorise la scolarité à seize ans, contribue à la concrétisation du projet de son père, Robert Debré, de créer des centres hospitalo-universitaires (les CHU)…

En 1966, comme ministre de l'Économie et des Finances, en un peu plus d'une année, il institue un marché hypothécaire, réforme le marché monétaire, met en place la TVA dans le commerce et l'agriculture ; il crée la BNP et permet au Crédit agricole d'accéder au marché financier ; il fait en outre voter une loi fondatrice sur la formation professionnelle…

Peu de domaines ont échappé à sa volonté réformatrice.

Après le ministère des Affaires étrangères, le voici en 1969 ministre de la Défense nationale. Il décide alors d'ouvrir l'École polytechnique aux femmes, comme il l'avait fait pour l'ENA.

Je me souviens à quel point il avait été heureux de passer en revue la promotion de 1972 dont le major était une femme, Anne Chopinet.

Mon père prit aussi l'initiative de créer une école de formation pour l'ensemble du personnel féminin commandé par une lieutenant-colonel. Il est aussi à l'origine du Conseil supérieur de la fonction militaire où sont réunis des représentants de toutes les catégories de militaires, de toutes armes et de tous services. Il leur donne l'opportunité, en dehors de la hiérarchie, d'attirer l'attention du ministre sur la vie militaire et les réformes espérées.

Lorsqu'il est élu le 24 mars 1988 à l'Académie française, venu le féliciter, je lui ai demandé s'il avait l'intention de la réformer. Il m'a répondu en souriant : « Pourquoi pas ? »

Debré, Simon (1854-1939)

Si j'évoque ici Simon Debré, ce n'est pas pour des raisons familiales, bien que ce soit mon arrière-grand-père, mais parce qu'il illustre parfaitement la personnalité de ces juifs alsaciens qui ont toujours choisi la République et la France.

Simon est né après l'assassinat de la République par Napoléon III. La IIIe République est pour lui l'enfant légitime de la IIe République. Il parle avec lyrisme de 1848, de la « force des ailes du progrès intellectuel » qui a balayé les « préjugés du Moyen Âge ».

Pour lui, la révolution du suffrage universel et celle des idées étroitement liées ont favorisé l'intégration des juifs à la nation.

Il observe les débats et le vote de la loi sur la séparation des Églises et de l'État. Il a aussi été confronté à la montée de l'antisémitisme.

À dix-huit ans, au jour anniversaire de la proclamation de la République, le 4 septembre 1872, Simon Debré choisit officiellement de demeurer français. Pour ce jeune Alsacien, la République était celle du sursaut patriotique de Gambetta.

Si les juifs alsaciens avaient vécu sans souci sous l'Empire, la figure de Napoléon III fut irrémédiablement entachée par la défaite de 1870.

Quelques années plus tard, de 1879 à 1888, Simon Debré est nommé rabbin de Sedan. Dans cette ville de garnison, impossible d'oublier l'humiliation nationale et les séparations familiales qui, dans son cœur, se confondaient.

Simon Debré emmenait ses enfants, Robert et Jacques, sur les champs de bataille tout proches, leur racontait les souffrances des soldats, vaincus et abandonnés. Et, à chaques vacances, pendant quarante ans, il lui faut traverser cette frontière honnie, présenter des papiers pour rentrer tout simplement chez lui et se retrouver avec les siens dans son village de Westhoffen où son père avait été un élu municipal, le premier juif élu par ses concitoyens.

Au-delà même de la désastreuse action militaire de Napoléon III, Simon Debré n'avait pas beaucoup d'attachement personnel vis-à-vis de l'œuvre napoléonienne. Bien sûr, il n'oubliait pas le souffle de liberté qu'au fil de l'épée les armées impériales avaient apporté aux juifs d'Europe et dont l'écho accompagna en 1872 l'agonie de son grand-père, mais il préféra toujours relier en priorité l'émancipation à la Révolution. Tout en approuvant pleinement les décisions du Sanhédrin et la mise en place du Consistoire, Simon Debré regrettait les penchants autoritaires de Napoléon qui avait bousculé, si ce n'est brutalisé, les traditions religieuses alsaciennes que son grand-père le rabbin Marchodé Cahn vénérait tant et qu'il lui avait transmises comme autant de trésors. Mais, plus que tout, Simon Debré ne pardonnait pas à Napoléon la signature des « décrets infâmes » de 1808 qui avaient mutilé la citoyenneté des juifs en Alsace.

En 1872, sans la moindre nostalgie pour les régimes du passé, Simon Debré choisit son avenir, et d'un seul geste la France et la République ; il leur confia définitivement ses idéaux et ses espérances. De ce jour et jusqu'à sa mort en mars 1939, avec une parfaite concordance des temps, sa vie personnelle et familiale mit ses pas, pour le meilleur et pour le pire, dans ceux de la IIIe République.

Élève au Séminaire israélite de France, où les idées républicaines étaient chez elles déjà sous l'Empire, Simon Debré se passionna pour ces hommes qui, pendant les années 1872-1877, cherchèrent l'occasion ou la faille pour s'imposer à un pays encore incertain.

Dès l'installation de la République, il se sentit très proche de Jules Ferry, non seulement parce que le Vosgien savait rassembler les Alsaciens sans distinction de religion, mais aussi parce qu'il approuvait pleinement l'homme de gouvernement. Persuadé que les malheurs du monde étaient des séquelles de l'ignorance, et que seul le savoir assurerait le progrès, Simon Debré était un partisan résolu de l'école obligatoire, gratuite et laïque. Et, comme bien des Alsaciens, il voulut conserver aussi longtemps que possible l'espoir que l'expansion coloniale permettrait d'éviter la guerre et qu'un échange de territoires pourrait être envisageable pour ramener l'Alsace à la France.

En ce qui concerne la question de la laïcité, Simon Debré, comme beaucoup de républicains et d'abord Jules Ferry, estime qu'il faut progresser, mais avec habileté, dans un pays comme la France où la paix religieuse est fragile et où les foules étaient alors nombreuses et souvent ferventes lors des processions ou des pèlerinages. L'ennemi, c'était d'abord le cléricalisme. Ce n'était pas le catholicisme.

Son père Jacques, élu de Westhoffen, avait voulu que, dans sa commune, les habitants puissent se retrouver dans les trois lieux de culte, catholique, protestant et juif que la municipalité avait organisés à cet effet. Pour Jacques et Simon Debré, le religieux est au cœur de la vie, et les trois religions méritent, dans la société, un même respect.

Simon scolarisa ses enfants dans « l'école gratuite obligatoire et laïque » où on laissait à chaque famille le choix de sa pratique religieuse. En plus de ses cours au Séminaire israélite, il devint aumônier au lycée Janson-de-Sailly. Il appréciait, disait-il, de converser avec les prêtres et pasteurs du lycée.

Ce monde multireligieux, tolérant, discutant, où le judaïsme était l'égal du catholicisme et du protestantisme, lui convenait parfaitement et lui rappelait ses origines familiales et son village de Westhoffen.

Quand les radicaux décidèrent de mener un combat plus rugueux contre la religion, Simon Debré ne s'inquiéta pas du vote de la loi de séparation des Églises et de l'État qui pourtant mettait fin à la fonctionnarisation des rabbins. Ses craintes étaient plus profondes. Il redoutait que le monde moderne désenchanté ne laisse les hommes démunis et angoissés confrontés aux interrogations sur l'au-delà.

Simon Debré était, comme nombre de républicains, attaché à la laïcité de l'État, garante de l'égalité des religions et de la liberté de conscience.

Pendant les poussées antisémites de Drumont qu'il put observer à Paris et à Neuilly où il avait été nommé rabbin en 1888, Simon Debré eut la tentation de se figer dans un immense mépris pour ces « plumitifs » que le suffrage universel savait marginaliser, à défaut de pouvoir les réduire au silence. Dans une famille solidaire du capitaine Dreyfus, auquel des liens familiaux le liaient, Simon Debré lutta sans merci contre

« ses sentiments barbares et gothiques » qui blessaient infiniment le juif et le républicain qu'il était. Contre la bêtise et la violence, le rabbin prit sa plume pour éduquer, vulgariser, enseigner « tous ses concitoyens », rappelant aux chrétiens, à leurs prêtres et à leurs pasteurs qu'il aimait fréquenter leur dette primordiale vis-à-vis du judaïsme, et à ses propres coreligionnaires leurs devoirs religieux ancestraux.

Après quatre années de guerre, la République qui avait eu la capacité de rassembler toutes les énergies était victorieuse mais douloureuse. La mission, aussi cruelle que Simon Debré – homme pacifique – l'avait redouté, était accomplie. Immensément ému, il retrouvait son Alsace : son fils Robert prononça le premier cours à l'université de médecine redevenue française, et son neveu, le rabbin Mathieu Wolf (assassiné à Auschwitz avec sa femme Delphine Debré), présida la prière solennelle de la victoire à la grande synagogue de Strasbourg.

Mais le temps de la sérénité fut bref. Bien vite, Simon Debré s'inquiéta de l'atonie religieuse du judaïsme français, des désordres sociaux, puis de la montée des violences antisémites au cœur de l'Europe et à nos frontières. Le monde moderne dont il avait tant espéré lui paraissait aller vers un destin funeste, mais, en ce qui concerne la France, il continua à faire une totale confiance à la République. Sans doute n'a-t-il jamais pu imaginer qu'un jour proche sa citoyenneté ou celle des siens puisse être brisée, que son idéal de 1872 et à ce point être meurtri par un régime au paganisme barbare, secondé par l'État français.

Sans transcendance, la République puise son espérance dans l'histoire des hommes et des civilisations, muée par l'idée de progrès. Elle croit à la science, temple de la raison, et honore la poésie, expression des sentiments et de la sensibilité. La République contemporaine de Simon Debré est celle des assemblées, des lettres et des laboratoires, comme nous le rappelle toute visite au Panthéon. Dans cette société laïque, la République ne sollicite plus la prière des cultes. Si heureuses que toutes les religions soient reconnues à égalité de dignité, les communautés israélites continuent, semaine après semaine, de prier pour la République.

Dans son *Rituel de prières pour tous les jours de l'année*[1], il précise la place de cette prière, pendant l'office du samedi matin : « Après la lecture de la Loi et de la Haphtara[2], le rabbin récite la prière pour l'assemblée des fidèles, et une autre pour la patrie et pour le chef de l'État. »

En 1891, à l'occasion du centenaire de l'émancipation des juifs, Simon Debré donnait le sens de cette prière, venue du fond des âges et qui avait été encore récemment soumise aux vicissitudes politiques et aux desiderata de Napoléon. En retirant les mots des époques d'humiliations et de persécutions, la signification de cette prière avait été profondément renouvelée. Dans un pays où les juifs jouissaient des mêmes droits que tous les autres citoyens, ils n'avaient plus à implorer la bienveillance des gouvernants pour eux-mêmes. Leur prière devenait un « hymne poétique » qui, à chaque shabbat,

1. Traduction du rabbin Debré, édition de 1893, troisième réédition revue, corrigée et augmentée en 1907.
2. Extrait du livre des Prophètes.

appelait les bénédictions et la protection divine sur la République et le peuple français tout entier, sans aucune distinction :

« Dieu, Éternel, maître de l'univers ! Du haut de Ton trône Tu inclines les regards de Ta Providence vers les cieux et sur la terre ; la force et la puissance T'appartiennent ; par Toi tout s'agrandit, tout s'affermit ; de Ta demeure sainte, ô Seigneur, bénis et protège la République française et le peuple français. Amen.

Accorde à notre pays bien-aimé la sécurité et le bonheur, et qu'il jouisse toujours d'une paix profonde. Amen.

Que par le travail, l'instruction et la concorde, la France prospère et conserve toujours son rang glorieux parmi les nations. Amen.

Que les rayons de Ta lumière éclairent et guident ceux qui sont à la tête de l'État, que Ta miséricorde et Ta grâce soient leur bouclier. Amen.

Accueille favorablement nos vœux, que les paroles de notre bouche et les sentiments de notre cœur trouvent grâce devant Toi, ô Éternel, notre créateur et notre libérateur. »

Pendant la Grande Guerre, la République fit front : elle sut refermer les querelles religieuses et unir toutes les familles spirituelles du pays. Pour Simon Debré, la prière pour la République devint, pendant quatre années, une prière personnelle de chaque instant. Les mots « sécurité », « paix », « bouclier », « concorde » prirent la force de visages, ceux de ses trois fils, de ses neveux, de ses élèves, de tous les soldats, quelle que soit leur confession.

Il unissait dans un même souffle la fête de la résistance millénaire du peuple juif à l'oppression – Hanouka – et la mission spirituelle de la France, venue de très loin, pour la liberté et la fraternité universelle. Dans l'effroi de la guerre et des souffrances, la République devenait le bien commun de la patrie. Le rabbin Abraham Bloch, tué en apportant un crucifix à un soldat catholique agonisant, devint l'allégorie de la fraternité.

Prier pour la République, c'était pour le rabbin Simon Debré réunir toute la France en une seule espérance et sceller, sans confusion, la communion de toutes les confessions.

L'armistice signé, le gouvernement refusa d'assister au *Te Deum* de Notre-Dame de Paris et y dépêcha la femme du président Poincaré. Il fallut encore quelques années pour que la République et le pape Benoît XV renouent des relations diplomatiques. L'apaisement religieux ne dura guère, et bientôt les ligues allaient de nouveau crier dans les rues de Paris : « À mort, les juifs ! »

Décorations

Les régimes politiques, monarchiques, impériaux, républicains, démocratiques ou autoritaires éprouvent toujours le besoin d'honorer, de récompenser leurs sujets, citoyens ou militants par des décorations.

Il ne s'agit pas pour le pouvoir de nécessairement et toujours distinguer les mérites des uns et des autres, ou de récompenser le dévouement, mais parfois aussi de susciter des ralliements.

Cette instrumentalisation individuelle des mérites, du travail… m'a toujours laissé un peu circonspect dans la mesure où elle peut contribuer à créer une hiérarchie sociale nouvelle, celle fondée sur les décorés par rapport à ceux qui ne le sont pas.

Sous la monarchie, l'ordre royal et militaire de Saint-Louis créé par le roi en 1693 avait pour finalité de fonder une chevalerie bénéficiant de droits et de privilèges.

Mais il est vrai que l'homme a besoin de récompenses, d'encouragements, de reconnaissance. Il aime être honoré.

L'exemple de Sainte-Beuve n'est pas très fréquent. Recevant l'attestation signifiant qu'il avait été promu dans l'ordre de la Légion d'honneur, il écrivit immédiatement au ministre pour la refuser : « Je ne veux être crucifié ni par vous ni par un autre. »

Les républicains reprennent vite les pratiques des régimes qu'ils ont combattus. Ils utilisent volontiers le ruban rouge et autres décorations comme un outil de gouvernement. Ils vont s'en servir pour asseoir leur autorité. La décoration devient un moyen politique pour chercher à s'assurer des bases électorales plus importantes.

Dès les débuts de la IIIe République, les républicains sont convaincus de la nécessité, pour eux, de renforcer leur implantation électorale dans le monde agricole. La France rurale doit devenir républicaine, c'est un impératif politique qui conditionne la survie du régime républicain.

Ainsi, en 1881, Gambetta institue un ministère de l'Agriculture autonome et, en 1883, Jules Méline, en charge de ce portefeuille ministériel, propose à Jules Grévy, président de la République, de créer l'ordre du Mérite agricole.

« Plus de 18 millions de Français vivent de cette industrie qu'on peut appeler la mère de toutes les autres », précise Jules Méline. Naturellement, il n'évoque pas les raisons politiques qui incitent le gouvernement républicain à publier le décret du 7 juillet 1883 portant sur la création de cette distinction que l'on a vite surnommée le « Poireau » en raison de la couleur de son ruban et de son insigne semblables à ce légume dont la racine est blanche et le panache vert.

Évidemment, l'opposition politique a vite perçu que le but des hommes au pouvoir est de manifester la sollicitude des républicains à l'égard des paysans et du monde rural, de conquérir leur faveur.

Ainsi certains conservateurs et monarchistes contestent-ils le droit pour le gouvernement de ne pas avoir eu recours à la loi pour créer cette nouvelle distinction.

Le Moniteur du 11 juillet 1894 parle même d'excès de pouvoir et suggère que le décret de création du Mérite agricole soit déféré au Conseil d'État. *L'Événement* ridiculise cette nouvelle décoration et précise qu'il y a d'autres façons d'aider les agriculteurs, que ce « Mérite » est inutile, qu'il aurait mieux valu dégrever la terre des charges qui l'accablent. L'article se termine ainsi : « Les agriculteurs, grands et petits, riches et pauvres, ne verront dans cette mesure qu'un enfantillage fait pour amuser les jeunes, qu'un joujou pour les petits. »

Cette réprobation, même si elle est forte, n'est cependant pas unanime. *Le Siècle*, en effet, note qu'« il est digne d'une démocratie de glorifier le travail [...], et nos campagnes sauront gré à la République d'une création qui prouve quelle place elles occupent dans la pensée du gouvernement ».

D'autres journaux se réfugient dans la dérision. *L'Événement*, toujours, se demande pourquoi, après le Mérite agricole, il « n'y aurait pas le Cordon sanitaire pour les médecins [...] et le Cordon ombilical pour les sages-femmes » !

Jules Méline et le gouvernement ne se laissent pas intimider, même par les opposants politiques qui annoncent que le Mérite agricole servira à « acheter » des voix, à récompenser des services électoraux et deviendra ainsi un instrument au service des marchandages et calculs portant atteinte à la sincérité des élections.

La première promotion, le 17 juin 1883, comprend 15 noms, dont 6 lauréats de concours régionaux d'élevage et de viticulture, 2 présidents de comice agricole, 1 professeur à l'école vétérinaire de Lyon, le directeur de l'école d'agriculture de Montpellier, le vice-président de la société d'agriculture du Cantal, et celui d'horticulture de Seine-et-Oise.

À l'origine, il n'est prévu qu'un grade : celui de chevalier. Mais le succès du « Poireau » est tel que le décret du 8 juin 1887 augmente l'effectif global des chevaliers de l'ordre du Mérite agricole à 2 000 et crée le grade d'officier qui ne doit compter que 300 titulaires.

L'attrait du Mérite agricole ne se dément pas. Les politiques passent, les majorités changent ou évoluent, ceux qui s'affichaient sceptiques ou hostiles à cette distinction oublient leurs critiques, et les parlementaires ne cessent d'intervenir pour obtenir le Mérite agricole pour tel ou tel agriculteur, éleveur, viticulteur, horticulteur influent de leur circonscription.

En 1888, 1890, 1892 sont pris des décrets pour accroître les contingents des promotions. Le gouvernement décide même, le 3 août 1900, de créer le grade de commandeur du Mérite agricole.

Équivalent des Palmes académiques pour les universitaires et les enseignants, le succès du Mérite agricole donne raison à Jules Méline. Il a bien compris combien le besoin de reconnaissance officielle fait partie de la nature humaine. Et l'initiative vis-à-vis des agriculteurs va faire des émules.

En 1896, voit le jour l'ordre de la France d'outre-mer.

En 1920, Jean-Louis Breton, ministre de l'Hygiène, de l'Assistance et de la Prévoyance sociales, par décret, crée la médaille de la Famille française. Celle de bronze est décernée aux mères ayant élevé « dignement » quatre ou cinq enfants. L'argent pour les mères de six ou sept enfants, l'or étant attribué à celles de plus de huit enfants.

En 1930, à l'instigation de Louis Rollin, ministre de la Marine marchande, pour récompenser « les gens de la mer », est instauré le Mérite maritime, puis le décret du 25 octobre 1936 crée l'ordre du Mérite social. En 1938, apparaît l'ordre de la Santé publique ; l'année suivante, celui du Mérite commercial.

Naturellement, cela choque certains, comme Léon Mirman, député socialiste qui terminera sa vie politique en se rapprochant de l'Action française et de Charles Maurras. En attendant, il acquiert une notoriété en dénonçant la course aux décorations et reproche au système républicain d'encourager la « manie », le goût obsessionnel des Français pour les médailles. Il affirme que ces décorations abondamment distribuées constituent une monnaie de corruption, un procédé d'asservissement civique. Ainsi sa proposition de loi vise-t-elle à supprimer toutes les distinctions officielles ; plus exactement « le port de décorations, insignes, rubans et médailles » doit devenir totalement libre, chacun pouvant accrocher au revers de son veston la décoration dont il estime avoir droit.

La IVe République va poursuivre cette déferlante de décorations. Le Mérite artisanal apparaît en 1948, celui du Tourisme l'année suivante. En 1953, sont institués l'ordre du Mérite combattant, puis celui du Mérite postal, qui précède l'ordre de l'Économie nationale.

En 1956, voici le Mérite sportif, qui prend la suite de la Médaille d'honneur de l'éducation physique et des sports, instituée en 1946 sur le modèle de celle imaginée en 1929. Cette même année 1956, voici l'apparition du Mérite du travail et le Mérite militaire. En 1957, sont officialisés l'ordre des Arts et des Lettres, puis celui du Mérite civil du ministère de l'Intérieur.

Lorsque le général de Gaulle, par décret du 3 décembre 1963, institue l'ordre national du Mérite, qui va se substituer à tous ces « mérites », l'initiative s'inscrit dans un plan ambitieux visant à limiter les contingents de Légion d'honneur, tant convoitée par certains. Les parlementaires, lorsqu'ils exercent leur mandat, ne peuvent y être promus. Ils doivent attendre d'être battus ou d'avoir quitté le Parlement pour y avoir droit.

Cette appétence pour les décorations, un homme l'a particulièrement bien comprise, c'est Daniel Wilson. Il est à l'origine du scandale qui va contraindre Jules Grévy, son beau-père, à démissionner. Il a en effet épousé à l'Élysée, dans la petite chapelle, Alice, la fille du Président.

Nous sommes en 1887. Installé dans un bureau à l'Élysée, Daniel Wilson, député d'Indre-et-Loire, affairiste, intrigant, monnaie sans scrupule Légions d'honneur, médailles et autres interventions. Lorsque le scandale éclate, c'est la réprobation générale. L'opposition se déchaîne contre Jules Grévy. Le gouvernement démissionne, les principaux dirigeants républicains se dérobent et, le 2 décembre 1887, après avoir hésité, il démissionne de ses fonctions de président de la République.

Condamné en 1888 à deux ans de prison, relaxé en appel, Daniel Wilson est réélu député en 1893 et 1898…

Deschanel, Paul (1855-1922)

L'histoire ne retient de lui que sa « folie » qui l'oblige à quitter au bout de sept mois l'Élysée. Et pourtant, la carrière politique de Paul Deschanel ne peut se résumer à cela.

Il est élevé dans le culte de la République par un père – Émile Deschanel – qui, républicain sous la monarchie orléaniste, voit arriver avec espoir la IIe République, mais est vite déçu.

Arrêté après le coup d'État du 2 décembre 1851, il est exilé en Belgique où, le 13 février 1855, Paul naît. Revenu en France en 1859, après l'amnistie décidée par Napoléon III, Émile Deschanel refuse de prêter serment au régime du Second Empire.

Cette attitude paternelle imprime la culture politique du jeune Paul Deschanel qui a quinze ans lors du désastre de Sedan. Comme toute une génération de Français, il se sent humilié par cette défaite de la France, blessé dans son patriotisme par l'occupation du sol national, révolté par les fautes du Second Empire.

Après des études de lettres, il fréquente l'École libre des sciences politiques, puis la faculté de droit de Paris, obtient sa licence et s'apprête alors à entamer une carrière de fonctionnaire. Mais la politique l'intéresse aussi. Il suit avec attention l'élection de son père, le 20 février 1876, au siège de député de la Seine.

Paul Deschanel devient secrétaire particulier du président du Conseil Jules Simon. À ce poste, il observe l'agitation politique et la crise du 16 mai 1877, perçoit combien il est urgent de défendre la République.

Sous-préfet de Dreux dès fin novembre 1877, il a presque vingt-trois ans, affecté à Melun comme secrétaire général de la préfecture avant d'être sous-préfet à Brest puis à Meaux, son ambition le conduit vers la politique et la députation.

Sous la bannière de l'Union républicaine, il se présente à Dreux contre le député sortant. Après un échec, il est élu député d'Eure-et-Loir en 1885, à trente ans.

À neuf reprises, les électeurs de la circonscription de Nogent-le-Rotrou vont lui manifester leur confiance.

À la Chambre des députés, il n'entend pas se cantonner dans la seule défense des Nogentais, mais aussi se construire un avenir politique national important. Il s'affiche comme républicain progressiste, refuse tout extrémisme : ni réactionnaire ni révolutionnaire. Il incarne une gauche modérée, comme on dirait aujourd'hui. Il se signale non seulement par ses interventions à la tribune du Palais-Bourbon, mais aussi par le duel qui l'oppose, le 27 juillet 1894, à Georges Clemenceau à propos du scandale de Panama. Affrontement qui, s'il ne tourne pas à son profit – il est blessé au visage –, lui confère cependant une certaine notoriété.

Au cours des années qui suivent, Paul Deschanel cultive son ambition politique de devenir président de la République. Du haut de la tribune du Palais-Bourbon, avec un talent oratoire reconnu, par la publication de plusieurs ouvrages et discours publics notamment, il devient un personnage incontournable de la vie politique et parlementaire. Il fait en maintes occasions part de sa réflexion institutionnelle et de propositions pour combattre l'instabilité ministérielle. Il défend le Sénat, veut réhabiliter le droit de dissolution de la Chambre des députés, suggère l'instauration de la représentation proportionnelle, croit en l'indépendance des juges, rejoint le camp des abolitionnistes de la peine de mort, critique le socialisme, défend la laïcité de l'État, se prononce pour la décentralisation. La politique étrangère de la France le passionne également, et ses interventions en ce domaine sont fréquentes.

Il est élu, en juin 1898, président de la Chambre. Il le restera jusqu'en mai 1902 et le redeviendra le 21 mai 1912 jusqu'à son élection à la présidence de la République.

La Première Guerre mondiale frappe la France. Deschanel dénonce le pacifisme, s'affirme patriote sans tomber dans le nationalisme, insiste sur la juste cause qu'est la reconquête de l'Alsace-Lorraine, condamne l'Allemagne, critique le traité de Versailles comme instituant une paix précaire, dénonce le sort clément réservé à l'Allemagne. Même la Société des nations ne trouve pas grâce à ses yeux.

Les élections législatives de l'après-guerre sont un échec pour la gauche, elle ne compte plus que 180 députés. Le Bloc national, qui rassemble députés de droite, certains anciens monarchistes et les républicains de la gauche modérée, a remporté les trois quarts des sièges. C'est la Chambre dite « bleu horizon ».

Paul Deschanel devient, le 18 février 1920, le 11e président de la IIIe République. Il a, dans la course à l'Élysée, éliminé Clemenceau.

Peu de temps après, lors de déplacements à Bordeaux et à Nice, le nouveau président inquiète son entourage par sa fébrilité et ses pertes d'équilibre.

Du train à destination de Montbrison, le 23 mai 1920, il tombe de son compartiment et se retrouve en pyjama sur la voie. Il n'est pas loin de minuit, heureusement pour lui, le train roulait lentement à cet endroit précis. Paul Deschanel marche le long de la voie et ne tarde pas à trouver un cheminot qui surveille un chantier. Persuadé d'avoir affaire à un ivrogne ou à un fou, qui se prétend président de la République, il le conduit chez lui, la maison du garde-barrière, pas très loin. Avec sa femme, ils le soignent comme ils peuvent. Le cheminot prévient alors le chef de gare. Toute cette aventure a pris du temps. Et, au petit matin, le sous-préfet vient chercher en voiture le président de la République.

À 7 heures, à Montargis, le ministre de l'Intérieur et toute la délégation qui devait recevoir Paul Deschanel sont informés de l'infortune du Président…

La mésaventure ne tarde pas à se savoir, et les journaux s'en donnent à cœur joie : de nombreuses caricatures tournent le Président en ridicule, les chansons satiriques fleurissent un peu partout, telle celle écrite par Lucien Boyer.

Monsieur Paul Deschanel, désormais est immortel
Il vient de faire un tour plein d'adresse et plein d'humour
Allant à Montbrison par la portière du wagon
Il s'est jeté sans filet et s'est retrouvé complet.

Refrain :
Il n'a pas abîmé son pyjama, c'est épatant mais c'est comme ça
Il n'a pas abîmé son pyjama, il est verni l'chef de l'État.

Le garde-barrière du patelin en le voyant si gandin
Lui posa cette question : « Quelle est donc votre profession ? »
Et Popaul répliqua : « Je suis le chef de l'État. »
L'autre pensa : c'est Charlot qui veut faire son numéro.

La femme du garde-barrière était très hospitalière
Elle lui donna son lit, mais avant elle en sortit
On le mit dans le dodo, on lui fit boir' du lolo
Et tout l' monde murmurait pendant qu'il buvait son lait.

Mais voici que bientôt arrivèrent en auto
Ahuris, stupéfaits, le ministre et l'sous-préfet
Ah ! monsieur le président, recevez nos compliments
Nous n'avons pas été là pour vous servir de matelas !

Ce glorieux pyjama va être son habit de gala
On y brode en relief les deux initiales RF
RF ne vous déplaise, n' veut plus dire République française
C'est bien plus rigolo, ça veut dire rendu franco.

Quelques mois plus tard, le 10 septembre, à 6 heures du matin, à demi vêtu, il est retrouvé faisant trempette dans un bassin du château de Rambouillet, résidence des présidents de la République.

Les chansonniers et ses détracteurs le raillent, le ridiculisent, colportent sur lui, sans preuve, toutes sortes d'agissements. Certains racontent qu'un jour, dans le parc de l'Élysée, il s'est mis soudainement à grimper à un arbre, d'autres affirment que, parfois, il aboie comme un chien ou qu'il a signé « Napoléon » sur un document officiel. Un médecin diagnostique le syndrome d'Elpénor, c'est-à-dire un état de désorientation survenu au cours du réveil chez un sujet en proie à la fatigue et à un état dépressif.

Peu importe, on ne pardonne pas à un chef d'État d'être ridicule et, le 21 septembre 1920, il est contraint à la démission.

En janvier 1921, il est réélu sénateur d'Eure-et-Loir, fonction qu'il occupe jusqu'à sa mort le 28 avril 1922. Clemenceau, qui n'a pas pardonné son échec face à Deschanel, dira alors : « Ils ne voulaient pas de moi parce qu'ils avaient peur que je ne devinsse gâteux. Eh bien, le gâteux, ils l'ont eu tout de même. »

Diagne, Blaise (1872-1934)

Premier Africain noir à siéger à la Chambre des députés et à appartenir à un gouvernement de la République. Le 27 janvier 1931, il devient sous-secrétaire d'État aux colonies. Il le restera jusqu'en janvier 1932.

« Je suis le fils d'un cuisinier nègre et d'une fileuse de mil. […] Je suis noir, ma femme est blanche, mes enfants sont métis », précise-t-il, en avril 1914, à ses électeurs du Sénégal. Dans sa profession de foi, il ajoute : « Indigènes comme Européens doivent avoir le souci de décider de leur avenir social […] en s'élevant au-dessus des mesquines questions d'épiderme. »

Discours

« Le discours est le visage de l'âme », affirmait Sénèque. Le choix des mots, la richesse du vocabulaire, la magie des formules, le rythme de la phrase révèlent souvent la personnalité de l'orateur.

Président de l'Assemblée nationale, j'ai tenu à faire rééditer les grands discours politiques prononcés depuis la Révolution du haut de la tribune du Palais-Bourbon. C'est toujours un bonheur d'en relire certains qui demeurent des marqueurs de l'évolution de notre société.

Au Parlement, pendant la IIIe République, les débats étaient moins corsetés ou techniques qu'aujourd'hui. Certains orateurs apparaissent comme de véritables tribuns, d'autres, par la richesse de leur culture, notamment historique, avaient un sens de l'improvisation remarquable.

Au-delà de l'enceinte parlementaire, les discours sont à la liturgie politique ce que sont les sermons aux offices religieux, incontournables.

Moments essentiels de la grand-messe politique, ils sont espérés, attendus, commentés, critiqués. Ils peuvent faire naître des engagements, susciter des vocations, vivifier des croyances, marquer des ruptures idéologiques.

C'est par le discours que les politiques expriment des convictions, des ambitions, véhiculent l'action dont ils voudraient être le moteur, qu'ils testent des idées nouvelles.

C'est par le discours que se manifestent, en certaines occasions, le courage, la lucidité. Mais il peut, il est vrai aussi, maquiller l'inaction, dissimuler le mensonge, diffuser de fausses impressions, permettre la manipulation, être l'instrument politique pour justifier un renoncement, masquer la lâcheté, expliquer l'inexplicable, semer l'illusion.

Savoir informer est essentiel pour le politique. Plus il occupe une fonction importante dans la hiérarchie de l'État ou le système politique, plus il doit, par le discours, l'allocution radiotélévisée, la conférence de presse... s'exprimer, faire connaître et comprendre ce qu'il entreprend, marquer son empreinte, et prendre date avec l'histoire.

L'art de la communication est la clé de voûte de l'action. Elle peut transformer un rêve en réalité, une espérance individuelle en ambition collective. Elle est l'expression d'une volonté.

Le verbe précède, accompagne, donne de la cohérence à l'action.

La politique porte en elle une part de spectacle, de comédie, de mise en scène, de magie parfois. Elle est même devenue au fil du temps, du développement de la radio, des progrès de la télévision et des moyens modernes de diffusion des images, un véritable métier du spectacle. Pour certains, elle n'est malheureusement plus que cela.

Les politiques, en certaines occasions, prennent un soin particulier à se mettre en scène, à peaufiner leur style, à ménager leurs effets. Ils ont conscience de l'importance de l'apparence, de l'image, des sensations qu'ils doivent susciter, qui peuvent crédibiliser leur discours.

La force du verbe peut être renforcée ou amoindrie par le choc de l'image.

Mais tous les acteurs politiques n'ont pas un égal talent, les rôles sont souvent de composition et tenus par de médiocres acteurs. Tous les discours des politiques ne sont pas des « grands discours », tant s'en faut. Rares sont les époques dont les députés s'appellent Chateaubriand, Victor Hugo, Lamartine, Paul Déroulède, Léon Blum, Aristide Briand…

C'est une alchimie complexe qui fait d'un simple discours un « grand discours ». Celui qui dépasse les frontières du moment où il est prononcé reste accroché à l'histoire, façonne les événements, engendre le rêve, crée une émotion, marque une prise de conscience ; un discours dont on se remémore longtemps certaines formules ou expressions.

Sous la Ve République, de Gaulle, de façon incomparable, Malraux, Mitterrand, au-delà de leurs fonctions, de par leur histoire, leur maîtrise de notre langue, leur culture, leur rencontre avec les événements, sont naturellement porteurs de « grands discours ».

Comment ne pas être ému par celui de Malraux lors de l'hommage de la nation à Jean Moulin ? Toute la mise en scène a été conçue pour que le discours soit le point d'orgue d'une émotion collective.

Ce samedi 19 décembre 1964, les cendres de Jean Moulin entrent au Panthéon. André Malraux invoque « le pauvre roi supplicié des ombres ». Ses cendres rejoignaient ainsi « celles de Carnot avec les soldats de l'an II, […] celles de Victor Hugo avec *Les Misérables*, […] celles de Jaurès veillées par la justice […] ».

La veille, vers midi, le président de la République Charles de Gaulle, en uniforme de général, se rend au columbarium du Père-Lachaise. Il s'incline devant la petite urne funéraire sortie de la case 3 857 avant qu'elle ne soit placée dans un cercueil couvert d'une étamine tricolore.

Deux heures plus tard, ce même cercueil est déposé à la pointe de l'île Saint-Louis, à l'entrée du Mémorial des martyrs de la déportation où vont se relayer, de quart d'heure en quart d'heure, une garde d'honneur de 187 compagnons de la Libération.

À 21 heures, un engin de reconnaissance blindé débarrassé de sa tourelle porte, dans un lent cortège, le cercueil jusque sur les hauteurs de la montagne Sainte-Geneviève.

Là, au Panthéon de la République, sur le péristyle, devant les portes de bronze grandes ouvertes, débute une seconde veillée solennelle avec le peuple de Paris dont la première garde est assurée par le général Kœnig et Pierre Messmer.

Le lendemain, en direct à la télévision, la cérémonie officielle proprement dite commence. Elle demeure gravée à jamais dans notre mémoire nationale et pour certains par une grande émotion.

Le gros bourdon de Notre-Dame sonne le glas, comme au jour de la libération de Paris à l'arrivée sur la place de l'Hôtel-de-Ville des trois premiers chars de la 2e division blindée.

Un compagnon de la Libération, Louis Mangin, qui avait occupé les fonctions importantes de délégué militaire national, porte sur un coussin les quatre décorations de Jean Moulin : la Légion d'honneur obtenue en février 1937, la croix de la Libération conférée dès novembre 1942 mais qui ne pourra lui être remise qu'en février 1943, à Londres, par le général de Gaulle, la médaille militaire et celle de la Résistance.

Cinq cents porteurs de torches éclairent ce cortège funèbre qui remonte lentement la rue Soufflot plongée dans l'obscurité mais que regarde la France entière.

Puis s'élève le verbe flamboyant et la voix singulière d'André Malraux, rythmé par les tambours du « Chant des partisans ».

« [...] Pauvre roi supplicié des ombres, regarde ton peuple d'ombres se lever dans la nuit de juin constellée de tortures. [...] Comme Leclerc entra aux Invalides, avec son cortège d'exaltation dans le soleil d'Afrique, entre ici, Jean Moulin, avec ton terrible cortège. Avec ceux qui sont morts dans les caves sans avoir parlé et tous les tondus, comme toi ; et même, ce qui est peut-être plus atroce, en ayant parlé, avec tous les rayés et tous les tondus des camps de concentration, avec le dernier corps trébuchant des affreuses files de Nuit et brouillard, enfin tombé sous les crosses ; avec les 8 000 Françaises qui ne sont pas revenues des bagnes, avec la dernière femme morte à Ravensbrück pour avoir donné asile à l'un des nôtres. Entre avec le peuple né de l'ombre et disparu avec elle, nos frères dans l'ordre de la nuit. [...] L'hommage d'aujourd'hui n'appelle que le chant qui va s'élever maintenant, ce "Chant des partisans" que j'ai entendu murmurer comme un chant de complicité, puis psalmodier dans le brouillard des Vosges et les bois d'Alsace, mêlé au cri perdu des moutons des tabors, quand les bazookas de Corrèze avançaient à la rencontre des chars de Rundstedt lancés de nouveau contre Strasbourg.

Écoute aujourd'hui, jeunesse de France, ce qui fut pour nous le "Chant du malheur". C'est la marche funèbre des cendres que voici. À côté de celles de Carnot avec les soldats de l'an II, de celles de Victor Hugo avec *Les Misérables*, de celles de Jaurès veillées par la justice, qu'elles reposent avec leur long cortège d'ombres défigurées.

Aujourd'hui, jeunesse, puisses-tu penser à cet homme comme tu aurais approché tes mains de sa pauvre face informe du dernier jour, de ses lèvres qui n'avaient pas parlé ; ce jour-là, elle était le visage de la France. »

Dans une démocratie soumise à la tyrannie de l'instant, des médias et réseaux sociaux, le discours est un élément de mise en scène où le politique assume le rôle principal. La formule bien ciselée reste ancrée dans les esprits, elle joue comme un slogan.

Mitterrand, député, a animé de son talent oratoire la tribune de l'Assemblée nationale, il savait trouver les formules qui impressionnent.

« On ne tire pas à coups de fusil sur des idées », déclare-t-il le 29 avril 1970, alors que les députés examinent le projet de loi tendant à réprimer « certaines formes de délinquance », la loi dite « anticasseurs » qui vise les groupes maoïstes qui, à la suite des événements de Mai 1968, ont multiplié des actions violentes.

Devenu président de la République, il a toujours soigné ses discours prononcés sur la scène internationale et trouvé des apophtegmes destinés à frapper l'opinion. Ainsi, à Mexico, le 20 octobre 1981, il s'écrie : « La non-assistance aux peuples en danger est une faute morale. » À la tribune de la Knesset à Jérusalem, le 4 mars 1982, il parle de « l'irréductible droit de vivre ». À Strasbourg, au Parlement européen, le 17 janvier 1995, quelques semaines avant la fin de son mandat présidentiel, il termine son discours par cette formule facile à retenir, qui sera reprise par les médias : « Le nationalisme, c'est la guerre. »

Jacques Chirac, le 2 septembre 2002, à Johannesburg, au Sommet du développement durable, frappe les consciences en commençant son discours par cette phrase empruntée au physicien Jean-Paul Deléage : « Notre maison brûle et nous regardons ailleurs… »

Rares sont, aujourd'hui, les discours qui franchissent le cap de l'instant où ils sont prononcés. L'accélération et la médiatisation de la politique qui s'illustrent par les chaînes d'information en continu et le « zapping » devenu une pratique habituelle expliquent peut-être la disparition des « grands » discours. Et leur remplacement par des formules chocs. C'est aussi plus par la mise en scène, l'image qui entourent, accompagnent le discours que celui-ci peut apparaître comme mémorable.

Le 27 novembre 2015, la cérémonie organisée aux Invalides, en hommage aux victimes des attentats, a permis à François Hollande de prononcer un discours qui s'inscrit dans la mémoire nationale. Ce jour-là, il a su trouver, par un ton sobre, les mots justes et vrais pour créer une émotion collective d'autant plus forte qu'elle communiait avec ce que ressentait le peuple français.

« Quand on n'a que l'amour », la chanson de Jacques Brel, s'élève dès le début de la cérémonie, dans cette majestueuse cour des Invalides, immobile.

Le temps semble s'être arrêté dans le recueillement et la douleur partagée. Vient ensuite, dans un silence impressionnant, la litanie des noms, prénoms et âges des 130 victimes. L'horreur de ces crimes éclate de façon insolente.

La voix de François Hollande retentit alors doucement :

> « Vendredi 13 novembre, ce jour que nous n'oublierons jamais, la France a été frappée lâchement, dans un acte de guerre organisé de loin et froidement exécuté. Une horde d'assassins a tué 130 des nôtres et en a blessé des centaines, au nom d'une cause folle et d'un dieu trahi. C'est parce qu'ils étaient la France qu'ils ont été abattus. [...] C'est parce qu'ils étaient la liberté qu'ils ont été massacrés. [...] »

Discours de Bayeux

Le 16 juin 1946, à Bayeux, le général de Gaulle fait connaître les grands principes de sa doctrine constitutionnelle, alors que, par référendum, le peuple français vient de repousser le projet de Constitution et que les députés, nouvellement élus, se mettent au travail pour élaborer un nouveau projet de Constitution.

De Gaulle dénonce le « régime des partis » et préconise l'instauration d'un pouvoir législatif bicaméral, le renforcement des pouvoirs du gouvernement et l'affirmation d'une autonomie vis-à-vis de l'Assemblée, une revalorisation du rôle du président de la République, arbitre de l'intérêt de la nation.

Par ce discours, de Gaulle énonce de grands principes qui se retrouveront, plus tard, dans l'architecture de la Constitution de la Ve République.

« [C'est] ici [à Bayeux] que sur le sol des ancêtres réapparut l'État ; l'État légitime, parce qu'il reposait sur l'intérêt et le sentiment de la nation ; l'État dont la souveraineté réelle avait été transportée du côté de la guerre, de la liberté et de la victoire, tandis que la servitude n'en conservait que l'apparence ; l'État sauvegardé dans ses droits, sa dignité, son autorité, au milieu des vicissitudes du dénuement et de l'intrigue ; l'État préservé des ingérences de l'étranger ; l'État capable de rétablir autour de lui l'unité nationale et l'unité impériale, d'assembler toutes les forces de la patrie et de l'Union française, de porter la victoire à son terme, en commun avec les Alliés, de traiter d'égal à égal avec les autres grandes nations du monde, de préserver l'ordre public, de faire rendre la justice et de commencer notre reconstruction.

Après ce rappel historique, de Gaulle évoque le problème institutionnel et dresse le diagnostic du mauvais fonctionnement de nos institutions.

Si cette grande œuvre fut réalisée en dehors du cadre antérieur de nos institutions, c'est parce que celles-ci n'avaient pas répondu aux nécessités nationales et qu'elles avaient, d'elles-mêmes, abdiqué dans la tourmente. Le salut devait venir d'ailleurs. [...]

[La] nation et l'Union française attendent encore une Constitution qui soit faite pour elles et qu'elles aient pu joyeusement approuver. [...]

Au cours d'une période de temps qui ne dépasse pas deux fois la vie d'un homme, la France fut envahie sept fois et a pratiqué treize régimes, car tout se tient dans les malheurs d'un peuple. Tant de secousses ont accumulé dans notre vie publique des poisons dont s'intoxique notre vieille propension gauloise aux divisions et aux querelles. Les épreuves inouïes que nous venons de traverser n'ont fait, naturellement, qu'aggraver cet état de choses. La situation actuelle du monde où, derrière des idéologies opposées, se confrontent des puissances entre lesquelles nous sommes placés, ne laisse pas d'introduire dans nos luttes politiques un facteur de trouble passionné.

De Gaulle dénonce le régime des partis, leurs jeux stériles et le risque toujours présent de la dictature.

Bref, la rivalité des partis revêt chez nous un caractère fondamental, qui met toujours tout en question et sous lequel s'estompent trop souvent les intérêts supérieurs du pays. Il y a là un fait patent, qui tient au tempérament national, aux péripéties de l'Histoire et aux ébranlements du présent, mais dont il est indispensable à l'avenir du pays et de la démocratie que nos institutions tiennent compte et se gardent, afin de préserver le crédit des lois, la cohésion des gouvernements, l'efficience des administrations, le prestige et l'autorité de l'État.

C'est qu'en effet le trouble dans l'État a pour conséquence inéluctable la désaffection des citoyens à l'égard des institutions. Il suffit alors d'une occasion pour faire apparaître la menace de la dictature. D'autant plus que l'organisation en quelque sorte mécanique de la société moderne rend chaque jour plus nécessaires et plus désirés le bon ordre dans la direction et le fonctionnement régulier des rouages. Comment et pourquoi donc ont fini chez nous la Ire, la IIe, la IIIe Républiques ? Comment et pourquoi donc la démocratie italienne, la République allemande de Weimar, la République espagnole firent-elles place aux régimes que l'on sait ? Et pourtant, qu'est la dictature, sinon une grande aventure ? Sans doute, ses débuts semblent avantageux. Au milieu de l'enthousiasme des uns et de la résignation des autres, dans la rigueur de l'ordre qu'elle impose, à la faveur d'un décor éclatant et d'une propagande à sens unique, elle prend d'abord un tour de dynamisme qui fait contraste avec l'anarchie qui l'avait précédée. Mais c'est le destin de la dictature d'exagérer ses entreprises. À mesure que se font jour parmi les citoyens l'impatience des contraintes et la nostalgie de la liberté, il lui faut à tout prix leur offrir en compensation des réussites sans cesse plus étendues. La nation devient une machine à laquelle le maître imprime une accélération effrénée.

Qu'il s'agisse de desseins intérieurs ou extérieurs, les buts, les risques, les efforts dépassent peu à peu toute mesure. À chaque pas se dressent, au-dehors et au-dedans, des obstacles multipliés. À la fin, le ressort se brise. L'édifice grandiose s'écroule dans le malheur et dans le sang. La nation se retrouve rompue, plus bas qu'elle n'était avant que l'aventure commençât.

De Gaulle évoque alors le rôle essentiel des institutions pour préserver la République. À la confusion des pouvoirs, il oppose une véritable séparation de l'exécutif, du législatif et du judiciaire. Il aurait pu alors reprendre la formule de Montesquieu dans *De l'esprit des lois* : « Pour qu'on ne puisse abuser du pouvoir, il faut que, par la disposition des choses, le pouvoir arrête le pouvoir. »

Il suffit d'évoquer cela pour comprendre à quel point il est nécessaire que nos institutions démocratiques nouvelles compensent, par elles-mêmes, les effets de notre perpétuelle effervescence politique. Il y a là, au surplus, pour nous une question de vie ou de mort, dans le monde et au siècle où nous sommes, où la position, l'indépendance et jusqu'à l'existence de notre pays et de notre Union française se trouvent bel et bien en jeu. Certes, il est de l'essence même de la démocratie que les opinions s'expriment et qu'elles s'efforcent, par le suffrage, d'orienter suivant leurs conceptions l'action publique et la législation. Mais aussi tous les principes et toutes les expériences exigent que les pouvoirs publics : législatif, exécutif, judiciaire, soient nettement séparés et fortement équilibrés et qu'au-dessus des contingences politiques soit établi un arbitrage national qui fasse valoir la continuité au milieu des combinaisons.

De Gaulle s'affirme partisan du bicaméralisme, d'une deuxième assemblée – le Sénat. Le projet de Constitution du 19 avril 1946 était monocaméral : une seule assemblée était prévue. C'est ce que critique de Gaulle.

Il est clair et il est entendu que le vote définitif des lois et des budgets revient à une assemblée élue au suffrage universel et direct. Mais le premier mouvement d'une telle assemblée ne comporte pas nécessairement une clairvoyance et une sérénité entières. Il faut donc attribuer à une deuxième assemblée, élue et composée d'une autre manière, la fonction d'examiner publiquement ce que la première a pris en considération, de formuler des amendements, de proposer des projets. Or, si les grands courants de politique générale sont naturellement reproduits dans le sein de la Chambre des députés, la vie locale, elle aussi, a ses tendances et ses droits. Elle les a dans la métropole. Elle les a, au premier chef, dans les territoires d'outre-mer, qui se rattachent à l'Union française par des liens très divers. Elle les a dans cette Sarre à qui la nature des choses, découverte par notre victoire, désigne une fois de plus sa place auprès de nous, les fils des Francs. L'avenir des 110 millions d'hommes et de femmes qui vivent sous notre drapeau est dans une organisation de forme fédérative, que le temps précisera peu à peu, mais dont notre Constitution nouvelle doit marquer le début et ménager le développement.

Tout nous conduit donc à instituer une deuxième chambre dont, pour l'essentiel, nos conseils généraux et municipaux éliront les membres. Cette chambre complétera la première en l'amenant, s'il y a lieu, soit à réviser ses propres projets, soit à en examiner d'autres, et en faisant valoir dans la confection des lois ce facteur d'ordre administratif qu'un collège purement politique a forcément tendance à négliger. Il sera normal d'y introduire, d'autre part, des représentants, des organisations économiques, familiales, intellectuelles, pour que se fasse entendre, au-dedans même de l'État, la voix des grandes activités du pays. Réunis aux élus des assemblées locales des territoires d'outre-mer, les membres de cette assemblée formeront le grand conseil de l'Union française, qualifié pour délibérer des lois et des problèmes intéressant l'Union, budgets, relations extérieures, rapports intérieurs, défense nationale, économie, communications.

Du Parlement, composé de deux chambres et exerçant le pouvoir législatif, il va de soi que le pouvoir exécutif ne saurait procéder, sous peine d'aboutir à cette confusion des pouvoirs dans laquelle le gouvernement ne serait bientôt plus rien qu'un assemblage de délégations. Sans doute aura-t-il fallu, pendant la période transitoire où nous sommes, faire élire par l'Assemblée nationale constituante le président du Gouvernement provisoire, puisque, sur la table rase, il n'y avait aucun autre procédé acceptable de désignation. Mais il ne peut y avoir là qu'une disposition du moment. En vérité, l'unité, la cohésion, la discipline intérieure du gouvernement de la France doivent être des choses sacrées, sous peine de voir rapidement la direction même du pays impuissante et disqualifiée. Or, comment cette unité, cette cohésion, cette discipline seraient-elles maintenues à la longue si le pouvoir exécutif émanait de l'autre pouvoir auquel il doit faire équilibre, et si chacun des membres du gouvernement, lequel est collectivement responsable devant la représentation nationale tout entière, n'était, à son poste, que le mandataire d'un parti ?

Le président de la République apparaît ainsi déjà par de Gaulle comme devant, par son arbitrage, assurer le bon fonctionnement des pouvoirs publics. Il pourra d'autant plus jouer ce rôle d'arbitre qu'il bénéficie d'une légitimité et il dispose de pouvoirs autonomes.

C'est donc du chef de l'État, placé au-dessus des partis, élu par un collège qui englobe le Parlement mais beaucoup plus large et composé de manière à faire de lui le président de l'Union française en même temps que celui de la République, que doit procéder le pouvoir exécutif. Au chef de l'État la charge d'accorder l'intérêt général quant au choix des hommes avec l'orientation qui se dégage du Parlement.

À lui la mission de nommer les ministres et, d'abord, bien entendu, le Premier, qui devra diriger la politique et le travail du gouvernement. Au chef de l'État la fonction de promulguer les lois et de prendre les décrets, car c'est envers l'État tout entier que ceux-ci et celles-là engagent les citoyens. À lui la tâche de présider les Conseils du gouvernement et d'y exercer cette influence de la continuité dont une nation ne se passe pas. À lui l'attribution de servir d'arbitre au-dessus des contingences politiques, soit normalement par le Conseil, soit, dans les moments de grave confusion, en invitant le pays à faire connaître par des élections sa décision souveraine. À lui, s'il devait arriver que la patrie fût en péril, le devoir d'être le garant de l'indépendance nationale et des traités conclus par la France.

Des Grecs, jadis, demandaient au sage Solon : "Quelle est la meilleure Constitution ?" Il répondait : "Dites-moi, d'abord, pour quel peuple et à quelle époque." Aujourd'hui, c'est du peuple français et des peuples de l'Union française qu'il s'agit, et à une époque bien dure et bien dangereuse ! Prenons-nous tels que nous sommes. Prenons le siècle comme il est. Nous avons à mener à bien, malgré d'immenses difficultés, une rénovation profonde qui conduise chaque homme et chaque femme de chez nous à plus d'aisance, de sécurité, de joie, et qui nous fasse plus nombreux, plus puissants, plus fraternels.

Nous avons à conserver la liberté sauvée avec tant et tant de peine. Nous avons à assurer le destin de la France au milieu de tous les obstacles qui se dressent sur sa route et sur celle de la paix. Nous avons à déployer, parmi nos frères les hommes, ce dont nous sommes capables, pour aider notre pauvre et vieille mère, la Terre. Soyons assez lucides et assez forts pour nous donner et pour observer des règles de vie nationale qui tendent à nous rassembler quand, sans relâche, nous sommes portés à nous diviser contre nous-mêmes ! Toute notre histoire, c'est l'alternance des immenses douleurs d'un peuple dispersé et des fécondes grandeurs d'une nation libre groupée sous l'égide d'un État fort. »

Drapeau tricolore

Comment oublier ces paroles de Lamartine prononcées le 25 février 1848 face aux manifestants qui veulent forcer le Gouvernement provisoire à arborer le drapeau rouge, il est alors ministre des Affaires étrangères ?

> « Si vous m'enlevez le drapeau tricolore, sachez-le bien, vous m'enlèverez la moitié de la force extérieure de la France ! Car l'Europe ne connaît que le drapeau de ses défaites et de nos victoires dans le drapeau de la République et de l'Empire. En voyant le drapeau rouge, elle ne croira voir que le drapeau d'un parti ! C'est le drapeau de la France, c'est le drapeau de nos armées victorieuses ; c'est le drapeau de nos triomphes qu'il faut relever devant l'Europe. La France et le drapeau tricolore, c'est une même pensée, un même prestige, une même terreur, au besoin, pour nos ennemis !
>
> Songez combien de sang il vous faudrait pour faire la renommée d'un autre drapeau !
>
> Citoyens, pour ma part, le drapeau rouge, je ne l'adopterai jamais, et je vais vous dire pourquoi je m'y oppose de toute la force de mon patriotisme : c'est que le drapeau tricolore a fait le tour du monde avec la République et l'Empire, avec vos libertés et vos gloires, et que le drapeau rouge n'a fait que le tour du Champ-de-Mars, traîné dans le sang du peuple. »

Selon l'article 2 de la Constitution de la Ve République, notre « emblème national est le drapeau tricolore, bleu, blanc, rouge ».

Dessiné selon la légende par Jacques-Louis David (1748-1825) à la demande de la Convention, le drapeau tricolore date du 15 février 1794.

Les couleurs bleu et rouge sont celles de la garde nationale, qui entourent le blanc de la royauté.

Voir : Lamartine, Alphonse de (1790-1869).

Dreyfus, Alfred (1859-1935)

La condamnation en 1894, pour trahison, du capitaine Alfred Dreyfus, suspecté d'avoir livré des documents secrets français à l'Empire allemand, était plus qu'une erreur judiciaire, c'était un complot judiciaire et politique sur fond de nationalisme et d'antisémitisme.

Il y a plus de cent ans, le 12 juillet 1906, la Cour de cassation réhabilitait le capitaine Alfred Dreyfus ; le lendemain, une loi était votée pour le réintégrer dans l'armée avec le grade de chef d'escadron. Quelques jours plus tard, il recevait la Légion d'honneur.

Ainsi prenait fin officiellement l'affaire Dreyfus. Il était reconnu innocent d'un crime qu'il n'avait pas commis.

Pour autant, cet arrêt, cette loi, cette Légion d'honneur pouvaient-ils effacer pour cet homme l'infamie de la dégradation subie dans la cour d'honneur de l'École militaire, les années de déportation sur l'île du Diable, les flots d'injures, d'insultes et de calomnies ? Épreuves insupportables à subir pour lui et sa famille.

Cet arrêt, cette loi, cette Légion d'honneur pouvaient-ils effacer cette affaire qui divisa, déchira, traumatisa profondément et durablement notre pays à un moment où la question de l'Alsace-Lorraine était toujours posée, après l'annexion par l'Allemagne de l'Alsace et d'une partie de la Lorraine en 1871 ; à une époque où la menace allemande était réelle et accaparait l'attention de tous les états-majors ; où l'antisémitisme répandait son venin ?

À l'évidence, aucune décision de justice, loi, honneurs, réhabilitation ne pouvait mettre un terme au déferlement de tant de haines, de violences. À peine la loi votée, la séance tourne au pugilat dans l'hémicycle de la Chambre des députés et se termine par un duel au cours duquel le jeune Albert Sarraut est blessé. Surtout, le 4 juin 1908, lors de la cérémonie du transfert des cendres de Zola au Panthéon, Dreyfus est attaqué par un exalté. Il aura fallu bien des années pour que les esprits s'apaisent.

L'affaire Dreyfus n'est pas un simple fait divers dont la presse aime à se délecter, sans se soucier toujours de savoir si elle ne va, ce faisant, broyer la vie d'innocents.

Elle fut, pour notre République, un traumatisme qui ébranla les institutions – le gouvernement, le Parlement, l'armée, la justice –, qui déchira la société, divisa des familles... n'épargna personne.

Et, pour bon nombre de Républicains, l'affaire Dreyfus, ce fut un combat, un combat de douze ans pour briser la conspiration, la machination, l'engrenage implacable du mensonge de personnages qui parfois cachaient leur médiocrité ou leur antisémitisme derrière la raison d'État.

La raison d'État qui n'a servi bien souvent qu'à dissimuler la revanche des ennemis de la République.

Il fallut douze ans pour faire surgir la réalité, imposer la vérité, triompher la justice et sauver une République menacée par un mal qui la rongeait : l'antisémitisme.

Ce combat pour la réhabilitation de Dreyfus fut aussi une bataille parlementaire.

Je ne peux oublier de mentionner la séance du 7 juillet 1898 au cours de laquelle le ministre Cavaignac crut mettre fin à l'Affaire en produisant, face aux députés, de prétendues « preuves accablantes », dont il découvrit quelques semaines plus tard qu'il s'agissait de faux, fabriqués par son administration.

Comment ne pas se souvenir, le 25 octobre 1898, de la démission en pleine séance du ministre de la Guerre, le général Chanoine, hostile à toute révision du procès de Dreyfus, ce qui entraîna la chute du gouvernement auquel il appartenait ?

Restera dans toutes les mémoires républicaines la séance du 13 juillet 1906 déjà citée, au cours de laquelle les députés, prenant acte de la réhabilitation de Dreyfus, votèrent sa réintégration dans l'armée et décidèrent de transférer au Panthéon les cendres d'Émile Zola.

De cette épreuve, la République fut incontestablement ébranlée, et c'est d'ailleurs l'argument que les antidreyfusards ne cessèrent de mettre en avant pour s'opposer à la manifestation de la vérité.

C'est en vain pourtant qu'ils invoquèrent la patrie, l'honneur de l'armée, comme si l'amour de son pays excluait toute justice. À la question classique de savoir s'il faut préférer une injustice à un désordre, la démocratie répond que l'injustice constitue en soi un désordre, le plus inacceptable de tous.

Mais de cette épreuve la République sortit renforcée. La jeune République venait de montrer que ses institutions étaient capables de préférer la vérité et la justice à la raison d'État et de rétablir dans ses droits l'innocent injustement accusé et condamné.

« L'immortelle affaire Dreyfus », selon l'expression de Péguy, est un moment décisif de notre histoire nationale. Elle montre que la détermination et la persévérance de républicains, la liberté de la presse et des journalistes, mais aussi l'indépendance de magistrats et de parlementaires déterminés peuvent venir à bout de l'injustice.

L'affaire Dreyfus, c'est aussi l'exaltation du courage de ces hommes qui ont su se dresser et faire front. Je pense à Zola, à Anatole France, au peintre Debat-Ponsan, à Léon Blum, à Jaurès, à Clemenceau, à Lucien Herr, à Charles Péguy, à Bernard Lazare et à tant d'autres comme le lieutenant-colonel Picquart.

Droit de vote des femmes

Sur l'écran de notre histoire républicaine, son nom n'apparaît pas. Et pourtant, Fernand Gautret (1862-1912) mériterait d'être mentionné. Député de la Vendée, maire des Sables-d'Olonne, républicain, il dépose en 1901 une proposition de loi pour accorder le droit de vote aux femmes. Première tentative officielle, concrète et sérieuse pour l'adoption de l'égalité politique des femmes et des hommes.

Dans l'exposé des motifs de sa proposition annexée au procès-verbal de la séance du 1er juillet 1901, il écrit :

> « Sauf les criminels avérés, tributaires des cours d'assises et les maladroits, victimes de la correctionnelle, qui ont vu orner leur casier judiciaire de quelques condamnations, tous ont été englobés dans le suffrage universel ; alcooliques et gâteux, candidats à la maison de santé ou évadés des multiples Sainte-Anne, ignorants et illettrés, tous ont été déclarés éclairés, compétents,

consultables, électeurs en un mot ! [alors que les femmes sont reconnues inaptes au vote. Et il ajoute que, pour la femme, ce n'est que] sujétion, dépendance, obéissance aux lois faites par les hommes. La lutte des sexes remplaçant la lutte des classes [...], voilà le résultat de notre triomphal et brutal égoïsme ! Nous sommes les parvenus de la liberté, de l'égalité [...]. »

Naturellement, ses collègues députés ne sont pas disposés à partager ses convictions. Néanmoins la voie est tracée.

En 1906, cette proposition modifiée est reprise par Paul Dussaussoy (1860-1909), député du Pas-de-Calais. Mais pour trouver le moyen de convaincre ses confrères, il exclut la participation des femmes aux élections politiques nationales. Elles pourront seulement prendre part aux élections municipales, cantonales et d'arrondissement. Il n'est pas question cependant qu'elles puissent être élues. L'éligibilité est toujours le monopole des hommes. De toute façon, cette proposition est bloquée au Sénat.

La France politique n'est pas prête pour cette révolution, même limitée aux élections locales.

Tout juste est-il admis par une loi du 27 mai 1907 – dite loi des « prud'femmes » – que les femmes seront électrices et éligibles aux conseils des prud'hommes.

Le Figaro, le 13 novembre 1907, évoquant l'Angleterre, note : « Les suffragettes deviennent une vraie calamité. » Georges Clemenceau a, cette même année, repoussé avec mépris cette prétention d'accorder aux femmes le droit de vote car alors « la France ferait du coup un saut de régression jusqu'au Moyen Âge ».

En 1919, la Chambre, présidée par Paul Deschanel, examine le 20 mai une proposition de résolution reconnaissant aux femmes le droit de vote à toutes les élections. Certains députés hostiles, notamment le rapporteur, affirment que donner cette possibilité aux femmes, c'est « détruire la vie de famille ».

Le député Edmond Lefebvre du Preÿ (1866-1955), élu du Pas-de-Calais, père de treize enfants, estimait que la femme, si elle obtenait le droit de vote, deviendrait « une espèce d'homme disgracieux ». Quant à son collègue Alexandre Bérard (1859-1923), élu de l'Ain, il avait des idées bien arrêtées sur la question de l'arrivée des femmes sur la scène électorale. Il affirmait : « Séduire et être mère, c'est pour cela qu'est faite la femme. »

Malgré ces jugements catégoriques et hostiles, les partisans de cette obtention par les femmes du droit de voter s'expriment principalement par la voix de René Viviani (1863-1925). Les députés, par 344 voix contre 97, adoptent sa proposition.

Mais les sénateurs diffèrent l'examen de la décision des députés. Il faut attendre trois ans pour qu'ils consentent à inscrire en séance publique cette proposition et la rejettent par 156 voix contre 134.

Ils suivent les conclusions de leur rapporteur Alexandre Bérard devenu sénateur qui, dans son rapport du 3 octobre 1919, affirme que : « Les mains des femmes ne sont pas faites pour le pugilat de l'arène publique [...] mais pour être baisées, dévotement quand ce sont celles des mères, amoureusement quand ce sont celles des femmes et des fiancées. »

Au Sénat, nombreuses sont les voix qui s'élèvent contre une telle suggestion. Ainsi, lors de la séance du

5 juillet 1932, Armand Calmel (1871-1959), sénateur de la Gironde, déclare :

« Nous sommes disposés à accorder aux femmes tout ce que leur sexe a le droit de demander, mais en dehors de la politique [...]. Donner le droit de vote aux femmes, c'est l'aventure, le saut dans l'inconnu, et nous avons le devoir de ne pas nous précipiter dans cette aventure.

Ayons le courage de rester nous-mêmes. Nous avons remonté d'autres courants que le féminisme. Nous avons remonté le courant du boulangisme, le courant du nationalisme et, toutes les fois que la République a été en péril, c'est le Sénat qui l'a sauvée. »

Malgré ce blocage sénatorial, les revendications des féministes ne s'estompent pas. Au début 1932, la féministe Jane Valbot interrompt à deux reprises une séance du Sénat en lançant des tracts dans l'arène. Elle est alors interpellée. Elle récidive peu après en s'enchaînant à l'un des bancs. Deux ans plus tard, devant le Sénat, des militantes de la Femme nouvelle distribuent aux sénateurs des chaussettes sur lesquelles est inscrit : « Même si vous donnez le droit de vote aux femmes, vos chaussettes seront raccommodées. »

À six reprises, sous la IIIe République, les députés tenteront de vaincre l'obstination négative des sénateurs qui partagent l'avis de leur collègue Calmel.

Le 30 juillet 1936, les députés se prononcent à l'unanimité une nouvelle fois pour le droit de vote des femmes. Le Sénat continue à le refuser en n'inscrivant pas cette proposition à son ordre du jour.

Encore, à la fin de la guerre, le droit de vote des femmes ne fait pas consensus au sein des membres de l'Assemblée consultative d'Alger. Ainsi, en mars 1944, Paul Giacobbi (1896-1951) déclare : « Il est établi qu'en temps normal les femmes sont déjà plus nombreuses que les hommes. Que sera-ce à un moment où les prisonniers et les déportés ne seront pas encore rentrés ? Quels que soient les mérites des femmes, est-il bien indiqué de remplacer le suffrage masculin par le suffrage féminin ? »

Il faut attendre l'ordonnance du 21 avril 1944, signée par le général de Gaulle, pour que les Françaises puissent enfin voter à toutes les élections.

Voir : Auclert, Hubertine (1848-1914) ; Daubié, Julie-Victoire (1824-1874).

E

Élection du président de la République

Pourquoi avoir attendu 1962 pour instaurer l'élection du président de la République et ne pas l'avoir décidé au moment de l'élaboration de la Constitution de la Ve République ?

Dès le 10 juillet 1948, dans une note au général de Gaulle, Michel Debré indique que l'élection au suffrage universel :

> « permet à n'en pas douter de donner à la fonction de président de la République une autorité incontestée. Ce système peut-il être envisagé dans un régime normal en France ? Les arguments classiques ne sont pas sans valeur : danger de plébiscite dans un pays dont le sens civique n'est pas toujours éprouvé et qui n'a pas pour les institutions le respect qui permettrait, le cas échéant, d'atténuer les effets du suffrage populaire. À vrai dire, ces arguments, à notre époque, ne sont pas décisifs. Ce qui est plus important, c'est le caractère du président de l'Union française que doit avoir le président de la République. Dès lors, on ne comprendrait pas en vertu de

quelle règle les Algériens et, le cas échéant, les habitants d'AOF et d'AEF [Afrique] ne participeraient pas individuellement à l'élection du président de la République. Il est difficile en régime de suffrage universel d'envisager un président de l'Union française qui ne soit élu qu'au suffrage universel des Français de la métropole. »

Cette argumentation, Michel Debré, le 27 août 1958, la reprend devant le Conseil d'État, et déclare :

« Le président de la République a des responsabilités outre-mer ; il est également le président de la communauté. Envisage-t-on un corps électoral comprenant, universellement, tous les hommes, toutes les femmes de la France métropolitaine, de l'Algérie, de l'Afrique noire, de Madagascar, des îles du Pacifique ? Cela ne serait pas raisonnable et serait gravement de nature à nuire à l'unité de l'ensemble comme à la considération que l'on doit au chef de l'État. »

Il y a une autre raison, peu souvent évoquée, qui se conjugue avec la précédente : le poids d'un Parti communiste, inféodé au Parti communiste de l'Union soviétique. Michel Debré, lors de la présentation du projet de Constitution au Conseil d'État, est clair :

« Regardons, d'autre part, la situation intérieure française et parlons politique. Nous voulons une forte France. Est-il possible d'asseoir l'autorité sur un suffrage si profondément divisé ? Doit-on oublier qu'une part importante de ce suffrage, saisie par les difficultés des années passées, adopte, à l'égard de la souveraineté nationale, une attitude de révolte qu'un certain parti encadre avec force pour des objectifs que des hommes d'État et de gouvernement ne peuvent accepter ? La cause me paraît

> entendue. Le régime présidentiel est actuellement dangereux à mettre en œuvre. »

À ces arguments, il y avait aussi, pour le général de Gaulle, la conviction que, du fait de sa rencontre en 1940 avec la France, il n'a pas besoin de ce suffrage universel pour fonder sa légitimité.

Mais de Gaulle se rend compte que, après son départ, les partis politiques tenteront de remettre la main sur le processus de l'élection présidentielle, malgré le mode de scrutin adopté en 1958.

L'attentat du Petit-Clamart, le 22 août 1962, dont il réchappe miraculeusement, le convainc que cette réforme est nécessaire pour asseoir l'autorité des futurs présidents de la République face aux partis politiques. C'est par référendum, le 28 octobre 1962, que le général de Gaulle modifie la Constitution pour que ce soit au suffrage universel direct que soit désormais élu le chef de l'État.

F

Favre, Jules (1809-1880)

Avocat et bâtonnier de Paris, Jules Favre illustre parfaitement l'opposition républicaine au Second Empire qui s'élève des barreaux et pas uniquement celui de Paris.

Certes, il a eu une carrière politique importante. Il est député républicain depuis 1848. Le 4 septembre 1870, il est élu, à l'Hôtel de Ville, vice-président du gouvernement de la Défense nationale et nommé ministre des Affaires étrangères.

Son nom est attaché à la rencontre de Ferrières (septembre 1870) où il s'opposa à Bismarck, puis à l'armistice et à la capitulation de Paris en janvier 1871 et, enfin, au traité de Francfort (mai 1871).

Il démissionne le 2 août suivant. Il soutient par la suite le gouvernement de Thiers et, à la chute de celui-ci en mai 1873, combat l'ordre moral de Mac Mahon et d'Albert de Broglie.

Il participe à l'élaboration des lois constitutionnelles de 1875 et il est sénateur du Rhône à partir de 1876.

Mais cet itinéraire politique est le résultat de l'autorité qu'il a acquise dans les prétoires où ses plaidoiries sont souvent des actes d'accusation, des réquisitoires féroces contre le pouvoir impérial.

En relevant le flambeau de la lutte républicaine sous l'Empire, Jules Favre comble un grand vide dans l'opposition. Les principaux républicains sont en exil.

En avril 1852, le voici à Bordeaux compatissant devant les juges sur le sort des proscrits, sur les victimes des « fureurs politiques ». Sa plaidoirie devant le tribunal de la Seine, le 27 juillet 1853, pour Raoul Bravard et la veuve Libersalle dans le procès dit « de la commune révolutionnaire » est si incisive que le gouvernement interdit à la presse de reproduire les débats. Cette même année, il s'en prend aux magistrats et dénonce le servilisme de certains d'entre eux qui atteint « les dernières limites du zèle et du dévouement ».

En 1856, il plaide pour le critique d'art Gustave Planche. Il en profite pour fustiger le despotisme et glorifier « l'indépendance de la pensée, l'expansion ardente vers la vérité » et pour rêver tout haut à un régime où la liberté de la presse serait le « palladium du pouvoir ».

Au tribunal de Belfort, en octobre 1857, il dénonce « les conspirations souterraines », les pressions exercées par le préfet pour orienter les suffrages des électeurs vers les candidats officiels.

Sa plaidoirie en forme d'oraison funèbre qu'il prononce pour la défense d'Orsini – sans justifier l'entreprise criminelle de ce dernier qui aurait dû, le 14 janvier 1858, aboutir à l'assassinat de Napoléon III et qui fit de nombreuses victimes – est un modèle d'habileté politique. Dans un prétoire envahi par les journalistes, il s'écrie :

« Oui, messieurs les jurés, malgré les temps où nous vivons et qui s'opposent à la libre expression de ma pensée, [...] je crois qu'une nation se régénère par les mœurs et non par le sang. Si elle était assez malheureuse pour tomber sous le joug d'un despote, ce n'est pas le fer d'un assassin qui briserait sa chaîne. Les gouvernements périssent par leurs propres fautes [...]. »

Ces dernières phrases font une immense impression dans le prétoire où de nombreuses personnalités se sont amassées pour assister à la mise à mort de celui qui voulait assassiner l'empereur.

Élu bâtonnier des avocats de Paris, il continue à défendre le droit de grève aussi bien que la liberté de la presse. En août 1864, à Paris, le voici face aux juges, condamnant sévèrement les pratiques du régime impérial, dénonçant son bilan négatif en tout domaine. Il termine ainsi : « Je dis que la liberté est impérissable [...], nous pouvons considérer d'un œil serein le nuage qui passe [...]. » Et le 24 novembre, devant les magistrats de la cour de Paris, il annonce des jours difficiles pour le pouvoir et, de façon habile, rappelle aux magistrats les devoirs de leurs fonctions :

« Ce que nous affirmons, c'est que, si les gouvernements successifs qui ont dirigé la France se sont perdus, c'est pour avoir méconnu les principes salutaires du droit commun, c'est pour avoir fait entrer violemment la politique dans la loi qui doit la repousser. Le droit commun, le droit légal, c'est le signe par lequel les sociétés sont victorieuses. Quand elles y sont fidèles, quand elles ont pour les défendre une magistrature qui comprend la sainteté et la grandeur de ses devoirs, elles peuvent braver toutes les épreuves. Si elles avaient la fortune contraire, Dieu seul sait à quels malheurs elles seraient réservées. »

Les journalistes, toujours nombreux à venir écouter les plaidoiries politiques de Jules Favre, en les rapportant, contournent la censure du régime.

Ferry, Abel (1881-1918)

Longtemps, il fut pour moi un inconnu, seul le nom de Jules Ferry attirait la lumière de l'histoire et la reconnaissance de la République.

Mais, un après-midi, me promenant avec mon grand-père paternel, Robert Debré, dans les vignes attenantes à sa propriété de Touraine, et l'interrogeant sur la guerre de 1914, il évoqua la mémoire de celui qui fut l'un de ses plus proches amis, Abel Ferry.

J'ai alors eu l'impression que mon grand-père se souvenait avec tristesse de son camarade de lycée, son complice d'adolescence, de ce neveu de Jules Ferry, qui avait renoncé au Palais-Bourbon, au gouvernement, pour rejoindre la guerre, les tranchées des premières lignes et y mourir pour la France.

L'un a fait médecine, mon grand-père, l'autre s'est engagé en politique, Abel, élu en 1909 député des Vosges, mais leurs chemins ne se sont jamais séparés.

Relisant récemment *L'Honneur de vivre*, les mémoires de mon grand-père, j'ai compris, derrière les mots, l'immensité de leur amitié.

Fidèle à la promesse faite à son père, Charles, sur son lit de mort, de ne jamais abandonner l'Alsace et la Lorraine et de participer à la reconquête de ces provinces perdues, Abel, dès le lendemain de la déclaration de guerre, donne sa démission de ses fonctions de sous-secrétaire d'État.

Début août 1914, il rejoint le 166e régiment d'infanterie positionné à Verdun. Le président du Conseil refuse qu'il quitte le gouvernement. Peu lui importe, son devoir est de combattre pour la France avec les soldats du front. Il sera donc ministre et soldat. Il ne sera pas un « embusqué » comme certains qualifient ces parlementaires dont le champ de bataille est l'hémicycle du Palais-Bourbon. Car tous les députés mobilisables ne rejoignent pas le front, tant s'en faut.

En octobre 1915, Abel n'est plus ministre mais toujours député, il est souvent en mission d'inspection auprès des militaires qui se battent courageusement, et il est depuis juin 1916 contrôleur délégué aux armées.

Avec l'arrivée de Clemenceau, Abel tente de se faire mieux entendre des responsables politiques. Il plaide la nécessité d'étendre le front anglais pour équilibrer les forces alliées et disperser les efforts ennemis.

Le drame du chemin des Dames est l'occasion pour lui d'avouer dans ses notes, le 10 juillet 1917, qu'il préconise la plus grande fermeté à l'encontre des responsables de ce désastre et envers les mutins : « Le poteau pour les fautes qui mettent en péril la patrie ! »

L'autorité d'Abel est grande même auprès de militaires, il représente auprès d'eux et des officiers généraux la Chambre des députés et travaille en bonne intelligence avec Clemenceau. Grâce à sa détermination à être là où les combats se déroulent, aidé par un patriotisme sans faille, il a osé se détourner des conformismes idéologiques. Même en période de guerre, il n'a pas abandonné sa foi en la République.

Le 8 septembre 1918, Abel Ferry se trouve dans le secteur de l'Aisne, au milieu des combattants, en compagnie de son collègue le député Gaston Dumesnil. Il souhaite vérifier l'efficacité du nouveau fusil-mitrailleur dont nos soldats ont été dotés. C'est alors qu'il est grièvement blessé par des éclats d'obus. Le lieutenant Grossot qui l'accompagnait est tué sur le coup, et Dumesnil expire peu après.

Dès qu'il apprend le drame, Clemenceau se rend à son chevet pour lui remettre la Légion d'honneur. Le 15 septembre, à trente-sept ans, Abel Ferry décède.

C'est mon grand-père, son ami, qui ramène le corps à Paris.

Toute la courte vie d'Abel Ferry aura été marquée par le sens du devoir, de l'honneur de servir une France républicaine, libre et respectée.

Ferry, Jules (1832-1893)

Dans cette famille vosgienne qui a choisi de servir la République, la liberté – toutes les libertés, d'opinion, de conscience, d'expression… –, mais aussi de défendre la patrie et la grandeur de la France, bien évidemment, c'est Jules qui attire les lumières et monopolise la notoriété historique…

Monument de notre histoire nationale, héros de la République, Jules Ferry suscite l'admiration des politiques. L'intérêt des historiens, la curiosité des universitaires pour sa personnalité et son œuvre ne se sont jamais démentis. Aujourd'hui, plus de 600 écoles, collèges ou lycées portent, en France, le nom de Jules Ferry.

Se pose alors une question. Pourquoi a-t-il déclenché à son époque tant de critiques, voire de haines de la part même de républicains ?

Libéral, il s'est opposé à l'Empire, dénonçant les candidatures officielles, les pressions administratives. Laïc, il a refusé d'admettre la mainmise de l'Église sur l'enseignement. Républicain, il a combattu les prétentions politiques de Napoléon III, du comte de Paris ou du général Boulanger.

Son œuvre, dans le domaine de l'enseignement, a été très souvent analysée, elle est aujourd'hui encore régulièrement commentée. Enseignants, politiques... évoquent fréquemment les lois de 1881 et 1882 et l'avènement de l'instruction publique, obligatoire et laïque. Quel ministre, maire, député, sénateur n'a pas à l'occasion d'une fête d'école ou d'une remise de prix cité des passages de la lettre adressée en 1883 par Jules Ferry aux instituteurs de France ?

> « La loi du 28 mars [1882] [...] met en dehors du programme obligatoire l'enseignement de tout dogme particulier, [...] elle y place au premier rang l'enseignement moral et civique. L'instruction religieuse appartient aux familles et à l'Église, l'instruction morale à l'école. Le législateur n'a donc pas entendu faire une œuvre purement négative. Sans doute il a eu pour premier objet de séparer l'école de l'Église, d'assurer la liberté de conscience et des maîtres et des élèves, de distinguer

enfin deux domaines trop longtemps confondus : celui des croyances, qui sont personnelles, libres et variables, et celui des connaissances, qui sont communes et indispensables à tous, de l'aveu de tous. »

Cette loi avait pour Ferry, et il l'écrit aux instituteurs, aussi pour ambition « de fonder chez nous une éducation nationale, et de la fonder sur des notions du devoir et du droit ».

On ne peut pas évoquer la question de la laïcité sans se référer à l'œuvre de Jules Ferry.

La querelle des « deux France », l'une fidèle à l'Église catholique, l'autre héritière du siècle des Lumières et laïque, alimente bien des oppositions politiques. C'est la loi de 1905 qui va progressivement mettre un terme à cet affrontement. Dans cette lutte qui oppose les Français, la question scolaire occupe une place essentielle. Le grand mérite de Jules Ferry est d'avoir contribué, en affirmant la laïcité à l'école publique, à apaiser les querelles.

Il apparaît aux républicains, et particulièrement à Jules Ferry, nécessaire de détacher les écoles de l'influence de l'Église.

La consolidation de la République et l'enracinement de la démocratie passent, pour eux, par la formation de citoyens libres dans leurs croyances. C'est Jules Ferry, ministre de l'Instruction publique de 1879 à 1883, qui se charge d'initier ce dispositif scolaire souhaité par les républicains.

Dès 1879, une loi oblige chaque département à entretenir une école normale d'institutrices. Ce texte est complété, l'année suivante, par la loi Camille Sée qui crée les collèges et lycées de filles et exclut l'enseignement religieux des heures de classe mais assure, en contrepartie, la possibilité d'un enseignement religieux facultatif à l'intérieur de l'établissement par un aumônier. Cette dernière disposition est étendue aux lycées de garçons.

La méthode utilisée par Jules Ferry pour faire progresser le processus de la laïcité de l'enseignement public allie à la fois une grande fermeté dans l'affirmation du principe et une certaine souplesse d'application si nécessaire.

Ainsi, la loi du 28 mars de 1882 voulue par Ferry porte sur l'obligation de l'instruction primaire pour les garçons et les filles âgés de six à treize ans. Cependant, trois mesures, contenues dans les trois premiers articles, concernent la laïcisation de l'enseignement. L'instruction morale et civique remplace l'instruction religieuse. La vacance des écoles, un jour par semaine, doit permettre aux enfants de suivre un enseignement religieux, en dehors de l'enceinte scolaire. L'enseignement religieux devient facultatif dans les écoles privées.

L'application par Jules Ferry de sa loi est l'objet d'une très grande prudence. Les nouveaux programmes d'instruction morale préservent une certaine orientation spiritualiste et il est admis que les « devoirs envers Dieu » pourront être évoqués en fin de leçon, afin de ne pas heurter frontalement les fidèles de la religion catholique.

Une même volonté d'apaisement est adoptée par l'administration que dirige Jules Ferry en ce qui concerne le problème de la présence des crucifix dans les salles de classe. Jules Ferry, par une circulaire, confie aux préfets le soin d'examiner chaque cas avec attention. Les crucifix seront ôtés lorsque cela ne soulèvera pas l'hostilité des populations ; dans le cas contraire, ils demeureront en place. Jules Ferry précise en effet que sa loi « n'est pas une loi de combat » mais une « de ces grandes lois organiques destinées à vivre avec le pays ».

Le pragmatisme s'exprime enfin dans la querelle des manuels scolaires. Quatre d'entre eux sont mis à l'index par le pape. Jules Ferry, plutôt que de les imposer par la force, prend contact avec les autorités religieuses et parvient à trouver un accord.

Jules Ferry n'est pas un politicien qui pour exister se place dans une recherche permanente de l'affrontement partisan systématique, d'une rupture politique érigée en méthode de gouvernement. Homme de conviction, il se fixe, dans le domaine de l'éducation, un but, celui de la laïcisation de l'enseignement. Il adapte sa méthode politique pour y arriver tout en manifestant sa volonté de rapprocher les « deux France ». Il cherche à concilier plus qu'à opposer, à rapprocher plus qu'à diviser, à faire admettre plus qu'à imposer. La démarche politique de Jules Ferry diffère de l'approche de certains républicains, ou de celle qui avait parfois prévalu auparavant, prônant la substitution à la religion catholique d'une religion « républicanisée ».

Il s'explique très clairement sur sa conception de sa laïcité, sur son pragmatisme à l'égard de l'Église lors du banquet du centenaire de la Révolution, le 17 juin 1889 :

> « [Il] n'y a qu'une seule puissance en France, la puissance civile et séculière. Nous avons assez revendiqué ses droits et défendu ses prérogatives pour nous refuser à recevoir en cette matière des leçons de quelque jurisconsulte que ce soit. [...] Certainement, il n'y a qu'une seule puissance. Mais empêcherez-vous, pouvez-vous empêcher qu'il n'y ait à côté d'elle un pouvoir moral – notre langue, qui n'est pas très riche, n'a pas d'autre mot pour exprimer cette idée, les orateurs de l'extrême gauche eux-mêmes se servent de ce mot de "pouvoir" quand ils parlent de l'Église, – oui, un pouvoir moral incontestable ? [...] C'est parce que nous avons conscience du caractère actuellement irréductible de cette puissance morale et de l'impuissance relative des moyens de discipline et de coaction dont le pouvoir civil dispose vis-à-vis d'elle que nous avons eu la tentation de rechercher s'il n'y aurait pas une autre solution que la guerre à outrance, la guerre éternelle, la guerre sans trêve avec le catholicisme. Messieurs, la guerre n'est pas un système de gouvernement. On ne fait généralement la guerre que pour avoir la paix. Quant à nous, nous ne nous sentons

en aucune façon investis par nos électeurs du mandat de faire la guerre à quelques croyances que ce soient.

Les gouvernements ne sont pas institués pour faire la guerre, ils sont institués pour faire régner la paix et la justice.

On nous dit : “Prenez le glaive de la loi et réduisez l'Église à l'obéissance.” [...] C'est ce que nous avons fait, nous sommes tout prêts à le faire quand cela sera nécessaire. Mais l'obéissance obtenue par des rigueurs fiscales, disciplinaires, par des suppressions de traitement, par exemple, – une arme dont nous avons beaucoup usé, beaucoup plus que ceux qui en parlent aujourd'hui ! –, ce n'est pas là, messieurs, un état normal, c'est un état de lutte et de combat. Je crois que l'on pourrait arriver à autre chose, et je ne me fais aucun scrupule d'appliquer à une situation difficile, qui tient à la coexistence, dans notre société, de deux doctrines qui sont, au fond, philosophiquement irréductibles, je ne me fais aucun scrupule d'appliquer à cette situation ce grand mot de tolérance, que le XVIIIe siècle avait inventé, précisément pour faire vivre côte à côte des doctrines et des religions inconciliables.

Oui, autant que je le pourrai, je prêcherai dans la commune la tolérance au maire, la tolérance au curé, et je n'admets pas qu'on me reproche à ce propos de vouloir que l'État soit toléré par l'Église. Messieurs, la tolérance n'est pas une question de doctrine, c'est une question de conduite. »

Ferry apparaît alors non comme un opportuniste, mais comme un « positiviste », dont la pensée se fonde sur l'analyse des réalités sociales. Ainsi, n'a-t-il pas affirmé, à propos de sa politique laïque, qu'il préconisait une politique anticléricale, mais aucunement « antireligieuse » ?

Dans ce discours pour le centenaire de la Révolution, il déclare, en citant Littré :

> « Le catholicisme [...] est la religion du plus grand nombre des Français, cela ne fait aucun doute. Quand on a déduit, d'une part, les protestants et les juifs, et, d'autre part, défalcation encore plus grande, les indifférents et les libres-penseurs, il reste une masse considérable qui emplit les églises, reçoit les sacrements depuis le baptême jusqu'à l'extrême-onction, et serait sérieusement offensée si on la gênait dans l'exercice de son culte. Ne pas reconnaître cette condition fondamentale, c'est se préparer, si l'on est philosophe, spéculant sur la marche des citoyens, de graves mécomptes théoriques, et si on est homme d'État prenant part au gouvernement, de non moins graves mécomptes politiques. Ce sont ces mécomptes [...] que nous voulons éviter. [...] Je suis convaincu que cette conduite plus douce, plus bienveillante, plus facile, vous la détermineriez, messieurs, dans des proportions que vous ne pouvez pas imaginer si vous vouliez considérer une bonne fois avec bienveillance le budget des cultes. »

Ainsi, s'adressant à ses amis républicains concernant ce budget des cultes, il les exhorte :

> « N'y touchez pas, et faites bien entendre que vous ne voulez pas y toucher et vous aurez la paix, cette paix religieuse qui est le vœu du pays ; non pas sans doute le vœu des cléricaux de profession et des dévots échauffés, mais de cette foule de citoyens paisibles, indifférents peut-être dans le fond des choses, mais à l'heure qu'il est – croyez-le bien – plus las des querelles religieuses que de toute autre chose au monde. »

Malgré cette œuvre, ce positivisme, ce pragmatisme, lorsqu'il est candidat à la présidence de la République, il est lâché par les radicaux, les députés et les sénateurs qui lui préfèrent Jules Grévy d'abord et Sadi Carnot ensuite. Les parlementaires en effet ne souhaitent pas qu'une personnalité trop forte s'installe à l'Élysée.

Aux élections législatives du 22 septembre 1889, il est battu par un candidat boulangiste. Élu au Sénat en 1891, il en devient le président le 24 février 1893, moins d'un mois avant son décès le 17 mars 1893.

Quand j'entends certains politiques, sans cesse, réclamer une réforme de notre Constitution, me vient en mémoire le discours prononcé par Jules Ferry en 1889, lors du banquet à l'hôtel Continental à Paris, à l'occasion du centenaire de la Révolution française. Il s'adresse aux « faiseurs de Constitutions » :

> « Messieurs, la Constitution qu'avait faite l'Assemblée nationale n'a pas vécu ; mais elle a fait école : elle a donné naissance à une école de constituants à outrance, qui ne paraissent pas satisfaits, à l'heure présente, de constater que la France en est à sa 13e Constitution, et qui rêvent de lui en préparer une 14e. […]
>
> Nous avons des difficultés, nous n'en sommes pas à les compter ; chaque jour en ajoute de nouvelles aux anciennes qui ne sont pas résolues ; mais ce sont des difficultés de gouvernement, des difficultés financières, des difficultés économiques, des difficultés diplomatiques, qui tiennent à la situation de notre pays en Europe, à tous les périls dont il est entouré, qui l'obligent non seulement à une vigilance extrême, mais à des dépenses excessives incessamment renouvelées.

Toutes ces difficultés-là sont des difficultés de gouvernement, mais ce ne sont pas des difficultés de Constitution. Qu'est-ce qu'un changement de Constitution y apporterait ? Est-ce que les républicains dont je parle, ces révisionnistes impénitents avec lesquels il faut bien compter, car ce ne sont pas les premiers venus, font autre chose et tiennent, au fond, un autre langage que les monarchistes, quand ceux-ci disent au pays : "Vous avez des difficultés de toute espèce, rien ne va, l'agriculture souffre, vous vendez mal vos denrées, vos relations avec l'étranger sont mauvaises ; prenez mon roi, prenez mon ours, et tout sera résolu" ?

Ces républicains commettent absolument le même sophisme. C'est qu'il est, en effet, beaucoup plus facile de crier : Révision ! Révision ! Constituante ! que de faire de bonnes politiques financières, de bonnes politiques économiques et de bonnes diplomaties.

Une Constituante ! Savez-vous ce que c'est qu'une Constituante, ce que cela suppose ? Cela suppose un de ces moments rares et sublimes en tous les pays, où il s'est fait entre les esprits et les volontés un accord si complet que toutes les résistances reculent et s'évanouissent. Cela suppose un grand courant portant une grande idée.

Oh ! des constituants, on en trouve toujours ; des Sieyès, il y en a beaucoup, et nous apercevons d'ici la petite monnaie de plusieurs Mirabeau. Tous ces braves gens sont tout prêts à endosser la défroque de la grande époque. Mais il ne suffit pas d'avoir des constituants ; il faut avoir la matière constituante. On ne la rencontre pas dans un temps où le désaccord est dans les esprits, où le scepticisme a pénétré dans les cœurs, où le découragement est partout, où jamais, jamais les Français n'ont été plus divisés entre eux, – ce n'est pas dans ce moment de trouble qu'il convient de convoquer une Constituante. Car, sachez-le bien, si une Constituante pouvait se réunir, ce serait l'anarchie dans les idées, préludant à l'anarchie dans les faits, à la guerre civile et à la dictature. »

Ferry, pour autant, reconnaît que certaines modifications constitutionnelles pourraient être envisagées. Son discours est, en ce domaine, d'une grande actualité et pertinent. Il pourrait aussi inspirer nos « faiseurs de Constitutions » qui sévissent toujours, alibi pour maquiller leurs incapacités politiques à faire face aux défis de notre pays :

« Oh ! nous ne disons pas qu'il n'y ait rien à réviser. Certainement, il y a quelque chose à réviser. Mais ce n'est pas le pouvoir exécutif qu'il faut réviser ; ce n'est pas non plus le Sénat. Je me permets de le dire devant mes collègues de la Chambre, c'est la Chambre des députés qu'il faut réviser.

Il faut la réviser, parce qu'elle est trop nombreuse, il faut la réviser, parce qu'elle ne dure pas assez longtemps ; il faut réviser ses méthodes de travail, qui sont défectueuses, profondément défectueuses ; il faut réviser ses habitudes d'esprit, qui sont mauvaises, car elles l'ont conduite à se considérer comme une assemblée unique et à se comporter comme une Convention au petit pied, alors que la Constitution qui nous régit a entendu établir l'égalité des pouvoirs entre les deux Chambres. [...]

Il faut réviser ses habitudes administratives, qui sont pires encore, car c'est l'ingérence perpétuelle, indiscrète, dissolvante [...] dans l'exercice de l'administration et dans l'action des pouvoirs locaux, ce qui énerve l'administration, et qui nous a conduits là où nous sommes ! [...]

Il nous faut un pouvoir exécutif plus résolu et plus actif. Il nous faut un Sénat moins modeste, et moins effacé, il nous faut une Chambre moins indiscrète, moins disposée à empiéter sur les attributions d'autrui.

Messieurs, on peut avoir tout cela sans toucher à la Constitution ; il suffit de la pratiquer telle qu'elle est. »

Fête nationale

Voir : Culte de la République.

France, Anatole (1844-1924)

Prix Nobel de littérature en 1921, François Anatole Thibault apparaît comme l'un de nos plus éminents écrivains mais aussi comme un homme engagé pour la République.

Courageux fut son geste, en juillet 1898, de rendre sa Légion d'honneur, après que l'on eut retiré la sienne à Émile Zola.

Digne fut son refus de siéger à l'Académie française, de février 1900 à 1916, qui ne s'était pas révoltée pour soutenir Dreyfus.

Son engagement dreyfusard se retrouve dans les quatre tomes de son *Histoire contemporaine* (1897-1901), chronique des mesquineries et des personnages médiocres et ridicules qui peuplent une préfecture de province au temps de l'Affaire. C'est dans cette œuvre qu'il forge les termes « xénophobe » et « trublion ».

Exemplaire fut sa participation à la fondation de la Ligue des droits de l'homme, dont il rejoint le comité central en décembre 1904.

Significative fut sa présence aux côtés de Jaurès, le 27 novembre 1904, à une manifestation du Parti socialiste français au Trocadéro.

Révélateur fut son engagement pour la séparation des Églises et de l'État, pour les droits syndicaux, contre les bagnes militaires. Et, en 1906, sa protestation contre la « barbarie coloniale ».

Émouvant est pour moi de me souvenir que mon grand-père, alors adolescent – il venait d'avoir dix-sept ans –, avait eu la charge d'inviter Anatole France pour inaugurer l'imprimerie de « l'université populaire » au nom révélateur : « L'émancipatrice, imprimerie communiste ».

C'est un bonheur pour moi d'avoir retrouvé le discours qu'Anatole France avait prononcé ce 23 novembre 1899. Nous sommes alors au cœur de l'affaire Dreyfus.

> « Citoyennes et citoyens, [...] il est utile à chacun d'interroger la nature qui nous a formés et la société dans laquelle nous vivons. Quel que soit notre état parmi nos semblables, nous sommes avant tout des hommes et nous avons grand intérêt à connaître les conditions nécessaires à la vie humaine. Nous dépendons de la terre et de la société, et c'est en recherchant les causes de cette dépendance que nous pourrons imaginer les moyens de la rendre plus facile et plus douce. C'est parce que les découvertes des grandes lois physiques qui régissent les mondes ont été lentes, tardives, longtemps renfermées dans un petit monde d'intelligences qu'une morale barbare, fondée sur une fausse interprétation des phénomènes de la nature, a pu s'imposer à la masse des hommes et les soumettre à des pratiques imbéciles et cruelles.

Croyez-vous, par exemple, citoyens, que, si les savants avaient connu plus tôt la vraie situation du globe terrestre tournant en compagnie de quelques autres globes, ses frères, autour d'un Soleil qui nage lui-même dans l'espace infini, peuplé d'une multitude d'autres soleils, pères ardents et lumineux d'une multitude de mondes, pensez-vous que, si dans les siècles anciens un grand nombre d'hommes avaient eu cette idée juste de l'univers et y avaient suffisamment attaché leur pensée, il eût été possible de les effrayer en leur faisant croire qu'il y a sous terre un enfer et des diables ? C'est la science qui nous affranchit de ces grossières imaginations et de ces vaines terreurs. [...] Et ne voyez-vous pas que, de l'étude de la nature, vous tirerez une foule de conséquences qui rendront votre pensée plus assurée et plus tranquille ? [...]

La connaissance des progrès accomplis vous permettra de pressentir, de solliciter les progrès futurs. [...] En recherchant comment s'est formée et accrue la force capitaliste, vous jugerez mieux des moyens qu'il faut employer pour la maîtriser. [...]

Et il est temps, citoyens, qu'on sente votre force, et que votre volonté, plus claire et plus belle, s'impose pour établir un peu de raison et d'équité dans un monde qui n'obéit plus qu'aux suggestions de l'égoïsme et de la peur. Nous avons vu ces derniers temps la société bourgeoise et ses chefs incapables de nous assurer la justice, je ne dis pas la justice idéale et future, mais seulement la vieille justice boiteuse, survivante des âges rudes. Celle-là qui les protégeait dans leur folie, ils viennent de lui porter un coup mortel. Nous les avons vus triompher dans le mensonge, aspirer à la plus brutale des tyrannies, souffler dans les rues la guerre civile et la haine du genre humain.

À vous, citoyens, à vous, travailleurs, de hausser vos esprits et vos cœurs, et de vous rendre capables, par l'étude et la réflexion, de préparer l'avènement de la justice sociale et de la paix universelle. »

Anatole France fut pour la jeunesse de son époque un maître à penser. Il exerça sur elle une véritable fascination par son combat pour la liberté et la justice, par sa vision du monde, de l'homme et de l'humanité. Il façonna l'esprit d'une génération d'intellectuels républicains épris d'une espérance d'égalité, de liberté.

Front populaire

Les 26 avril et le 3 mai 1936, les candidats se réclamant du Front populaire remportent la victoire aux élections législatives. Ils rassemblent environ 57 % des suffrages exprimés au premier tour de scrutin et les électeurs envoient, au terme du second, 386 députés sur 608 sièges à la Chambre des députés, dont 147 pour la SFIO.

Pourtant, ce n'est pas la première fois qu'en France la gauche enregistre un succès à de telles élections. Il en a été ainsi en 1924 et en 1932. Mais, en 1936, pour la première fois, les socialistes SFIO l'emportent numériquement sur les radicaux et les communistes sextuplent leur nombre par rapport aux élus de 1932.

Ce résultat électoral de la gauche s'explique par la crise qui, partie des États-Unis en 1929, se mondialise et a atteint la France en 1932. En se prolongeant, elle entraîne une progression du chômage dans tous les secteurs de l'activité agricole ou industrielle.

En dehors de toute aide véritable, une profonde désespérance touche toutes les catégories sociales : agriculteurs, ouvriers, commerçants, salariés.

Les classes moyennes qui, d'une manière générale, soutiennent la République, s'estiment menacées durablement, doutent quant à leur avenir et quant à la capacité des gouvernants à trouver des solutions à la crise.

Le spectacle politique – instabilité parlementaire et impuissance gouvernementale – favorise, sur fond de crise économique et sociale, et d'absence de perspectives, les manifestations syndicales, les grèves.

Par ailleurs, le climat international ne cesse de se dégrader et ne prête guère à l'optimisme.

Le 6 mai 1932, le président de la République, Paul Doumer, est assassiné à Paris par un Russe blanc. Le 9 octobre 1934, Louis Barthou, ministre des Affaires étrangères, est tué à Marseille, où il doit accueillir le roi Alexandre Ier, à la suite d'un attentat contre le souverain yougoslave, commis par un révolutionnaire macédonien en collaboration avec le mouvement croate des oustachis.

Mussolini a instauré le fascisme en Italie, Hitler, avec 33 % des suffrages aux élections de 1932, devient le 30 janvier 1933 chancelier.

À droite, nombreux sont ceux qui vantent la renaissance allemande.

L'antisémitisme, la xénophobie réapparaissent dans la propagande de l'extrême droite.

Le scandale politico-financier qui éclate en décembre 1933 implique le Crédit municipal de Bayonne, donne des arguments aux antiparlementaires qui accréditent l'idée d'un monde politique gangrené par la corruption et de la prévarication. Le principal suspect est Alexandre Stavisky, juif russe naturalisé français en 1910, escroc et affairiste notoire lié à plusieurs parlementaires radicaux, dont un ministre du gouvernement de Camille Chautemps.

La presse révèle qu'Alexandre Stavisky a bénéficié de 19 remises de son procès, alors que le parquet est dirigé par le beau-frère de Camille Chautemps. Le 8 janvier 1934, Alexandre Stavisky est retrouvé mort.

Pour la police, il se serait suicidé. Pour la droite, il aurait été assassiné sur l'ordre de Camille Chautemps pour éviter de nouvelles révélations, le président du Conseil étant au surplus présenté comme un personnage important de la franc-maçonnerie.

La droite extrême ne désarme pas et veut démontrer que les gouvernants ont partie liée avec la corruption et les malversations –, qu'il est temps de réagir politiquement. Elle dénonce le complot et la mainmise des francs-maçons, des juifs sur l'appareil de l'État.

Chautemps s'oppose, et la majorité des députés refusent la création d'une commission d'enquête parlementaire sur les causes de la mort de Stavisky, réclamée par le député d'extrême droite Jean Ybarnegaray.

L'extrême droite tire profit de ce refus pour amplifier et crédibiliser ses affirmations sur la corruption, le complot maçonnique et affirmer publiquement son antisémitisme.

Le journal *L'Action française* du 9 janvier 1934 appelle à manifester : « Aujourd'hui, jour de rentrée du Parlement, à l'heure de sortie de vos ateliers et de vos bureaux, nous vous engageons à venir en foule autour du Palais-Bourbon et aux cris de “À bas les voleurs ! À bas les assassins !" exiger la justice et l'honneur. »

La puissante Ligue des contribuables organise elle aussi à Paris un grand rassemblement de protestation auquel participent des communistes qui entonnent « L'Internationale ».

Le 23 janvier, la Chambre, majoritairement à gauche, accorde, par 367 voix contre 202, sa confiance à Camille Chautemps. Mais cette réponse politique aux manifestations n'a pas l'effet escompté sur la contestation qui ne faiblit pas et, le 28 janvier, Chautemps démissionne avec son gouvernement.

Radical, il a participé au gouvernement du Cartel des gauches. Édouard Daladier devient président du Conseil le 30 janvier 1934.

À la suite du limogeage et de la mutation au Maroc du préfet Chiappe considéré comme trop favorable aux ligues de droite, un grand rassemblement de protestation est organisé le 6 février 1934, devant la Chambre des députés, par des groupes de droite, des associations d'anciens combattants et des ligues d'extrême droite. Il tourne au drame, les forces de l'ordre tirent sur la foule, faisant de nombreux morts.

Des manifestations violentes se produisent dans les jours qui suivent, occasionnant de nouvelles victimes.

Daladier démissionne le 7 février 1934. Albert Lebrun, le président de la République, fait appel à Gaston Doumergue pour constituer un gouvernement dit « d'union nationale » face à la droite.

Les responsables de ces manifestations, notamment, celle du 6 février, avaient-ils l'intention de fomenter un coup d'État et de prendre le pouvoir par la force ? Certains l'affirment.

Quoi qu'il en soit, la manifestation du 6 février sonne le rassemblement de la gauche sur le thème de « la République menacée », de « la République en danger » qu'il faut défendre face aux fascistes.

L'année 1935 ne voit pas la France sortir de la crise.

La rechute de la production industrielle rend la situation économique aussi médiocre au printemps qu'en 1932.

Le chômage s'accroît. Le déficit budgétaire augmente. Face à cela, la politique de déflation imaginée par le gouvernement – augmentation des impôts, réduction des dépenses publiques – mécontente une grande majorité de Français modestes, les classes moyennes. Une mauvaise récolte, un contingentement des importations, et le pessimisme quant à l'avenir gagne aussi la France rurale et paysanne.

L'instabilité gouvernementale ne rassure pas les Français et déconsidère un peu plus la classe politique. De 1935 jusqu'aux élections de 1936, Pierre-Étienne Flandin, Fernand Buisson, Pierre Laval, Albert Sarraut président des coalitions gouvernementales éphémères.

Représentatifs de la diversité de la gauche, l'ethnologue Paul Rivet, socialiste, le philosophe Alain, radical, et le physicien Paul Langevin, proche des communistes, patronnent la fondation, en mars 1934, du Comité de vigilance des intellectuels antifascistes (CVIA). Il apparaît comme un précurseur du Front populaire.

Les responsables des partis politiques de gauche, avec plus de difficultés que les intellectuels, finissent par s'accorder le 19 janvier 1936 sur un programme commun. Pour unir les socialistes aux communistes, en passant par les radicaux, il s'en tient à des généralités. Mais, politiquement, l'acte est fort.

L'idée d'une union des forces politiques de gauche avait été souhaitée dès 1932 par Léon Blum. Il l'avait proposée autour d'un programme comprenant l'adoption d'un système d'allocations chômage, de nationalisations des assurances et des chemins de fer… il y ajoutera en 1934 la semaine de quarante heures.

Répondant aux instructions de l'Internationale communiste, le PCF a longtemps fait la sourde oreille à ces appels à une union de la gauche. Depuis les années 1920, le PCF s'oppose au nom de sa stratégie « classe contre classe », prolétariat contre bourgeoisie, au Parti socialiste, ou plus exactement aux sociaux-démocrates considérés comme des traîtres qu'il faut combattre sans aucune concession.

La manifestation du 6 février a déclenché une dynamique qui l'emportera peu à peu sur les querelles d'appareil. Au lendemain de cette journée, plusieurs comités antifascistes se sont formés, comprenant des socialistes, des radicaux et des représentants de divers groupes de gauche, mais jamais de communistes. Les clivages idéologiques persistent.

Finalement, ce sont les militants socialistes et communistes qui défilent ensemble le 12 février 1934 et montrent aux états-majors politiques une volonté d'unité.

Outre la volonté unitaire des militants, des raisons intérieures ont certainement joué en faveur de ce rapprochement : la tactique « classe contre classe » avait montré ses limites en isolant le Parti communiste et en provoquant son net recul aux élections de 1932.

Mais c'est surtout parce que Staline et l'Internationale communiste estiment que le danger fasciste est réel que le PC adopte une attitude plus unitaire et ajoute l'adjectif « français » à son nom.

Ainsi, le chemin d'une union à gauche est ouvert. Une première étape est franchie avec la signature entre les deux partis d'un pacte d'unité d'action le 27 juillet 1934, où ils s'engagent à joindre leurs forces dans la lutte contre le fascisme et le gouvernement d'Union nationale de Gaston Doumergue.

Mais Maurice Thorez ne souhaite pas en rester là et déborde par la droite les dirigeants de la SFIO, lorsque, à Nantes, le 10 octobre 1934, dans un discours, il suggère « l'alliance des classes moyennes avec la classe ouvrière » et la constitution d'un rassemblement non seulement ouvrier mais « populaire ». Appel clair au parti radical, représentant des classes moyennes, de rejoindre le front de gauche.

Les élections municipales de mai 1935 marquent un recul du parti radical, sauf là où il s'était allié avec la SFIO. Le comité exécutif du parti radical décide donc le 3 juillet de participer à la grande manifestation unitaire prévue pour le 14 Juillet. L'union des socialistes, communistes et radicaux acquiert une réalité politique.

La consultation électorale législative des 26 avril et 3 mai 1936 s'est ainsi préparée : dans un contexte de politique intérieure passionnée. À gauche, une unité est affichée. À l'extrême droite, on s'est rassemblé sur l'antisémitisme, la xénophobie.

Tout cela se passe avec une conjoncture économique toujours morose, un climat social encore contestataire et une situation internationale préoccupante avec la montée du fascisme en Europe.

Et pourtant, le scrutin n'est pas le raz de marée escompté par la gauche ou espéré par la droite et l'extrême droite.

À gauche, au premier tour de scrutin, les partis présentent leurs propres candidats. La discipline Front populaire jouera pour le second tour.

Jointe au mécanisme du scrutin d'arrondissement, le désistement, au second tour, pour le candidat de gauche le mieux placé a bien fonctionné. Cela favorise les candidats se réclamant du Front populaire qui obtient ainsi à la Chambre des députés une représentation supérieure à la proportion des voix recueillies par l'ensemble de ses candidats.

Le Front populaire a gagné les élections. Les socialistes peuvent crier victoire, ce qui déplaît aux communistes, qui répliquent que le succès est collectif. Peu importe, les socialistes, légitimement, réclament le poste de chef du gouvernement.

Léon Blum, personnalité respectée et emblématique des socialistes, forme le 4 juin 1936 un gouvernement de 21 ministres et 14 sous-secrétaires d'État. Il tient compte de la diversité des socialistes et des radicaux, mais les communistes refusent d'y participer, au grand dam de Maurice Thorez, l'Internationale communiste s'y étant opposée.

L'arrivée au pouvoir de Léon Blum est marquée par de nombreuses grèves, de manifestations sociales et d'occupations d'usines. Déjà, entre les deux tours de scrutin, à l'occasion du 1er mai, la CGT avait montré sa force. Elle n'a pas l'intention de désarmer et reçoit le renfort de nombreux militants communistes.

Léon Blum sait qu'il doit aller vite et prendre l'initiative politique. Après s'être entretenu avec une délégation du patronat, il négocie avec la CGT.

Une rencontre tripartite, État, patronat, syndicat (la CGT, mais pas la CFTC), aboutit au petit matin du 8 juin aux accords de Matignon. Ils prévoient des congés payés annuels (douze jours ouvrables), la semaine de quarante heures, les contrats collectifs, l'élection de délégués du personnel.

Le patronat concède l'engagement de respecter la liberté syndicale et de ne pas exercer de sanctions en cas de grève. Et les responsables de la CGT condamnent les manifestations violentes et obtiennent du gouvernement qu'il s'engage dans une relance de la consommation, une augmentation des salaires.

Dans la foulée, avant l'automne, la Chambre des députés et le Sénat ont voté les lois concrétisant les accords de Matignon : réduction de la durée du travail à quarante heures par semaine, relèvement compensatoire de 20 % du taux de salaire horaire, lois sur les conventions collectives, les congés payés, prolongation à quatorze ans pour l'âge de la scolarité obligatoire, retraites des travailleurs de la mine à soixante-cinq ans.

Mais d'autres lois importantes sont aussi votées rapidement, nationalisation des industries d'armement, réforme de la Banque de France et, vis-à-vis du monde paysan, création de l'Office national interprofessionnel du blé...

Le 14 juillet, Léon Blum peut déclarer :

> « [...] Notre victoire d'avril et de mai derniers ne doit conduire qu'à des victoires nouvelles. La cause des travailleurs luttant pour la justice sociale, la cause des républicains luttant pour les libertés civiques et publiques doivent être indissolublement liées. Elles l'ont été tout au long de notre histoire. Dans notre pays, c'est le peuple des travailleurs qui a fondé trois fois la République en 1792, en 1848, en 1870. Quand les libertés que la République incarne ont subi l'assaut de la réaction, elles ont toujours été sauvées par le secours et par les sacrifices des travailleurs. Elles n'ont été vraiment menacées que lorsque les fautes des gouvernants avaient créé contre la République, au sein des masses ouvrières et paysannes, un sentiment de déception ou de rancœur. Tout effort, tout progrès vers la justice attachent les travailleurs de France à la République comme à la patrie. »

Néanmoins le Front populaire ne résistera pas longtemps à ses contradictions politiques dans l'exercice du pouvoir.

Les premières épreuves proviennent, dès juillet 1936, de la situation internationale, dès lors que le gouvernement Blum proclame la non-intervention de la France dans la guerre civile espagnole.

Cette décision brise la fragile alliance avec les communistes qui exigent une intervention armée de la France, pour, écrit *L'Humanité*, « empêcher que l'Espagne ne devienne une place d'armes hitlérienne et mussolinienne, un gradin de départ pour la guerre contre notre pays ».

Les atermoiements du gouvernement déçoivent ceux, en dehors des communistes, qui estiment qu'il faut aider les républicains espagnols et résister à la nouvelle montée du fascisme en Europe.

Léon Blum choisit, selon son expression, une politique de « non-intervention relâchée ». La France n'intervient pas aux côtés des républicains espagnols, mais les autorités françaises ferment les yeux sur les livraisons d'armes qui s'organisent autour de la frontière catalane et à Barcelone. Cette politique désenchante les radicaux et canalise toutes les critiques.

En décembre, à l'issue d'un débat sur la politique étrangère, les députés communistes s'abstiennent de voter la confiance au gouvernement.

Les socialistes sont de plus en plus seuls, en proie à leurs propres contradictions, isolés dans leur bonne ou leur mauvaise conscience déchirée.

Autant que l'affaire d'Espagne, la politique financière et économique suivie par le gouvernement va miner l'unité précaire de la gauche.

La limitation à quarante heures de la durée hebdomadaire du travail (au lieu de quarante-huit ou davantage) et ses compensations financières n'entraînent pas la baisse escomptée du chômage. Au cours des huit premiers mois du Front populaire, le coût de l'heure de travail a progressé de plus de 50 % du fait des conséquences financières du cumul de toutes les mesures adoptées.

Le coût de la production industrielle progresse lui aussi dans des proportions voisines. L'ensemble cumulé des mesures adoptées par le gouvernement du Front populaire, dans les premiers mois de son arrivée au pouvoir, notamment la loi sur les quarante heures, a bloqué tout espoir de reprise économique, et ses conséquences sur l'augmentation du chômage sont évidentes.

Les prix repartent à la hausse, l'accroissement de la demande dû à l'augmentation des salaires n'étant pas compensé par une offre plus importante.

Mais la persistance de la contestation sociale, des grèves et des occupations d'usines a accéléré la fuite des capitaux, et les souscriptions aux bons du Trésor se ralentissent.

La confiance dans le franc n'est pas au rendez-vous, le gouvernement, craignant de ne pouvoir faire face à ses échéances, suspend la libre convertibilité des billets et met l'embargo sur les sorties d'or.

Léon Blum procède à une dévaluation du franc, pour donner un peu d'air à l'économie, mais elle vient trop tard. Pourtant, pendant toute la campagne électorale, les candidats du Front populaire ont écarté tout recours à une dévaluation du franc. Même le ministre des Finances, Vincent Auriol, au lendemain de la formation du gouvernement, le 16 juillet 1936, l'avait solennellement, devant les députés, écartée.

Néanmoins cette dévaluation trop faible n'empêche pas la balance des paiements de demeurer déficitaire.

Blum se résout à une révision de sa politique économique et financière et, le 13 février 1937, dans une allocution radiodiffusée, se résigne à annoncer une « pause sociale ». Mais, comme l'écrira le journal *Le Temps*, « ce n'est pas une pause, c'est une conversion ».

En fait, c'est une rupture avec les idées défendues par certains économistes, une partie de la gauche, des syndicalistes et le retour à la nécessité de l'équilibre budgétaire, l'abandon de mesures sociales nouvelles. Il apparaît évident que de nouveaux impôts vont être décidés. Le rêve s'est évanoui au contact des réalités économiques et internationales auxquelles la gauche ne peut échapper.

Les conséquences politiques pour le gouvernement du Front populaire sont quasi automatiques. L'unité de la gauche déjà bien endommagée par la position sur l'Espagne est de plus en plus remise en cause à la base, même si au sommet une brume politique masque un peu les oppositions. Après les communistes qui affirment leur divorce, au sein même du parti socialiste la grogne et la déception envahissent les rangs des militants, et naturellement les radicaux s'éloignent. Même si le slogan est : « l'échec du Front populaire sera la victoire et l'arrivée des fascistes ».

Le climat social à l'évidence demeure tendu : débrayages, grèves multiples, manifestations organisées par les communistes notamment à Clichy qui se terminent dans la violence.

L'inauguration de l'Exposition universelle, au Trocadéro, le 1er mai, illustre bien la situation de la

France. Alors que les pavillons des différents pays sont prêts, dont celui de l'Allemagne, de la Russie..., celui de la France, dont la construction est paralysée par d'incessants arrêts de travail, n'est encore qu'un chantier. Malgré une inauguration retardée de trois semaines, il n'est toujours pas terminé. Pour éviter les manifestations des ouvriers, c'est en bateau que les officiels inaugurent cette Exposition qui s'étend sur les deux rives de la Seine. L'opposition dénonce l'incapacité du gouvernement et crie qu'il a humilié et désorganisé la France.

Léon Blum perçoit l'impasse dans laquelle se trouve son gouvernement, d'autant plus que la situation sociale se détériore un peu plus chaque jour : l'activité économique est en panne, les capitaux s'échappent à l'étranger. Blum envisage alors de renforcer le contrôle des changes, de reprendre la politique des nationalisations et d'imposer un impôt sur le capital.

Le 17 juin, afin de mener une nouvelle politique de relance, il demande l'autorisation au Parlement de prendre les mesures nécessaires par décrets-lois. Elle lui est accordée par les députés par 346 voix contre 247, plusieurs radicaux ont voté contre, les communistes, avec l'accord de Moscou, soutiennent le gouvernement. Au Sénat, l'opposition est vive, les radicaux sont majoritaires, les sénateurs, sous l'influence de Caillaux, président de la commission des finances, s'opposent aux mesures envisagées par le gouvernement.

Le 21 juin, sans solliciter un vote de confiance des députés, Blum remet à Albert Lebrun, président de la République, la démission de son gouvernement.

Prend fin dans la déception et l'amertume l'acte premier du Front populaire. Camille Chautemps est désigné comme président du Conseil. Trois ministères en un peu plus de huit mois vont succéder au gouvernement Blum, dont, le 13 mars 1938, celui de Léon Blum qui reprend la tête du ministère. Mais la situation internationale est devenue plus que préoccupante. Les divisions politiques à gauche trop fortes, l'espérance de 36 n'est plus là.

Ainsi se termine de fait le Front populaire, car les tentatives qui vont être entreprises pour le perpétuer ne seront que des faux-semblants. Sa mystique envolée, privé d'âme, il n'est plus qu'une étiquette, un slogan politiques. Le Front populaire demeura cependant un moment d'espoir et de joie pour les plus modestes comme rarement la politique a su en faire naître.

Voir : Blum, Léon (1872-1950).

G

Gambetta, Léon (1838-1882)

Incarnation de la République en 1870, il a réinitialisé l'idée républicaine sur ses fondements de 1789.

Il a été, entre septembre 1870 et février 1871, ministre de l'Intérieur et de la Guerre, puis président du Conseil et ministre des Affaires étrangères du 14 novembre 1881 au 30 janvier 1882. Le pouvoir gouvernemental, qu'il a tant espéré, Gambetta ne l'a finalement que peu exercé.

Il est président de la Chambre des députés de janvier 1879 à fin 1881.

Impatient, impétueux souvent et déterminé à accéder au premier rang de la scène politique, ce provincial originaire de Cahors, mais aussi, par son père, de l'Italie, monte à Paris. La capitale s'impose à lui comme le lieu où son ambition au service des idées de la Révolution française pourra se développer rapidement.

Gambetta prête serment comme avocat le 8 juin 1861. Il a alors vingt-trois ans.

À côté de la génération d'avocats qui, après avoir combattu les Bourbons, déçus par Louis-Philippe, a guerroyé contre la monarchie de Juillet, a soutenu la naissance de la IIe République, apparaissent de jeunes confrères déterminés à utiliser le prétoire des juridictions parisiennes, où leur liberté d'expression n'est pas bridée par la censure officielle, pour, avec force, s'opposer à l'Empire.

C'est dans cette dénonciation du régime de Napoléon III, de sa trahison de l'idéal républicain, que Gambetta se fait un nom, acquiert une notoriété, construit une réputation et peaufine son entrée dans l'arène politique.

Une allure souvent débraillée, un tempérament bouillonnant, une fougue naturelle, alliés à une intelligence brillante et un don pour la rhétorique font que, avant même d'être célèbre, il ne demeure pas longtemps un inconnu dans les couloirs du Palais de justice et au Quartier latin où il aime pérorer avec ses jeunes confrères au Café Voltaire, en face de l'Odéon, ou au Procope, rue de l'Ancienne-Comédie.

Il intègre la prestigieuse conférence Molé-Tocqueville où se retrouvent les jeunes et brillants avocats, prélude à leur entrée dans la cour des ténors du barreau ou à leur arrivée sur la scène politique.

Gambetta est élu troisième secrétaire de la conférence des avocats pour l'année 1862-1863.

En 1862, le barreau républicain se mobilise pour la défense de 54 inculpés pour complot contre la sûreté de l'État. Sur recommandation du bâtonnier Jules Favre, Gambetta devient l'avocat de Buette, un ouvrier mécanicien.

Il est aux côtés de ses prestigieux confrères républicains, Crémieux, Arago, Jules Ferry, Charles Floquet…

Il les impressionne lorsqu'il ose mettre en cause la police de l'empereur : « La police, c'est ce qu'il y a de plus odieux dans le monde, elle touche à l'humanité par ses côtés hideux. Elle ne croit pas au bien, elle soupçonne toujours le bien, ce qu'elle redoute le plus, c'est l'influence que l'intelligence donne quelquefois. »

De courage, il en fait preuve quand il rappelle aux juges leurs devoirs, en s'écriant en plein prétoire : « Ô magistrats, n'est-ce pas, que la justice, pour rester la justice, doit demeurer étrangère aux passions de la foule [...], étrangère aussi aux intérêts du pouvoir, car il y a des intérêts mal compris et, pour être la figure de la loi, n'est-ce pas, qu'il faut qu'elle reste calme, indépendante, intègre ? » Et, d'après le compte rendu du procès, il aurait, à l'égard de l'accusation, du procureur impérial, ces mots cinglants : « Et vous vous dites un gouvernement fort ! Vous n'êtes qu'un gouvernement de hasard ! »

Cette plaidoirie le fait apprécier de ses confrères républicains. Surtout, elle le signale à Adolphe Crémieux qui l'engage comme collaborateur.

Ce dernier est une personnalité estimée des républicains, qui se souviennent qu'il a été ministre de la Justice en 1848 et notamment à l'origine du décret qui décide que « la justice sera rendue au nom du peuple français ».

Pour Gambetta, devenir son collaborateur, c'est l'assurance de plaider des affaires importantes qui forgent une réputation.

Le voici défendant le journaliste et écrivain Aurélien Scholl ainsi qu'Ernest d'Hervilly, poète, dramaturge et ami de Victor Hugo, accusés d'offense publique.

Avec d'autres confrères, il défend le consul général du Mexique en France, inculpé de « manœuvres ayant pour but de troubler la paix et d'exciter à la haine et au mépris du gouvernement impérial ».

Gambetta affectionne ces affaires où il n'est pas contraint de s'enfermer dans une discussion trop juridique et où il peut donner libre cours à son talent d'orateur, à son sens de l'improvisation et participer à la critique du pouvoir.

Avant d'être un juriste, Gambetta est un politique. Dans son rôle d'opposant révolté, il excelle lorsqu'il prend à partie l'Empire, dénonce ceux qui le servent, conteste le régime, fustige les atteintes à la liberté.

Il assiste le gérant de la *Revue du progrès*, poursuivi pour « attentat à la morale religieuse ». Gambetta défend les droits de la pensée libre et fait l'apologie de la philosophie du XVIIIe siècle.

Cette revendication du droit à la liberté de conscience revient souvent dans ses plaidoiries, marque de l'anticléricalisme de cet ancien élève des prêtres du séminaire de Montfaucon. Il sera initié à la franc-maçonnerie, en 1869, à la loge « la Réforme » de Marseille.

Gambetta n'accepte pas l'influence de l'Église catholique sur l'État ni sa volonté de façonner les consciences par la disparition de tout esprit critique.

La plaidoirie que Gambetta prononce pour Delescluze lors de l'affaire Baudin va le propulser au premier rang des avocats républicains et lui ouvrir grandes les portes de la politique.

L'indifférence s'est abattue sur ce représentant du peuple qui, le 3 décembre 1851, a été tué sur une barricade du faubourg Saint-Antoine, alors qu'il défendait la République. Au cimetière de Montmartre, la tombe d'Alphonse Baudin est oubliée, pire, elle est ignorée.

En 1868, Eugène Ténot, rédacteur au *Siècle*, publie un ouvrage sur le coup d'État de 1851, et voici la France libérale et républicaine qui se découvre un héros : Alphonse Baudin.

Sa mort tragique devient le symbole de la résistance à l'arbitraire.

Alors que Victor Schœlcher, accompagné de plusieurs députés, sans armes, s'en allait parlementer avec les chefs de la compagnie du 19e régiment d'infanterie qui arrivaient de la place de la Bastille dans l'intention d'ordonner aux militaires de détruire la barricade, des ouvriers se moquèrent de ces représentants du peuple en leur criant : « Croyez-vous que nous allons nous faire tuer pour vous conserver vos 25 francs par jour ? » Alors, Alphonse Baudin, brandissant un drapeau tricolore, ceint de son écharpe de député, escalada la barricade et, se tournant vers les ouvriers, s'écria : « Vous allez voir comment on meurt pour 25 francs ! » C'est à ce moment-là qu'une balle, tirée depuis la barricade, atteignit un soldat. Ses camarades répliquèrent aussitôt, et Baudin tomba, mortellement blessé.

Pour utiliser ce héros comme un symbole de la résistance républicaine, la presse d'opposition lance une souscription en vue d'élever un monument à sa gloire.

Pour ce faire, plus d'une centaine d'avocats dont Emmanuel Arago, Jules Favre, Adolphe Crémieux, Jules Ferry, Charles Floquet… se mobilisent ainsi que des personnalités comme Jules Vallès, Pierre-Jules Hetzel, Louis Blanc, les deux écrivains populaires Émile Erckmann et Alexandre Chatrian…

Confronté à cette mobilisation, le pouvoir perçoit le danger de ce rassemblement d'opposants et s'affole. Il entend arrêter au plus vite cette « martyrisation » de Baudin. Pour cela, il traduit en justice les initiateurs de cette souscription et ceux qui ont manifesté devant la sépulture de Baudin pour « manœuvres à l'intérieur dans le but de troubler la paix publique ».

De tous les inculpés qui comparaissent le 13 novembre 1868 devant la 6e chambre correctionnelle du tribunal de Paris, Louis Charles Delescluze est le plus connu. Il est à l'origine, comme rédacteur au *Réveil*, de cette souscription. Républicain militant déjà en 1830, plusieurs fois interpellé par la police, il a été condamné à la prison et même à la déportation dans le bagne de l'île du Diable. Amnistié en 1859, il revient en France et, malgré l'âge – il a plus de cinquante ans – et surtout les épreuves de la répression dont il a été victime, il repart en croisade contre le régime impérial et pour la République.

C'est cet homme que Gambetta défend, dont « rien n'atteste mieux l'héroïsme de ses convictions que cette interminable liste des condamnations politiques », affirme-t-il face aux juges.

Par la puissance de son verbe, la force de ses mots, le martèlement des formules, il prononce alors l'une de ses plus belles plaidoiries et probablement l'un de ses plus puissants discours politiques. C'est bien sur ce terrain politique que Gambetta, au travers de la défense de son client, se place pour partir à l'assaut du régime impérial. Jamais condamnation plus violente de l'Empire n'avait été entendue dans un prétoire. Personne auparavant, pas même Jules Favre, n'avait osé être aussi direct, véhément, aussi violent à contester la légitimité du régime de Napoléon III.

« Rappelez-vous ce qu'est le 2 décembre ! Vous savez tout ce qu'il y a de sang et de douleurs, de larmes dans cette date ; mais ce qu'il faut dire ici, ce qu'il faut toucher du doigt, c'est la machination, c'est la conséquence, c'est le mal causé à la France, c'est le trouble apporté dans les consciences par cet attentat ; c'est là ce qui constitue la véritable responsabilité. C'est cela seulement qui pourra vous faire apprécier jusqu'à quel point vous nous devez aide et protection quand nous venons honorer la mémoire de ceux qui sont tombés pour avoir défendu la loi et la Constitution qu'on égorgeait. »

Sans se soucier des rappels à l'ordre du président, inquiet de constater que le prétoire devient une tribune politique, Gambetta poursuit ainsi sa plaidoirie :

« Oui, le 2 décembre, autour d'un prétendant, se sont groupés des hommes que la France ne connaissait pas jusque-là, qui n'avaient ni talent, ni honneur, ni rang, ni situation ; de ces gens qui, à toutes les époques, sont complices des coups de force, de ces gens dont on peut répéter ce que Salluste a dit de la tourbe qui entourait

Catilina, ce que César dit lui-même en traçant le portrait de ses complices, éternels rebuts des sociétés régulières : "*aere alieno obruti et vitiis onusti*", "un tas d'hommes perdus de dettes et de crimes", comme traduisait Corneille. C'est avec ce personnel que l'on sabre depuis des siècles les institutions et les lois, et la conscience humaine est impuissante à réagir, malgré le défilé sublime des Socrate, des Thraséas, des Cicéron, des Caton, des penseurs et des martyrs qui protestent au nom de la religion immolée, de la morale blessée, du droit écrasé sous les bottes d'un soldat [...]. »

Devenant de plus en plus incisif, oubliant Delescluze, l'énervement de l'avocat impérial, l'irritation du président et des juges, Gambetta, par-delà le prétoire, s'adresse aux princes du régime napoléonien :

« Voilà dix-sept ans que vous êtes les maîtres absolus, discrétionnaires de la France – c'est votre mot ; nous ne recherchons pas l'emploi que vous avez fait de ses trésors, de son sang, de son honneur et de sa gloire ; nous ne parlerons pas de l'emploi que vous avez fait de son intégrité compromise ni de ce que sont devenus les fruits de son industrie, sans compter que personne n'ignore les catastrophes financières qui, en ce moment même, sautent comme des mines sous nos pas ; mais ce qui vous juge le mieux, parce que c'est l'attestation de votre propre remords, c'est que vous n'avez jamais osé dire : "Nous célébrerons, nous mettrons au rang des solennités de la France le 2 décembre comme anniversaire national." Et cependant tous les régimes qui se sont succédé dans ce pays se sont honorés du jour qui les a vus naître ; ils ont fêté le 14 juillet, le 10 août, les journées de juillet 1830 ont été fêtées aussi, de même que le 24 février. Il n'y a que deux anniversaires, le 18 brumaire et le 2 décembre qui n'ont jamais été mis au rang des solennités d'origine parce que vous savez bien que, si vous vouliez les y mettre, la conscience universelle les repousserait. Eh bien ! cet anniversaire dont vous n'avez pas voulu, nous le revendiquons, nous le prenons pour nous ; nous le fêterons toujours, incessamment ; chaque année, ce sera l'anniversaire de nos morts jusqu'au jour où le pays redevenu le maître vous imposera la grande expiation nationale au nom de la liberté, de l'égalité et de la fraternité. »

En terminant, Gambetta s'adresse à l'avocat impérial qui a prononcé un réquisitoire particulièrement sévère :

« Sachez-le, je ne redoute pas plus vos dédains que vos menaces. [...] Eh bien ! écoutez, c'est mon dernier mot : vous pouvez nous frapper, mais vous ne pourrez jamais ni nous déshonorer ni nous abattre ! »

Naturellement, les juges n'entendent pas la plaidoirie de Gambetta ni celles de ses confrères et condamnent les inculpés, dont Delescluze, à des peines d'emprisonnement et d'amendes. Ces derniers font immédiatement appel du jugement.

Gambetta plaide de nouveau devant les magistrats de la cour impériale. Il ne trouve pas alors le souffle, le ton et le génie de sa première plaidoirie. Il laisse ainsi à Jules Favre la gloire de la formule – « Vous êtes des juges politiques [...], vous aurez raison par arrêt » – qui restera dans les annales judiciaires et politiques.

Mais peu importe cette contre-performance, Gambetta a acquis une grande notoriété. Sa plaidoirie en première instance a été reprise par de nombreux journaux de province, stratégie pour passer entre les mailles de la censure.

Il est devenu la figure de proue des jeunes du « parti républicain ». Il peut désormais être lui-même, jouer son propre avenir politique, prendre son indépendance à l'égard des républicains de 1848.

Cette renommée lui permet d'atteindre une autre étape de son destin, celle dont il rêvait depuis le début.

Depuis bien longtemps, Gambetta est attiré par la politique. Il a adhéré jeune aux idéaux républicains. Mais, par-delà l'influence familiale et les réflexes sociaux, cette passion pour la politique s'explique par son caractère. Il a, ancrée au plus profond de lui, cette aspiration conquérante, cette envie d'action qui animent l'âme des vrais politiques.

En 1868, il fait ses débuts de journaliste en collaborant à *La Revue politique et littéraire.* Ce n'est qu'une halte. Le virus de la politique ne le lâche plus.

Dès le début 1869, il se préoccupe de la seconde partie de son destin, et de sa candidature aux élections. Il choisit Paris et la première circonscription, celle d'Hippolyte Carnot. Choix surprenant, mais expression de son ambition. Certes, il dit l'estimer, mais son ambition est plus forte que tout autre sentiment. Il reconnaît aussi que sa stratégie est de ne pas rater son entrée en politique. En battant Carnot, dit-il, « j'entre à la Chambre de haute lutte et je suis plus qu'un député de la liste, je suis une force. Je ne relève que de moi et de mes électeurs ». D'autant plus que, en se présentant contre Carnot, il ne peut être considéré comme candidat officiel du parti républicain.

Il se présente aussi à Marseille contre Thiers et Ferdinand de Lesseps, deux personnalités marquantes de la politique.

Il est élu au premier tour à Paris, au second à Marseille, du fait du retrait de Thiers qui, aussi victorieux à Paris, a choisi d'être député de la capitale. Gambetta opte alors pour le Midi et devient député de Marseille.

Mais il conserve des liens avec ses amis de Belleville. À partir de 1876, il choisira de représenter à la Chambre des députés la circonscription du XXe arrondissement de Paris.

Gambetta veut incarner une politique radicale, distincte des revendications libérales, républicaines et démocratiques qui s'exprimaient dans les rangs de l'opposition au début du règne de Napoléon III.

Ce radicalisme, il en dévoile les lignes de force dans sa circulaire aux Parisiens :

> « [...] C'est la souveraineté du peuple, organisée d'une manière intégrale et complète : il faut tout lui rapporter et il faut tout déduire : les institutions, les lois, les intérêts et les mœurs même ; scientifiquement appliqué, ce principe peut seul achever la Révolution française et fonder pour toujours l'ordre réel, la justice absolue, la liberté plénière et l'égalité véritable. Démocrate radical, dévoué avec passion aux principes de liberté et de fraternité, j'aurai pour méthode politique, dans toutes les discussions, de relever et d'établir, en face de la démocratie césarienne, la doctrine, les droits, les griefs et aussi les incompatibilités de la démocratie loyale.[...] »

Gambetta accepte le programme rédigé par le Comité républicain de Belleville, qui réclame l'extension des libertés publiques, la séparation des Églises et de l'État, l'élection des fonctionnaires, la suppression des armées permanentes et des réformes économiques…

Gambetta revendique une application radicale du suffrage universel. La démocratie est, pour lui, « le système politique qui réalise le plus promptement et le plus sûrement l'émancipation morale et matérielle du plus grand nombre, et assure le mieux l'égalité sociale dans les lois, dans les faits et dans les mœurs ».

Affirmation essentielle qui montre que la démocratie n'est pas seulement politique, mais aussi sociale. Elle mène plus sûrement que le libéralisme, prôné par les républicains, vers l'égalité sociale. « J'estime, écrit Gambetta, que la série progressive de ces réformes sociales dépend absolument du régime et de la réforme politique, et c'est pour moi un axiome en ces matières que la forme emporte et résout le fond. »

Il s'agit pour Gambetta, en cette fin du Second Empire, d'affirmer que le réformisme social de l'empire libéral est une illusion qui doit être dénoncée par les républicains. Il justifie ainsi son originalité par rapport aux républicains de 1848 et le fait de s'être présenté contre Hippolyte Carnot. La finalité de la démocratie politique est la démocratie sociale.

En cela, il se place dans « cet enchaînement et cette gradation que nos pères avaient marqués et fixés dans la plus profonde et complète devise, hors laquelle il n'y a pas de salut : “Liberté, égalité, fraternité” ». En somme, il entend terminer la Révolution française. Il affirme, par ailleurs, n'être ni jacobin ni socialiste. On mesure bien l'originalité, à cette époque, du « radicalisme » de Gambetta.

Comme au barreau, Gambetta, au Corps législatif, veut rapidement marquer son empreinte politique. Il prend la tête des républicains irréconciliables avec l'Empire, même libéral. On retrouve les formules cinglantes qu'il destinait aux juges. Il s'oppose à Émile Ollivier que Napoléon III a trouvé pour tenter de sauver son pouvoir : « Votre changement d'opinion a coïncidé avec votre fortune. »

Orateur talentueux, passionné, convaincant, il intervient à la tribune à plusieurs reprises, entretient la flamme des opposants à l'Empire dont il attend la fin. La suite est connue et a été décrite par ses nombreux biographes.

C'est au début du mois de septembre 1870 qu'a lieu la rencontre entre Gambetta et l'histoire de la France.

Dans la nuit du 3 au 4, le Corps législatif, convoqué d'urgence, reçoit la confirmation de la rumeur qui s'était peu auparavant répandue dans Paris. À Sedan, l'armée française a capitulé, l'empereur a été fait prisonnier. Jules Favre, au nom de 27 députés, propose la déchéance de Napoléon III et la formation d'une commission de gouvernement, désignée par les députés, investie des pleins pouvoirs, pour préparer l'élection d'une Constituante. L'examen de cette proposition est renvoyé au lendemain.

Le soir du 3 septembre, Gambetta, sur les marches du Palais-Bourbon, harangue les manifestants qui s'y sont rassemblés à l'annonce de la défaite : « Paris, à présent, tient dans ses mains non seulement le salut du pays, mais le salut de la Révolution », s'écrie-t-il.

Le lendemain, le dimanche 4 septembre, en début d'après-midi, commencent les débats. On s'oriente vers la nomination d'une commission provisoire dont la fonction serait de préparer l'élection d'une Constituante.

Mais des dizaines de milliers de personnes manifestent leur colère place de la Concorde. Un très grand nombre d'émeutiers arrivent à s'introduire dans le Palais-Bourbon, mal protégé. Ils envahissent même l'hémicycle et exigent la proclamation immédiate de la République.

Pour éviter des désordres qui pourraient devenir dramatiques, confronté à la détermination de la foule qui crie « Vive la République ! », Gambetta entre en scène.

Il aurait préféré que les députés ne délibèrent pas sous la pression et se prononcent par un vote en bonne et due forme. Il monte à la tribune et déclare solennellement, dans le style d'une sentence judiciaire : « Attendu que la patrie est en danger ; attendu que tout le temps nécessaire a été donné à la représentation nationale pour prononcer la déchéance ; attendu que nous sommes et que nous constituons le pouvoir régulier issu du suffrage universel libre ; nous déclarons que Louis Napoléon Bonaparte et sa dynastie ont à jamais cessé de régner sur la France. »

Les applaudissements remplacent le vote.

Sedan a tué l'Empire, Gambetta participe à son enterrement. Il s'impose dans le processus de déchéance de l'empereur.

C'est avec succès et panache que se termine ce premier acte de sa rencontre avec notre histoire nationale.

Le second est celui de la proclamation d'un nouveau régime politique. Gambetta sait qu'il ne doit pas laisser à d'autres le soin de proclamer la résurrection de la République.

Né d'un coup d'État contre la représentation nationale, le 2 décembre 1851, le régime impérial s'apprête à disparaître au Palais-Bourbon.

Jules Favre rejoint Gambetta à la tribune et déclare vouloir la constitution immédiate d'un gouvernement provisoire. Les manifestants exigent la République tout de suite et le crient du haut des tribunes.

Pour ne pas être dépassé par la pression d'une foule revendicatrice, dégager le Palais-Bourbon de la présence menaçante de ses émeutiers de plus en plus vindicatifs, éviter de perdre la main politique au profit de révolutionnaires qui pourraient y être tentés, Gambetta reprend la proposition de Jules Favre et s'écrie : « Oui ! Vive la République ! Citoyens, allons la proclamer à l'Hôtel de Ville. »

Les manifestants suivent Jules Favre et Gambetta et nombre de députés à l'Hôtel de Ville. La République est proclamée.

Le deuxième acte est aussi une réussite pour Gambetta. Il apparaît, pour de nombreux républicains, avec Jules Favre, comme celui qui a contribué à éviter que des extrémistes de gauche, blanquistes et socialistes révolutionnaires, ne profitent de la situation et ne s'emparent du pouvoir.

Contrairement à d'autres épisodes révolutionnaires de notre histoire, la « révolution » républicaine de 1870 ne s'est pas terminée dans le sang. L'armée n'a pas tiré contre des émeutiers, il n'y a pas eu, pour l'instant, de répression sanglante. Le régime napoléonien s'est écroulé. Jules Favre et Gambetta ont su canaliser les événements, même s'ils espéraient une transition plus conforme au droit.

Un gouvernement de la Défense nationale est constitué, le général Trochu, gouverneur de Paris, en assure la présidence, Jules Favre la vice-présidence, et Gambetta devient ministre de l'Intérieur et de la Guerre. Il tente avec énergie de remettre la France en ordre de bataille, exalte le patriotisme des Français, « un grand peuple ne peut pas mourir ».

Il constate alors qu'il lui est impossible de favoriser le sursaut national et d'organiser les élections à une Constituante, prévues pour le 16 octobre : elles seront finalement ajournées.

Gambetta n'accepte pas la défaite, refuse de plier sous le diktat de Bismarck, l'abandon de l'Alsace-Lorraine, l'encerclement de Paris, de gouverner sous la pression des armées prussiennes. Le 7 octobre 1870, il quitte, à bord d'une montgolfière, Paris pour Tours et devient le président de la délégation du gouvernement.

Ce départ, non pour fuir, mais pour mieux organiser la résistance face à l'envahisseur, est un symbole politique très fort. Elle lui assure une autorité incontestable sur les autres ministres. Il est devenu le chef. L'image d'un patriotisme qui ne renonce pas. Il ne cesse de prédire la victoire, de recruter des troupes.

Il y a en lui du Danton qui a incarné la « patrie en danger » dans les heures tragiques de l'invasion prussienne, qui s'est efforcé de fédérer contre l'ennemi toutes les énergies de la nation pour sauver l'honneur. Quand, le 2 septembre 1792, les Prussiens occupent Verdun et se rapprochent de Paris, Danton, à la tribune de l'Assemblée, s'écrie : « Il est bien satisfaisant, messieurs, pour les ministres d'un peuple libre, d'avoir à lui annoncer que la patrie va être sauvée. Tout s'émeut, tout s'ébranle, tout brûle de combattre ! [...] Le tocsin qu'on va sonner n'est point un signal d'alarme, c'est la charge sur les ennemis de la patrie. Pour les vaincre, il nous faut de l'audace, encore de l'audace, toujours de l'audace, et la France sera sauvée ! »

Gambetta aurait pu reprendre à son compte cette exclamation de Danton. Mais la situation diffère, hélas, pour lui.

Sous l'influence de Danton, la commune appellera les citoyens aux armes, convoquera les volontaires au Champ-de-Mars. Le 20 septembre, Dumouriez remportera la bataille de Valmy, mettant fin à l'invasion du territoire par les coalisés. Le 21 septembre, la Convention nationale proclamera la République.

Sous le poids des défaites de ses armées, Bazaine n'est pas Dumouriez, et, face à la progression des troupes ennemies, le gouvernement abandonne Tours pour Bordeaux. Gambetta fait preuve d'un certain optimisme, mais il est bien le seul à croire encore à un possible retournement de la situation.

L'armistice est négocié par Jules Favre. Le 6 février 1871, Gambetta démissionne. Élections. L'Assemblée se réunit le 17 février au Grand Théâtre de Bordeaux. Thiers devient l'acteur essentiel de cette période et souhaite la paix. Gambetta a perdu cet acte.

Siégeant à l'extrême gauche à partir de juillet 1871, il fonde l'Union républicaine. Dès lors, il devient la principale figure de la majorité républicaine. Il s'oppose à Mac Mahon et l'invite « à se soumette ou à se démettre », dénonce le cléricalisme, s'en prend au rôle politique de l'Église, au « gouvernement des prêtres, [au] ministère des curés »... Il prône l'union des républicains, ne veut pas d'adversaires à gauche.

Refusant de poser sa candidature à la présidence de la République, il contribue à l'élection de Jules Grévy et accède au poste de président de la Chambre des députés le 31 janvier 1879.

Formant en 1881 un ministère d'Union républicaine, il se heurte à diverses oppositions et à un échec au scrutin de 1882, ce qui l'amène à démissionner.

Il meurt le 31 décembre 1882.

Il demeure, face à l'histoire, le symbole d'une République fière, qui n'abdique pas, l'incarnation du sursaut patriotique, de la résistance, d'une mystique républicaine.

Gaulle, Charles de (1890-1970)

Évoquer le général de Gaulle, c'est pour moi ouvrir l'album de mes souvenirs.

Chaque 18 Juin, du plus loin que je m'en souvienne, mon père conduisait sa famille, en fin d'après-midi, au mont Valérien.

Dans la crypte des fusillés, après avoir déposé une gerbe, écouté religieusement « La Marseillaise » et peut-être « Le Chant des partisans », le Général saluait longuement ses compagnons, ses fidèles, dont mon père.

Cérémonie marquée par le recueillement dont la ferveur impressionnait le gamin turbulent que je devais être.

Je revois cette photo où, âgé de dix ou douze ans, le Général est devant moi, me serre la main sous le regard attendri de mes parents. Un petit bonhomme face un personnage immense.

Je me souviens aussi de ce 18 juin 1958, au mont Valérien toujours : de Gaulle est revenu au pouvoir, une foule, impressionnante par rapport aux années précédentes, assiste cette fois à la cérémonie. J'ai le sentiment que ce n'est plus « mon » 18 Juin. Tant de personnes qui me sont inconnues se pressent, me bousculent pour approcher de Gaulle.

J'ai dans mon bureau, et j'y tiens particulièrement, deux photos.

Celle du Général dédicacée à mon père le 12 décembre 1952. Il a écrit : « *À mon compagnon, à mon ami Michel Debré, qui croit à la France.* »

Celle de la première rencontre de mon père avec le Général. C'était à Laval le 22 août 1944.

Je me souviens de ce dîner familial à l'Élysée le jeudi 11 juillet 1963, où le Général, nous interrogeant sur l'histoire de la France, demande à mes frères et moi ce qu'évoque pour nous Bir-Hakeim. Voulant faire rire, je réponds tout de go : « Une station de métro. » Je vois encore la surprise du Général et de Mme de Gaulle et le regard consterné de mes parents.

Je me souviens de mon père, me racontant sa fierté d'avoir pu, je crois en août 1966, annoncer au Général que, pour la première fois depuis 1914, la France qui venait de solder ses dernières créances extérieures n'avait plus aucune dette en devises vis-à-vis de l'étranger. Il me raconta qu'alors le Général lui avait dit : « La France est enfin indépendante et libre, car la grandeur de la France suppose une économie redressée et qu'elle ne dépende pas d'autres puissances pour le remboursement de ses emprunts. »

Je conserve religieusement dans ma bibliothèque les *Mémoires de guerre* que le Général m'a dédicacés le 21 février 1960. Il a écrit sur la page de garde du premier tome : « Pour Jean-Louis Debré, ces souvenirs d'une épreuve où son père fut de mes meilleurs compagnons ; qu'il y voie que la France de chaque jour a été faite au long des jours, dans la peine et dans la durée. Bien cordialement. »

Rares sont les personnalités qui, comme lui, ont rencontré la France, l'ont l'incarnée, sauvée du déshonneur de la défaite, qui ont symbolisé la résistance, mais aussi l'espoir d'une renaissance.

Uniques sont ces personnalités qui s'identifient à la République, la sauvent du déshonneur en 1940, de sa décadence, de sa désagrégation en 1958.

Ce destin exceptionnel, c'est d'abord une voix qui s'exprime à la radio de Londres, le 18 juin 1940, pour lancer un appel à la résistance. C'est, au lendemain de la Libération, l'histoire d'une rupture avec les partis politiques traditionnels qui se coalisent pour l'écarter du pouvoir.

Après une « traversée du désert » de douze années, il est rappelé pour préserver la France d'une guerre civile, une France en panne, enlisée dans le jeu des partis politiques, enfermée dans un conflit en Algérie, dont elle ne sait comment se sortir.

Cette légende du passé devient l'homme du présent pour incarner l'avenir et la renaissance de la France.

Plus de dix-huit ans après son appel lancé depuis Londres, il est élu, à soixante-huit ans, premier président de la Ve République. Réélu au suffrage universel en 1965, il démissionne de ses fonctions après le résultat négatif du référendum sur la réforme du Sénat et la régionalisation de 1969.

Quel destin !

La Constitution de la Ve République exprime la conception que de Gaulle se fait de l'État, du rôle et de la place du président de la République, de la légitimité républicaine. Mais aussi traduit une volonté de combattre le dérèglement du système politique des IIIe et IVe Républiques, de mettre un terme au « régime des partis ».

La pratique de la fonction présidentielle du général de Gaulle pendant les premières années de la Ve République, celle d'un « monarque républicain », va marquer, même après son départ, la conscience des Français. Ils se font désormais une certaine idée du rôle du chef de l'État, et les présidents qui tenteront, au nom de la modernité ou d'une volonté de rupture, d'en changer se rendront compte de leur erreur de positionnement politique.

Cette « monarchie républicaine » où le président de la République est la principale clé de voûte des institutions et le centre du jeu politique se conforte avec l'outil politique du référendum. Il permet, surtout par la pratique gaulliste, au Président de se passer du Parlement pour faire adopter les réformes importantes.

Cette « monarchie républicaine » se renforce lorsque, le 12 septembre 1962, de Gaulle annonce qu'il va, par référendum, modifier la Constitution pour permettre l'élection du président de la République directement par les Françaises et les Français.

Une nouvelle fois, les notables et caciques politiques, nostalgiques du passé, s'insurgent contre ce projet. Les partis politiques traditionnels et maintes organisations syndicales de la CGT à la Fédération nationale des agriculteurs en passant par celle de l'Éducation nationale prennent prétexte de la procédure suivie pour consulter les Français pour s'opposer à l'élection du président de la République au suffrage universel. Excepté les gaullistes, la classe politique dans ses diverses composantes, de la droite ultra à la gauche extrême, dans une unanimité surprenante, se retrouve pour combattre de Gaulle.

Les Français et les Françaises cependant approuvent, le 28 octobre 1962, le texte qui leur est soumis et arrachent la désignation du chef de l'État aux parlementaires et aux hiérarques politiques.

Ceux-ci ne s'estiment pas vaincus par le verdict des Français. Ils espèrent que les élections législatives de novembre 1962 vont désavouer de Gaulle et les gaullistes qui l'ont soutenu. Ils souhaitent, le problème de l'Algérie réglé, que de Gaulle retourne dans sa retraite de Colombey-les-Deux-Églises et qu'ils pourront ainsi reprendre possession de la République. Nouvelle défaite pour les opposants à de Gaulle.

Le problème de la décolonisation marque le premier septennat du Général.

À l'égard des peuples africains, il a voulu l'autonomie puis accepté l'indépendance des États de l'Afrique et de Madagascar qui étaient sous administration française. Cette politique de décolonisation s'est déroulée sans affrontement avec la France.

Pour l'Algérie, le chemin vers l'indépendance fut difficile et douloureux. Depuis 1954, la France s'enfonçait dans une meurtrière guerre civile, et le retour au pouvoir du général de Gaulle avait fait naître bien des espoirs, en métropole comme de l'autre côté de la Méditerranée, chez les partisans de l'« Algérie française ». Les négociations vers la paix et l'indépendance trouvent leur aboutissement le 18 mars 1962 à Évian. De Gaulle renonce au Sahara qui sera intégré à la République algérienne. Il cède aux exigences des représentants du Front de libération nationale, mais l'essentiel, pour lui, est de sortir la France du « bourbier algérien ». Les Français, lors du référendum du 18 avril 1962, approuvent massivement la politique de De Gaulle et l'indépendance de l'Algérie.

La France que de Gaulle trouve à son retour au pouvoir est dans une situation de banqueroute, incapable d'honorer ses engagements, notamment ceux résultant du traité de Rome et de l'ouverture des frontières.

La planification devient une « ardente obligation » pour organiser les investissements publics. Une politique de rigueur, d'austérité est mise en place afin de restaurer une monnaie, le nouveau franc, attractive. Une monnaie forte est l'une des conditions pour que la France retrouve une influence internationale.

Pour de Gaulle, la France ne peut restaurer son rang de grande puissance qu'à la condition d'être aussi souverainement maîtresse de son destin et de ses alliances.

Pas de crédibilité internationale sans une véritable défense nationale, c'est-à-dire dotée d'une arme de dissuasion nucléaire. Le 13 février 1960, la première bombe atomique française est expérimentée à Reggane, au Sahara.

Vis-à-vis des États-Unis et de l'Alliance atlantique, de Gaulle dégage en juin 1966 la France de l'organisation militaire intégrée de l'Otan. Peu après son arrivée au pouvoir, le 17 septembre 1958, il a réclamé en vain au président américain Eisenhower un directoire à trois – États-Unis, Angleterre, France – de l'Otan, afin d'élaborer en commun et à égalité la stratégie politique et militaire de l'Alliance atlantique. En juin 1963, le gouvernement a déjà annoncé le retrait des forces navales françaises de l'Atlantique et de la Manche du commandement de l'Otan. Cette décision d'extraire toutes les unités militaires françaises du commandement de l'Otan et le départ des bases militaires de l'Otan en France, vivement critiquée par les « atlantistes », est l'expression de la volonté du général de Gaulle de sceller l'indépendance de la France.

Cette détermination à soustraire la France au « parapluie » américain ne débouche cependant pas sur un refus de solidarité avec les États-Unis. Il en est ainsi, en 1962, lors de la crise qui oppose l'Amérique à l'Union soviétique, à propos de l'installation à Cuba de fusées menaçant la sécurité des États-Unis. De Gaulle affirme alors la solidarité de la France avec l'Amérique.

Dégageant la France de la logique des blocs issus des accords de Yalta, de 1945, de Gaulle reconnaît, en janvier 1964, la Chine populaire. Il reçoit avec faste le roi du Cambodge, dénonce l'ingérence étrangère en Indochine. Un peu plus tard, à Phnom-Penh, le 1er septembre 1966, il condamne l'action militaire des États-Unis au Vietnam.

Ayant pris ses distances politiques avec les États-Unis, il établit avec l'Union soviétique de bonnes relations. À la fin mars 1960, il reçoit avec honneur Nikita Khrouchtchev et évoque alors la nécessité d'une détente dans les relations Est-Ouest.

Il ne cesse de plaider, lors de ses déplacements à Bucarest, Varsovie, Cracovie... pour que les peuples de ces pays se dégagent de toute tutelle extérieure. Il exhorte les peuples de l'est de l'Europe à prendre leurs distances vis-à-vis de Moscou et ceux de l'Amérique latine à se débarrasser de la domination américaine. Il se fait le chantre du droit des peuples à gérer librement leur destin. Aux Mexicains, en mars 1964, il propose de marcher avec la France « *mano en la mano* ».

En s'érigeant ainsi comme le défenseur des indépendances nationales, de Gaulle acquiert de par le monde une extraordinaire popularité, et la voix de la France une force politique incomparable. Au Canada, en 1967, il se prononce spectaculairement en faveur du « Québec libre ».

De Gaulle œuvre pour une Europe, de l'Atlantique à l'Oural, reposant sur les nations et les États qui les représentent, s'appuyant sur une entente privilégiée entre l'Allemagne et la France.

Dès septembre 1958, le chancelier Konrad Adenauer est reçu par de Gaulle à Colombey. Le 22 janvier 1963, à l'Élysée, ils signent un traité de coopération entre les deux pays.

Quelques jours auparavant, de Gaulle, dans une conférence de presse, ferme la porte à l'entrée de l'Angleterre dans le Marché commun.

Après ce premier septennat à l'Élysée, de Gaulle se représente à l'élection présidentielle de 1965.

Sa victoire occulte une réalité politique qui va émerger dans les années à venir. De Gaulle n'a été réélu qu'au deuxième tour.

Il confirme Georges Pompidou comme Premier ministre. Il a succédé en avril 1962 à Michel Debré qu'il fait revenir au gouvernement au poste de ministre de l'Économie et des Finances.

La France va économiquement bien. Le taux d'inflation est inférieur à 3 %, l'expansion atteint un rythme de croissance positive de l'ordre de 5 % par an, des réformes de structure, notamment dans le domaine agricole, permettent à nos entreprises et à nos agriculteurs d'affronter la concurrence européenne. La Caravelle, avion civil produit par Sud-Aviation, la fusée Ariane, le transatlantique *France* construit par les chantiers de Saint-Nazaire, le Concorde témoignent de l'excellence de l'industrie française…

Mais les politiques s'ennuient. La stabilité gouvernementale a remplacé la valse des ministres, l'Assemblée nationale n'est plus le centre de l'agitation politicienne. Les états-majors politiques n'impriment plus leur marque à la politique française. La répétition du mode de scrutin uninominal majoritaire à deux tours entraîne une bipolarisation de la vie politique.

D'autre part, la jeunesse cherche un sens à la civilisation moderne, refuse la société de consommation, affirme son désir de jouir de la liberté, d'un monde où il est « interdit d'interdire », croit en un autre modèle économique. Sur les murs de Paris fleurissent des slogans du type : « À bas la société de consommation ! », « Libérons notre vie quotidienne ! », « Le bonheur est une idée neuve »…

De nombreux jeunes, dans les universités, se laissent séduire par des propagandes révolutionnaires. Che Guevara, Castro, Mao… sont des modèles et pour certains des héros.

Nombre de Français rêvent de plus de loisirs, d'une société où l'on travaillerait moins.

De Gaulle et ses compagnons ne perçoivent pas ces revendications, ne comprennent pas ces aspirations. Conscients que la France revient de loin, ils se réjouissent des réussites de leur politique. Ils vantent les valeurs du travail, de l'effort alors que d'autres chantent le bonheur hédoniste.

Au printemps de 1968, la France est paralysée par des manifestations lycéennes et universitaires. Elle vit au rythme des contestations sociales. Les syndicats tentent de récupérer le mouvement social. La crise devient politique. Le gouvernement est dépassé par les événements. En mai 1968, Paris est bloqué par de permanentes manifestations qui mettent face à face la police et des milliers de jeunes.

Avec son génie politique incomparable, et son art de dominer l'imprévu, de Gaulle renverse la situation, disparaît un moment.

Ayant entendu à la radio que le Général avait quitté l'Élysée pour une destination inconnue, je me souviens d'être entré dans le bureau de mon père, encore ministre de l'Économie et des Finances, à la quête d'informations, et je revois son inquiétude quant à la suite des événements.

Revenu d'Allemagne, le Général dissout l'Assemblée nationale et se retourne vers les Français.

Face à la « chienlit », les élections sont un triomphe pour les candidats se réclamant du Général. Victoire à la Pyrrhus.

Un nouveau gouvernement prépare des réformes de la société française pour tenter de répondre à certaines attentes exprimées en Mai 1968. La participation qui fait suite à l'intéressement et à l'association capital-travail se veut une réponse à la lutte des classes et à l'autogestion.

Les notables politiques se coalisent de l'extrême droite à la gauche ultra pour, lors du référendum sur la participation, la régionalisation et la réforme du Sénat, en faisant voter non au projet de De Gaulle, le contraindre à quitter le pouvoir.

Le référendum du 27 avril 1969 étant négatif, comme il l'avait annoncé, de Gaulle se retire dès le lendemain à Colombey-les-Deux-Églises.

S'estompe cette grande silhouette souvent revêtue de l'uniforme de général de brigade, s'efface cette image d'une France digne et respectée. Le 9 novembre 1970, se tait définitivement cette voix si singulière qui a été celle de la France.

Homme d'État, républicain, de Gaulle laisse aussi la trace d'un bel écrivain maniant le français avec une parfaite maîtrise.

Le Fil de l'épée, publié en mai 1932, est remarquable par le style qui révèle de Gaulle comme un philosophe de l'action, du commandement, de l'autorité :

> « Face à l'événement, c'est à soi-même que recourt l'homme de caractère. Son mouvement est d'imposer à l'action sa marque, de la prendre à son compte, d'en faire son affaire. Et, loin de s'abriter sous la hiérarchie, de se cacher dans les textes, de se couvrir de comptes rendus, le voilà qui se dresse, se campe et fait front. Non qu'il veuille ignorer les ordres ou négliger les conseils, mais il a la passion de vouloir, la jalousie de décider. [...] C'est du caractère que procèdent l'élément suprême, la part créatrice, le point divin, à savoir le fait d'entreprendre. [...] La difficulté attire l'homme de caractère,

car c'est en l'étreignant qu'il se réalise lui-même. [...] La passion d'agir par soi-même s'accompagne, évidemment, de quelque rudesse dans les procédés. [...] Un tel chef est distant, car l'autorité ne va pas sans prestige, ni le prestige sans éloignement. »

Les *Mémoires de guerre* ou les *Mémoires d'espoir* confirment un style d'écriture remarquable qui permet à de Gaulle de se peindre tel qu'il se perçoit parmi les événements tels qu'ils sont.

J'aime aussi ses envolées lyriques, notamment au début des *Mémoires de guerre*, lorsqu'il évoque la France :

« Ce qu'il y a, en moi, d'affectif imagine naturellement la France, telle la princesse des contes ou la madone aux fresques des murs, comme vouée à une destinée éminente et exceptionnelle. J'ai, d'instinct, l'impression que la Providence l'a créée pour des succès achevés ou des malheurs exemplaires. [...] »

Goblet, René (1828-1905)

Avocat républicain au barreau d'Amiens, radical socialiste, opposant au Second Empire, fondateur du *Progrès de la Somme*, député ou sénateur de 1871 à 1898, il fut ministre et même président du Conseil du 11 décembre 1886 au 17 mai 1887.

Son apport à la construction d'une République décentralisée et laïque est souvent oublié, il est cependant important.

C'est sous sa responsabilité de ministre de l'Intérieur (du 30 janvier 1882 au 7 août 1882 et du 11 décembre 1886 au 30 mai 1887), dans le gouvernement Freycinet, que fut votée la loi du 28 mars 1882 qui rendait aux conseils municipaux le droit d'élire leur maire.

Ministre de l'Instruction publique (du 6 avril 1885 au 11 décembre 1886), il fait aussi adopter la loi du 30 octobre 1886 sur la laïcisation des enseignants du primaire et du secondaire dans les écoles publiques.

Son objet est de séculariser complètement l'enseignement primaire. Elle abolit les derniers vestiges du régime de privilèges que la loi Falloux avait assuré aux congrégations enseignantes. Elle décidait que, dans les écoles publiques de tous ordres, l'enseignement serait exclusivement confié à un personnel laïc.

Cette loi n'a pas été élaborée par René Goblet, elle est issue d'une proposition de Paul Bert du 7 février 1882 et d'un projet présenté par Jules Ferry, au nom du gouvernement, le 16 du même mois.

Votée par la Chambre des députés, elle avait été portée en 1884 au Sénat par Fallières, alors ministre de l'Instruction publique, et n'avait pu venir en discussion.

Les débats ne s'ouvrirent devant la Haute Assemblée que le 28 janvier 1886. Tout avait été imaginé par la droite sénatoriale pour retarder l'examen de cette loi.

Goblet met un point d'honneur à l'extraire de l'enlisement voulu par le Sénat. Grâce à sa pugnacité, son habileté, sa conviction, pendant 25 séances, il affronte une opposition acharnée de sénateurs conservateurs de droite et réussit à faire adopter cette loi qui marque une étape essentielle dans la laïcisation de l'enseignement.

Grévy, Jules (1807-1891)

Avec son élection à l'Élysée en 1879, la République va s'enraciner enfin. Rendons-lui hommage, il honora la République.

Dominant déjà le pouvoir législatif, les républicains désignent l'un des leurs pour l'incarner.

Après le drame de la défaite de 1870, et huit années de troubles, d'hésitations, de doutes, la IIIe République se constitue.

Le jour même où Mac Mahon donne sa démission, les deux Chambres réunies à Versailles en Assemblée nationale, par 563 voix sur 713, élisent Jules Grévy Président.

Issu d'une famille républicaine, bourgeoise et anticléricale du Jura, Jules Grévy est né le 15 août 1807 à Mont-sous-Vaudrey. Avocat au barreau de Paris sous la monarchie de Juillet, il le restera quarante-trois ans, jusqu'à son accession à l'Élysée.

Commissaire de la République dans le Jura au temps de la IIe République, il en est le député dès 1848, il a alors quarante et un ans. Il clame son opposition au principe même de l'élection du président de la République au suffrage universel : « Êtes-vous bien sûrs que, dans cette série de personnages qui se succéderont tous les quatre ans au trône de la présidence, il n'y aura que de purs républicains empressés d'en descendre ? Êtes-vous sûrs qu'il ne se trouvera jamais un ambitieux, tenté de s'y perpétuer ? [...]

Jusqu'ici, toutes les Républiques sont allées se perdre dans le despotisme : là est le danger », avertit-il.

Grévy, le républicain prudent, libéral et franc-maçon, n'accepte pas le coup d'État du 2 décembre 1851 ni la personnalisation du pouvoir. Il quitte le monde parlementaire et se consacre à son métier d'avocat.

Son élection le 4 août 1868 comme bâtonnier des avocats de Paris n'est pas vraiment une surprise. Connu plus que célèbre, avocat depuis plus de trente ans, ancien secrétaire de la conférence des avocats, membre du conseil de l'Ordre depuis six ans, Jules Grévy bénéficie à soixante ans d'une authentique considération au Palais de justice de Paris de la part de ses confrères et des magistrats.

Sa réputation, il la doit d'abord à son talent de juriste. Habité par le sens et le goût du droit, ses démonstrations juridiques sont souvent rigoureuses et brillantes. Il excelle dans la défense des causes délicates. Mais la politique, pour laquelle il éprouve une réelle fascination, marque de son sceau son activité professionnelle. C'est elle qui assoit sa renommée.

Le barreau de Paris est le refuge des défenseurs de la liberté. Républicains et libéraux, dans les prétoires, s'opposent au pouvoir impérial et dénoncent ses turpitudes. Dès 1839, sous la monarchie de Juillet, Grévy plaide lors de procès politiques contre les monarchistes. En 1860, il adhère à la consultation des bâtonniers sur le droit de pétition. Le voici en août 1864 aux côtés des ténors du barreau républicain, plaidant pour un certain Dréo qui comparait dans le procès dit « des Treize ». Même au barreau, la politique rôde toujours autour de Jules Grévy.

En 1868, il est aussi élu au Corps législatif. Il apparaît comme un républicain modéré. « Je ne veux pas que la République fasse peur », affirme-t-il en forme de profession de foi. Même si le régime se dit libéral, il ne cache pas son hostilité à Napoléon III, combat le 23 février 1870 le principe de la candidature officielle qui a « causé assez de mal à la France » et précise du haut de la tribune du Corps législatif qu'elle est une « école ouverte d'immoralité où les mœurs politiques viennent se pervertir ».

Peu après, il s'élève avec force contre le plébiscite que prépare Napoléon III pour tenter de sauver son régime. Il proclame le 4 avril qu'il a pour but d'« enfermer un grand peuple dans [de] petites combinaisons » et recommande à ses électeurs de s'y opposer. « L'Empire, c'est le despotisme sous le masque de la démocratie », écrit-il en mai 1870.

La République proclamée, il est réélu député du Jura en février 1871 et accède à la présidence de l'Assemblée nationale. Il condamne la Commune, la qualifiant de « criminelle insurrection ».

En opposition avec une droite revancharde et nostalgique, il en démissionne le 2 avril 1873 en déclarant à l'égard de ses opposants : « En réalité, vous voulez la monarchie et vous ne pouvez la faire. Vous pouvez faire la République et vous ne la voulez pas. Voilà pourquoi vous ne voulez point sortir du provisoire pour entrer dans le définitif. »

L'autorité de Grévy est grande dans les cercles républicains, son parcours politique est cité en exemple. Et, le 13 mars 1876, il devient président de la Chambre des députés.

Depuis le résultat des élections sénatoriales partielles du 5 janvier 1879 qui leur sont particulièrement favorables, les républicains se préparent à la succession de Mac Mahon. Grévy, le premier. Mais on se presse aussi autour de Gambetta pour qu'il prépare sa candidature. Clemenceau lui-même l'y incite. Il hésite, renonce. Il sait que ses adversaires sont nombreux au Parlement, sa forte personnalité dérange. Et, le jour même de la démission de Mac Mahon, le 30 janvier 1879, Jules Grévy, à soixante-douze ans, est élu président de la République.

Son élection rassure les républicains, ils n'oublient pas que l'Élysée a accueilli Louis Napoléon Bonaparte, l'homme du coup d'État, puis Mac Mahon. Elle convient aussi aux modérés inquiets par les idées exprimées par certains pouvant remettre en cause les fondements de la société et porter atteinte au droit de propriété.

Grévy, à tort considéré d'abord comme manquant de personnalité, un peu fade, comme un juriste talentueux mais prudent, montre en réalité à ses détracteurs une habileté à éviter les pièges, les intrigues qui règnent dans ce petit monde de la politique. Il lui a fallu du temps et de la persévérance pour arriver au sommet de l'État, mais il a fait preuve d'un vrai sens politique, a su profiter des opportunités, a compris qu'il fallait rassurer, être républicain sans épouser les thèses des extrémistes mais sans les humilier, être de gauche sans pour autant rompre avec la droite modérée. Il a cru possible le consensus en politique. Il a su profiter de la mort de Thiers, dont certains espéraient que, après l'échec de Mac Mahon, il pourrait revenir à la tête de l'État.

Grévy représente parfaitement la petite-bourgeoisie de province, cette classe moyenne qui, avec la République, accède enfin au pouvoir, et par sa modestie tranche avec l'arrogance des aristocrates et les prétentions de la grande bourgeoisie du Second Empire. Il incarne la fin d'une époque et l'avènement d'une ère politique nouvelle.

Lorsqu'il accède à l'Élysée, preuve de son humilité, il est l'un des rares politiques ou personnalité reconnue à n'être titulaire d'aucune décoration et surtout à prétendre n'en vouloir aucune. Il accepte cependant de poursuivre la tradition instaurée par Thiers, qui se perpétue aujourd'hui, de devenir d'office, comme président de la République, le plus haut dignitaire de la Légion d'honneur.

Après la guerre contre l'Allemagne, la Commune, l'effervescence politique, les agitations et rivalités des politiques, les Français veulent être rassurés, aspirent au calme, sont avides de tranquillité. Grévy incarne parfaitement ces espérances. Il est l'homme du moment.

C'est en demeurant dans les limites constitutionnelles de ses fonctions qu'il exerce une magistrature de conseils et d'influence. En période de crise politique, il entend marquer de son empreinte méfiante le choix des hommes. Ainsi favorise-t-il Freycinet, qui dirigera trois fois un ministère, et refuse-t-il sa démission après sa mise en minorité à la Chambre en 1882. Il élimine Clemenceau, agacé par son intransigeance. De lui il affirmait qu'il « mettrait la France sens dessus dessous ». Il écarte le plus longtemps possible Gambetta et ne se résout à faire appel à lui qu'en 1881. Celui-ci ne sera que soixante-dix-sept jours président du Conseil. Il se méfie de Ferry sans pouvoir l'empêcher de diriger deux fois le gouvernement.

Ainsi, confronté à l'instabilité ministérielle, il ne cherche pas à s'imposer ni à soutenir des chefs de gouvernement dotés d'une forte personnalité.

Grévy veut surtout assumer le rôle de gardien de la République qui s'installe dans le lit de la France. Depuis qu'il est à l'Élysée, toutes les institutions de l'État sont enfin dirigées par des républicains. Il s'agit pour Grévy de ne pas rater cette rencontre entre la France, la République et les républicains.

En novembre 1879, après neuf d'années d'absence, le Parlement retrouve Paris. Dans un souci d'apaisement et de réconciliation, le 10 juillet 1880, les condamnés de la Commune sont amnistiés. Le 14 juillet 1880, il célèbre pour la première fois la fête nationale. Grévy remet à cette occasion des nouveaux drapeaux à l'armée pour remplacer ceux que le maréchal Bazaine, dans sa trahison, a livrés aux

Allemands. Et, le 10 août, il est à Cherbourg pour honorer la marine.

Il doit faire face aux prétentions et agissements du général Boulanger. Ministre de la Guerre dans le gouvernement Freycinet constitué le 7 janvier 1886, devenu populaire, Boulanger a su capter un sentiment patriotique latent, une volonté de revanche et profiter d'un certain antiparlementarisme pour défier la République. L'attitude de Grévy contribue à briser la vague du boulangisme.

Dans le domaine de la conduite des relations extérieures, Grévy exerce un rôle certain, notamment parce que, confronté à l'instabilité ministérielle – 12 gouvernements en neuf années de présidence –, il incarne la permanence de la France. En ce qui concerne les rapports avec l'Allemagne, lors de l'affaire Schnæbelé, du nom de ce policier français tombé dans l'embuscade préparée par la police allemande à la fin avril 1887, il sait par son calme échapper au piège politique tendu par les Allemands.

Au terme de son premier septennat à l'Élysée, Grévy, à soixante-dix-huit ans, brigue un nouveau mandat de président de la République. Il se persuade que sa seule présence au sommet de l'État préserve la République du chaos. Bénéficiant d'un grand prestige auprès des républicains, personne n'ose faire acte de candidature contre lui. Le 28 décembre 1885, par 457 voix sur 589 votants, députés et sénateurs le reconduisent dans ses fonctions.

Mais, en 1887, son gendre Daniel Wilson, député d'Indre-et-Loire, affairiste, intrigant, ambitieux, qui bénéficie d'un bureau à l'Élysée, est impliqué dans le « scandale des décorations ». Il distribue généreusement les rubans ou rosettes de la Légion d'honneur. L'opinion publique, alertée par la presse, s'émeut et réprouve ces agissements. Les politiques se déchaînent, des manifestations sont organisées. Grévy, dont on ne sait pas s'il était au courant de ce trafic, est directement visé. Le gouvernement ayant démissionné, Grévy doit désigner un nouveau président du Conseil. Les principaux dirigeants républicains, Freycinet, Clemenceau, Brisson, Ribot... se dérobent. Le 2 décembre 1887, après avoir tergiversé, Grévy démissionne de ses fonctions de président de la République.

Une chanson satirique – « Ah ! quel malheur d'avoir un gendre » – écrite par Émile Carré au moment du scandale connaît un exceptionnel succès. Elle est reprise par les chansonniers parisiens.

Voir : Décorations.

Groussier, Arthur (1863-1957)

Personnalité complexe, syndicaliste, socialiste, révolutionnaire, communiste, mais aussi franc-maçon important et influent, il est aujourd'hui totalement oublié.

Présenté aux élections de 1893 dans le Xe arrondissement de Paris, par le « parti ouvrier socialiste révolutionnaire », il est élu député. Il s'inscrit au premier groupe parlementaire socialiste. Il quitte son parti moins de trois ans plus tard, pour protester contre l'importance des sommes qu'il prélève sur son indemnité parlementaire. Au total, il demeure au Palais-Bourbon vingt-huit ans, entre 1893 et 1924.

Dès son élection à la Chambre, il s'implique dans l'élaboration de lois de progrès social sur les accidents du travail, l'hygiène, la sécurité des travailleurs et les conventions collectives.

Si je souhaite inscrire son nom dans ce dictionnaire amoureux, ce n'est pas parce que j'adhère à tous ses combats politiques, mais parce qu'il est l'artisan de la loi du 27 mai 1907, qui permet aux femmes de voter pour désigner les membres des conseils de prud'hommes et d'y être éligibles, et de la loi du 28 décembre 1910, portant création d'un code du travail. Ces législations sociales sont une première avancée importante dans la reconnaissance des droits des femmes.

Sa grande réalisation est bien sûr cette mise en forme législative du code du travail et de la prévoyance sociale qui a trait aux conventions relatives au travail (contrat d'apprentissage, contrat de travail, salaires et placements).

Il rassemble de nombreux textes sociaux pour les constituer en lois, et il est à l'initiative d'une première codification de la réglementation assurant la protection légale des travailleurs et leur garantissant le droit d'association.

Déjà, le 14 mars 1896 et le 13 juin 1898, Groussier avait déposé des propositions de loi pour regrouper les dispositions réglementaires relatives à la durée du travail, à la formation et à l'exécution du contrat de travail, au salaire. Elles n'avaient pas été votées.

Mais Groussier ne renonce pas. Il croit à la nécessité de cette codification, s'investit à partir de 1902 dans une commission extraparlementaire chargée de la codification des lois du travail à droit constant.

Un projet d'ensemble est déposé et adopté dès 1904 par la Chambre des députés. Le Sénat tergiverse, freine l'examen du projet voté par les députés et finalement limite son examen au premier des six livres présentés.

Ce n'est donc que le 7 juin 1910 que les sénateurs adoptent le texte qui a été ensuite confirmé en termes identiques par la Chambre le 28 décembre 1910.

L'opiniâtreté d'Arthur Groussier a permis d'obtenir le vote de cette première codification des lois sur le travail, mais elle ne doit pas faire oublier l'action politique déterminante de René Viviani, qui, ministre du Travail dans le cabinet Clemenceau, envisage, dès 1906, la codification en quatre livres des lois ouvrières.

H

Hugo, Victor (1802-1885)

Quand Victor Hugo naît :

Ce siècle avait deux ans ! Rome remplaçait Sparte,
Déjà Napoléon perçait sous Bonaparte,
Et du premier consul, déjà par maint endroit,
Le front de l'empereur brisait le masque étroit.
Alors dans Besançon, vieille ville espagnole,
Jeté comme la graine au gré de l'air qui vole,
Naquit d'un sang breton et lorrain à la fois
Un enfant sans couleur, sans regard et sans voix ;
Si débile qu'il fut, ainsi qu'une chimère,
Abandonné de tous, excepté de sa mère,
[...]
C'est moi.

L'auteur des *Feuilles d'automne*, d'où provient cet extrait, et des *Misérables*, ce poète, dramaturge, romancier de génie, fut aussi un politique.

Fils du général d'Empire Joseph Léopold Sigisbert Hugo (1773-1828), soutien de la monarchie légitime de Louis XVIII et de Charles X, puis de celle de Juillet,

Victor Hugo fut nommé par Louis-Philippe pair de France.

Député de la Seine, il siège à droite, pendant la IIe République, du 4 juin 1848 au 2 décembre 1851.

D'abord partisan de Louis Napoléon Bonaparte, il adhère à sa candidature à l'élection présidentielle. Mais, avec le coup d'État de 1851, il devient un adversaire résolu de Napoléon III et du Second Empire.

Député, siégeant à gauche du 8 février 1871 au 9 mars 1871, sénateur du 8 janvier 1876 au 22 mai 1885, Victor Hugo rêvait d'un grand destin politique qui l'aurait conduit au sommet de l'État républicain.

Avec ses discours, ou ses écrits politiques, il a tracé les grandes lignes de son programme gouvernemental.

Sur son affiche électorale de juin 1848, Victor Hugo écrit :

> « Deux républiques sont possibles. L'une abattra le drapeau tricolore sous le drapeau rouge, [...] ajoutera à l'auguste devise “Liberté, Égalité, Fraternité”, l'option sinistre, “ou la Mort”, fera banqueroute, ruinera les riches sans enrichir les pauvres, anéantira le crédit, qui est la fortune de tous et le travail qui est le pain de chacun, abolira la propriété et la famille, [...] égorgera la liberté, étouffera les arts, décapitera la pensée, niera Dieu [...]. L'autre sera la sainte communion de tous les Français dès à présent, et de tous les peuples un jour, dans le principe démocratique ; fondera une liberté sans usurpations et sans violences, une égalité qui admettra la croissance naturelle de chacun, une fraternité, non de moines dans un couvent, mais d'hommes libres ; donnera à tous l'enseignement comme le soleil donne la lumière, gratuitement ; introduira la clémence dans la loi

pénale et la conciliation dans la loi civile ; multipliera les chemins de fer, reboisera une partie du territoire, en défrichera une autre, décuplera la valeur du sol, partira de ce principe qu'il faut que tout homme commence par le travail et finisse par la propriété, assurera en conséquence la propriété comme la représentation du travail accompli et le travail comme l'élément de la propriété future ; respectera l'héritage, qui n'est autre chose que la main du père tendue aux enfants à travers le mur du tombeau ; combinera pacifiquement, pour résoudre le glorieux problème du bien-être universel, les accroissements continus de l'industrie, de la science, de l'art et de la pensée ; poursuivra, sans quitter terre pourtant, et sans sortir du possible et du vrai, la réalisation sereine de tous les grands rêves des sages ; bâtira le pouvoir sur la même base que la liberté, c'est-à-dire sur le droit ; subordonnera la force à l'intelligence ; [...] fera de l'ordre la loi des citoyens, et la paix la loi des nations [...]. De ces deux républiques, celle-ci s'appelle la civilisation, celle-là s'appelle la terreur. Je suis prêt à dévouer ma vie pour établir l'une et empêcher l'autre. »

Le patriotisme hugolien repose sur la conviction que la France a une mission historique, une responsabilité éminente dans le concert des nations, elle doit accompagner les peuples du monde vers un idéal de liberté, vers la République : « La France est le point d'intersection de ce qui a été et de ce qui sera, le lien commun des vieilles royautés et des jeunes nations, le peuple qui se souvient et le peuple qui espère. Le fleuve des siècles peut couler ; le passage de l'humanité est assuré ; la France est le pont granitique qui portera les générations d'une rive à l'autre », écrit-il en 1842.

Une France universelle, une France fraternelle mais aussi une France plus égalitaire et qui reconnaît aux femmes le droit à la citoyenneté. « Le XVIIIe siècle a proclamé le droit de l'homme ; le XIXe proclamera le droit de la femme. »

Mais cette déclaration du 26 juillet 1853 doit être rapprochée de ce qu'il dit en 1876 et qui pourrait laisser croire que Victor Hugo a encore des réticences à admettre cette totale égalité des sexes : il cantonne la femme dans son rôle de mère de famille, et de compagne aimante.

> « L'homme s'efforce, invente, crée, sème et moissonne, détruit et construit, pense, combat, contemple ; la femme aime. Et que fait-elle avec son amour ? Elle fait la force de l'homme. Le travailleur a besoin d'une vie accompagnée. Plus le travailleur est grand, plus la compagne doit être douce. [...] La femme, c'est l'humanité vue par son côté tranquille ; la femme, c'est le foyer, c'est la maison, c'est le centre des pensées paisibles. C'est le tendre conseil d'une voix innocente au milieu de tout ce qui nous emporte, nous courrouce et nous entraîne. Souvent, autour de nous, tout est l'ennemi ; la femme, c'est l'amie. Ah ! protégeons-la ; rendons-lui ce qui lui est dû. Donnons-lui dans la loi la place qu'elle a dans le droit [...]. »

La question de l'éducation abordée à l'occasion du débat à l'Assemblée le 15 janvier 1850 sur la loi Falloux va donner l'opportunité à Victor Hugo de se prononcer pour « l'instruction gratuite et obligatoire [...], l'enseignement primaire obligatoire, c'est le droit de l'enfant qui, ne vous y trompez pas, est plus sacré encore que le droit du père, et qui se confond avec le droit de l'État ».

C'est alors qu'il quitte définitivement les rives de la droite, d'autant plus qu'il réclame « un immense enseignement public donné et réglé par l'État », c'est-à-dire laïc, et s'en prend durement au parti clérical, au parti réactionnaire, hostile à toute acquisition de nouvelles connaissances, qui pourrait permettre un progrès dans la liberté de l'esprit pouvant déboucher sur la liberté religieuse ou le triomphe de la raison.

> « Ah ! [...] je ne vous confonds pas, vous parti clérical, avec l'Église, pas plus que je ne confonds le gui avec le chêne. Vous êtes les parasites de l'Église, vous êtes la maladie de l'Église [...] Nous connaissons le parti clérical ; c'est un parti ancien et qui a des états de service. C'est lui qui, depuis des siècles, garde jalousement et fatalement la porte de l'Église. C'est lui qui a trouvé pour la vérité ces deux étais merveilleux : l'ignorance et l'erreur. C'est lui qui fait défense à la science et au génie d'aller au-delà du missel, et qui veut cloîtrer la pensée dans le dogme. Tous les pas qu'a faits l'intelligence de l'Europe, elle les a faits sans lui et malgré lui. Son histoire est écrite dans l'histoire du progrès humain, mais au verso. »

Victor Hugo rêvait d'un grand avenir politique, qui aurait peut-être pu le conduire à l'Élysée.

Poète, écrivain, Victor Hugo aura finalement eu un destin politique bien plus important que celui auquel il pouvait espérer. Il a éveillé la conscience républicaine de ses concitoyens et apparaît, pour toujours, comme l'une des grandes voix de la République.

Humour

La vie politique est une activité assurément sérieuse et parfois grave. Elle n'exclut pas ces moments où règne l'humour. Dans les échanges politiques, au cœur du débat dans l'hémicycle, parfois involontairement, tel lapsus, telle réplique plus ou moins improvisée provoquent une grande hilarité.

Je me rappelle la réponse, le 4 avril 1990, à la question que j'avais posée au garde des Sceaux pour lui demander les mesures qu'il comptait ordonner afin d'éviter les évasions de détenus. Pour montrer que mon inquiétude était sans fondement, il me répliqua fièrement qu'il y avait eu « 52 détenus évadés dont 53 avaient été repris » !

On peut imaginer les rires dans l'hémicycle après un tel lapsus. Pendant longtemps, dans les couloirs du Palais-Bourbon, on nomma ce garde des Sceaux « le cinquante-troisième ». Celui qui ne s'était pas échappé d'une prison, mais qu'on avait repris pour lui éviter de faire des bêtises.

Comment ne pas citer la repartie de Roland Dumas, ministre des Affaires étrangères, le 11 décembre 1991. Au député communiste Jean-Claude Lefort qui, dans une question sur l'Europe, rappelait que « M. d'Artagnan avait rendu l'âme à Maastricht », il répliqua : « Vous devriez savoir que les héros de Dumas sont immortels ! »

Je me souviens du Premier Ministre britannique, Tony Blair, reçu solennellement dans l'hémicycle de l'Assemblée, le 24 mars 1998, du haut de la tribune, racontant avec humour ses souvenirs de jeunesse, quand il était garçon de café à Paris : « Dans ce bar, il y avait un pot commun. On m'a dit qu'il fallait impérativement y mettre tous les pourboires. Au bout de deux mois, j'ai découvert que j'étais le seul à le faire ! C'était ma première leçon de socialisme appliqué ! »

Éclatement de rires des députés de droite, rires plus mitigés du côté de la gauche.

Je me souviens aussi des rires dans l'hémicycle quand, à la suite d'une intervention de Noël Mamère réclamant une réforme de la Constitution, j'ai demandé la parole et affirmé « que je préférais la Constitution de mon père à celle de Mamère ».

Mais l'humour, en politique, est le plus souvent dur, acerbe. Il cherche à déstabiliser l'adversaire, à le ridiculiser. Sous toutes les Républiques, il a été utilisé comme une arme politique d'autant plus efficace que son auteur avait de l'esprit et le sens des formules.

Le spécialiste de cette ironie mordante est sans conteste Georges Clemenceau. Ainsi, lorsque Félix Faure décède dans les bras de sa maîtresse, il lance : « Il a voulu être César, il est mort Pompée. » Il avait dit aussi de lui que c'était un « Tartuffe épais » à la « pauvre cervelle bouffie de vanité bourgeoise… ».

Les jugements désobligeants de Clemenceau sur ses contemporains sont des morceaux d'anthologie. Il a toujours été d'une sévérité désobligeante et agressive à l'égard de ses collègues politiques.

De Thiers, il a dit que c'était « le type du bourgeois borné et féroce, qui s'enfonce dans le sang, sans broncher ». Il précise que Grévy, empêtré par son gendre dans le « scandale des décorations », « aimait l'argent ».

Évoquant Jules Ferry, son jugement était sans appel : « Ce n'était pas un malhonnête homme. Mais, du point de vue de l'intelligence, c'était un homme au-dessous du médiocre. » Léon Bourgeois, futur prix Nobel de la paix, est pour Clemenceau « un homme aussi capable de raisonnement qu'il est incapable d'agir. »

La condamnation d'Henri Brisson, plusieurs fois président du Conseil, est terriblement cruelle : « Qu'en dire, de celui-là ? Plus bête que lâche ou plus lâche que bête ? Les deux. »

Le jugement de Clemenceau sur un autre président du Conseil est dans la même veine. Il dit de Charles Dupuy qu'il est « sans autre idéal que le gonflement démesuré de lui-même ».

Pour Clemenceau, ce qui fait défaut à Raymond Poincaré, c'est « le caractère ». Quant à Aristide Briand, son principal rival politique, il assure : « Même avec un pied dans la tombe, il m'en restera un pour botter les fesses de ce voyou. »

Cette féroce galerie de portraits, non exhaustive, explique probablement le peu de sympathie du monde parlementaire à son égard.

Jacques Chirac n'est pas avare de ces petites phrases qui font rire mais sont destinées à déstabiliser, dénigrer.

Ainsi, à propos de Guy Mollet (président du Conseil de la IVe République, secrétaire général de la SFIO), lit-on dans ses *Mémoires* : « Le molletisme est un mouvement alternatif du mollet droit et du mollet gauche qui permet d'affirmer que le socialisme est en marche. »

Concernant Mendès France, il a dit : « Il y avait chez lui un côté bulle de savon » (cité par Franz-Olivier

Giesbert dans son livre dédié au Président, *Chirac, une vie*).

Au printemps 1995, en pleine campagne présidentielle, du Premier ministre Édouard Balladur, qui se présentait contre lui et un moment le devançait dans les sondages avant de décliner rapidement, il m'a dit : « Balladur, c'est comme les poteries chinoises, cela supporte les décorations, mais pas le feu. »

Certains bons mots d'André Santini, député des Hauts-de-Seine, sont demeurés célèbres. Lors d'un débat, il demanda à ses voisins quelle était la différence entre Saint Louis et Arpaillange (ministre de la Justice) : « Saint Louis rendait la justice sous un chêne, et Arpaillange comme un gland. »

Spécialiste de ces petites phrases, il avait déclenché l'hilarité parmi les députés qui siégeaient près de lui quand, s'apercevant que l'ancien Premier ministre Raymond Barre, s'étant assoupi, se tournait machinalement les pouces, il se pencha vers ses collègues et leur fit remarquer que Barre « [faisait] son jogging ».

On raconte qu'un jour le député communiste Guy Ducoloné, tribun reconnu, étant interrompu par son collègue le général Aubert, député des Alpes-Maritimes, alors qu'il s'exprimait à la tribune, lui aurait dit que « les seules balles qu'il [avait] entendues siffler à ses oreilles étaient des balles de tennis ». Ce qui est assez désobligeant pour un officier général de l'armée française.

Hussard noir

Cette expression désigne, sous la IIIe République, après le vote des lois scolaires de Jules Ferry et la loi de séparation des Églises et de l'État, les instituteurs publics, considérés comme les défenseurs des valeurs de la République et de la laïcité.

La paternité de cette expression revient à Charles Péguy. Dans *L'Argent*, publié en 1913, évoquant ses souvenirs d'écolier à Orléans où venaient pour leur faire la classe les étudiants de l'école normale de garçons, « ils étaient toujours prêts à crier "Vive la République ! Vive la nation !" ». Il les décrit ainsi : « Nos jeunes maîtres étaient beaux comme des hussards noirs. Sveltes, sévères, sanglés, sérieux et un peu tremblants de leur précoce, de leur soudaine omnipotence. Un long pantalon noir, mais je pense avec un liseré violet [...]. Un gilet noir. Une longue redingote noire, bien droite, bien tombante, mais deux croisements de palmes violettes au revers. Une casquette plate noire, mais un croisement de palmes violettes au-dessus du front. Cet uniforme civil était une sorte d'uniforme encore plus sévère, encore plus militaire, étant un uniforme civique. » Et Péguy d'ajouter qu'ils « étaient vraiment les enfants de la République, ces nourrissons de la République, ces hussards noirs de la sévérité ». Il rend hommage à l'institution d'où venaient ces hussards noirs : « Cette école normale semblait un régiment inépuisable. Elle était comme un immense dépôt, gouvernemental, de jeunesse et de civisme. » Avec admiration, Péguy constate : « Ces instituteurs étaient sortis du peuple, fils d'ouvriers, mais surtout de paysans et de petits propriétaires. [...] Ils restaient le même peuple, nullement endimanchés [...]. »

Ces écoles normales d'instituteurs, d'où provenaient « ces hussards noirs » qu'évoque Péguy, vont apparaître, au fil du temps, comme la clé de voûte de l'enseignement primaire, permettre le développement de « l'école de la République ».

Sous le Premier Empire, le décret du 17 mars 1808 portant organisation de l'université prévoyait seulement la constitution de « classes normales » au sein de lycées ou de collèges « destinées à former des maîtres pour les écoles primaires ».

La question de leur formation est posée depuis longtemps et jamais résolue en dépit de vaines ou éphémères tentatives. « Le grand problème des sociétés modernes est le gouvernement des esprits », affirmera Guizot (1787-1874). Sa loi de 1833 marque véritablement les débuts d'une organisation d'un corps des instituteurs publics pour le primaire.

Se créent alors des écoles normales d'instituteurs, sortes de « séminaires laïcs ». L'entrée suppose la réussite à un examen qui donne droit à une bourse. À la sortie, un certificat de capacité est délivré. La rémunération, modeste, de l'instituteur est fixée par le conseil municipal de la commune où il a trouvé la possibilité d'exercer son travail.

C'est dans ce contexte que Louis-Arsène Meunier (1801-1887), ce fils d'ouvrier tisserand, instituteur puis directeur de l'école normale d'Évreux, militant républicain – il a aussi dirigé dans cette ville entre 1836 et 1842 un cours d'adultes gratuit qui accueillait jusqu'à 400 participants –, vient à Paris pour fonder une école professionnelle et publier, en 1845, *L'Écho des instituteurs*.

Ce journal, dont les colonnes sont ouvertes à tous les instituteurs laïcs, doit leur permettre de trouver une solidarité, de revendiquer une amélioration de leur situation matérielle et les mettre en garde contre l'enseignement des congrégations.

Il participe ainsi à une prise de conscience de la nécessité d'un rassemblement des instituteurs de l'enseignement public en vue de devenir une force politique pour mieux défendre l'école primaire, notamment à l'égard de l'Église. En 1847, il prépare les statuts d'une association, due à l'initiative d'un de ses collègues de Toulon, qui comptera plus de 700 instituteurs.

La IIe République s'installe en 1848, et ses dirigeants montrent d'abord une volonté politique de développer l'instruction primaire publique. Hippolyte Carnot manifeste son intérêt pour les instituteurs. Il voit en eux un moyen de développer la République. Ceux-ci montrent vite, dans leur ensemble, leur sympathie pour les principes républicains.

De même que se constituent des associations ouvrières corporatives, des tentatives sont menées pour favoriser le regroupement les instituteurs et leur faire prendre conscience que, par leur force et leur militantisme, ils peuvent contribuer à transformer la société, à lutter contre l'injustice sociale. Ainsi apparaît l'Association des instituteurs, institutrices et professeurs socialistes.

Mais l'élection de Louis Napoléon Bonaparte en décembre 1849 met un terme à l'espérance des instituteurs et au militantisme progressiste de certains d'entre eux.

Les écoles normales d'instituteurs ne sont pas supprimées mais demeurent dans une situation précaire, soumise au bon vouloir des décisions des conseils généraux. Surtout, Napoléon III, désireux que les instituteurs servent désormais le nouveau régime et favorisent le respect de la jeunesse à son égard, confie aux préfets l'attribution des bourses, l'admission ou l'exclusion des élèves..., prérogatives dévolues aux recteurs de l'université dont il se méfie des idées parfois estimées trop libérales. Il s'agit en fait d'une reprise en main des écoles normales et des instituteurs. Le régime y est d'ailleurs incité par l'Église, son principal soutien qui voit dans ces écoles normales un foyer trop favorable aux idées héritées des philosophes des Lumières, propice au développement de la laïcité.

La loi Falloux du 15 mars 1850, expression d'un compromis entre les libéraux, les conservateurs et l'Église, qui bénéficie d'une grande bienveillance de la part du pouvoir napoléonien, conserve ces écoles.

Elles sont fermées dans seulement huit départements par les conseils généraux, ce qui peut apparaître comme un nombre faible compte tenu du climat politique des premières années de l'Empire. Leur recrutement fait en revanche l'objet d'une forte vigilance. Le concours d'entrée est supprimé, il est remplacé par une enquête diligentée notamment par les recteurs, sur les « qualités morales et religieuses » des candidats. Lorsque l'Empire se voudra moins autoritaire, le concours réapparaîtra à l'instigation de Victor Duruy, et les écoles normales pourront de nouveau se développer.

Avec l'installation de la République, à partir des élections de février-mars 1876, les républicains manifestent leur volonté de donner à l'enseignement, notamment primaire, un nouvel essor par le développement des écoles normales d'instituteurs. L'école de la République est devenue une réalité autant qu'une ambition. Elle se doit de former des maîtres de qualité, ces hussards noirs dont parle Péguy.

I

Insolites députés

La politique a toujours été un métier du spectacle, plus aujourd'hui probablement qu'hier, du fait des moyens de communication.

La retransmission en direct des questions au gouvernement qui date du 28 octobre 1981 a fait entrer les caméras dans le débat des parlementaires.

Cette possibilité avait toujours été refusée auparavant. S'était pourtant posée, dès la fin de la IIIe République, la question de l'enregistrement sonore des interventions des députés, les présidents successifs et le bureau de l'Assemblée s'en tenant au compte rendu *in extenso* des débats, publié par le *Journal officiel*, pour refuser l'intrusion des micros extérieurs.

Par expérience, ils avaient conscience que l'hémicycle de l'Assemblée nationale est souvent un théâtre où s'expriment avec vivacité les passions partisanes, avec agressivité les revendications, les oppositions politiques, et qu'il est préférable, pour ne pas alimenter un antiparlementarisme, de ne pas trop extérioriser les débats.

Au Palais-Bourbon, on peut aussi croiser des personnages insolites, originaux. Peut-être moins que par le passé, certes. Aujourd'hui, tout est minuté, orchestré, standardisé, et la fantaisie est de moins en moins de mise. Internet, les réseaux sociaux ont vite fait de transformer l'originalité en ridicule...

La personnalité du député de l'Allier et maire de Moulins, Hector Rolland, restera dans les annales.

Cet élu gaulliste (de 1968 à 1981 et de 1986 à 1988), surnommé « Spartacus » par ses collègues, enfant de l'Assistance publique, autodidacte, écrivait des poèmes qu'il lisait, d'une voix rocailleuse, du haut de la tribune.

Se définissant comme un « député de base », il est le seul parlementaire à avoir, en pleine séance, le 13 mai 1987, fait « un rappel au règlement » en alexandrin qui se termine ainsi :

Il faut faire cesser le cirque du mercredi
Il n'intéresse nullement l'ensemble du pays
Il vaut mieux que chacun travaille en silence
Ainsi se portera mieux la France.

Cela lui valut un grand succès sur les bancs de ses amis politiques, et cette réplique du président de séance, Alain Richard : « Mon cher collègue, je ne peux que respectueusement transmettre votre imprécation au bureau de l'Assemblée en rendant hommage à la forme soigneuse dans laquelle vous l'avez formulée. Son caractère épique répond à la fois à votre prénom et à votre fougue, lorsque vous intervenez dans cet hémicycle. »

Comment ne pas aussi évoquer, dans cette galerie de portraits, le chanoine Félix Kir (1876-1968) ?

Certes, son nom est encore souvent prononcé, non pas dans l'hémicycle du Palais-Bourbon, mais dans les bars ou sur les terrasses de cafés, particulièrement au moment de l'apéritif.

Composé de deux tiers d'un vin blanc sec de bourgogne et d'un tiers de crème de cassis de Dijon, cette célèbre boisson a été, sinon inventée – n'entrons pas dans des débats sans fin de spécialistes –, du moins popularisée par un personnage original qui lui a donné son nom : le chanoine Félix Kir.

Destin surprenant pour un prêtre qui s'est aventuré sur les sentiers chaotiques de la politique.

Maire de Dijon, il en sera le premier magistrat pendant vingt-trois ans. Député de la Côte-d'Or et doyen de l'Assemblée nationale en 1962, il aura siégé au Palais-Bourbon de 1945 jusqu'à sa mort.

Personnage atypique, inclassable, original pour les uns, exaspérant pour les autres, le chanoine Kir n'a pas laissé indifférents ses collègues députés. Ses détracteurs le présentaient comme un égocentrique, opportuniste, prêt à tous les compromis et contorsions électorales pour conserver ses mandats politiques. On affirmait qu'il était sans foi ni loi, en politique naturellement.

Né de parents qui quittèrent l'Alsace pour échapper à la domination prussienne, Félix Kir est originaire d'un petit village, Alise-Sainte-Reine, dans le département de la Côte-d'Or, lieu de la fameuse bataille d'Alésia qui opposa l'armée de Jules César à la coalition gauloise commandée par Vercingétorix, symbole de la résistance au pouvoir romain.

Entré au petit séminaire à quinze ans, ordonné prêtre en 1901, Félix Kir devient vicaire à Auxonne, à Notre-Dame de Dijon puis curé de Bèze. Il assume ensuite les fonctions de curé doyen de Nolay, berceau de la famille Carnot.

Il se signale déjà par sa singularité, sa verve, ne cache pas une attirance pour la chose publique et la politique. Ainsi, en 1936, après les élections législatives, se réjouit-il publiquement que la Côte-d'Or « n'ait pas chaviré sous la bourrasque du Front populaire ».

Le 16 juin 1940, pour faire face à la situation – la municipalité avait fui devant la débâcle –, le préfet désigne le chanoine Kir membre d'une délégation municipale de cinq représentants chargée d'administrer la ville de Dijon.

N'acceptant pas l'occupation allemande, il aide nombre de ses compatriotes à échapper à l'emprisonnement. Arrêté par les Allemands, condamné, semble-t-il, à deux reprises, à mort, il réussit à échapper à l'exécution de sa sentence, blessé par des miliciens qui voulaient le liquider. Il se réfugie en Haute-Marne et ne revient à Dijon que le jour de la libération de la ville, le 11 septembre 1944, perché sur un tank de la première armée.

Le lendemain, il est nommé membre du comité départemental de Libération comme « résistant indépendant », n'étant présenté par aucun mouvement de la Résistance et par aucun parti politique. Sa forte personnalité, son appartenance à la délégation municipale en 1940, son hostilité à l'égard de l'occupant allemand, l'attentat de la milice dont il fut la cible le 26 janvier 1944 lui conféreront, à la Libération, une notoriété locale et une popularité importante.

Peu après, il est choisi par Georges Connes, maire désigné par les résistants, comme membre du conseil municipal provisoire de Dijon. Comme les socialistes se sont octroyé toutes les fonctions politiques majeures, il apparaît nécessaire d'y intégrer des représentants d'autres familles politiques, et notamment le chanoine Kir.

La guerre terminée, ce dernier entame une nouvelle étape de son engagement, plus politique que confessionnel.

En 1945, il sollicite pour la première fois le suffrage des électeurs et des électrices. Élu sans étiquette politique précise, se présentant comme un « républicain indépendant », voulant éviter de s'inféoder aux partis qui dominent alors la vie politique. Il devient maire de Dijon, conseiller général et député de la Côte-d'Or. Il siège dans l'hémicycle du Palais-Bourbon en soutane. Son caractéristique accent bourguignon est vite remarqué.

En 1951, lors des législatives, Kir n'hésite pas à critiquer le grand résistant Edmond Michelet qui « trahit » ses électeurs de Corrèze en soutenant le général Billotte parachuté dans le département contre lui par le Rassemblement du peuple français, le mouvement gaulliste.

Ses attaques contre ses opposants sont féroces et exemptes de toute charité. Il sait qu'en politique il faut éliminer l'adversaire, toute mansuétude à son égard se retournant souvent contre vous.

Il va jusqu'à fustiger ce général « qui a cueilli ses étoiles par des moyens "modernes" ». Il se permet même de dénoncer la vie privée de son adversaire. « Divorcé deux fois, marié en troisième lieu avec une riche juive américaine, c'est un franc-maçon et évidemment un anticlérical » (5 février 1951, lettres publiées dans *La Bourgogne républicaine*). Kir utilise tous les arguments pour le dénigrer et lui faire perdre la compétition électorale. Il entend rassembler les voix des catholiques.

Il s'en prend aussi au général de Gaulle dans sa profession de foi pour les élections du 17 juin 1951. Il se dit candidat pour « la défense de nos libertés et des institutions républicaines, menacées par le communisme et le pouvoir personnel ». Il affirme en conclusion : « Nous ne voulons, pour notre pays, ni aventure ni dictature. »

Mais, en politique, les convictions tiennent rarement longtemps face à l'ambition d'être réélu. Peu importent ses déclarations anciennes, en 1956, le voici faisant équipe avec l'adversaire d'hier, le général Billotte. Le chanoine a compris qu'en politique un ancien adversaire peut devenir un allié et, charité chrétienne oblige, il oublie ses désobligeantes critiques de 1951. D'autant que Billotte est alors ministre de la Défense nationale dans le gouvernement d'Edgar Faure, renversé en novembre 1955, ouvrant la dissolution de la Chambre des députés.

L'adversaire est alors clairement désigné : « L'enjeu de la bataille électorale qui vient de commencer n'a jamais été aussi lourd de conséquences : il s'agit en effet de savoir si notre pays restera une nation libre ou si, au contraire, il s'engagera dans le chemin de l'aventure, de cette aventure qui, hélas, a conduit derrière le rideau de fer des nations jadis heureuses et libres [...]. Nous ne voulons combattre que pour la démocratie libre contre le sectarisme marxiste. »

En 1958, à quatre-vingt-deux ans, il est une nouvelle fois candidat aux législatives, cela fait treize ans qu'il siège au Palais-Bourbon, il se sent suffisamment en bonne forme physique pour solliciter le renouvellement de la confiance des Bourguignons.

Le contexte politique cependant a changé. Le général de Gaulle est revenu au pouvoir, et les candidats du parti se réclamant de l'homme du 18 Juin, « l'Union pour la nouvelle République » (UNR), risquent de modifier la donne électorale dans de nombreux départements, et notamment en Côte-d'Or où le chanoine et député n'a jamais clamé sa foi gaulliste. D'ailleurs, les partisans du général de Gaulle ne manifestent que peu d'estime pour Kir.

Le mode de scrutin n'est plus proportionnel, mais majoritaire à deux tours. Kir a donc conscience qu'il lui faut manœuvrer avec habileté. Ne pouvant atteindre au premier tour de scrutin la majorité absolue des suffrages exprimés, pour avoir une chance de l'emporter, de toute façon, il devra traiter au second avec le candidat gaulliste.

La conjoncture politique et le mode de scrutin lui imposent un changement d'attitude politique. L'anti-gaulliste ne manifeste plus ouvertement son hostilité à de Gaulle.

Dans sa profession de foi pour les élections de novembre 1958, il ne prononce pas le nom de De Gaulle, mais rappelle avec un luxe de détails son action pendant la guerre. Il raconte même : « Vous savez aussi qu'avec l'aide de quelques concitoyens j'ai pu faire évader de 5 000 à 6 000 prisonniers, et venir en aide à tous ceux que poursuivait l'occupant, quelles que soient leurs opinions politiques et religieuses. » Il veut éviter que le candidat UNR qui se réclame du chef de la France libre ne récupère les voix des patriotes. D'ailleurs, « ancien combattant et résistant, [son] indépendance et [son] attachement à toutes les libertés sont les plus sûrs garants de [son] patriotisme », précise-t-il à toutes fins utiles.

Mais cela ne suffit pas et, au cours de la campagne, il lui est souvent rappelé son antigaullisme, alors, quelques jours avant le premier tour de scrutin, dans *Le Bien public* du 30 octobre 1958, dans une ultime confession, il écrit sous le titre « Pour couper les ailes à un canard » : « Si à un moment donné je ne partageais pas les idées de De Gaulle, aujourd'hui, il en va différemment, car mon programme se confond très sensiblement avec le sien [...]. » Et il rappelle qu'il a voté l'investiture du général de Gaulle.

Malgré ces professions de foi, l'Union pour la nouvelle République investit un candidat, le sénateur Michelin, contre lui, montrant ainsi que les gaullistes ne sont pas totalement dupes de sa conversion politique. Mais, comme le MRP, qui ne présente pas de candidat, appelle à voter pour Kir, de même que les indépendants paysans, il est élu au second tour.

La conversion gaulliste du chanoine ne reposait pas sur une foi profonde en de Gaulle, elle n'était que tactique et opportunité politicienne. Elle ne fut que de courte durée.

Lorsque, en 1959, président de la République, le général de Gaulle envisage de venir à Dijon, le maire et chanoine commence par affirmer son intention de ne pas l'accueillir à la mairie. Il faut la force de conviction du préfet pour qu'il change de position. Il se résout à ne pas déroger à la tradition républicaine.

Très vite, il rejoint le camp des antigaullistes et prend position contre le référendum d'octobre 1962 sur l'élection du président de la République au suffrage universel. « Pour éviter une dictature », écrit-il le 27 octobre dans le journal de Dijon *Le Bien public*.

En 1962, il vote la censure du gouvernement Pompidou. Les élections qui font suite à ce vote et à la dissolution de l'Assemblée nationale s'annoncent délicates pour le chanoine. Lors du référendum, le « oui » l'a emporté largement, même en Côte-d'Or, et les gaullistes présentent contre lui un jeune professeur au lycée de Dijon, Robert Poujade.

Distancé dans sa propre ville au premier tour, où pourtant il avait constamment été réélu depuis 1945, il doit son salut, au deuxième tour, aux communistes qui, pour barrer la route au « candidat du pouvoir personnel », se désistent pour lui.

Les voies de la politique sont aussi impénétrables que celles du Seigneur. Voici le chanoine élu par celles et ceux qui militent pour la laïcité de l'État. On assiste en politique souvent à d'étranges conversions.

À quoi croyait-il, ce chanoine député ? En Dieu, certainement, et en lui, assurément. À part cet antigaullisme notoire, peut-on parler à son sujet de convictions politiques, idéologiques ?

Lors d'un débat à l'Assemblée, Kir changeait sans arrêt de place dans l'hémicycle pour parler avec ses collègues, se déplaçait sans discrétion, faisant virevolter sa soutane noire dans les travées. Exaspéré, Jacques Chaban-Delmas, qui présidait la séance, l'interpella un jour et lui demanda de « regagner sa place et d'y rester… ». Et le vieux curé dijonnais de lui répondre, d'une voix forte à l'accent bourguignon : « Je vais m'asseoir, monsieur le président, mais sachez que Dieu est partout ! »

Bien insolite aussi fut Charles-Émile Freppel (1827-1891).

Freppel n'est pas républicain, tant s'en faut. Il illustre une pensée politique qui a marqué notre histoire républicaine, celle de la droite ultra, cléricale, royaliste. Il a été un procureur implacable des idées de la Révolution, un adversaire résolu de la République, de la laïcité de l'État et de l'enseignement. Il n'a eu de cesse de dénoncer l'Internationale socialiste, les francs-maçons et l'islam. Et pour imposer leur politique, les républicains ont dû guerroyer au Palais-Bourbon contre ces conservateurs, nostalgiques du passé, comme Freppel.

Mais sa présence dans cet ouvrage vient de ce qu'il fut le dernier évêque à siéger au Palais-Bourbon, dans ce temple de la République.

En juin 1880, en effet, à la suite d'élections partielles, Charles-Émile Freppel, évêque d'Angers, est élu député du Finistère, circonscription de Brest. Auparavant, il avait brigué, sans succès, aux élections législatives complémentaires de juillet 1871, le mandat de député dans le département de la Seine.

Au Palais-Bourbon pendant onze ans, il siège sur les bancs des monarchistes, tout en affirmant parfois vis-à-vis de ses collègues une certaine liberté dans l'expression de ses convictions politiques.

Évêque et député, Freppel est certain de l'importance politique de la tribune du Palais-Bourbon pour façonner les contours de l'ordre social, défendre les intérêts de l'Église catholique, diaboliser le socialisme, s'opposer à la laïcité de l'État et de l'enseignement.

Il sait très vite utiliser la tribune pour faire entendre sa voix, prendre à partie, dénoncer, critiquer la politique du gouvernement, pour « chicaner », disent ses adversaires.

Polémiste de talent, il acquiert rapidement la renommée de « grand orateur parlementaire » que l'on vient écouter même si on ne partage pas ses analyses politiques.

Son éloquence repose sur une authentique érudition, sa parfaite maîtrise de la comédie oratoire, et impressionne nombre de ses collègues députés. « Tout à coup, précise un témoin des débats parlementaires, il se redressait ; d'un geste rapide, il ramassait, en quelque sorte, sa soutane et l'assurait avec sa ceinture violette ; il secouait d'une pichenette les grains de tabac tombés sur sa croix pastorale, fixait son rabat, enfonçait sa calotte, et se croisait les bras derrière le dos… »

En réalité, Freppel ne cesse de fustiger la Révolution française comme étant à l'origine de tous les maux. Alors que la société française est en pleine mutation, en proie à une remise en cause de sa tradition religieuse, il voit dans la Révolution « l'antithèse absolue du christianisme ».

Freppel a désigné depuis longtemps son adversaire politique : l'Internationale, « qu'elle s'appelle socialiste que ce soit communisme ou nihiliste ». Elle est source de tous les maux du monde moderne, qui « menace l'existence même de la société civile ». « Le but que poursuit cette ligue internationale est partout le même. Détruire la propriété individuelle ou privée, pour y substituer la propriété collective, faire de l'État l'unique possesseur du sol et des instruments de travail, [...] faire table rase de toutes les institutions existantes, religieuses, juridiques, militaires, pour reconstruire la société sur de nouvelles bases qui seraient la négation de Dieu, de l'âme immortelle, de la vie future, c'est-à-dire le matérialisme théorique et pratique », écrit-il aux fidèles de son diocèse dans sa lettre pastorale du 18 janvier 1879.

Il voit dans la Commune un « régime sanguinaire et despotique ». Il avertit :

> « [Les] pays les plus envahis par les théories antisociales sont-ils ceux-là mêmes où l'incrédulité a exercé le plus de ravages. Les chefs du mouvement l'avouent sans détour : la foi catholique leur paraît le plus grand obstacle au triomphe de leurs doctrines. [...] Oui, le socialisme marche de pair avec l'athéisme. [...] Il ne suffit pas [...] de repousser le socialisme et le communisme comme une atteinte profonde aux droits de la famille

et de la propriété. Encore faut-il [...] ne pas leur frayer la voie [...] en leur ouvrant imprudemment les brèches par où ils pourront monter sans trop de peine à l'assaut de la société [...], n'est-ce pas encore mettre une arme puissante aux mains du socialisme que d'exagérer les droits de l'État en matière d'éducation ? »

Royaliste convaincu, il ne cachera jamais son espérance d'un retour de la royauté. Il soutient le comte de Chambord plus qu'il n'adhère aux idées de Louis-Philippe. Il préfère la dynastie des Bourbons à celle des Orléans.

Les républicains, le 14 août 1884, font voter une révision constitutionnelle qui, notamment, ajoute à la loi du 25 juillet 1875 un alinéa disposant que « les membres des familles ayant régné sont inéligibles à la présidence de la République » : « La forme républicaine du gouvernement ne peut faire l'objet d'une proposition de révision. » Il dénonce alors avec force ces dispositions qui mettent fin à son rêve d'une restauration de la monarchie.

Porte-parole et défenseur des droits de l'Église, il s'oppose au processus de laïcité de l'enseignement.

En décembre 1880, la loi sur l'obligation de laïcité à l'école vient en discussion à la Chambre. Freppel naturellement réagit avec force contre cette mise en cause de l'enseignement religieux. « On se figure que le silence de l'instituteur sur la religion équivaut de sa part à un acte de neutralité, c'est là une pure chimère [...], le silence équivaut à la négation. » Il dépose sans succès un amendement qui rétablit les mots « moral » et « religieux ».

Le fond de sa pensée, il l'a depuis longtemps exprimé dans son « Discours sur l'harmonie des sciences humaines et de la religion », prononcé le 24 novembre 1867 devant des professeurs :

> « Ah ! si je voulais imaginer pour mon siècle et mon pays la pire de toutes les situations, je me figurerais la société civile et la société religieuse devenues étrangères l'une à l'autre, et se refermant chacune dans sa sphère exclusive ; la science et la foi nourrissant des défiances réciproques, et ne cherchant rien de ce qui doit les rapprocher, pour s'attacher opiniâtrement à tout ce qui pourrait les désunir. C'est sous l'image de ce divorce fatal que je me représenterais la décadence. [...] Non, messieurs, ne cessons pas de le redire, l'instruction à elle seule ne suffit à rien, ou suffit tout au plus à faire des machines plus ou moins intelligentes : pour être véritablement utile et pour aboutir à de bons résultats, il faut qu'elle s'appuie sur la moralité et la foi religieuse ; autrement elle tournerait à mal, et deviendrait l'auxiliaire du vice au lieu de profiter de la vertu [...]. »

Il condamne le principe de l'instruction obligatoire : « Inutile, inefficace et tendant au socialisme d'État. »

Le voici en 1881 dénonçant la gratuité de l'instruction primaire. Pour s'y opposer, ses arguments sont multiples. Avec la gratuité, les pauvres, qui sont contribuables, financeront les études des enfants des riches. Pour les parents qui ont placé leurs enfants dans l'enseignement privé, ils devront payer deux fois, pour leurs enfants et en tant que contribuables et pour les enfants qui suivent l'enseignement public. Il voit dans cette réforme un gaspillage des finances communales. Après, prédit-il, viendra « la gratuité de la nourriture, du vêtement, du logement »… Il combat cette « socialisation de la société ».

Il s'oppose à l'application du droit de mutation aux biens des congrégations.

Le long débat en 1882 sur l'obligation scolaire et la laïcité des programmes et des locaux met face à face Mgr Freppel et Jules Ferry. La loi est finalement adoptée le 28 mars, les « devoirs envers Dieu » en sont absents.

Lors de la séance du 3 juillet 1884, le voici à la Chambre des députés, critiquant la suppression des prières à l'école, fustigeant cette « déclaration d'athéisme ».

Il réclame aussi le rejet de la disposition de la nouvelle loi militaire, imposant aux séminaristes l'obligation d'effectuer, comme les jeunes Français, un service militaire. Il fait voter un amendement, le 19 janvier 1889, assimilant en temps de guerre le statut des curés des paroisses à celui des professeurs.

À partir de 1876, le député Alfred Naquet avait déposé successivement trois propositions de loi tendant à restaurer le divorce pour faute. Il a échoué. Peu après, le pape Léon XIII publie la première encyclique sur le mariage chrétien, *Arcanum Divinæ* (10 février 1880), et naturellement Freppel, en 1882, au Palais-Bourbon, s'élève contre le principe même du divorce.

Il condamne l'inéligibilité aux mandats municipaux des ministres du culte et notamment des évêques, assimilés aux fonctionnaires. Pour éviter que la Chambre n'ouvre le débat sur cette loi, dont il pressent qu'elle sera votée, elle l'a été au Sénat, comme la législature arrive à son terme, nous sommes en 1885, il multiplie ses prises de parole lors des discussions sur la loi militaire dont l'examen précède celle qu'il conteste.

Il intervient longuement sur chaque article, même le plus insignifiant. En professionnel du débat parlementaire, avec une mauvaise foi évidente, il fait de l'obstruction, joue la montre, gagne du temps, utilise parfaitement le règlement de la Chambre et arrive à ses fins. Faute de temps, l'examen de cette loi sur l'inéligibilité est reporté.

Infatigable guerrier parlementaire, le voici déposant un amendement s'opposant à la liberté des funérailles. Il dénonce la suppression de 2 000 vicariats dans l'armée.

Il s'oppose au projet de loi organisant le Sénat en Haute Cour de justice pour juger le général Boulanger. Il s'élève contre le rétablissement du scrutin d'arrondissement, refuse le projet de loi sur la presse…

Plus tard, il se prononce avec la gauche, en faveur de l'octroi de crédits pour l'expédition au Tonkin. « Les divergences politiques doivent s'effacer devant l'intérêt national, et [...], quand le drapeau est engagé, personne n'a plus à se demander quelles sont les mains qui le tiennent », s'écrie-t-il à la tribune sous les applaudissements de ses collègues de gauche et la consternation de ceux de la droite. En 1884, il récidive et vote les crédits pour l'expédition à Madagascar.

Freppel, du haut de la tribune du Palais-Bourbon, où il a prononcé plusieurs centaines de discours durant son mandat et dans ses lettres pastorales, apparaît comme le héros de cette droite cléricale, radicale, conservatrice, intransigeante, nationaliste, qui a bien du mal à accepter la République.

Freppel est sur tous les fronts. Dans sa lettre pastorale du 8 février 1885, il dénonce avec véhémence aussi bien les francs-maçons que l'islam :

« [...] Il était dit que chaque victoire de la croix serait suivie d'un nouveau combat, et que l'antique serpent écrasé par l'étendard du salut relèverait la tête après chaque défaite. Un homme donc – car ici-bas, en tête du mal comme en tête du bien, il n'y a toujours qu'un homme – un homme, dis-je, essaya d'arrêter la croix dans sa marche triomphale. À cet effet, il prit quelques lambeaux de la Bible, arracha quelques feuillets de l'Évangile et, y mêlant ses rêveries, il en fit le Coran. Puis, comme symbole de l'opposition à la croix, il adopta le croissant et, enfin, à la place du glaive spirituel de la parole, il mit le glaive matériel qui frappe et qui égorge. Voilà son œuvre : le Coran, avec le croissant pour signe et le cimeterre pour garde... Jamais peut-être la croix n'avait rencontré d'adversaire plus formidable. Qu'était-ce, en effet, que le mahométisme en face de la croix ? C'était la glorification de la volupté, le déchaînement de toutes les passions brutales, l'empire de la chair substitué au règne de l'esprit, les convoitises sensuelles transportées jusque dans le monde futur. Et cependant, malgré l'appât qu'offrait à des instincts grossiers cette religion toute pétrie de sang et de boue, en dépit de la complicité qu'elle rencontrait dans les bas-fonds de la nature humaine, l'étendard du sensualisme a reculé devant le drapeau du sacrifice ; et tandis que le croissant apparaît comme le symbole de la décrépitude et de l'abrutissement, la croix est restée, pour les nations rangées autour d'elle, le signe de la grandeur, de la force et de la vie. »

Fils d'un greffier de justice de paix à Obernai qui épousa la fille de son patron et terminera sa vie professionnelle comme juge de paix à Masevaux, dans le département du Haut-Rhin, Charles-Émile Freppel ne choisit pas l'exemple paternel et une carrière dans la justice. Très tôt il entre au petit séminaire Saint-Louis de Strasbourg en vue d'accéder à la prêtrise.

Sous-diacre en 1848, professeur d'histoire au petit séminaire de Saint-Louis, il est ordonné prêtre à la Noël 1849. Remarqué par son érudition, il est appelé à l'école des Carmes, à Paris où l'on forme les futurs maîtres de l'enseignement catholique. Il y enseigne la philosophie.

Il séjourne un an dans la capitale, un temps suffisant pour approcher les idées libérales et républicaines sans y adhérer.

Il est nommé à la direction du nouveau collège Saint-Arbogast à Strasbourg.

Sous l'impulsion de l'abbé Lacordaire, dont il avait fait la connaissance à Paris, il postule et obtient l'un des six postes de chapelain de l'église Sainte-Geneviève de Paris, rendue au culte le 6 décembre 1851 par le prince-président, juste après son coup d'État.

Le rôle des chapelains était de prononcer chaque dimanche une conférence d'abord destinée à cette jeunesse qui fréquente les écoles du Quartier latin, et faire rayonner la foi en la religion catholique.

Dans cette fonction de maître à penser, Freppel apparaît vite comme intellectuel, certes engagé au service du catholicisme, mais surtout comme un prédicateur de talent.

Tout en assumant sa mission religieuse, il poursuit sa formation de théologien et devient le 23 juin 1855 docteur en théologie. D'abord professeur suppléant, puis titulaire de la chaire d'éloquence sacrée à la Sorbonne, son enseignement connaît un certain succès. Lorsqu'il disserte pendant un an sur les *Oraisons funèbres* de Bossuet, un public d'étudiants et d'universitaires nombreux vient l'écouter.

En 1863, il conteste la thèse défendue par Ernest Renan dans *La Vie de Jésus*, selon laquelle la biographie de Jésus doit être comprise comme celle de n'importe quel autre homme, et la Bible comme devant être soumise à un examen critique comme n'importe quel autre document historique.

L'abbé Freppel décide de partir en croisade contre Ernest Renan « qui aura jugé sans doute que le niveau intellectuel de ses lecteurs ne dépassait point la hauteur du roman ». Il décèle chez Renan « un vernis d'érudition que chacun peut acquérir en six mois ».

Il est appelé par le pape à Rome pour préparer le prochain concile et il est nommé évêque d'Angers en 1869, à quarante-deux ans, au moment où éclate la guerre.

Patriote, son origine alsacienne explique que l'affrontement avec les Prussiens l'affecte autant, le blesse au plus profond de ce qu'il est : « Entre le Rhin et les Vosges s'étend une vallée que Dieu s'est plu à enrichir des dons de la nature », a-t-il déclaré dans *La Revue catholique d'Alsace*.

Avant le traité de Versailles, il écrit au roi de Prusse : « L'Alsace ne vous appartiendra jamais. Vous pourrez chercher à la réduire sous le joug ; vous ne la dompterez pas [...]. » Il mobilise la communauté catholique pour soutenir nos soldats. Il incite les séminaristes, ceux qui ont prononcé leurs vœux, à porter secours aux militaires blessés, les autres à s'engager auprès des soldats pour défendre cette terre de France.

Inviolabilité parlementaire

Que serait la République si les élus du peuple, députés et sénateurs, ne bénéficiaient pas d'une inviolabilité qui les protège lorsqu'ils s'expriment dans l'hémicycle du Palais-Bourbon ou celui du Luxembourg, votent une loi, déposent des amendements ? La République ne serait qu'une coquille vide.

Cette inviolabilité a été inscrite pour la première fois dans nos Constitutions lorsque, par décret, le 23 juin 1789 :

> « L'Assemblée nationale déclare que la personne de chacun des députés est inviolable ; que tous particuliers, toute corporation, tribunal, cour ou commission qui oseraient, pendant ou après la présente session, poursuivre, rechercher, arrêter ou faire arrêter, détenir ou faire détenir un député pour raison d'aucune proposition, avis, opinion ou discours fait par lui aux états généraux, de même que toutes personnes qui prêteraient leur ministère à aucun desdits attentats, de quelque part qu'il soit ordonné, sont infâmes et traîtres envers la nation et coupables de crime capital. L'Assemblée nationale arrête que, dans les cas susdits, elle prendra toutes les mesures nécessaires pour faire rechercher, poursuivre et punir ceux qui en seront les auteurs, instigateurs ou exécuteurs. »

La Constitution du 3 septembre 1791 et celle de l'an III reprennent à leur compte le principe de l'inviolabilité parlementaire, de même que, après le coup d'État du 18 Brumaire, la Constitution du 22 frimaire an VIII confirme que « les fonctions des sénateurs, des députés et des tribuns ne pourraient donner lieu à aucune responsabilité ».

Une loi de 1819 vint corriger l'oubli de la Charte Constitutionnelle de 1814 et réaffirma ce principe de l'inviolabilité, tout comme la Constitution de 1848, celle de 1852 et l'article 13 de la loi constitutionnelle du 16 juillet 1875.

Aujourd'hui, le souci de concilier la nécessaire protection de l'exercice du mandat parlementaire et le principe de l'égalité des citoyens devant la loi a conduit à distinguer l'irresponsabilité et l'inviolabilité.

L'irresponsabilité soustrait les parlementaires à toute poursuite pour les actes liés à l'exercice de leur mandat. Elle est établie par la Constitution dont l'article 26, dans son premier alinéa, dispose qu'« aucun membre du Parlement ne peut être poursuivi, recherché, arrêté, détenu ou jugé à l'occasion des opinions ou votes émis par lui dans l'exercice de ses fonctions ».

Elle couvre tous les actes de la fonction parlementaire : interventions et votes, propositions de loi, amendements, rapports ou avis, questions, actes accomplis dans le cadre d'une mission confiée par les instances parlementaires.

Même si elle assure une protection très large, elle n'entraîne pas l'immunité totale puisque, pour leurs interventions en séance publique, les députés restent toujours soumis au régime disciplinaire prévu par le règlement de l'Assemblée.

L'inviolabilité tend, quant à elle, à éviter que l'exercice du mandat parlementaire ne soit entravé par certaines actions pénales visant des actes accomplis par les députés en tant que simples citoyens. Elle réglemente les conditions dans lesquelles s'exerce l'action pénale pour les actes étrangers à leurs fonctions.

Le régime de l'inviolabilité ne protège plus le député contre l'engagement de poursuites (mise en examen), en revanche, il ne peut faire l'objet d'une arrestation ou de toute autre mesure privative ou restrictive de liberté (contrôle judiciaire) sans l'autorisation du Bureau de l'Assemblée nationale, sauf les cas de crime ou délit flagrant, ou de condamnation définitive. L'inviolabilité est exclusivement attachée à la personne des parlementaires. Elle ne joue qu'en matière criminelle et correctionnelle.

Voir : Palais-Bourbon.

J

Jaurès, Jean (1859-1914)

Aurait-il pu concevoir son existence en dehors de la politique ? Brillant étudiant, reçu premier à l'École normale supérieure et troisième en 1881 à l'agrégation de philosophie, derrière Bergson, il pouvait envisager une belle et longue carrière dans l'enseignement.

Professeur au lycée d'Albi puis maître de conférences à la faculté des lettres à Toulouse en 1883, il choisit comme spécialisation universitaire la métaphysique, considérée par Platon comme le couronnement de toutes les connaissances, et pour Descartes le fondement de la philosophie. Elle a pour ambition de pénétrer dans un monde situé hors de l'espace et du temps, plus réel et plus vrai que celui des objets physiques.

Mais, sa vie, c'est la politique. C'est agir par le verbe, transformer sa parole en action, faire partager ses convictions, convaincre de la pertinence de ses idées. C'est tout cela qui l'anime au plus profond de lui.

Il est élu en 1885 député républicain du Tarn. À vingt-six ans, il est le plus jeune député. Il n'est pas encore socialiste.

Le 22 octobre 1886, à l'occasion du débat sur l'école primaire, il dévoile certaines de ses convictions sur la laïcité :

« Deux forces se disputent aujourd'hui les consciences : la tradition qui maintient les croyances religieuses et philosophiques du passé ; la critique, aidée de la science, qui s'attaque non seulement aux dogmes religieux, mais aux dogmes philosophiques ; non seulement au christianisme, mais au spiritualisme. Eh bien, en religion, vous pouviez résoudre la difficulté et vous l'avez résolue : l'enseignement public ne doit faire appel qu'à la raison et toute doctrine qui ne se réclame pas de la seule raison s'exclut elle-même de l'enseignement primaire. Vous nous dites tous les jours que c'est nous qui avons chassé Dieu de l'école, je vous réponds que c'est votre Dieu qui ne se plaît que dans l'ombre des cathédrales. »

Au terme de quatre ans de mandat, il n'est pas réélu et reprend l'enseignement à la faculté de Toulouse.

Pour autant, il ne se détache pas de la politique, collabore à *La Dépêche de Toulouse*. En 1890, élu conseiller municipal de Toulouse, sur la liste de ses amis républicains, il devient maire adjoint en charge de l'instruction publique.

Il étudie les théories de Marx et, s'il refuse de considérer la lutte des classes comme l'unique moteur de l'Histoire, il croit à un socialisme démocratique, continuité des idéaux de la Révolution française.

Il affirme à Albi aux élèves du lycée, le 30 juillet 1903 :

« Nous considérons la Révolution française comme un fait immense et d'une admirable fécondité ; mais elle n'est pas à nos yeux un fait définitif dont l'histoire n'aurait ensuite qu'à dérouler sans fin les conséquences. La Révolution française a préparé indirectement l'avènement du prolétariat. Elle a réalisé les deux conditions essentielles du socialisme, la démocratie et le capitalisme. Mais elle a été, en son fond, l'avènement de la classe bourgeoise. »

L'année 1892 est marquée par la grève des mineurs de Carmaux, événement qui va profondément marquer sa réflexion politique.

Il retrouve la Chambre des députés en 1893 et se fait remarquer au Palais-Bourbon en dénonçant le scandale de Panama et par un discours sur « la République et le socialisme ».

À la tribune, il combat, après la vague d'attentats anarchistes, les « lois scélérates » qui restreignent des libertés. En 1898, il prend parti pour Dreyfus. Il est battu peu après aux législatives et devient éditorialiste au quotidien *La Petite République*.

En 1902, Jaurès assure la direction du Parti socialiste français, retrouve son siège de député et dirige la publication d'une *Histoire socialiste*.

Il s'efforce d'œuvrer à l'unité des différentes tendances du mouvement ouvrier français. Il fonde *L'Humanité*, dont le sous-titre, « quotidien socialiste », doit permettre de favoriser l'unité des socialistes.

Le 18 avril 1904, dans l'éditorial du premier numéro, tiré à 130 000 exemplaires, il écrit :

« Le titre même de ce journal, en son ampleur, marque exactement ce que notre parti propose. C'est, en effet, à la réalisation de l'humanité que travaillent tous les socialistes. L'humanité n'existe point encore ou elle existe à peine. À l'intérieur de chaque nation, elle est compromise et comme brisée par l'antagonisme des classes, par l'inévitable lutte de l'oligarchie capitaliste et du prolétariat. Seul le socialisme, en absorbant toutes les classes dans la propriété commune des moyens de production, résoudra cet antagonisme et fera de chaque nation enfin réconciliée avec elle-même une parcelle d'humanité. [...]

Vers ce grand but d'humanité, c'est par des moyens d'humanité aussi que va le socialisme. À mesure que se développent chez les peuples et les individus la démocratie et la raison, l'histoire est dispensée de recourir à la violence. Que le suffrage universel s'affirme et s'éclaire ; qu'une vigoureuse éducation laïque ouvre les esprits aux idées nouvelles, et développe l'habitude de la réflexion ; que le prolétariat s'organise et se groupe selon la loi toujours plus équitable et plus large : et la grande transformation sociale qui doit libérer les hommes de la propriété oligarchique s'accomplira sans les violences qui, il y a cent dix ans, ensanglantèrent la révolution démocratique et bourgeoise, et dont s'affligeait, en une lettre admirable, notre grand communiste Babeuf.

Cette nécessaire évolution sociale sera d'autant plus aisée que tous les socialistes, tous les prolétaires seront plus étroitement unis. C'est à cette union que tous ici, dans ce journal, nous voulons travailler. Je sais bien quelle est aujourd'hui, dans tous les pays, l'âpreté des controverses et des polémiques entre socialistes. Je sais quel est le conflit des méthodes et des tactiques ; et il y aurait enfantillage à prétendre couvrir ces oppositions d'une unité extérieure et factice. L'union ne peut naître de la confusion.

C'est par des informations étendues et exactes que nous voudrions donner à toutes les intelligences libres le moyen de comprendre et de juger elles-mêmes les événements du monde. »

L'ambition et la doctrine de Jaurès sont ainsi clairement affirmées. Il reprend des thèmes qui fondent son action depuis son engagement politique, sur lesquels, d'ailleurs, il s'était déjà exprimé auparavant.

Le discours qu'il avait prononcé le 30 juillet 1903 lors de la traditionnelle distribution des prix du lycée d'Albi explique parfaitement ce qu'est pour lui la République : c'est d'abord un idéal.

« Dans notre France moderne, qu'est-ce donc que la République ? C'est un grand acte de confiance. Instituer la République, c'est proclamer que des millions d'hommes sauront tracer eux-mêmes la règle commune de leur action ; qu'ils sauront concilier la liberté et la loi, le mouvement et l'ordre ; qu'ils sauront se combattre sans se déchirer ; que leurs divisions n'iront pas jusqu'à une fureur chronique de guerre civile, et qu'ils ne chercheront jamais dans une dictature même passagère une trêve funeste et un lâche repos. Instituer la République, c'est proclamer que les citoyens des grandes nations modernes, obligés de suffire par un travail constant aux nécessités de la vie privée et domestique, auront cependant assez de temps et de liberté d'esprit pour s'occuper de la chose commune.

Oui, la République est un grand acte de confiance et un grand acte d'audace. [...] »

Le socialisme qui ne se conçoit pour Jaurès que dans le cadre de la République, il l'avait, le 21 novembre 1893, devant les députés, défini en dénonçant les contradictions qui marquent la République imposée par la bourgeoisie et en indiquant que seul le socialisme peut les dépasser :

« Oui, par le suffrage universel, par la souveraineté nationale, qui trouve son expression définitive et logique dans la République, vous avez fait de tous les citoyens, y compris les salariés, une assemblée de rois. C'est d'eux, c'est de leur volonté souveraine qu'émanent les lois et le gouvernement : ils révoquent, ils changent leurs mandataires, les législateurs et les ministres ; mais au moment même où le salarié est souverain dans l'ordre politique, il est dans l'ordre économique réduit à une sorte de servage. Oui ! au moment où il peut chasser les ministres du pouvoir, il est, lui, sans garantie aucune et sans lendemain, chassé de l'atelier. Son travail n'est plus qu'une marchandise que les détenteurs du capital acceptent ou refusent à son gré. »

Il veut montrer que le socialisme n'est pas forcément révolutionnaire et peut se développer dans le cadre de la République.

> « Et c'est parce que le socialisme apparaît comme seul capable de résoudre cette contradiction fondamentale de la société présente, c'est parce que le socialisme proclame que la République politique doit aboutir à la République sociale, c'est parce qu'il veut que la République soit affirmée dans l'atelier comme elle est affirmée ici, c'est parce qu'il veut que la nation soit souveraine dans l'ordre économique pour briser les privilèges du capitalisme oisif, comme elle est souveraine dans l'ordre politique, c'est pour cela que le socialisme sort du mouvement républicain. [...] »

Jaurès, dans un manuscrit de 1893, acquis en 2014 par l'Assemblée nationale, montre les différences fondamentales qu'il y a entre le socialisme et l'anarchisme. Cet écrit fait suite à l'attentat d'Auguste Vaillant dans l'hémicycle du Palais-Bourbon, le 9 décembre 1893. L'anarchisme porte en lui, écrit-il, une violence que réprouve le socialisme : « Ce qui nous sépare des théoriciens anarchistes, c'est que, par la plus enfantine et la plus funeste contradiction, ils renient l'idée d'organisation et l'idée d'évolution. »

Jaurès se prononce pour la laïcité de l'État, de l'enseignement, mais il n'est pas antireligieux. Il reconnaît dans un discours à la Chambre le 18 novembre 1908 l'importance de l'héritage chrétien : « Le christianisme a été, pour les hommes, une grande prédication d'humilité et de confiance. Il a proclamé, avec l'universelle chute, l'universelle possibilité du relèvement. »

Mais, pour lui, il l'écrit dans *L'Humanité* le 17 mai 1904 : « L'entière émancipation de la France, débarrassée enfin de toute ingérence de l'Église, n'est pas seulement la condition absolue de son libre développement intérieur ; elle apparaît maintenant comme une nécessité nationale. »

Son éloquence, sa dialectique impressionnent même ses adversaires. Jaurès ne laisse personne indifférent. Au début, elles apparaissaient trop universitaires, professorales, mais au contact de la politique, des réunions publiques, des discours devant des auditoires populaires, elles ont pris une nouvelle dimension. Elles ont acquis de la force, de l'autorité.

Il l'a écrit dans son premier éditorial de *L'Humanité*, Jaurès « rêve de conciliation fraternelle », de l'unité des socialistes. Il voudrait les rassembler autour d'une synthèse du socialisme.

Celle-ci est réalisée sous la pression de la Deuxième Internationale au congrès du Globe (avril 1905), avec la création de la Section française de l'Internationale ouvrière (SFIO), unifiant les différentes sensibilités socialistes de France.

Jaurès partage la direction de la SFIO avec le marxiste Jules Guesde. La SFIO fait sien le constat de la lutte des classes et s'affirme clairement internationaliste.

Pour préserver l'unité, Jaurès a accepté l'abandon du soutien au gouvernement. Mais il a obtenu des guesdistes l'insertion de la SFIO dans la démocratie parlementaire.

En 1914, la SFIO rassemble 17 % des voix et obtient 101 sièges de députés.

Son dernier combat est pour la paix, et contre la guerre.

Il affirmait déjà, le 23 janvier 1903, à la Chambre sa conviction que l'essence de la politique était de toujours favoriser la recherche des voies de la paix et de dénoncer les dangers inhérents au capitalisme. Il revient sur ce thème le 7 mars 1905 :

« Tant que, dans chaque nation, *une* classe restreinte d'hommes possédera les grands moyens de production et d'échange, tant qu'elle possédera ainsi et gouvernera les autres hommes, tant que cette classe pourra imposer aux sociétés qu'elle domine sa propre loi, qui est la concurrence illimitée, la lutte incessante pour la vie, le combat quotidien pour la fortune et pour le pouvoir ; tant que cette classe privilégiée, pour se préserver contre tous les sursauts de la masse, s'appuiera ou sur les grandes dynasties militaires ou sur certaines armées de métier *des* Républiques oligarchiques ; tant que le césarisme pourra profiter de cette rivalité profonde des classes pour les duper et les dominer l'une par l'autre [...] ; tant que cela sera, toujours cette guerre politique, économique et sociale des classes entre elles, des individus entre eux, dans chaque nation, suscitera des guerres armées contre les peuples. C'est de la division profonde des classes et des intérêts dans chaque pays que sortent les conflits entre nations. »

De ce diagnostic, pour Jaurès, découle une conséquence logique :

« Cette société tourmentée, pour se défendre contre les inquiétudes qui lui viennent sans cesse de son propre fond, est obligée perpétuellement d'épaissir la cuirasse contre la cuirasse ; dans ce siècle de concurrence sans limites et de surproduction, il y a aussi une concurrence entre les armées et surproduction militaire. L'industrie elle-même étant un combat, la guerre devient la première, la plus excitée, la plus fiévreuse des industries. [...] Il n'y a qu'un moyen d'abolir enfin la guerre entre les peuples, c'est d'abolir la guerre entre les individus, c'est d'abolir la guerre économique, le désordre de la société présente, c'est de substituer à la lutte universelle pour la vie, qui aboutit à la lutte universelle sur les champs de bataille, un régime de concorde et d'unité. [...] »

En cette période, la montée des nationalismes soutint une politique de remilitarisation de la France.

En 1910, Jaurès rédige une proposition de loi consacrée à l'armée nouvelle, dans laquelle il préconise une organisation de la Défense nationale fondée sur la préparation militaire de l'ensemble de la nation, la constitution d'une armée défensive, de milices, entraînées dans le monde civil, liées à la nation.

« Toute guerre est criminelle si elle n'est pas manifestement défensive ; et elle n'est manifestement et certainement défensive que si le gouvernement du pays propose au gouvernement étranger avec lequel il est en conflit de régler le conflit par un arbitrage », écrit-il alors.

Jaurès mène une vigoureuse campagne contre la loi qui allonge le service militaire de deux à trois ans. Il comptait sur l'internationalisme ouvrier pour empêcher l'éclatement d'une guerre.

Lorsque les appelés de la classe 1911 apprennent que leur temps de service va, sans délai, être prolongé d'un an, le mécontentement est fort. Une vague d'agitation parcourt les casernes françaises entre le 18 et le 24 mai. Les soldats manifestent, chantent « L'Internationale », bousculent les officiers, tentent parfois de quitter collectivement la caserne.

Ce mouvement est dû à l'action antimilitariste de la CGT et des anarchistes, qui s'opposent fermement à la loi des trois ans. Il s'ensuit une vague de perquisitions et d'arrestations dans les milieux révolutionnaires, l'emprisonnement d'une vingtaine de responsables de la CGT.

Le projet de loi est discuté à la Chambre des députés à partir du 2 juin 1913 et voté le 19 juillet 1913, par 358 voix contre 204, avec l'appui de la droite contre les deux tiers des députés radicaux-socialistes et la SFIO.

Pendant les débats, Jaurès, qui a voté contre cette loi, a défendu l'idée d'un service de dix-huit mois, un jour par mois d'exercice pour les jeunes de dix-sept à vingt et un ans, deux jours de manœuvre pour les réservistes par trimestre, et, à partir d'octobre 1916, un an de service, puis six mois en octobre 1918.

Examiné au Sénat du 31 juillet au 7 août, alors que les Balkans sont de nouveau touchés par la guerre, le projet est adopté par la majorité radicale.

L'assassinat, le 28 juin 1914, à Sarajevo, de l'archiduc François-Ferdinand d'Autriche, héritier du trône, par un étudiant serbe et l'ultimatum de l'Autriche-Hongrie à la Serbie du 23 juillet 1914 relancent les tensions entre les grandes puissances, et la guerre s'inscrit plus que jamais à l'ordre du jour.

Jaurès tente d'infléchir, dans un sens favorable à la paix, la politique gouvernementale. Il rappelle le mot d'ordre de grève générale décidé par l'Internationale ouvrière en cas de déclenchement de la guerre.

Depuis longtemps et de façon récurrente, la presse nationaliste et les représentants des Ligues « patriotes », tels Léon Daudet ou Charles Maurras, se déchaînent contre les déclarations pacifistes de Jaurès, son internationalisme. Il est désigné comme un traître, l'homme à abattre. Son engagement passé en faveur d'Alfred Dreyfus n'est pas étranger à cette violence à son égard. Ainsi, dans *L'Écho de Paris*, le 17 juillet 1914, on peut lire : « Dites-moi, à la veille d'une guerre, le général qui commanderait [...] de coller au mur le citoyen Jaurès et de lui mettre à bout portant le plomb qui lui manque dans la cervelle, pensez-vous que ce général n'aurait pas fait son plus élémentaire devoir ? »

Même Péguy, son ancien ami, dès 1913, n'est pas en reste : « Dès la déclaration de guerre, la première chose que nous ferons sera de fusiller Jaurès. Nous ne laisserons pas derrière nous ces traîtres pour nous poignarder dans le dos », affirme-t-il.

Dans un tel contexte de violence, de haine, d'appel au meurtre, arrive ce qui devait se produire le 31 juillet 1914, au restaurant du Croissant, 146, rue Montmartre à Paris, tout près du siège de *L'Humanité* : Jaurès est assassiné de deux coups de revolver, par Raoul Villain, étudiant nationaliste d'extrême droite.

Aujourd'hui, Jaurès a été réhabilité. Il est de bon ton de lui rendre hommage. La loi du 3 août 1923 a permis la translation au Panthéon de ses cendres. Cérémonie qui eut lieu le 23 novembre 1924.

La République devait réparation à Jaurès : militant de la paix, il était mort pour ses idées ; en 1919, dans l'ivresse revancharde de la victoire, son assassin avait été purement et simplement acquitté, au nom du peuple français, par la cour d'assises...

Jaurès est un symbole que voudraient bien accaparer communistes et socialistes.

Certes, Jaurès opérait une synthèse entre les diverses tendances du socialisme, mais elle n'avait pas résisté à la guerre : son objectif politique, maintenir la paix entre les nations grâce à la vigilance active des masses prolétaires et à leurs actions communes, allant jusqu'à la grève, avait disparu avec lui. La guerre et la formation d'un premier pays à gouvernement révolutionnaire, l'URSS, avaient entraîné l'implosion de l'ancienne SFIO au congrès de Tours (1920) entre un parti communiste, la SFIC, et une SFIO « maintenue » sous la houlette de Léon Blum. Or, dans cette évolution, la ligne de Jaurès elle aussi avait explosé. Les communistes étaient partisans d'un internationalisme intégral, refusant désormais toute fidélité nationale ; la SFIO, elle, prônait une politique d'entente entre les États – c'est le pacifisme et la SDN –, renonçant ainsi à toute action révolutionnaire des masses.

Mais Jaurès demeurait une référence chez les socialistes. Qui allait pouvoir se prévaloir de son héritage politique et ne pas laisser les seuls communistes s'approprier sa légende ?

Lorsqu'on tient un « héros », il ne faut surtout pas s'en laisser déposséder.

Les communistes avaient déjà la totalité de *L'Humanité*. Et les socialistes, pour signifier qu'ils revendiquaient l'héritage de sa pensée, *via* le Cartel des gauches, vainqueur aux législatives de mai 1924, eurent l'idée du transfert au Panthéon.

« Les circonstances faisaient donc que Jaurès transféré au Panthéon était un Jaurès partiel. Les politiques qui y présidaient n'étaient pas forcément, comme dans le cas de Gambetta, les continuateurs de la ligne politique qu'il avait effectivement assumée ; une partie de celle-ci était gommée. Pire, la stratégie étrangère de la nouvelle SFIO était devenue à peu près celle des radicaux, qu'ils soutenaient dans le cadre du Cartel des gauches », est-il écrit dans un article non signé paru en 2014 sur le site de l'Assemblée nationale.

Le 23 novembre 1924, après une veillée funèbre au Palais-Bourbon, la cérémonie au Panthéon, organisée par le gouvernement, est marquée par le discours d'Édouard Herriot.

Le président du Conseil cherche à éloigner Jaurès de la ligne communiste et révolutionnaire. Avec une habileté toute politique, il sépare la pensée et l'action de Jaurès de celle des communistes et dresse d'abord un parallèle entre Jaurès et un autre orateur révolutionnaire : Mirabeau. Il évoque sa présence aux côtés des mineurs de Carmaux, présents avec leurs drapeaux rouges, mais pour rappeler l'attachement de Jaurès à sa terre natale. Puis il évoque l'humanisme de Jaurès :

« Herriot rappela que Jaurès n'était pas un vrai matérialiste, et son attachement aux institutions républicaines, sur lequel enfin Herriot s'appuya pour rappeler que, si Jaurès voulait la paix, il était néanmoins un vrai patriote », indique cet article qui précise aussi que cette évocation d'un Jaurès récupéré par les radicaux alliés aux socialistes se fit sous les ricanements de la droite, mais « provoqua la colère des communistes ». L'article continue ainsi :

« Ceux-ci dénoncèrent "la mascarade" – ainsi Paul Vaillant-Couturier dans un éditorial de *L'Humanité* – et prirent le parti de défiler à part. La cérémonie, en ce dimanche déjà hivernal de novembre où le jour tomba tôt, attira une foule énorme. Le défilé communiste lui-même rassembla des dizaines de milliers de manifestants, suscitant l'inquiétude de la droite.

Ainsi, s'il n'y eut pas unanimité des républicains, c'est tout simplement que, au contraire de ce que voulait Herriot, Jaurès n'était pas, lui, une sorte de "République en personne" ; en aucun cas il n'était le grand homme des républicains : s'il avait personnifié quelque chose, c'était le socialisme ! Que, du fait du bouleversement de la donne internationale et de l'éclatement de l'ancienne SFIO, plus personne chez les socialistes ou les communistes n'ait été en situation de revendiquer sans conteste la totalité de son héritage n'y changeait rien. Jaurès depuis longtemps n'était plus un radical. La demi-imposture du 23 novembre 1924 fut peut-être ainsi le prix que payèrent les socialistes d'après-guerre pour enlever Jaurès aux communistes et se l'approprier, comme ils étaient, eux, politiquement fondés à le faire. L'affaire échoua parce que l'homme autour de qui, cette fois, on avait voulu faire communier les Français dans la République de Gambetta et de Ferry était allé bien trop loin dans l'action socialiste pour qu'on pût la lui faire incarner. »

François Mitterrand, président de la République, a tenu à rendre hommage à la mémoire de Jaurès et à se situer dans son sillage socialiste, le 16 novembre 1988 :

« Il ne faut pas considérer Jaurès comme une sorte d'ancêtre statufié, peut-être momifié, car le combat qu'il a mené garde tout son sens [...] : il reste bien des libertés à conquérir, bien des droits de l'homme à étendre, bien des solidarités à vivre, et c'est un combat qui ne finira pas avec nous. Ainsi s'établissent les rapports de forces, les luttes d'intérêts, et constamment il faudra qu'une société organisée, civilisée, veille à préserver les acquis et à maintenir intact le legs que nous avons reçu, que nous avons tenté de faire fructifier, liberté, égalité, fraternité, croyez-moi, mesdames et messieurs, ces valeurs ne sont pas épuisées. [...]

Pour Jaurès, vous le savez bien, comme pour nous, la question scolaire rejoignait la question sociale. Il s'est très vite identifié au combat par lequel les travailleurs affirment leurs droits dans un système qui semble n'avoir pour objectif ou pour règle que l'essor inhumain des forces productives. Songez à ce que cela pouvait signifier à la fin du dernier siècle ou au début de celui-ci. Hommes, femmes, enfants, arrachés à la terre – notre société était une société *rurale*, pastorale –, ont soudain peuplé le carreau des mines, les cours des usines. Ils se trouvaient sans aucune protection, sans droits reconnus, sans moyens collectifs de défense, sans autre horizon que l'interminable journée de travail, l'interminable semaine, d'interminables années, ainsi jusqu'à la mort. Et tout cela pour un salaire souvent dérisoire, et à la merci d'un rapport de forces qui jouait toujours contre le travailleur. D'un côté tous les droits, de l'autre rien. Comment voulez-vous empêcher la montée des colères ? Alors, révoltes et répressions souvent sanglantes. La grève, mais considérée comme impossible et interdite. Des militants pourchassés, emprisonnés. Les organisations interdites.

Imaginons un instant Jean Jaurès, jeune républicain, convaincu que les hommes naissent et demeurent libres et égaux en droits, cela avait été dit et proclamé avant.

Imaginons-le : il a vingt-cinq ans lorsque enfin les syndicats professionnels sont autorisés. À peine plus de trente ans lorsqu'à Fourmies, petite ville de filatures au nord du pays, la troupe ouvre le feu sur la manifestation du 1er mai, faisant neuf morts dont un enfant, les images sont dans notre mémoire collective. Il n'est pas alors socialiste, Jean Jaurès. C'est l'expérience et la vue du monde qui l'ont porté à définir ses positions, à s'ancrer dans le service d'une grande idée, d'une grande cause. Et il a choisi ce camp car cela ne pouvait être que celui de la justice. Il ne le quittera plus. Songez que l'année suivante cela a été la longue grève des mineurs de Carmaux, dans le Tarn, contre le propriétaire de la mine qui refusait d'admettre l'élection d'un républicain, d'un travailleur à la mairie. Il faudra dix mois de lutte pour que ce droit élémentaire – élire le candidat de son choix, sans que celui-ci soit frappé d'un licenciement, c'est-à-dire d'une sanction immédiate – soit reconnu aux mineurs. Jaurès a découvert, au contact de la dure condition ouvrière, tout ce qui restait à faire pour que s'accomplît l'idéal républicain, en un mot : élargir la démocratie politique aux dimensions économiques et sociales. [...] Voilà ce qu'est le socialisme de Jaurès. [...] Jaurès, député de Carmaux est de tous les combats pour la justice sociale. [...] Pour la journée de huit heures. Pour le renforcement du droit syndical. Pour les assurances contre le chômage, la maladie, l'accident, sorte de Sécurité sociale naissante. Pour la retraite, à soixante-cinq ans à l'époque. Contre les égarements xénophobes, contre les exclusions qui frappaient déjà la main-d'œuvre étrangère. Et pour agir collectivement, pour appuyer les lois qui consacraient des droits nouveaux, il a voulu l'union des socialistes, comme il disait lui-même, dans un "grand parti d'intérêt général".

En même temps, il organisait un débat permanent, un débat inlassable, contre ceux de ses propres camarades qui boudaient les réformes, qui, parce qu'ils préféraient un objectif lointain, indéfini, grandiose, plus proche de l'idéal, refusaient de mettre la main à la pâte à l'instant et d'accepter les réformes qui signifiaient quelques pas en avant. À quoi sert, leur disait-il de rallier des millions d'hommes si l'abîme entre aujourd'hui et demain demeure infranchissable ? Mieux vaut essayer de diminuer la largeur du gouffre. Car pour Jaurès – c'est encore lui qui le disait – "la cité future se bâtit à chaque instant, pierre par pierre", en recherchant, comme à toute époque, l'union la plus large entre les abus et contre les privilèges. Est-ce que vous ne croyez pas que cette leçon ne continue pas d'être actuelle ? Il en est ainsi de toute société. Je le répète, rien n'est jamais acquis, tout exige une grande vigilance, la force d'un combat et la grandeur d'un idéal.

Il raillait ceux qui, prétendant que les socialistes de l'époque voulaient supprimer la libre initiative – je ne sais pas pourquoi j'ai dit "de l'époque", on a toujours dit ça – étaient en fait les premiers à entraver la concurrence. Dans un article intitulé "Les misères du patronat", il décrivait avec compassion la ruine qui menaçait les industriels honnêtes lorsque triomphent l'entente et la spéculation. Il avait raison. Qui est victime du privilège et de la domination du plus fort ? Tous ceux qui sont un peu moins forts. Pas simplement le travailleur, l'ouvrier et l'employé, le cadre mais aussi l'entrepreneur libre qui se trouve à son tour dévoré et détruit, par des forces économiques concentrées jusqu'au monopole et à la toute-puissance.

À l'époque, la classe ouvrière subissait une autorité sans limites. Et cela signifiait une atteinte à la dignité aussi douloureuse que le refus du bien-être matériel. Tout ce qui a été accompli depuis cette époque, grâce aux efforts et aux luttes de millions de femmes et d'hommes, vous le savez. [...] Bref, il ne faut jamais se dérober.

Il ne faut jamais croire que ce type de lutte est rejeté dans le passé. Il faut simplement savoir que l'ensemble des forces sociales et économiques ont un point de rencontre, et c'est très important. C'est le service commun de la patrie, et à partir de là chacun devrait avoir le sentiment de diriger son effort vers l'histoire à construire de la collectivité nationale, celle qui vit sur un sol que l'on appelle la patrie. Mais à l'intérieur de cette collectivité, à l'intérieur de la nation, la lutte pour le progrès, la dignité, le plus vaste espace de liberté ne cessera jamais d'être un combat moderne.

Jaurès est celui qui a pris le plus fermement parti, sans jamais renoncer à se faire comprendre des autres. En tout cas d'abord de tous ceux qui avaient compris comme lui "que depuis 1789, bien d'autres questions se sont posées qu'il faut chercher à résoudre par la solidarité". Il ne faut pas s'intéresser seulement, même si le combat s'inscrit dans ce cadre, à la classe ou au groupe socioprofessionnel auquel on appartient. Il faut être capable de comprendre l'intérêt de la nation tout entière. [...]

Jaurès sait que l'histoire, bien qu'elle connaisse de brusques accélérations de temps à autre, enseigne surtout "la difficulté des grandes tâches, et la lenteur des accomplissements". [...]

Jaurès avait déjà compris que la dimension de l'Europe devenait nécessaire. Vous vous souvenez de ces campagnes de calomnies qui l'ont abattu. Jean Jaurès assassiné à la veille de la Première Guerre mondiale, cela comporte une signification profonde, c'était l'homme de la paix, l'homme du dialogue. Il y croyait, il le voulait. Comme sa voix nous a manqué !

En 1910, à Francfort, en Allemagne, devant quelque 25 000 personnes, voici ce qu'il déclarait : "Ce serait la plus grande joie de ma vie que de vivre le jour où l'Allemagne démocratique, l'Angleterre démocratique et la France démocratique se tendront les mains pour la réconciliation éternelle et la paix dans le monde." Pour ceux d'entre nous, et j'en suis, qui ont fait le choix de l'Europe, tout est dit. Les 12 pays de la communauté démocratique, l'Europe, et au-delà, le mouvement irrésistible qui rapprochera – toutes frontières idéologiques ayant été abattues dans le sens de la démocratie – l'est et l'ouest de l'Europe dans la même construction historique.

De Jaurès, Jules Renard, le Nivernais, disait à la même époque : "Il avait les poings pleins d'idées." Et j'imagine tous ceux qui ont choisi cet emblème d'un poing qui va s'ouvrir pour former le signe de la main tendue, porteur de la fleur qui elle-même représente le symbole de la beauté et de l'amour. "Il avait les poings pleins d'idées" : si le poing s'ouvre, les idées partent un peu partout. Le monde les recueillera, j'en suis sûr.

Jaurès assassiné, ce fut le premier deuil, une immense douleur. Jaurès toujours vivant dans nos mémoires, c'est aussi le premier espoir, une immense espérance. [...] »

L

Laïcité

Carrefour des droits et des libertés, la laïcité est au cœur de notre République. Ce mot de laïcité, qui traverse notre histoire, marqué par la passion qui imprègne bien des combats politiques, n'a pourtant jamais été défini avec précision.

Historiquement, les substantif et adjectif laïc (ou laïque) apparaissent bien avant celui de laïcité qui est introduit seulement dans la deuxième édition du dictionnaire Littré, en 1877, et non dans la première, en 1872.

La laïcité est absente de la Déclaration des droits de l'homme et du citoyen du 26 août 1789. L'article 10 en donne une illustration topique en prévoyant que : « Nul ne doit être inquiété pour ses opinions, même religieuses, pourvu que leur manifestation ne trouble pas l'ordre public établi par la loi. »

Mais, dans nos textes fondamentaux, pas de définition précise.

Malgré l'absence de référence explicite à la laïcité, la loi du 9 décembre 1905 sur la séparation des

Églises et de l'État constitue la charpente principale de sa construction juridique. Son titre premier, qui définit les principes de cette séparation, est composé de deux articles. Le premier dispose que « la République assure la liberté de conscience. Elle garantit le libre exercice des cultes sous les seules restrictions édictées ci-après dans l'intérêt de l'ordre public. » Le deuxième article prévoit que : « La République ne reconnaît, ne salarie ni ne subventionne aucun culte. En conséquence, à partir du 1er janvier qui suivra la promulgation de la présente loi, seront supprimés des budgets de l'État, des départements et des communes, toutes dépenses relatives à l'exercice des cultes. Pourront toutefois être inscrites auxdits budgets les dépenses relatives à des services d'aumônerie et destinées à assurer le libre exercice des cultes dans les établissements publics tels que les lycées, collèges, écoles, hospices, asiles et prisons. »

Dans notre histoire des textes constitutionnels, ce n'est donc que récemment que le mot laïcité fait son apparition. Pour la première fois, il reçoit une consécration constitutionnelle avec la Constitution du 27 octobre 1946. Il figure à la fois dans son préambule au nombre des principes politiques, économiques et sociaux particulièrement nécessaires à notre temps et dans l'article 1er qui dispose que : « La France est une République indivisible, laïque, démocratique et sociale. »

Les constituants de 1958 ont repris mot à mot ce qui était inscrit dans le préambule de la Constitution de 1946.

C'est une alliance du législateur et du juge qui, dans un souci d'apaisement, a permis de trouver à son sujet un équilibre qui, comme tout équilibre, est par définition fragile. L'évolution de notre société n'a fait qu'accentuer cette fragilité au point que l'on a pu croire parfois que cet équilibre était sur le point de se rompre.

Enfin, c'est parce que le contenu de la laïcité n'a pas été fixé une fois pour toutes qu'il appartient au Parlement de déterminer, chaque fois que cela est nécessaire, les conditions de cet équilibre et de l'adapter aux nécessités de l'époque.

Le principe de laïcité, jusqu'à ces dernières années, donnait l'impression de faire consensus, au point de faire oublier le climat qui entoura le vote de la loi de décembre 1905 et, plus encore, l'importance des troubles qu'engendra sa mise en œuvre, notamment avec la querelle dite « des inventaires », puisque la République française est « une, indivisible, laïque, démocratique et sociale », comme le proclame l'article 1er de la Constitution.

Ce principe fait aujourd'hui, à l'évidence, partie de notre patrimoine républicain, et l'on pourrait à juste titre penser que le débat sur le sujet est définitivement clos.

N'oublions pas que ce principe de laïcité, tel qu'il résulte de la combinaison des deux premiers articles de la loi de 1905, est le fruit d'un équilibre qui, comme tout équilibre, ne peut être qu'instable et fragile.

La quasi-totalité de nos concitoyens admettent aujourd'hui la laïcité. Cependant, cette acceptation, ce consensus cachent une grande variété d'interprétations.

La laïcité, c'est d'abord la reconnaissance de la liberté de conscience, le droit de ne pas croire en

Dieu, d'être athée et de ne pas être inquiété par ses choix.

Mais la laïcité, c'est aussi le droit de croire en Dieu et la liberté de choisir son Dieu, de l'honorer comme on l'entend, de ne pas être inquiété du fait de ses croyances ou empêché de pratiquer sa religion.

La laïcité, c'est l'exigence pour l'État de respecter ceux qui croient et ceux qui ne croient pas, de permettre un libre exercice de son culte, de rester neutre vis-à-vis des religions, de ne privilégier ou subventionner aucune d'entre elles, de veiller à ce qu'aucune discrimination ne soit fondée sur l'appartenance religieuse.

La laïcité s'impose à tous, gouvernants et gouvernés, athées, agnostiques, croyants, elle est autant un marqueur qu'une garantie de liberté et d'égalité qui règnent dans une société.

C'est justement parce que ce principe n'est pas défini avec précision qu'il fait l'objet d'interprétations diverses et variables en fonction des opinions, des circonstances et du climat politique.

Si chaque Français s'est approprié le principe, il se l'est approprié à sa manière, au point que la définition et les réalités qu'il recouvre sont devenues multiples, jusqu'à être parfois très éloignées des contours juridiques du concept initial, quand elles n'entrent pas en contradiction avec lui.

Chacun dispose de sa propre définition de la laïcité qui oscille de la neutralité la plus stricte à l'expression du plus large pluralisme.

Certains ne cessent de penser que la laïcité est en permanence bafouée, comme nous avons pu le constater il y a quelques années à l'occasion de la rédaction de la Charte des droits fondamentaux, puis du projet de Constitution européenne.

D'autres, à l'inverse, perçoivent cette laïcité comme une menace perpétuelle à l'expression de leur foi, voire à la liberté de croyance. Ils ne cessent de l'opposer à la liberté de croyance et d'exercice du culte dont ils souhaitent repousser sans cesse les limites.

Par conséquent, chacun en vient à exprimer ses propres exigences : pour certains, suppression de toutes références religieuses, de tous signes religieux quels qu'ils soient, où qu'ils soient. Pour d'autres, dérogations de toute nature concernant les interdits alimentaires, la mixité, le contenu des programmes scolaires, le temps de travail, quand ce n'est pas, pour les plus extrémistes, la revendication d'un droit spécifique…

Ces tensions ont toujours existé avec plus ou moins de force dans notre pays depuis la fin du XVIIIe siècle et la Révolution française.

Elles marquent l'histoire politique et religieuse de la France depuis maintenant plus de deux siècles car, et il ne faut pas l'oublier, la laïcité a d'abord été, et d'une certaine façon est encore aujourd'hui, un combat, une réaction.

C'est un combat, une réaction contre l'emprise de l'Église catholique romaine qui a toujours été dominante en France ; un combat, une réaction contre l'emprise de toute religion quelle qu'elle soit.

Si, dans la première moitié du XIXe siècle, l'Église catholique, le « cléricalisme » disaient ses adversaires, a semblé marquer des points, la période qui a suivi est celle d'un lent reflux, d'un reflux par étapes, au fur et à mesure que s'enracine l'idée de République, d'abord dans le domaine de l'éducation, puis dans celui des associations, c'est-à-dire des congrégations, jusqu'à la rupture du Concordat qu'entérine la loi de séparation.

Tout se passe comme si d'un côté il y avait la religion et de l'autre la République. Comme si, pour reprendre un mot d'Aristide Briand, en 1905, l'Église n'avait « jamais hésité, en toutes circonstances, à tourner sa force contre les institutions » de ce pays et que la République lui avait rendu, pour ainsi dire, coup pour coup. Comme s'il s'agissait d'un mouvement de « défense républicaine » qui pouvait à l'occasion se muer « en contre-offensive anticléricale », pour reprendre des expressions de Waldeck-Rousseau.

Bien sûr, les griefs des républicains ne manquaient pas en 1904-1905. Il y avait les événements récents, deux précisément circonscrits dans le temps au point que seuls, aujourd'hui, les historiens en ont gardé le souvenir.

Celui de la visite à Rome, en avril 1904, du président de la République Émile Loubet au roi d'Italie, et la protestation du pape qui s'ensuivit.

L'affaire des évêques de Dijon et de Laval, connus pour leurs positions plutôt favorables à la République et convoqués à Rome pour qu'ils s'expliquent et, le 30 juillet 1904, la rupture des relations diplomatiques de la France avec le Vatican.

Mais, au-delà de ces événements, malgré le « toast d'Alger » du cardinal Lavigerie qui, le 12 novembre 1890, annonce et prépare le ralliement du clergé catholique à la République et la déclaration de Léon XIII, demeure un vieux contentieux. Celui de l'opposition quasi systématique tout au long du XIXe siècle d'un grand nombre de prélats et de clercs à la République, qui avaient laissé des traces et des blessures.

L'on comprend, alors, la volonté d'un certain nombre de républicains d'en découdre définitivement, comme Maurice Allard l'exprime avec netteté et franchise lors du débat sur la loi de séparation au nom de ses collègues, lorsqu'il défend, en mars 1905, son contre-projet en disant que le but qu'il poursuit, « c'est la lutte contre l'Église qui est un danger politique et un danger social », qu'il veut « poursuivre l'idée de la Convention et achever l'œuvre de déchristianisation » parce qu'il y a « incompatibilité entre l'Église, le catholicisme, ou même le christianisme et tout régime républicain », parce que « le christianisme est un outrage à la raison, un outrage à la nature », et, s'il combat les religions, c'est parce qu'il croit « qu'elles sont un obstacle permanent au progrès et à la civilisation », mais aussi, reprenant quelques thèses marxistes, parce qu'il voit « dans la religion le plus grand moyen qui reste encore entre les mains de la bourgeoisie, entre les mains des capitalistes, pour conserver le travailleur dans son état de dépendance économique ».

À l'opposé, la droite de l'époque, consciente de la nécessité de faire évoluer le Concordat de 1801, si elle est prête à envisager la révision de celui-ci, refuse la perspective de séparation présentée comme le meilleur moyen de susciter des troubles, plus graves encore que ceux engendrés par l'expulsion de congrégations, comme celle de la Grande Chartreuse, survenue quelques mois plus tôt, et de rallumer la guerre religieuse qu'avait fait naître l'entreprise de déchristianisation menée pendant la Révolution française et à laquelle le Concordat de 1801 avait permis de mettre fin.

Entre ces deux partis, Aristide Briand, par « horreur de la guerre religieuse » et par désir « de pacification des esprits », essaie de trouver une voie médiane susceptible, sinon de rallier les catholiques, du moins les républicains les plus modérés avec un projet présenté comme « large et libéral », sauvegardant « tous les droits, tous les intérêts et toutes les libertés, dans la mesure où les libertés des citoyens et des groupements peuvent être respectées ou élargies dans un pays qui a le souci de l'ordre public ».

Ce projet, comme cela était prévisible, ne satisfait personne. Les socialistes et les libres-penseurs les plus extrêmes s'y rallient faute de mieux, en attendant de pouvoir aller plus loin. Les catholiques le combattent et le combattront comme l'« affaire des inventaires » le montrera.

Cependant, une fois la séparation devenue effective, le souci des gouvernements qui se succéderont sera, comme l'avait été, en leur temps, celui des premiers gouvernements de la IIIe République après le vote des lois de 1882 et de 1886, de rechercher l'apaisement.

Les inventaires seront ainsi suspendus, des négociations seront lancées pour la reconnaissance des associations cultuelles diocésaines.

Finalement, la Première Guerre mondiale, la canonisation de Jeanne d'Arc et la reprise des relations diplomatiques avec le Saint-Siège engendreront un apaisement entre l'Église catholique et la République.

Il s'agit bien d'un apaisement avec ce que cela représente de fragilité et de précarité. Il n'entraîne pas un règlement définitif de la question.

En effet, si, à la fin de la Première Guerre mondiale, la situation paraît globalement acceptée, elle n'interdit pas à chacun des partis en présence d'essayer, à la faveur de circonstances particulières, de faire prévaloir son point de vue et de faire avancer ses thèses. Ni les uns ni les autres ne renonceront à leur vision de la laïcité.

Au niveau local d'abord, quelques élus du clan laïc seront tentés, par une interprétation extensive de la loi de 1905, d'imposer leur propre vision de la laïcité et d'entraver l'exercice des cultes. Aussi, tout au long de la première moitié du XXe siècle, un certain nombre d'arrêts et de jugements portant le nom d'ecclésiastiques plus ou moins célèbres – abbé Ollivier, abbé Didier, abbé Marzy, abbé Blanchard, abbé Laurent, pour ne citer qu'eux – viendront enrichir les recueils de jurisprudence et façonner le principe de laïcité.

Ainsi, pendant plus de cinquante ans, les juridictions administratives se sont-elles employées à faire respecter l'intention initiale du législateur et à éviter que religieux ou laïcs ne remettent en cause le fragile équilibre, réalisé par la loi de 1905, rappelant que seules les considérations d'ordre public, dûment avérées, pouvaient faire obstacle au libre exercice du culte dans les espaces publics.

Mais, au-delà de ces initiatives très ponctuelles, le XXe siècle fut également marqué par plusieurs tentatives de relancer le débat sur la laïcité.

En 1924, d'abord, avec la volonté du Cartel des gauches de supprimer le régime concordataire dans les départements d'Alsace-Moselle.

En 1959, avec la loi du 31 décembre sur les rapports entre l'État et les établissements d'enseignement privé.

Enfin, en 1984, avec la tentative visant à fondre l'enseignement privé dans un grand service public de l'éducation.

À l'inverse, le triste épisode de Vichy vit certains catholiques chercher à revenir sur les acquis de 1905 et à renouer une alliance entre l'État et la hiérarchie catholique.

Malgré ces épisodes de tension, ce fragile équilibre s'est maintenu, envers et contre tout, pendant près de quatre-vingts ans, alors qu'il ne repose que sur les quelques principes fixés par les premiers articles de la loi de 1905 et une construction jurisprudentielle abondante et concordante que le constituant s'est efforcé de conforter dans le préambule de la Constitution de 1946, en 1958, ensuite, mais que le Conseil constitutionnel a pris soin de borner en novembre 1977 en reconnaissant à la liberté d'enseignement une valeur constitutionnelle.

Cependant, à partir du milieu des années 1980, cet équilibre, ce « pacte laïc », comme certains n'hésitent pas à le qualifier, semble avoir été remis en cause en raison d'un certain nombre d'évolutions inhérentes à la société française :

— sécularisation croissante de celle-ci et perte d'influence corrélative de la religion catholique, surtout, mais également de l'ensemble des religions chrétiennes ;

— nombre croissant de musulmans, principalement issus des différentes vagues migratoires qu'a connues notre pays depuis les années 1960 ;

— fragilisation de la cohésion sociale sous les coups de boutoir de la crise économique, la montée du chômage depuis le milieu des années 1970, la désespérance en l'avenir ;

— tentation du repli sur soi et ghettoïsation de certaines catégories de population qui s'estiment exclues ou victimes de discriminations.

La montée du fondamentalisme religieux, principalement musulman, qui sert de refuge ou d'exutoire à ces populations en quête de sens et de repères en a été le signe le plus tangible.

La remise en cause de cet équilibre semble avoir d'abord touché l'école, même si elle est perceptible dans d'autres secteurs, notamment dans les hôpitaux, mais également, à un moindre degré, dans la fonction publique ou dans l'entreprise.

Cette remise en cause de la laïcité de l'école s'est exprimée à la faveur des affaires concernant le port du voile islamique, et certains n'ont vu dans la loi du

15 mars 2004 qu'une loi sur le voile ou plutôt qu'une loi contre le voile.

Ce serait oublier que, si le législateur est intervenu, ce n'est pas tellement pour réglementer les tenues vestimentaires de telle ou telle catégorie d'élèves – après tout, les règlements intérieurs des établissements pouvaient y pourvoir –, mais pour rappeler avec solennité ce que devait être la laïcité à l'école, ce qu'elle impliquait.

Car, et on feint de l'ignorer trop souvent, le voile n'a été qu'un signe, qu'un élément de cette crise, même s'il a sans doute été le plus visible.

Il fut, à peu près dans tous les cas, une sorte de précurseur, un prétexte. Dès que le voile a été admis, ou plutôt toléré au sein de l'institution scolaire, d'autres revendications ont été formulées :

— refus d'enlever le voile pendant les cours d'éducation physique ;

— refus de mettre une tenue de sport adaptée aux exercices, de porter à la piscine tel ou tel type de maillot de bain, pour les filles comme pour les garçons d'ailleurs, demande que les cours de natation ne soient pas mixtes ;

— refus de certains enseignements comme les sciences de la vie, voire parfois contestation de certains enseignements comme celui sur la Shoah ;

— refus de recevoir un enseignement ou d'être interrogé par tel ou tel professeur en raison de ses origines supposées ou de son sexe ;

— refus que soient étudiés certains textes de notre littérature comme *Le Génie du christianisme* de Chateaubriand ;

— demande de régimes alimentaires particuliers à la cantine et même exigence d'être servi par un personnel de même religion et parfois dans des salles à part…

Ces exigences, on l'admet aisément, ont profondément affecté le fonctionnement des établissements scolaires, non seulement à cause des perturbations qu'elles entraînaient mais également parce que le monde enseignant s'est divisé sur l'attitude à adopter pour y répondre.

Certains ont opté pour une attitude intransigeante, n'hésitant pas à appeler à la grève, d'autres ont tenté de négocier, quelques-uns enfin ont accepté ces exigences. Le débat a rapidement quitté la sphère scolaire en raison de sa médiatisation pour devenir un sujet d'actualité et de société.

Tout cela a profondément miné le pacte républicain.

On comprend que, dans ce contexte passionné, encore qu'il l'ait été beaucoup moins en 1989 que quelques années plus tard, le gouvernement ait cherché auprès du Conseil d'État, un des gardiens du pacte laïc, un surcroît de légitimité.

Mais l'avis rendu en 1989 n'a pas produit l'effet escompté, et le moins que l'on puisse dire est qu'il a apporté plus de confusion que d'apaisement.

Pourtant, cet avis de notre haute juridiction administrative ne faisait que synthétiser sa jurisprudence en rappelant d'abord « que le principe de laïcité de l'enseignement public, qui est un des éléments de la laïcité de l'État et de la neutralité de l'ensemble des services publics, impose que l'enseignement soit dispensé dans le respect d'une part de cette neutralité par les programmes et par les enseignements et, d'autre part, la liberté de conscience des élèves ».

Cependant, en affirmant par la suite que, « dans les établissements scolaires, le port par les élèves de signes par lesquels ils entendent manifester leur appartenance à une religion n'est pas, en lui-même, incompatible avec le principe de laïcité, dans la mesure où il constitue l'exercice de la liberté d'expression et de manifestation de croyances religieuses », il a contribué à jeter le trouble dans certains esprits, même s'il assortissait cette liberté d'un certain nombre de réserves pour lesquelles il admettait une interdiction ponctuelle.

Était ainsi interdit le port de signes religieux qui « par leur nature », « par les conditions dans lesquelles ils étaient portés individuellement ou collectivement » ou par leur « caractère ostentatoire ou revendicatif » :

— constitueraient un acte de pression ou de prosélytisme ;

— porteraient atteinte à la liberté ou à la dignité de l'élève ;

— compromettraient sa santé ou sa sécurité ;

— perturberaient les activités d'enseignement ;

— ou troubleraient l'ordre dans les établissements.

Bien entendu, s'agissant du respect d'une liberté individuelle, le Conseil d'État ne pouvait, comme il l'avait toujours fait, que se montrer extrêmement attentif et sourcilleux quant aux conditions dans lesquelles cette liberté pouvait être restreinte.

Cela explique que, dans certains cas, le juge administratif ait validé les sanctions infligées pour le port du voile et que, dans d'autres, il les ait annulées et que ces différents avis aient pu à un moment, faute d'analyse suffisante, paraître contradictoires.

Plusieurs circulaires ministérielles, en 1989 d'abord, en 1994 ensuite, ont tenté, sans grand succès, de donner quelques repères à une communauté enseignante profondément troublée.

Dans la pratique, les chefs d'établissement étaient laissés à eux-mêmes et devaient essayer, avec leurs propres moyens, d'assurer le fonctionnement de leur établissement.

Dans ce contexte, on peut aisément imaginer que, loin de se dissiper, les troubles n'ont cessé de se multiplier et de s'amplifier, puisque ni l'administration, quasi muette, ni même le juge ne semblaient en état de donner le moindre repère stable.

On comprend que l'opinion ait pu s'émouvoir puisqu'il ne s'écoulait pas une semaine sans que des articles de presse plus ou moins alarmistes traitent du sujet, contribuant davantage à exacerber les passions qu'à résoudre les difficultés.

Quelle que soit la valeur des circulaires, quelle que soit la volonté des chefs d'établissement, il était évident que seul un rappel de la règle était susceptible d'apporter une solution durable à la question, ou du moins un apaisement.

C'est ce que l'Assemblée nationale a proposé avec le rapport de la mission d'information sur le port du voile à l'école et c'est, finalement, ce qui a été retenu et a débouché sur le vote d'une loi.

Cette loi a suscité, comme c'était prévisible, une émotion considérable chez les partisans de la laïcité, et plus encore chez les partisans de la liberté religieuse. Beaucoup y ont vu, et pas seulement les musulmans, une nouvelle atteinte à la liberté religieuse.

Pourtant, lorsque l'on analyse bien le texte de cette loi très brève, on s'aperçoit qu'il ne fait que reprendre les principes laïcs, tels qu'ils ont été posés dès la fin du XIXe siècle.

L'école doit être un lieu neutre, à l'abri des tensions et du prosélytisme. Elle doit permettre aux jeunes de pratiquer le culte de leur choix et les autoriser à porter des signes religieux dès lors que, par leur taille, ces derniers ne puissent être considérés comme un élément de provocation ou une incitation au prosélytisme.

Finalement, le Parlement a interdit le port de signes ostensibles.

Ce rappel, ce signal ont-ils été suffisants ? Ont-ils atteint leur but ?

— Le premier, c'est que la laïcité est bien un élément de la cohésion de notre corps social.

— Le second, c'est qu'aujourd'hui comme hier, la laïcité est bien le résultat d'un équilibre fragile et instable qu'il appartient au Parlement, en dernier ressort, d'assurer.

Dans ces conditions, la question que l'on peut se poser dorénavant est de savoir si le Parlement doit aller plus loin.

La laïcité n'a pas besoin de longs développements législatifs pour exister, elle a besoin de vigilance.

Ce principe est au cœur de notre République, il est un des garants de la cohésion sociale de notre pays.

Par conséquent, seul le législateur a la légitimité pour en fixer les contours et fixer, le cas échéant, les obligations qui en découlent. C'est son devoir, et il ne doit pas avoir peur de l'affirmer et de l'exercer.

En attendant, le Conseil constitutionnel a tenu à rappeler dans sa décision du 21 février 2013 :

> « Le principe de laïcité figure au nombre des droits et libertés que la Constitution garantit ; qu'il en résulte la neutralité de l'État ; qu'il en résulte également que la République ne reconnaît aucun culte ; que le principe de laïcité impose notamment le respect de toutes les croyances, l'égalité de tous les citoyens devant la loi sans distinction de religion et que la République garantisse le libre exercice des cultes ; qu'il implique que celle-ci ne salarie aucun culte. »

Aujourd'hui, certains n'hésitent pas à parler de laïcité positive. Je suis très hostile à cet adjectif accolé au mot laïcité. Cela consiste-t-il à admettre que la laïcité puisse être négative ? Évitons de tomber dans ce piège. Et ne la qualifions pas, ne nous risquons pas à la défigurer.

La laïcité est la clé de voûte de notre pacte social républicain. Là est l'essentiel. Sans elle, n'existe ni la liberté d'opinion ni la liberté tout simplement.

Lamartine, Alphonse de (1790-1869)

A-t-on conscience aujourd'hui que ce poète, écrivain et dramaturge, cette figure du romantisme français, a aussi incarné la voix de la République ? Il la proclama en 1848.

Et pourtant, rien ne prédestinait Alphonse de Lamartine à prendre le parti de la République.

L'un de ses ancêtres n'avait-il pas été anobli en 1651 ? Son grand-père avait servi la maison d'Orléans comme intendant des finances. Par sa famille, il appartient à cette noblesse de province, rurale, qui vit sur ses terres, si importante à l'époque, c'est elle qui perpétue religieusement les traditions, les valeurs, celles du patriotisme, de la loyauté aux gouvernants notamment, sur lesquelles repose encore la société, même si la Révolution les a ébranlées. Enfermée dans ses privilèges et prétentions, surprise par les événements qui étaient allés plus vite que son esprit, elle est, dans son ensemble, partisane encore d'une monarchie, mais se tourne de plus en plus vers une monarchie constitutionnelle.

Lamartine ne s'écarte pas de cette tradition familiale. La monarchie, il la sert de 1820 à 1830 comme diplomate. Cependant, après la mort de Louis XVIII, il prend lentement ses distances avec le régime de Charles X. Il revient en France au milieu de l'année 1828. Il a alors le sentiment que le régime fait fausse route et ne comprend pas certaines aspirations à la liberté. Il écrit de moins en moins, se sent attiré par l'action et la politique.

La chute de Charles X à la suite de l'insurrection parisienne marque sa prise de conscience de la nécessité d'une transformation de la vie politique et surtout sociale. Elle va se développer avec la monarchie de Juillet et lui faire gagner les rives de ses opposants.

En 1831, il écrit *Sur la politique rationnelle*, sorte de profession de foi qu'il ne va cesser de décliner et de compléter par la suite. Il s'agit d'un appel à imaginer un ordre nouveau qui regarde du côté d'un régime plus démocratique dans le cadre d'une monarchie rénovée.

S'il n'est pas encore totalement acquis aux idées républicaines, c'est à cause de l'ombre sanglante qui plane sur la Révolution et le sectarisme de ceux qui s'affichent républicains. Mais il a compris que le problème de la France est d'abord d'ordre social, qu'il concerne l'organisation de la société.

Il fait acte de candidature lors des élections de députés. Il est éliminé. Ses adversaires n'ont pas manqué de rappeler sa fidélité au régime des Bourbons. Ces échecs n'entraînent de sa part aucun renoncement, bien au contraire. Entrer en politique est devenu pour lui un devoir.

Élu député en 1833, optant pour le Nord, il est réélu en 1834. Il choisit de représenter Mâcon – sa ville natale – en 1837, et il est de nouveau réélu en 1842 et 1846.

Voilà le poète qui devient un politique. Il justifie en 1834 sa propre métamorphose : « La poésie, c'est l'idée : la politique, c'est le fait : autant l'idée est au-dessus du fait, autant la poésie est au-dessus de la politique. Mais l'homme ne vit pas seulement d'idéal ; il faut que cet idéal s'incarne et se résume pour lui dans les institutions sociales. »

Dans l'hémicycle du Palais-Bourbon, dès ses premières interventions, il impressionne ses collègues par le lyrisme de ses discours et sa liberté de parole. Mais il n'a pas encore trouvé ou choisi son positionnement politique. Il entend se situer en dehors des camps qui s'opposent et se combattent.

Il n'approuve pas la politique du gouvernement. Le 13 mars 1834, il condamne ces ministres car, dit-il : « Il semble que pour eux toute la science des gouvernements soit renfermée dans un seul mot : réprimer. »

Ses paroles sonnent la résistance et plaisent aux républicains. Cependant Lamartine ne les a pas encore rejoints. Il affirme être « du parti social », celui des réalités, qu'il définit ainsi en mars 1834 : « Mais entre tous les partis, il y en a un qui ne s'occupe que de ce qui est utile ou nuisible à la société, que j'appellerai le parti social, parti nombreux dans cette Chambre, immense dans le pays ; parti qui ne fait alliance ni avec les passions rétrogrades du passé, ni avec les timidités des uns, ni avec les colères des autres [...]. »

Ainsi, Lamartine, qui a choisi un positionnement politique particulier, apparaît comme un humaniste, soucieux d'entendre les revendications sociales. Ce « parti social » qu'il voudrait incarner ne rassemblera guère de députés autour de lui. Lamartine est bien isolé, il est écouté mais peu rejoint au sein de la Chambre. Mais cela ne le dissuade pas. Il va jusqu'à prendre des positions sur les rapports entre patrons et ouvriers. Fin 1842, dans *Le Bien public* de Mâcon, il s'insurge contre la détresse du prolétariat dans une société ou l'industrialisation engendre le chômage en ne fournissant pas à tous du travail. Les salariés sont, dit-il, des « espèces d'esclaves de l'industrie ». « Que le salaire s'arrête ou décroisse, tout ce peuple chôme, souffre, maigrit, mendie, s'exténue et tombe en haillons et en pourriture humaine. Peuple du salaire, né du salaire, ne vivant que par le salaire, il [...] s'insurge dans son cœur contre une société qui le condamne par sa condition au travail et qui lui refuse le travail. Or, le travail pour lui, c'est la vie. » Le droit au travail doit donc être solennellement proclamé par l'Assemblée.

Ainsi se faufile-t-il dans un chemin original, entre ceux qui prônent le triomphe d'un libéralisme total et ceux qui se complaisent dans un collectivisme complet ou les utopies sociales de l'époque. Il apparaît comme l'homme du changement, du mouvement face à l'immobilité des conservateurs. Il a compris les aspirations des ouvriers pour une société plus solidaire.

> « Que la société politique [...] intervienne avec toute la force d'administration et de réparation qui lui appartient, pour placer toujours et partout une assistance à côté d'une nécessité, un salaire momentané à côté d'une cessation de travail, un fonds commun des classes ouvrières et pour créer en un mot une providence visible, éclairée, active, sur tous les points souffrants de la population. »

Il fait entendre sa voix dans le débat passionné de la peine de mort en réclamant à plusieurs reprises son abolition. Il s'élève contre l'esclavage. Pour l'enseignement, il réclame la liberté et s'oppose à l'Église qui veut conserver sa mainmise sur l'éducation des jeunes. Il croit nécessaire la séparation des Églises et de l'État. Il dénonce les atteintes portées à la liberté d'association en rejetant l'article du projet de loi tendant à soumettre toute association de plus de 20 personnes à l'agrément du gouvernement. Il revendique plus de liberté pour la presse. « Il faut la supporter ou renoncer à la liberté. »

Et le voici rejoignant, probablement avec regrets, les voix de l'opposition au régime. En 1843, il avoue : « Il m'est pénible de ne plus combattre ici, comme je l'ai toujours fait, question par question ; mais je me suis aperçu trop tard que cette manière de défendre les intérêts de mon pays pouvait avoir quelques inconvénients, car le gouvernement se fait ainsi de la longanimité de nos consciences un encouragement à des fautes nouvelles. Oui, il faut le dire, quand les fautes du gouvernement, quand les déviations deviennent un système, l'opposition doit devenir un parti. » Et il ajoute, un peu plus tard, lors d'un banquet à Mâcon, pour justifier son évolution politique : « Ce n'est pas moi qui suis passé à l'opposition, c'est le gouvernement qui s'est écarté graduellement de la ligne où j'aurais été heureux de le suivre et de le soutenir. » Il milite pour « le droit partout, la liberté pour tous », car « voilà pour nous la démocratie », conclut-il.

Lamartine s'affirme comme un partisan résolu de l'élargissement du corps électoral afin de « faire concourir tous les citoyens à l'acte de souveraineté dont nul ne peut être justement déshérité ». Il en arrive ainsi à réclamer le suffrage universel pour l'élection du président de la République. Il a bien quitté les rives du régime monarchique.

En juillet 1847, il avertit : « Si la royauté [...] fait rougir la France de ses vices officiels, elle tombera, soyez-en sûrs, elle tombera dans son piège, et, après avoir eu les révolutions de la liberté et les contre-révolutions de la gloire, vous aurez la révolution de la conscience politique, vous aurez la révolution du mépris. »

À la veille des journées de février 1848, Lamartine est sans conteste devenu un symbole pour les partisans du changement et la mise à l'écart de ce roi, ce vieillard fatigué, replié sur ce qu'il a été, entouré de conseillers ignorants la réalité du pays, sourds aux revendications qui s'élèvent de toutes parts.

Les grondements se transforment en contestations puis en révolution. La France, après celles de 1789 et de 1830, connaît sa troisième révolution : elle se déroule à Paris du 22 au 25 février 1848.

Sous l'impulsion des libéraux et des républicains, le peuple de Paris, à la suite d'une fusillade, se soulève de nouveau et parvient à prendre le contrôle de la capitale. Louis-Philippe est contraint d'abdiquer en faveur de son petit-fils, Philippe d'Orléans, le 24 février 1848. Mais les manifestants ont envahi le Palais-Bourbon. Lamartine est au rendez-vous. Il se dresse à la tribune face à une foule excitée qui hurle : « À bas les Bourbons ! À bas les traîtres ! Vive la République ! » Il glorifie le peuple, exige un « gouvernement populaire, solide, inébranlable ».

À la tête des manifestants, il part vers l'Hôtel de Ville pour y proclamer la République.

Un gouvernement provisoire est constitué. Lamartine apparaît comme la synthèse de tous les courants politiques républicains et libéraux qui s'expriment dans une grande confusion. Le Gouvernement provisoire est notamment composé d'hommes aux idéologies incompatibles qui cherchent à imposer leur doctrine.

Lamartine a su, par son autorité, limiter l'action d'un révolutionnaire comme Louis Blanc.

Le 25 février 1848, il déclare à propos du drapeau rouge :

> « Voilà ce qu'a vu le soleil d'hier, citoyens ! Et que verrait le soleil d'aujourd'hui ? Il verrait un autre peuple, d'autant plus furieux qu'il a moins d'ennemis à combattre, se défier des mêmes hommes qu'il a élevés hier au-dessus de lui, les contraindre dans leur liberté, les avilir dans leur dignité, les méconnaître dans leur autorité, qui n'est que la vôtre ; substituer une révolution de vengeances et de supplices à une révolution d'unanimité et de fraternité, et commander à son gouvernement d'arborer, en signe de concorde, l'étendard de combat à mort entre les citoyens d'une même patrie !
>
> Ce drapeau rouge, qu'on a pu élever quelquefois quand le sang coulait comme un épouvantail contre des ennemis, on doit l'abattre aussitôt après le combat en signification de réconciliation et de paix. J'aimerais mieux le drapeau noir qu'on fait flotter quelquefois dans une ville assiégée, comme un linceul, pour désigner à la bombe les édifices neutres consacrés à l'humanité et

dont le boulet et la bombe mêmes des ennemis doivent s'écarter. Voulez-vous donc que le drapeau de votre République soit plus menaçant et plus sinistre que celui d'une ville bombardée ?

Citoyens, vous pouvez faire violence au gouvernement, vous pouvez lui commander de changer le drapeau de la nation et le nom de la France. Si vous êtes assez mal inspirés et assez obstinés dans votre erreur pour lui imposer une République de parti et un pavillon de terreur, le gouvernement, je le sais, est aussi décidé que moi-même à mourir plutôt que de se déshonorer en vous obéissant. Quant à moi, jamais ma main ne signera ce décret. Je repousserai jusqu'à la mort ce drapeau de sang, et vous devez le répudier plus que moi, car le drapeau rouge que vous rapportez n'a jamais fait que le tour du Champ-de-Mars, traîné dans le sang du peuple en 91 et en 93, et le drapeau tricolore a fait le tour du monde, avec le nom, la gloire et la liberté de la patrie. »

À la proclamation de la République, en février 1848, il devient membre du Gouvernement provisoire et ministre des Affaires étrangères.

Le 23 avril 1848, il est élu triomphalement à l'Assemblée nationale constituante et opte pour le département de la Seine. Dans son *Histoire de la révolution de 1848*, il décrit avec lyrisme cette journée d'élection au suffrage universel :

« Au lever du soleil, les populations recueillies et émues de patriotisme se formèrent en colonnes à la sortie des temples, sous la conduite des maires, des curés, des instituteurs, des juges de paix, des citoyens influents, s'acheminèrent par villages et hameaux aux chefs-lieux d'arrondissement, et déposèrent dans les urnes sans autre impulsion que celle de leur conscience, sans violences,

[…] les noms des hommes dont la probité, les lumières, la vertu, le talent et surtout la modération leur inspiraient le plus de confiance pour le salut commun et pour l'avenir de la République.

Il en fut de même dans les villes. On voyait les citoyens riches et pauvres, soldats ou ouvriers, propriétaires ou prolétaires, sortir un à un du seuil de leurs maisons, le recueillement et la sérénité sur leurs visages, porter leurs suffrages écrits au scrutin, […] les déposer dans l'urne et revenir avec la satisfaction peinte sur les traits, comme d'une pieuse cérémonie. »

Il participe aux débats de l'Assemblée constituante consacrés à l'organisation et au fonctionnement des institutions de la future IIe République. Dans ce cadre, il prône un système de séparation stricte des pouvoirs, inspiré du « modèle américain ».

Le 6 octobre 1848, l'Assemblée discute l'amendement Leblond attribuant aux représentants du peuple la désignation du président de la République. Or Lamartine combat l'amendement. Il défend avec insistance le principe de l'élection du président de la République au suffrage universel, même s'il ne néglige pas le risque de « réminiscence d'Empire ».

Avec François Arago, il mène une politique modérée. C'est lui qui signe le décret d'abolition de l'esclavage du 27 avril 1848. Le 10 mai 1848, le gouvernement provisoire est remplacé par une Commission exécutive, dont ont été exclus les plus à gauche (Louis Blanc, Albert). Lamartine siège alors avec François Arago, Garnier-Pagès, Ledru-Rollin et Pierre Marie de Saint-Georges.

Après la fermeture des Ateliers nationaux, décidée par la Commission exécutive, et les journées de juin, réprimées dans le sang par le général Cavaignac, la Commission démissionne.

En décembre, Lamartine se présente à l'élection présidentielle. Il n'obtient que 0,26 % des voix. C'est Louis Napoléon Bonaparte qui est élu. Une autre histoire débute. Elle va déboucher en 1851 sur la mort de la République en laquelle Lamartine avait cru. Cette période durant laquelle Lamartine a joué un rôle essentiel restera, comme il l'écrit dans *L'Histoire de la révolution de 1848*, « l'éclosion du droit et de l'intérêt des masses dans le gouvernement ».

Voir : Drapeau tricolore.

Laroque, Pierre (1907-1997)

Il n'est pas un politique mais un haut fonctionnaire. Et pourtant, il a une place dans ce dictionnaire.

Directeur général des assurances sociales, puis de la Sécurité sociale d'octobre 1944 à octobre 1951, c'est en effet à ce conseiller d'État que le Gouvernement provisoire dirigé par le général de Gaulle confia la tâche de préparer, à la tête de l'Administration, la réalisation du plan de Sécurité sociale qui avait été annoncé en 1944 par le Conseil national de la Résistance. Système qui n'a que peu changé dans ses principes et depuis façonne la République et notre société.

Législature

Les députés sont élus pour un mandat de cinq ans, c'est la durée de la législature. Celle-ci peut être abrégée en cas de dissolution.

Légitimité

Que signifie la légitimité en politique ? À quelles conditions peut-on considérer un pouvoir comme légitime ? Y a-t-il des circonstances où un pouvoir peut être légal sans être légitime ?

Ces questions sont essentielles en politique, elles concernent le droit de gouverner.

La légitimité, c'est la reconnaissance du droit de gouverner, de légiférer mais aussi l'obligation de respecter et d'obéir à ce pouvoir légitime.

Un pouvoir est légitime quand, en démocratie, le peuple lui a consenti le droit de gouverner.

La légitimité se confère par la loi dans la mesure où, en République, ce n'est pas un droit naturel qui se transmet par exemple par l'hérédité. Mais cela suffit-il ? La loi est-elle le seul paramètre constitutif de la légitimité ? La légitimité ne suppose-t-elle pas aussi le respect de certaines « valeurs », de certains principes ?

Loi

La loi est « l'expression de la volonté générale ». Il s'agit d'un texte normatif, adopté par le Parlement (députés et sénateurs), promulgué par le président de la République. Elle fixe des règles ou des principes fondamentaux. Elle doit, dans notre actuelle Constitution, concerner des matières énumérées par l'article 34.

L'initiative des lois appartient au Premier ministre (projet de loi) ou aux parlementaires (proposition de loi).

Certaines lois ont rythmé l'histoire de la République et façonné la vie quotidienne des Français. Elles marquent la philosophie de la République, de sa loi, expression d'une société laïcisée, garante des libertés individuelles, soucieuse d'une recherche d'égalité, de protection des plus faibles.

Sous l'action de parlementaires, d'une action syndicale et associative, de la clairvoyance de certaines personnalités, de nombreuses lois ont été votées depuis le XIXe siècle et surtout l'avènement de la République pour améliorer la condition ouvrière.

Dès 1840, Victor Hugo, dans *Les Contemplations*, avait dénoncé la situation de ces enfants que l'on faisait travailler dans des conditions très pénibles à supporter :

Où vont ces enfants dont pas un seul ne rit ?
Ces doux êtres pensifs que la fièvre maigrit ?
Ces filles de huit ans qu'on voit cheminer seules ?
Ils s'en vont travailler quinze heures sous des meules ;
Ils vont, de l'aube au soir, faire éternellement
Dans la même prison le même mouvement.
Accroupis sous les dents d'une machine sombre,
Monstres hideux qui mâchent on ne sait quoi dans l'ombre,

Innocents dans un bagne, anges dans un enfer,
Ils travaillent. Tout est d'airain, tout est de fer.
Jamais on ne s'arrête et jamais on ne joue ;
Il fait à peine jour, ils sont déjà las.
Ils ne comprennent rien à leur destin, hélas !
[...]
Travail mauvais qui prend l'âge tendre en sa serre,
Qui produit la richesse en créant la misère.
Qui se sert d'un enfant ainsi que d'un outil !
Progrès dont on demande : Où va-t-il ? Que veut-il ?
Qui brise la jeunesse en fleur ! qui donne, en somme,
Une âme à la machine et la retire à l'homme !
Que ce travail, haï des mères, soit maudit !
Maudit comme le vice où l'on s'abâtardit,
Maudit comme l'opprobre et comme le blasphème !
Ô Dieu ! qu'il soit maudit au nom du travail même,
Au nom du vrai travail, sain, fécond généreux,
Qui fait le peuple libre et qui rend l'homme heureux !

La loi du 22 mars 1841 interdit ainsi le travail des enfants de moins de huit ans et le limite à huit heures pour ceux âgés entre huit et douze ans.

Notre organisation sociale est la somme de nombreuses autres lois :

— Loi 12 juillet 1880 sur le repos hebdomadaire.

— Loi du 21 mars 1884 autorisant les syndicats.

— Loi du 15 juillet 1893 sur l'assistance médicale gratuite.

— Loi du 30 mars 1900 limitant la journée de travail à dix heures.

— La loi du 13 juillet 1906 impose définitivement le repos hebdomadaire. Elle intervient après les lois de 1852, 1874, 1892 et 1900, consacrées respectivement au travail des fonctionnaires, des enfants, des femmes et des salariés.

— Loi du 5 avril 1910 sur les retraites ouvrières et paysannes.

— Loi du 23 avril 1919 fixant à huit heures la durée de la journée de travail.

— Loi du 21 juin 1936 tendant à instituer la semaine de quarante heures dans les établissements industriels et commerciaux.

— Loi du 24 juin 1936 relative à la convention collective du travail.

— Loi du 26 août 1936 sur la retraite de travailleurs de la mine.

— Loi du 26 août 1936 sur les allocations chômage.

— Loi du 20 juin 1936 instituant un congé annuel payé dans l'industrie, le commerce, les professions libérales, les services domestiques et l'agriculture.

— Loi du 27 octobre 1946 reconnaissant le droit de grève. L'article 7 du préambule de la Constitution de la IVe République précise : « Le droit s'exerce dans le cadre des lois qui le réglementent. » Depuis la décision du Conseil constitutionnel du 16 juillet 1971 qui a reconnu la valeur constitutionnelle du préambule de la Constitution, le droit de grève a une valeur constitutionnelle.

— Loi du 11 février 1950 relative aux conventions collectives et aux procédures de règlement des conflits collectifs du travail.

— La loi du 13 juin 1998 ayant ramené de trente-neuf à trente-cinq heures la durée hebdomadaire légale du travail dans les entreprises privées, à compter du 1er janvier 2000 pour les entreprises de plus de 20 salariés, à compter du 1er janvier 2002 pour les autres.

Exigence de liberté, souci d'égalité, également recherche de fraternité à l'égard des Françaises et des Français les plus démunis :

— Loi du 27 juillet 1999 portant création d'une couverture maladie universelle pour les résidents de la France métropolitaine et des départements d'outre-mer. Elle garantit à tous une prise en charge des soins par un régime d'assurance maladie, et aux personnes dont les revenus sont les plus faibles le droit à une protection complémentaire et à la dispense d'avance de frais (tiers payant).

Dans le domaine de l'enseignement, c'est la loi qui a façonné la structure de l'Éducation nationale :

— Loi du 18 mars 1880 relative à la liberté de l'enseignement supérieur qui attribue à l'État le monopole de la collation des grades universitaires.

— Loi du 21 décembre 1880 qui organise l'enseignement secondaire des filles.

— Loi des 16 et 17 juin 1881 sur la gratuité de l'enseignement primaire.

— Loi des 28 et 29 mars 1882 rendant l'enseignement primaire obligatoire et laïc.

— Loi du 6 janvier 1959 sur la scolarité obligatoire jusqu'à seize ans.

La République, la citoyenneté ont été édifiées ou renforcées par de nombreuses lois :

— Loi du 6 juillet 1880 qui institue le 14 juillet comme fête nationale.

— Loi du 29 juillet 1881 sur la liberté de la presse. Le régime de l'autorisation préalable ainsi que le cautionnement sont abolis ; on passe d'un système préventif à un système répressif. Peuvent être condamnées l'offense, l'injure, la diffamation. La loi du 1er juillet 1972 a complété la loi de 1881 en y introduisant la disposition suivante : « Ceux qui [...] auront provoqué à la discrimination, à la haine ou à la violence l'égard d'une personne ou d'un groupe de personnes à raison de leur origine ou de leur appartenance à une ethnie, une nation, une race ou une religion déterminée, seront punis d'un emprisonnement d'un mois à un an et d'une amende de 2 000 F à 300 000 F ou de l'une de ces deux peines seulement. »

— Loi du 1er juillet 1901 sur la liberté d'association.

— Loi du 9 décembre 1905 sur la séparation des Églises et de l'État.

— Loi (ordonnance) du 24 avril 1944 sur le droit de vote et d'éligibilité des femmes. Le général de Gaulle avait annoncé, le 18 mars 1944, devant l'Assemblée consultative provisoire : « Le régime nouveau doit comporter une représentation élue par tous les hommes et les femmes de chez nous. » Le 24 mars 1944, par 51 voix contre 16, sur un amendement de Fernand Grenier, l'Assemblée reconnaît ce droit. L'article 17 de l'ordonnance portant organisation des pouvoirs publics en France après la Libération dispose que « les femmes sont électrices et éligibles dans les mêmes conditions que les hommes ».

— Loi du 5 juillet 1974 fixant à dix-huit ans l'âge de la majorité.

Bien d'autres lois illustrent la volonté du législateur de favoriser une évolution de la notion de famille :

— Loi 27 juillet 1884, dite loi Naquet, rétablissant le droit au divorce.

— Loi du 17 mai 2013 légalisant le mariage homosexuel.

Le législateur a permis aussi à la femme de choisir le moment de sa maternité et a lutté contre les avortements clandestins :

— Loi du 28 décembre 1967 relative à la régulation des naissances. Elle abroge celle du 31 juillet 1920 qui interdisait la vente et la publicité des moyens de contraception et la provocation à l'avortement. Toutefois, jusqu'à l'âge de la majorité légale, vingt et un ans, une autorisation parentale est nécessaire pour la délivrance de la pilule.

— Loi du 28 juin 1974 libéralisant totalement la contraception. La Sécurité sociale rembourse la pilule. Les mineures ont droit à l'anonymat.

— Loi du 17 janvier 1975 autorisant l'interruption volontaire de grossesse (IVG). Un texte provisoire est voté pour cinq ans. Le vote définitif se fera en 1979. Le code pénal de 1804 instaurait le crime d'avortement. Les femmes ayant volontairement mis fin à leur grossesse risquaient la prison, ainsi que ceux les ayant aidées dans la démarche. Les médecins et les pharmaciens qui auraient participé à un avortement étaient passibles de travaux forcés.

Exigence de liberté pour tous mais aussi souci d'égalité, ce qui est particulièrement clair dans le domaine des droits des enfants :

— Loi du 3 janvier 1972 accordant à l'enfant naturel les mêmes droits qu'à l'enfant légitime, en admettant la successibilité des enfants adultérins. Cette loi a consacré l'égalité des enfants légitimes et naturels et l'abolition des différentes catégories d'enfants naturels.

— Loi du 3 décembre 2001 ne « distingu[ant] pas entre la filiation légitime et la filiation naturelle pour déterminer les parents à succéder ».

Ces exemples, parmi d'autres, montrent l'importance de la loi.

Mais « trop de lois tue la loi », affirmait déjà Montesquieu, qui ajoutait : « Les lois inutiles affaiblissent les lois nécessaires. »

Les régimes politiques se succèdent, les gouvernements passent, les majorités parlementaires changent, et l'avertissement de Montesquieu est toujours d'actualité.

Pour répondre à la tyrannie de l'instant, gouvernement et parlementaires multiplient les lois : ainsi, leur volume a quintuplé en quelque cinquante ans. Les lois sont devenues bavardes et perdent souvent de leur lisibilité politique.

M

Mac Mahon, Patrice de (1808-1893)

Patrice de Mac Mahon est élu président de la République le 24 mai 1873, par 390 voix sur 721 députés.

À la fois légitimiste et loyal à l'égard de Napoléon III, sa carrière militaire s'est déroulée principalement sous le Second Empire et en majeure partie en Algérie, mais elle s'illustre en Crimée, à Sébastopol et à Malakoff puis lors de la campagne d'Italie. Après la bataille de Magenta, Mac Mahon est élevé à la dignité de maréchal de France et fait duc de Magenta. Naturellement, il prend part à la guerre de 1870. Lors de la Commune, c'est lui qui commande l'armée dite « versaillaise ». Il est à l'origine de la répression de la Commune de Paris ordonnée par le gouvernement.

Égaré en politique, Mac Mahon est utilisé par les monarchistes, notamment le duc de Broglie, pour occuper la fonction de chef de l'État en attendant le retour souhaité du comte de Chambord. L'intransigeance de l'héritier des Bourbons rendait en 1873 impossibles le rapprochement immédiat avec les Orléans et l'unité de la famille monarchiste.

Le duc de Broglie, qui dirige le ministère constitué le 25 mai, souhaite poursuivre la libération du territoire et, pour dépasser les clivages politiques, prône le « rétablissement de l'ordre moral ». Face à la division des royalistes, son but est de gagner du temps, de ne pas sortir du provisoire, et demeurer dans le flou institutionnel. Il souhaite pour Mac Mahon un pouvoir stable et suggère une période de dix ans. Le 19 novembre 1873, l'Assemblée accorde à Mac Mahon un mandat de sept ans.

Voici Mac Mahon président d'une République sans Constitution qui bénéficie d'un bail personnel de sept années pour attendre une attitude moins intransigeante du comte de Chambord. Celui-ci, malgré des élections partielles qui ne sont pas favorables aux royalistes et la volonté manifeste des parlementaires de sortir du provisoire, continue de camper sur ses positions maximalistes.

C'est dans ce climat que l'Assemblée nationale aborde en janvier 1875 la question constitutionnelle. Les débats sont chaotiques, longs et passionnels. Finalement, elle vote le 30 janvier 1875 à une voix de majorité l'amendement préparé par le député Henri Wallon. Il dispose que : « Le président de la République est élu à la majorité absolue des suffrages par le Sénat et par la Chambre des députés réunis en Assemblée nationale. Il est nommé pour sept ans, il est rééligible. »

C'est la fin du provisoire, l'enterrement évident de la monarchie. Il ne s'agit plus d'un septennat personnel confié au maréchal de Mac Mahon, mais l'institutionnalisation de la présidence de la République dont la légitimité ne peut être conférée que par les représentants du peuple. Cet amendement voté à une plus forte majorité en seconde lecture devient l'article 2 de la loi constitutionnelle du 25 février 1875.

Entre-temps les députés créent le Sénat, décident que le droit de dissolution de la Chambre des députés ne pourra être exercé que par le président de la République après avis conforme du Sénat.

La République parlementaire s'installe et prend fortement ses marques politiques.

Il ne reste plus aux monarchistes et à Mac Mahon qu'à trouver un prétexte politique pour tenter de défaire cette construction institutionnelle.

Le 16 mai 1877, Mac Mahon provoque une crise politique de laquelle il espérait pouvoir contrecarrer la puissance de la Chambre des députés. Il dissout la Chambre après avoir de justesse obtenu l'avis favorable du Sénat. Les parlementaires républicains, pour l'occasion, proclament leur unité. Les sénateurs Arago, Victor Hugo, Adolphe Crémieux, les députés Albert Grévy, Jules Ferry, Camille Sée, Charles Floquet, Émile Loubet, Armand Fallières, Casimir-Perier, Léon Gambetta, Louis Blanc cautionnent ce manifeste dit « des 363 ».

Les élections qui ont lieu au scrutin uninominal à deux tours par arrondissement, au suffrage universel masculin, sont un succès incontestable pour les républicains.

Mac Mahon doit alors « se soumettre ou se démettre », pour reprendre la formule de Gambetta.

Mac Mahon n'entend pas d'abord se soumettre. Il espère pouvoir obtenir du Sénat un avis favorable pour dissoudre la Chambre des députés nouvellement élue. En attendant, il désigne comme président du

Conseil le général Gaétan de Grimaudet de Rochebouët, l'un de ses proches, qui lui-même forme un ministère composé presque exclusivement de fonctionnaires et de trois ministres qui viennent d'être battus aux élections.

Ce gouvernement est considéré par les républicains comme une provocation et la preuve du refus de Mac Mahon de se soumettre au verdict du suffrage universel. Naturellement, les députés républicains qui sont majoritaires ne lui accordent pas leur confiance.

Mac Mahon semble vouloir résister. Il tergiverse, hésite, gagne du temps, certains dans son entourage voudraient qu'il tente un coup d'État, il finit par capituler et confie à un républicain le soin de former le nouveau gouvernement.

Il aurait dû désigner Gambetta ou Grévy qui dominent la vie parlementaire, il choisit, le 13 décembre 1877, Dufaure, un orléaniste, proche de Thiers, devenu républicain et conservateur. Peu importe, la crise institutionnelle est passée, le régime républicain s'impose, le Parlement assure sa primauté sur toutes les autres institutions. Mac Mahon lui-même, dans un message au Parlement, admet sa défaite. Il accepte les lois constitutionnelles de 1875 en ce qu'elles ont fondé une République parlementaire, l'irresponsabilité politique du président de la République et la responsabilité collective et individuelle des ministres devant les parlementaires.

Cet aveu et cette reconnaissance, cette soumission au Parlement annoncent une probable démission de Mac Mahon.

À la suite du Conseil des ministres du 28 janvier et de l'incident qui l'a opposé au ministre de la Guerre au sujet du décret déplaçant cinq officiers généraux et en mettant cinq autres en disponibilité, Mac Mahon annonce son départ, le 30 janvier 1879.

Oubliant le passé et pour réconcilier l'armée et la République, les républicains, lors de son décès en 1893, ordonneront des obsèques nationales en présence du président Sadi Carnot.

Magnaud, Paul (1848-1926)

C'est Georges Clemenceau qui incite Paul Magnaud à entrer en politique. C'est sous l'étiquette de l'Union des comités républicains et socialistes qu'il devient, le 20 mai 1906, député de Paris, élu du IVe arrondissement. Il s'agit d'un aboutissement et d'une consécration républicaine pour lui qui, avant même d'entrer au Palais-Bourbon, bénéficie d'une forte notoriété.

Clemenceau, le 4 mars 1898, lui décerne le titre de « bon juge » de Château-Thierry lorsque, alors magistrat, il avait prononcé la relaxe d'une fille mère de vingt-trois ans, poursuivie pour avoir volé un pain chez un boulanger, parce que sa fille de deux ans et elle-même n'avaient pas mangé depuis trente-six heures, considérant, dans son jugement, « qu'il est regrettable que, dans une société bien organisée, un membre de cette "société", surtout une mère de famille, puisse manquer de pain autrement que par sa faute ; que lorsqu'une pareille situation se présente [...], le juge peut et doit interpréter humainement les inflexibles prescriptions de la loi ». Il avait donc relaxé Louise Ménard et fondé la théorie de « l'état de nécessité » qui peut atténuer ou exonérer la responsabilité pénale.

Anatole France, en novembre 1900, avait loué, dans *Le Figaro*, « l'humanité » de Magnaud, qui avait dans un jugement voulu que la responsabilité du patron soit engagée en cas d'accident du travail car « celui-ci a le droit, le devoir et le pouvoir de surveiller son ouvrier, ainsi que de s'opposer à ses imprudences, tandis que l'ouvrier ne peut en raison de sa situation instable et dépendante que s'opposer timidement et dans la crainte d'être expulsé, aux procédés expéditifs du patron destinés le plus souvent à lui faire réaliser un plus fort bénéfice ».

Ces décisions vont donner naissance à un débat intéressant, encore d'actualité, celui sur le rôle et la place du juge dans notre société républicaine. Il applique la loi, mais doit-il l'interpréter au risque de la contourner ou de la contredire ?

Ainsi, en 1901, pour l'ancien et futur ministre Louis Barthou, « si la loi est mauvaise, insuffisante, il appartient au législateur de la modifier, non au juge ». Ce à quoi Clemenceau répond : « Si Magnaud fait à Château-Thierry ce qu'on devrait faire à la Chambre, c'est que la Chambre ne le fait pas. Mais tant que la Chambre ne fera pas sa besogne, il est bon qu'il y ait des présidents Magnaud pour la faire à sa place. »

Marianne

C'est le 25 septembre 1792 que la Convention choisit comme sceau de l'État une femme coiffée d'un bonnet phrygien, symbole de la liberté. La France républicaine s'incarne ainsi dans le visage d'une femme qui progressivement va devenir Marianne. Combien j'aime entendre Michel Delpech chanter : « Mais que Marianne était jolie… »

Marianne m'a toujours accompagné, a constamment veillé sur moi.

Cette vieille complicité a débouché sur une grande affection et une profonde admiration de ma part pour ce qu'elle incarne.

Président de l'Assemblée nationale, j'ai fait acheter une grande partie de la collection du journaliste Pierre Bonte. Elle est exposée dans une salle attenante à l'hémicycle, baptisé la salle « Marianne ».

Chaque fois que j'y passe, mon regard s'immobilise toujours sur cette Marianne qui pleure et souffre. Réalisée après la Première Guerre mondiale, ses bras sont amputés, symbolisant l'Alsace et la Lorraine. J'aime aussi cette Marianne en bronze de Gayrard, datée de 1848. La gueule de lion qui sort de son bonnet symbolise la force, le triangle sur son front est l'emblème de l'égalité, les mains croisées, sur le socle, celui de la fraternité. Je ne quitte jamais cette salle sans tourner mon regard vers le relief en terre cuite de Marguerite Syamour, dédié à Victor Hugo et réalisé en 1885 pour ses funérailles nationales.

Au Conseil constitutionnel, pendant les neuf années passées à sa présidence, j'ai exposé ma collection de Marianne dans mon bureau et dans le grand escalier. Elle a remplacé les photos des présidents de la République. Je voulais bien marquer que la justice ne se rend pas au nom d'un homme, fût-il le chef de l'État, mais au nom de la République et naturellement au nom du peuple français.

La coutume d'installer un buste de Marianne dans les mairies remonte au début de la IIIe République. En 1871, Thiers interdit la représentation du bonnet révolutionnaire, qu'il considère comme un emblème séditieux. Ainsi, les plus anciennes représentations de Marianne sont coiffées d'une couronne végétale composée d'épis de blé, de feuilles de chêne ou de rameaux d'olivier, parfois surmontée d'une étoile, symbole des Lumières. Le bonnet phrygien ne réapparaîtra qu'en 1879.

J'ai toujours en mémoire ce passage d'un poème républicain de 1851 :

Sur un mur que le temps lézarde,
Je possède un portrait vivant.
Le portrait de celle que j'aime
À son front aux nobles contours,
Sans diadème,
Rayonne la grandeur suprême,
C'est Marianne mes amours.

Massilia

Juin 1940, la France est en pleine débâcle. Le gouvernement de Paul Reynaud, replié à Bordeaux, hésite à signer l'armistice avec l'Allemagne. Avant d'abandonner le pouvoir à Pétain, Paul Reynaud réquisitionne le paquebot de ligne le *Massilia* pour permettre aux parlementaires français, certains accompagnés de leur famille, de rejoindre l'Afrique du Nord et d'organiser la résistance à l'envahisseur nazi.

Édouard Daladier, ancien président du Conseil, Georges Mandel, ancien ministre de l'Intérieur, Pierre Mendès France, député, Jean Zay, ancien ministre de l'Éducation nationale et des Beaux-Arts, font partie des 27 députés et sénateurs qui embarquent sur le *Massilia* au port du Verdon, en aval de Bordeaux.

Le *Massilia* est d'abord paralysé à quai un jour en raison d'une grève de l'équipage qui refuse d'appareiller par hostilité envers les parlementaires. Il n'appareille que le 21 juin 1940, quatre jours après la formation du gouvernement Pétain, à la veille de la signature de l'armistice.

Il n'arrive à Casablanca que trois jours après, le 24 juin, car, certains députés ayant envisagé de faire route vers l'Angleterre et de s'y réfugier, le paquebot a dû attendre en mer des autorisations du consul de Grande-Bretagne qui n'ont pas été accordées.

À leur arrivée, les passagers, sur ordre de l'Administration, sont consignés dans un grand hôtel de Casablanca. Ceux qui sont considérés comme mobilisés en tant qu'officiers, notamment Pierre Mendès France, les députés Pierre Viénot, Alex Wiltzer et Jean Zay, sont arrêtés le 31 août 1940 et rapatriés en métropole pour être traduits devant le tribunal militaire de Clermont-Ferrand pour « désertion ». Trois d'entre eux seront condamnés le 4 octobre 1940 à des peines de prison et à dix ans de privation de droits civils. D'autres, comme Édouard Daladier et Georges Mandel, sont accusés d'être responsables de la défaite, jugés et condamnés au procès de Riom en 1942.

Matignon

L'hôtel de Matignon est un lieu de pouvoir important, le siège du chef du gouvernement.

Je m'en souviens, c'était en décembre 1958, le général de Gaulle, alors président du Conseil de la IVe République finissante, avant de s'installer officiellement à l'Élysée, et de nommer mon père à Matignon, avait invité mes parents à venir y dîner en famille.

Après le repas, alors que le Général et mon père discutaient, Mme de Gaulle nous avait fait visiter l'appartement du chef du gouvernement, je me rappelle la taille du lit du Général, je n'en avais jamais vu d'aussi long, le Général mesurait 1,96 mètre.

À Matignon, je me souviens aussi, c'était en mars 1960, de ma stupéfaction lorsque j'entrai dans le salon du premier étage, avant que mon père ne reçoive à dîner Nikita Khrouchtchev, président du Conseil des ministres de l'URSS, de trouver sa femme, assise aux côtés de ma mère, les pieds dans une bassine d'eau froide, pour les faire dégonfler. Elle n'était probablement pas habituée à porter des chaussures à talons.

J'ai aussi en mémoire la venue à Matignon de Jackie Kennedy, l'épouse du président des États-Unis, et de la foule de journalistes qui l'attendaient sur le perron.

Un autre moment à Matignon, c'était en 1995, Alain Juppé et moi descendions l'escalier d'honneur. Il était Premier ministre, j'étais ministre de l'Intérieur. Je lui ai demandé quelle était la différence entre lui et moi à cet instant précis. Surpris, il m'a regardé. Je lui ai alors expliqué qu'il le descendait majestueusement, alors que moi, étant adolescent, je l'avais fait, mais sur la rampe ! Différence considérable !

Mendès France, Pierre (1907-1982)

Naturellement, l'histoire ne peut pas se réécrire. Mais il est possible de regretter qu'elle ne l'ait pas été autrement.

Dommage, pour la France, que Mendès France et de Gaulle n'aient pu ensemble illustrer les pages de la Ve République. Mais Mendès France s'est toujours enfermé vis-à-vis du général de Gaulle dans une impasse politique débouchant sur son isolement.

Son opposition, en 1958, aux conditions du retour au pouvoir du chef de la France libre, alors même qu'il était convaincu que la IVe République portait en elle les causes de son propre échec, et que de Gaulle pouvait mettre un terme au conflit avec l'Algérie, a été sans concession.

Son hostilité de principe à l'égard des institutions de la Ve République l'a privé de toute responsabilité politique à partir de 1958.

Député, radical, il vote contre l'investiture à la présidence du Conseil du général de Gaulle en juin 1958. Il est alors battu aux législatives dans l'Eure. Nouvel échec en 1962, parce qu'il maintient publiquement son hostilité à l'égard des institutions. Il ne cesse de contester l'orientation présidentielle de la Ve République. Il réclame le retour au régime parlementaire où la clé de voûte n'est pas le président de la République, mais l'Assemblée nationale. Pour lui, le chef de l'État doit seulement assurer un magistère moral, être le gardien des traditions républicaines.

Lui qui avait été si critique envers « le désordre et l'impuissance et la stérilité de la IVe République », comme il ose le proclamer, n'en est pas moins sévère envers une Ve République. Il dénonce les risques qu'elle ferait courir à la France. Son opposition à cette nouvelle Constitution le pousse à la présenter comme l'expression de la résurgence d'une « monarchie absolue ».

Il défendait l'indéfendable, un retour à la IVe République, à des institutions incapables de dominer l'instabilité gouvernementale et qui l'avait empêché de gouverner. Un régime politique que les Français ne voulaient plus voir ressurgir parce qu'il avait conduit la France à l'inefficacité politique.

En 1969, il se présente dans l'Isère. Élu, il est battu l'année suivante. Il tente alors, vainement, d'incarner, avec Gaston Defferre, une alternance politique, lors de l'élection présidentielle anticipée provoquée par la démission du général de Gaulle après la victoire du « non » au référendum sur la création de régions et la réforme du Sénat. Gaston Defferre avait annoncé que, s'il était élu, son Premier ministre serait Pierre Mendès France, arrivé en quatrième position à l'issue du premier tour de scrutin avec 5 % des suffrages, loin derrière le candidat communiste.

Jamais Mendès France et de Gaulle ne se sont retrouvés.

Et pourtant, les deux hommes avaient en eux une même passion de l'indépendance nationale, une voisine attitude à l'égard du fédéralisme européen qui risquait de diluer la nation française dans un super-État. Ils partageaient une même volonté de réconciliation franco-allemande et des positions proches en ce qui concerne le réarmement allemand dans le cadre de l'Alliance atlantique. Leurs regards vis-à-vis des relations de la France tant avec les États-Unis qu'avec l'Union soviétique n'étaient pas éloignés.

Tous les deux étaient des républicains.

Cet idéal républicain, Pierre Mendès France le servit avec fièvre, intransigeance et passion, des jours sombres de la débâcle de 1940 au soir de la victoire, par un comportement exemplaire qui lui valut persécutions et faux procès diligentés par le gouvernement de Vichy.

C'est d'ailleurs par fidélité à la justice de la République que Pierre Mendès France poursuivit, jusqu'au 30 avril 1954, les procédures qui permirent à la Cour de cassation de casser le jugement prononcé, le 9 mai 1941, à son encontre par le tribunal militaire de la XIIIe région, au terme d'une parodie de procès diligentée par les autorités de Vichy.

C'est sa fidélité à la République qui conduisit Pierre Mendès France, après qu'il eut servi dans l'aviation du Levant jusqu'en mai 1940, à s'embarquer, avec sa famille, en compagnie des parlementaires qui refusèrent la défaite et l'armistice de juin 1940, sur le *Massilia*, pour reprendre le combat en Afrique du Nord.

C'est encore cette confiance dans le triomphe inéluctable des valeurs de la République qui conduisit Pierre Mendès France à s'évader de sa prison de Clermont-Ferrand pour rejoindre à Londres le général de Gaulle dont il avait écouté « passionnément » l'appel du 18 juin 1940. Après plusieurs mois d'une vie clandestine qui le mena de Clermont à Grenoble, de Chambéry à Marseille puis à Genève et Lisbonne sous les traits d'un modeste employé de commerce grimé sous une épaisse moustache, il arriva à Londres le 1er mars 1942 et demanda immédiatement à rencontrer le Général, à qui il confia son désir de reprendre le combat dans son arme, l'aviation.

Engagé dans les Forces françaises libres, Pierre Mendès France fut alors affecté au groupe Lorraine où il combattit dans l'escadrille de Romain Gary.

Le général de Gaulle, qui avait gardé le souvenir du brillant sous-secrétaire d'État au Trésor qu'il fut à trente et un ans dans le second gouvernement de Léon Blum, appela Pierre Mendès France comme commissaire aux finances dans le Comité français de libération nationale à Alger. Pierre Mendès France renoua ainsi, dès novembre 1943, avec les responsabilités politiques et les questions économiques et financières avant de devenir, à la Libération, ministre de l'Économie nationale, tâche dans laquelle, aux côtés d'Aimé Lepercq, ministre des Finances, il accomplit un immense travail pour la remise en ordre d'une économie ravagée par quatre années d'occupation.

Il s'oppose cependant au général de Gaulle sur la politique économique et financière à appliquer à la France au lendemain de la Libération, ce qui entraîne son départ le 5 avril 1945. Dans sa lettre de démission, il écrit : « Distribuer de l'argent à tout le monde sans en reprendre à personne est un mirage. »

Dans ses *Mémoires de guerre*, le général de Gaulle salua le travail de ce « collaborateur d'une exceptionnelle valeur ».

La République rétablie et la paix revenue, Pierre Mendès France retrouva la confiance de ses concitoyens de Louviers qui le portèrent, dès 1945, à la présidence du conseil général de l'Eure et l'investirent d'un nouveau mandat de député dès 1946. Pierre Mendès France revint alors au Palais-Bourbon avec une joie mêlée d'appréhension devant les débuts d'une

IVe République dont il n'avait pas approuvé les principes et dont il pressentait la fragilité et l'impuissance.

Commence alors une période pendant laquelle Pierre Mendès France ne se reconnaît pas dans l'action menée au nom des Français, dans cette instabilité permanente que génèrent le système des partis et ses combinaisons médiocres. C'est l'époque de ses grands discours à l'Assemblée nationale et notamment de ses réquisitoires contre la politique indochinoise du régime et cette guerre « sans fin et sans espoir dans laquelle la France engloutissait des ressources qui auraient été plus nécessaires en Europe ».

C'est précisément l'échec en Indochine qui conduit la IVe République à se tourner vers Pierre Mendès France à qui l'Assemblée nationale avait, jusqu'alors, refusé l'investiture. Montant à la tribune du Palais-Bourbon, il place d'emblée l'action qu'il entend conduire dans une triple référence à Raymond Poincaré, à Léon Blum et au général de Gaulle, « sous le signe de l'amour de la patrie, du dévouement au bien public et du sens de l'État ».

Pendant sept mois et dix-sept jours, durée demeurée dans la mémoire des Français comme le trop bref sursaut d'un système institutionnel condamnant inexorablement notre pays à l'instabilité, période aussi faste qu'éphémère, Pierre Mendès France inscrit, dans notre histoire, une exigence, une éthique du pouvoir qui font de lui une des grandes figures de la République.

Sept mois et dix-sept jours pendant lesquels, entouré de nombreux talents – Jacques Chaban-Delmas, le général Kœnig, Christian Fouchet, André Bettencourt,

Edgar Faure, François Mitterrand –, Pierre Mendès France, selon ses propres termes, « sachant que le Parlement pouvait à tout moment [lui] retirer sa confiance, agi[t] comme si son gouvernement était assuré de durer vingt ans ».

Sept mois et dix-sept jours pendant lesquels il poursuivit méthodiquement les objectifs qu'il s'était assignés lors de son investiture : mettre un terme à la guerre d'Indochine, amorcer la décolonisation, redresser l'économie du pays, lancer le premier programme d'application militaire de l'énergie atomique.

En dépit de ce rendez-vous manqué avec de Gaulle, comment ne pas se souvenir aujourd'hui du jeune parlementaire radical de vingt-cinq ans, élu à l'Assemblée nationale par ses concitoyens de la circonscription de Louviers, terre de mission où son parti l'avait envoyé trois ans plus tôt, au terme d'une âpre campagne ?

En compagnie de Pierre Cot et de son ami Jean Zay, il devait alors prendre la tête du mouvement des « Jeunes Turcs » dont l'ambition était, à l'heure où montaient inexorablement les périls, de donner un nouveau souffle à l'héritage de ces grands républicains dont Pierre Mendès France se réclama tout au long de sa vie : Gambetta, Ferry, Clemenceau.

Michel, Louise (1830-1905)

Pourquoi, dans ce dictionnaire amoureux, évoquer la personnalité de cette pasionaria ? C'est que son histoire, son combat idéologique, auquel on peut ne pas adhérer, ses luttes ont marqué l'itinéraire de la République.

Brandi par l'héroïne de la Commune de Paris – figure emblématique du mouvement ouvrier, déportée sept ans en Nouvelle-Calédonie –, le drapeau noir est empreint d'une très forte résonance politique. Il devient le symbole du refus de tout compromis avec le pouvoir, de la lutte pour changer radicalement la société, de la « révolution sociale ». Il est la bannière de celles et ceux qui se réclament des théories anarchistes.

En 1840, quand se constitue au sein du mouvement ouvrier un courant anarchiste, tous se rangent sous la bannière rouge. Mais très vite des tensions apparaissent entre les anarchistes qui se réfèrent à Bakounine et les socialistes « autoritaires » qui se retrouvent dans les idées de Marx. Les premiers se démarquent de plus en plus ouvertement des seconds, et leur rupture est consommée en 1872 au congrès de l'Association internationale des travailleurs, la première Internationale, qui était née à Londres en 1864.

« J'arborerai le drapeau noir, portant le deuil de nos morts et de nos illusions ! », s'écrie Louise Michel le 18 mars 1882, au cours d'une réunion à Paris.

Lors de l'audience de la cour d'assises de la Seine où elle comparait, le 22 juin 1883, elle est plus explicite :

> « Ah certes, monsieur l'avocat général, vous trouvez étrange qu'une femme ose prendre la défense du drapeau noir. Pourquoi avons-nous abrité la manifestation sous le drapeau noir ? Parce que ce drapeau est le drapeau des grèves et qu'il indique que l'ouvrier n'a pas de pain. Si notre manifestation n'avait pas dû être pacifique, nous aurions pris le drapeau rouge ; il est maintenant cloué au Père-Lachaise, au-dessus de la tombe de nos morts. [...] Le peuple meurt de faim et il n'a pas même le droit de dire qu'il meurt de faim. Eh bien, moi, j'ai pris le drapeau noir et j'ai été dire que le peuple était sans travail et sans pain. »

Après les événements de la Commune auxquels elle prend une part active, Louise Michel, à quarante et un ans, est condamnée le 16 décembre 1871 par le sixième conseil de guerre de Versailles à une peine de déportation à vie dans une enceinte fortifiée. Elle a été reconnue « coupable d'avoir dans un mouvement insurrectionnel porté des armes apparentes, étant revêtue d'un uniforme militaire, et d'avoir fait usage de ces armes ».

Malgré les morts et exécutions de toutes parts, les 147 communards fusillés par les Versaillais le 28 mai 1871 et jetés dans une fosse commune du cimetière du Père-Lachaise, l'échec de la Commune, la répression qui suit, Louise Michel est devenue une référence historique. Elle incarne alors plus que la simple lutte du monde ouvrier contre le chômage et la misère, elle symbolise le courage, l'espoir d'une société radicalement meilleure.

Quoi qu'il en soit, la légende « Louise Michel » est en passe de devenir une réalité. Et Victor Hugo lui rend hommage en décembre 1871, dans un long poème intitulé « Viro Major ».

[…] Et ceux qui, comme moi, te savent incapable
De tout ce qui n'est pas héroïsme et vertu,
Qui savent que si l'on te disait : « D'où viens-tu ? »
Tu répondrais : « Je viens de la nuit où l'on souffre »
[…]
Ceux qui savent tes vers mystérieux et doux,
Tes jours, tes nuits, tes soins, tes pleurs donnés à tous,
Ton oubli de toi-même à secourir les autres,
[…]
Ta bonté, ta fierté de femme populaire.
L'âpre attendrissement qui dort sous ta colère
[…]

Après la Commune, lors de son procès, refusant d'être défendue, elle demande aux juges du conseil de guerre d'être condamnée à mort. « J'appartiens tout entière à la révolution sociale et je déclare accepter la responsabilité de tous mes actes. […] Ce que je réclame de vous, […] c'est le camp de Satory où sont déjà tombés nos frères. […] Puisqu'il semble que tout cœur qui bat pour la Liberté n'a droit qu'à un peu de plomb, j'en réclame ma part. Si vous me laissez vivre, je ne cesserai de crier vengeance. […] Si vous n'êtes pas des lâches, tuez-moi. »

Elle écope finalement d'une condamnation à la déportation à vie. Louise Michel est alors incarcérée pendant vingt mois à la centrale d'Auberive en Haute-Marne, transférée à la prison de La Rochelle et, le 24 août 1873, elle quitte la France métropolitaine au départ de Rochefort à bord de la frégate *La Virginie*.

Elle est notamment accompagnée par Henri Rochefort et Nathalie Lemel, également condamnée à la déportation pour sa participation à la Commune.

Militante anarchiste et féministe, spécialiste de l'agitation révolutionnaire, dirigeante de l'« Union des femmes pour la défense de Paris », Nathalie Lemel a dès 1865 adhéré à l'Association internationale des travailleurs, participé à de nombreux mouvements de grève des relieurs. Sous le Second Empire, elle n'a pas craint de s'élever contre l'ordre établi et, lors d'un conflit du travail, fait exceptionnel pour l'époque, elle est élue déléguée syndicale.

Durant les quatre mois que dure le voyage, Louise Michel et Nathalie Lemel ont le temps d'évoquer leurs expériences, d'analyser les causes de l'échec de la Commune. Peut-être est-ce sous l'influence de Nathalie Lemel que Louise Michel accoste sur les rives de l'anarchie.

« Eh bien ! À force de comparer les choses, les événements, les hommes, ayant vu à l'œuvre nos amis de la Commune, [...] j'en vins rapidement à être convaincue [...] qu'il est impossible que jamais la liberté s'allie à un pouvoir quelconque », écrira-t-elle plus tard en évoquant cette période de sa vie et ses conversations sur *La Virginie* avec Nathalie Lemel. Dans ce même article publié dans le journal de Sébastien Faure, *Le Libertaire*, daté du 17 janvier 1896, elle ajoute : « Je suis donc anarchiste parce que l'anarchie seule fera le bonheur de l'humanité, et parce que l'idée la plus haute qui puisse être saisie par l'intelligence humaine est l'anarchie, en attendant qu'un summum soit à l'horizon. » Elle se persuade que l'anarchie « seule peut rendre l'homme conscient, puisqu'elle seule le fera libre », écrit-elle dans ses *Mémoires*.

Ayant bénéficié de la loi d'amnistie du 11 juillet 1880, Louise Michel accoste à Dieppe le 9 novembre 1880. Des milliers de personnes viennent l'accueillir et, à la gare Saint-Lazare, où elle arrive ensuite, une foule considérable l'attend, dont Rochefort déjà revenu de Nouvelle-Calédonie, Louis Blanc et Clemenceau, et lui réserve un chaleureux accueil. Elle apparaît comme l'incarnation populaire de la Révolution.

Cette ferveur qui l'entoure inquiète le préfet de police qui comprend difficilement l'élan d'enthousiasme dont elle est l'objet, d'autant plus qu'il constate que, malgré dix ans d'emprisonnement et de déportation, Louise Michel n'a toujours pas renoncé à ses idées. Désormais, elle se veut une militante de la cause libertaire, écrit des poèmes, des romans populaires et participe à de très nombreuses tournées en province.

Le 21 novembre 1880, à la salle de l'Élysée-Montmartre, lors d'une réunion organisée en son honneur par le Cercle d'études sociales du XVIIIe arrondissement, devant une foule toujours aussi enthousiaste, Louise Michel fait sa rentrée politique.

Des drapeaux rouges, deux bannières noires où est inscrite la date de 1871 pour rappeler la Commune, ornent l'estrade, ainsi qu'un buste de la République coiffée d'un foulard rouge.

La presse est là au grand complet pour suivre l'événement, et on estime entre 2 000 et 4 000 le nombre de personnes qui s'entassent pour écouter leur héroïne, la « vierge noire », comme certains la surnomment déjà.

Elle est accueillie par Charles Ferdinand Gambon, bien connu des militants socialistes révolutionnaires. Il avait été condamné en 1848 à dix ans de déportation à Belle-Île. Après la Commune, il avait écopé de vingt ans de travaux forcés puis été condamné à mort. Il échappe à sa peine en se réfugiant à l'étranger. Revenu à la faveur de la loi d'amnistie, devant cet auditoire excité et impatient, il compare Louise Michel à Jeanne d'Arc.

Louise Michel pénètre dans la salle sous une fantastique ovation. Elle est tout en noir, une fleur rouge à son chapeau. Elle s'écrie avec force : « Salut aux morts et aux survivants ! Salut à la Commune ! Salut à la Révolution sociale », rapporte le journaliste du *Français*. Elle menace : « Nous revenons. Nous marchons seuls en avant, car nous savons celui que nous voulons frapper, et ce ne sera pas vengeance, mais justice [...]. » Les journaux *Le Citoyen* et *La Marseillaise* notent la détermination de Louise Michel lorsqu'elle s'écrie encore : « Nous ne reculerons devant aucun devoir, quel que soit l'homme à atteindre. [...] Nous le combattrons [...] s'il est contre la revendication sociale. » Puis elle ajoute : « Et quand viendra l'heure, je vous demanderai de frapper la première. »

Cette agitation, ces menaces, cette déclaration de guerre préoccupent Andrieux, le préfet de police.

Grâce à ses informateurs, à ses « mouchards » qui suivent attentivement les déplacements et notent scrupuleusement les propos de Louise Michel, il perçoit combien ses cris de colère, de revanche et d'espoir impressionnent, surtout venant d'une femme admirée par son refus de toute soumission ou de tout compromis avec le pouvoir. Tout cela pour la police est de nature à alimenter et renforcer une contestation ouvrière déjà perceptible.

Louise Michel est devenue une icône, que l'on fait venir à tous les rassemblements d'ouvriers, une grande prêtresse qui prêche les évangiles de la « révolution sociale ». Chaque fois, elle fait salle comble, soulève l'enthousiasme, déchaîne les passions.

La voici à un rassemblement organisé par « l'Union des femmes socialistes » dans le quartier Saint-Antoine. Elle les incite à rejoindre le mouvement de la révolution. Mais elle ne mêle pas sa voix à celles qui réclament le droit de vote pour les femmes. Cette revendication à l'égalité civique, elle la refuse car elle s'oppose à toute participation au pouvoir. En revanche, elle revendique pour les femmes l'égalité avec les hommes pour l'enseignement et le salaire, la reconnaissance « d'un mariage libre où l'homme ne sera plus le propriétaire de la femme ».

Elle est aux côtes du communiste Auguste Blanqui, rue d'Arras, dans le Ve arrondissement. « L'Enfermé », comme on le surnomme, pour avoir passé trente-trois ans en prison, lui rend un hommage vibrant : « Le nom de Louise Michel retentit dans l'Europe entière », rapporte la presse.

La voici, toujours en compagnie de Blanqui, peu avant sa mort, qui s'en prend au drapeau tricolore, celui de Sedan, de la défaite, de l'humiliation, de la République bourgeoise.

Le 18 mars 1881, elle écrit dans *La Révolution sociale* : « L'anarchisme est un système politique d'après lequel la société pourrait se gouverner sans gouvernement établi. »

Lors de l'anniversaire, le 8 janvier 1882, du décès de Blanqui, Louise Michel est de nouveau interpellée, près du cimetière du Père-Lachaise, pour « outrages à agent de la force publique » et condamnée à quinze jours de prison. À sa sortie, bien loin de se calmer et de modérer ses propos, elle continue ses appels à la « révolution sociale » à Paris et en province, avec toujours le même enthousiasme et un égal succès.

En 1883, le 9 mars, Louise Michel soutient les revendications des menuisiers. Elle arbore au bout d'un bâton un chiffon noir. La manifestation dégénère, plusieurs manifestants profitent des boulangeries ouvertes pour dérober les miches de pain et les distribuer autour d'eux, d'autres veulent se diriger vers l'Élysée, ils sont arrêtés par d'importantes forces de l'ordre, sous la direction du nouveau préfet de police. Des heurts avec les policiers ont lieu avenue Marigny.

Peu après, Louise est une nouvelle fois appréhendée, placée en détention à la prison de femmes de Saint-Lazare.

À la suite de sa comparution devant la cour d'assises de la Seine, en compagnie de l'anarchiste Émile Pouget, où elle assure elle-même sa défense, elle écope d'une peine de six ans de réclusion criminelle. C'est une peine particulièrement lourde pour celle qui n'est pas l'auteur du vol des pains, mais qui, étant considérée comme la meneuse de la manifestation, est responsable de tout ce qui s'y est passé. Cette peine est surtout l'expression de la volonté, exprimée par l'avocat général, de mettre hors d'état de nuire Louise Michel et de dissuader ceux ou celles qui voudraient suivre son exemple. Elle témoigne aussi de la peur que Louise Michel inspire aux représentants de l'ordre, de la justice et de la politique.

Emprisonnée à la centrale de Clermont, puis de nouveau à Saint-Lazare, Louise Michel en profite pour rédiger ses mémoires, étudier l'anglais et apprendre le russe.

Paul Lafargue, le gendre de Karl Marx, ayant eu le droit de s'entretenir avec Louise Michel dans le parloir de la prison, séparé d'elle par un grillage, rapporte dans *Le Socialiste* du 26 septembre 1885 la teneur de ses propos : « Je suis plus libre que beaucoup de ceux qui se promènent à ciel découvert : ceux-là sont prisonniers par la pensée ; enchaînés par leur propriété, par leurs intérêts d'argent, par leurs tristes nécessités de vie, absorbés au point de ne pouvoir vivre en êtres humains. »

Bravade ou propos sincères ? Comment discerner la vérité chez un personnage aussi complexe ?

Surprenante en tout cas fut cette personnalité qui écrit dans ses *Mémoires* : « Oui, barbare que je suis, j'aime l'odeur de la poudre, la mitraille dans l'air » et qui précise : « Dans l'idée, dans la mise en scène du danger, mes sens d'artiste sont pris et charmés. »

Cet aveu d'un désir de mise en scène de son action est étonnant comme son désir d'apparaître comme une martyre. Ainsi, peu après son arrestation en 1871, elle écrivait à Thiers et plaidait, pour elle, la peine capitale : « J'ai droit à la mort et viens à la réclamer », demande, on l'a dit, qu'elle réitère face à ses juges.

Pourquoi, devant le conseil de guerre, informait-elle ses juges qu'elle avait élaboré le projet d'aller à Versailles assassiner Thiers ? Personne, et pas même l'accusation, ne lui reprochait cela, puisqu'elle seule connaissait son projet.

Cherchait-elle, espérait-elle une fin héroïque ? Pour elle, peut-être, une authentique révolutionnaire, une vraie anarchiste se devait fatalement de finir sur l'échafaud ou sous les balles d'un peloton d'exécution.

Mourir pour la République et s'inscrire dans l'histoire, comme Alphonse Baudin qui, en 1851, un drapeau à la main, est mort sur une barricade, peut-être est-ce le destin tragique qu'elle ambitionne.

En janvier 1886, Jules Grévy signe sa grâce, Louise Michel la refuse : elle doit être « sortie » de prison.

Elle reprend alors son action militante, avec la même ferveur, une identique vigueur, dénonce la politique d'expansion coloniale de Jules Ferry, sillonne la France pour exposer ses idées, développer sa propagande.

Elle répète maintenant comme une litanie : « La révolution sera internationale ou elle ne sera pas » et reprend l'idée déjà exprimée avant elle que c'est la société qui pourrit l'homme. « Je veux donc, en supprimant les castes, en détruisant le capital, en établissant l'égalité de tous, arriver à ce que chacun, travaillant selon ses forces, jouisse de tout selon ses besoins. »

Tout ne se passe pas toujours facilement. Parfois le public s'échauffe, et il arrive que blanquistes, anarchistes, collectivistes s'invectivent, elle est même parfois injuriée, prise à partie.

Le 22 janvier 1888, au Havre, un homme, un certain Pierre Lucas, la blesse à la tête d'un coup de revolver.

Mais, telle une missionnaire enragée, moins de deux mois après son attentat, elle réapparaît lors d'une réunion à Belleville, elle continue à inciter à la grève, à préparer la révolution sociale, à dénoncer la politique du gouvernement quel qu'il soit, à tout démolir, à tout critiquer, même l'alliance franco-russe.

Au mois de mars 1890, elle prêche, lors d'une réunion salle des Capucines à Paris, le refus par les contribuables de payer l'impôt, suggère que les mères envoient leurs fils à l'étranger pour qu'ils n'accomplissent pas leur service militaire.

Elle publie en 1890 une brochure intitulée *Prise de possession* qui débute par une citation de Blanqui : « L'anarchie, c'est l'avenir de l'humanité. » Louise Michel y précise le sens qu'il convient de donner au titre. L'expression est plus exacte pour elle que celle d'expropriation qui « impliquerait une exclusion des uns ou des autres, ce qui ne peut exister, le monde entier est à tous, chacun prendra ce qu'il lui faut ».

Il s'agit d'une brochure de combat où elle dénonce le caractère oppresseur de tout gouvernement. « Il n'existe aucune différence entre un empire et tout gouvernement régi par les mêmes moyens, si ce n'est le titre et la quantité des souverains. Notre République a des rois par milliers. » Elle fustige les mirages du suffrage universel, s'en prend aux « bastilles capitalistes ».

Reprenant ses antiennes habituelles, elle prône la révolte totale, la grève générale, l'anarchie. « Coule,

coule, sang rouge du captif, la terre fleurira, rouge comme les verveines, et le captif sera vengé. » Elle voit monter, à l'horizon, le communisme.

À l'approche de la fête du Travail du 1er mai 1890, Louise Michel multiplie les déplacements – Reims, Lyon, Saint-Étienne, Firminy, Saint-Chamond… –, toujours avec des discours destinés à faire partager un grand souffle d'espérance et permettre l'éclosion de l'ère nouvelle : « […] rien ne peut l'empêcher que la mort. Seul un cataclysme universel empêcherait l'éocène qui se prépare ». Elle lance même des appels à la violence. « La manifestation du 1er mai doit revêtir un caractère révolutionnaire, annoncer la révolution sociale. » Faisant allusion à ce qui s'était déroulé quatre ans plus tôt à Chicago à l'occasion d'un 1er mai qui avait donné lieu à des heurts violents entre les manifestants et la police, elle déclare, à Vienne : « Nos amis de Chicago sont morts pour une idée, pour l'idée révolutionnaire. C'est le sort que je souhaite pour moi. »

De son exil volontaire à Londres, de juillet 1890 à novembre 1895, avec Charlotte Vauvelle, sa compagne depuis plusieurs années, il est difficile de déceler les raisons profondes. Elle y retrouve Rochefort, les anarchistes l'appellent à participer à plusieurs « meetings », où elle remporte un succès d'estime. Revenue en France, elle reprend sa tournée en province avec toujours la même frénésie.

Elle dénonce le militarisme, la peine de mort, affirme son opposition à la religion, fait le procès de l'Église catholique, des congrégations religieuses, des prêtres, naturellement de l'armée, fustige le capitalisme, se dit favorable à l'union libre, s'enthousiasme pour ce qui se passe en Russie…

Entre deux tournées en province à la rencontre des militants, ouvriers, paysans, entre deux discours, réunions et conférences, vraisemblablement, le 13 septembre 1904, elle trouve le temps d'intégrer la franc-maçonnerie, elle est initiée à la loge « la Philosophie sociale ». Elle traite le lendemain devant ses « frères et sœurs » du thème : « La femme et la franc-maçonnerie ».

La femme, dit-elle, doit être « elle-même l'artisane de son émancipation », refuser « de demeurer l'être inférieur que la vieille société a prétendu faire d'elle à perpétuité ». Ses propos sont rapportés par le *Bulletin* trimestriel du 9 juillet 1905 de *la Grande Loge Symbolique Écossaise*. Louise Michel aurait aussi affirmé : « Le pouvoir abêtit les hommes ; aussi devons-nous […] l'éliminer de la société en faisant de celle-ci une grande famille libre, égalitaire et fraternelle. »

Surprenante, cette initiation à soixante-quatorze ans à la maçonnerie de la part d'une femme qui a toujours voulu être libre. Peut-être souhaitait-elle ainsi marquer sa reconnaissance à son amie Maria Deraismes, première femme à avoir intégré, en France, la maçonnerie, et qui est décédée dix ans auparavant.

Le destin de Louise Michel s'arrête le 9 janvier 1905, lors d'une tournée de propagande à Marseille, dans une chambre de l'hôtel de l'Oasis. Elle est inhumée au cimetière de Levallois-Perret.

Née le 29 mai 1830, elle serait la fille de Laurent Demahis, le fils d'Étienne Charles Demahis, châtelain et maire de Vroncourt en Haute-Marne et de la servante de ses parents. La rumeur répandue à l'époque aux alentours du château attribuait à Charles Demahis la paternité de Louise.

Elle est donc une fille naturelle ou illégitime. Elle est déclarée de père inconnu.

« Je suis ce qu'on appelle une bâtarde, mais ceux qui m'ont fait le mauvais présent de la vie étaient libres. Ils s'aimaient... », écrit Louise Michel dans ses *Mémoires*. Il est probable que cela ait contribué à façonner à sa personnalité.

Du côté de son père, elle est issue d'une lignée de hobereaux de province, anoblis au XVIIe siècle. Au moment de la Révolution, par prudence, les de Mahis soudèrent leur particule à leur nom. Par sa mère, elle appartient à une petite famille paysanne.

Les Demahis s'occupent avec tendresse de l'éducation de Louise tout en conservant à leur service sa mère, Marianne Michel.

Son rêve de jeunesse est d'écrire des poèmes, ce qu'elle fit tout au long de son existence, comme Victor Hugo qu'elle vénéra toute sa vie. Après la lecture des *Misérables*, elle lui adressera ces vers :

Et moi, le cœur ému, n'osant plus avancer,
Sur la page, de loin, je lus : les Misérables ;
On eût dit voir dans l'air quelque chose passer.
C'était une blancheur d'aurore et de lumière
Et l'âme comprenant cette langue sans mots
Montait et descendait comme montent les flots
Où l'esprit voit l'esprit ; un parfum de prière
Je ne sais quelle paix à la terre inconnue
Régnait ; tout disparut un instant à mes yeux.
Au loin je vis Pathmos entre l'ombre et la nue,
Et l'apôtre debout, l'œil fixé sur les cieux.

Louise Michel fut certainement plus douée pour l'enseignement que pour la poésie.

Ayant obtenu son brevet de « sous-maîtresse » c'est-à-dire d'institutrice, elle ouvre en 1853 une école libre, affirme-t-elle pour ne pas prêter serment à l'Empire, à Audeloncourt, plus tard à Millières.

« À ma classe [...], on chantait "La Marseillaise" avant l'étude du matin et après l'étude du soir », précise-t-elle. Le peu d'empressement qu'elle montre à inciter ses élèves à se rendre à l'église, comme l'invite la circulaire ministérielle de 1849, aurait rapidement dressé contre elle « les amis de l'ordre ». Ils la « disaient rouge, c'est-à-dire républicaine », et elle aurait fait l'objet de plusieurs dénonciations auprès du recteur qui, semble-t-il, aurait été compréhensif.

Ces affirmations relevées dans les mémoires de Louise Michel sont possibles, mais elles ont été écrites bien plus tard, il est donc légitime de se demander si elle n'a pas voulu les exagérer *a posteriori* pour légèrement travestir son itinéraire afin de montrer qu'elle a toujours été une révolutionnaire.

Ainsi, elle affirme qu'elle dissuadait ses élèves de prier pour l'Empereur. C'est peut-être exact. Il est probable qu'elle ait pris ses distances avec la religion, elle était peut-être déjà athée, et ne portait pas Napoléon III dans son cœur, mais elle n'était certainement pas encore aussi furieusement anticléricale et antireligieuse qu'elle le fut au moment de la Commune. En effet, pourquoi ne mentionne-t-elle pas dans ses mémoires qu'elle a eu recours au curé d'Audeloncourt, le 4 novembre 1854, pour qu'il appuie sa nouvelle nomination dans cette commune ? Et, comme le note l'une de ses meilleures biographes, Édith Thomas, le curé Renaut indique alors : « Mademoiselle Louise Michel, institutrice laïque, s'est toujours bien conduite depuis qu'elle reste à Audeloncourt. » Manifestement, il n'a pas été informé des consignes que Louise Michel aurait données à ses élèves ! Si elle avait été si résolument et manifestement antireligieuse qu'elle veut bien l'affirmer, le curé l'aurait-il parrainée ?

Elle quitte la Haute-Marne pour Paris vers 1856, trouve une place de sous-maîtresse dans une pension rue du Château-d'Eau, ensuite elle devient propriétaire d'un externat. Elle y enseigne avec passion tout en écrivant des poèmes qu'elle adresse à Victor Hugo qu'elle ne cesse d'admirer.

Derrière l'institutrice pointe la militante. Louise Michel, pour préparer les épreuves du baccalauréat, suit les cours d'instruction populaire de la rue Hautefeuille, dirigés par les républicains Jules Favre et d'Eugène Pelletan.

Elle fait la connaissance, à la Société pour l'instruction élémentaire, de Maria Deraismes et de ses ambitions politiques pour l'égalité des sexes, de Mme Jules Simon, de Victoire Léodile Béra, républicaine, socialiste et féministe, qui se fait appeler André Léo, du nom de ses deux fils, de Jenny d'Héricourt, en réalité Jeanne-Marie Poinsard, institutrice, adepte des théories de Cabet, l'une des fondatrices, en 1848, et secrétaire de la Société pour l'émancipation des femmes…

Elle approche Jules Vallès, il sera en janvier 1871 l'un des auteurs de « l'affiche rouge » apposée sur les murs de Paris – « Place au peuple ! Place à la Commune… La sociale arrive… » –, le révolutionnaire et blanquiste Théophile Ferré dont elle tombe amoureuse et qui sera fusillé après la Commune…

Ces rencontres renforcèrent ses convictions républicaines.

Avec les événements, la guerre contre la Prusse, l'agitation des blanquistes, l'appel à la fraternisation internationale des ouvriers, les trahisons, la défaite et la chute de l'Empire, la militante évince l'institutrice. La républicaine s'affirme avec ferveur et enthousiasme :

Amis, l'on a la République
Le sombre passé va finir
Debout tous, c'est l'heure héroïque,
Fort est celui qui va mourir.

Mais à l'euphorie de la chute de l'Empire et de celle du rétablissement de la République succède le temps de la déception devant l'attitude du Gouvernement provisoire, son inertie face à l'envahisseur dont l'armée se rapproche de Paris.

Louise Michel la républicaine devient révolutionnaire.

Le refus de l'armistice, de la capitulation suscite une réaction populaire et la propulse au-devant de la scène.

Appréciée dans le XVIIIe arrondissement, elle fut élue présidente du comité de vigilance. Dans son école, elle organisa une cantine pour nourrir les enfants pendant le siège de la Commune.

Les atrocités qu'engendrent toute guerre civile et toute répression font de Louise Michel une révoltée.

Elle appelle les citoyennes montmartroises à prendre les armes, ambulancière et soldat, infirmière et combattante, on la retrouve sur de nombreuses barricades. Son énergie à combattre, à faire feu si nécessaire, son mépris du danger sont remarqués, reconnus, admirés.

Louise Michel a choisi son engagement idéologique, la République, et sa démarche pour y parvenir, la Révolution.

La légende Louise Michel est en marche.

*

Louise Michel est encore une source d'inspiration pour la gauche, l'extrême gauche. Pour les militants anarchistes, le drapeau noir doit continuer de fleurir dans les cortèges et de flotter sur les usines occupées. Il est le signe du refus de tout compromis, le cri de la révolte, l'emblème de la grande marche vers la « révolution sociale ». Pour eux, Louise Michel est le symbole de la résistance indomptable, de la vraie rebelle, de la révolutionnaire authentique.

Elle est et demeure la propagandiste libertaire, la militante anarchiste la plus charismatique de cette fin du XIXe siècle, cette femme à la personnalité complexe, dont Victor Hugo disait qu'elle était « plus grande qu'un homme ».

Elle est aussi devenue une référence nationale. Aujourd'hui, Louise Michel ne fait plus peur. La promotion 1984 de l'École nationale d'administration peut porter son nom sans que cela déclenche une polémique sérieuse. Un amphithéâtre Louise-Michel existe à l'université de Rennes 2.

Plus de 168 écoles, collèges ou lycées de l'enseignement public portent également son nom, et il est difficile de recenser les rues, avenues, boulevards ou places Louise-Michel. Une station du métro parisien a été baptisée en 1937 à son nom.

Certains se parent de son parrainage pour justifier leur engagement politique, éclairer d'une émotion particulière leur combat idéologique, et peut-être conférer un sens à leur utopie, à leur quête permanente de l'inaccessible. Son itinéraire personnel, ses combats marquent à l'évidence l'histoire de notre République.

Millerand, Alexandre (1859-1943)

Président de la République du 23 septembre 1920 au 11 juin 1924, Alexandre Millerand est une personnalité intéressante de l'histoire politique de la IIIe République.

Il milite pour l'unité des socialistes mais devient rapidement un facteur de leur division et la cible de leurs critiques. Ayant commencé sa carrière politique à gauche, il la termine soutenu par la droite.

Président d'une République impuissante à enrayer l'instabilité ministérielle, il propose une réforme des institutions qui n'est pas sans analogie avec celle imaginée en 1958 par les rédacteurs de la Constitution de la Ve République.

Né à Paris le 10 février 1859 d'un père négociant dans le quartier du faubourg Saint-Denis et d'une mère de confession juive, il devra attendre trois ans après sa naissance pour, à l'occasion du mariage de ses parents, être reconnu.

Avocat au barreau de Paris, deuxième secrétaire de la Conférence du stage derrière Raymond Poincaré, Millerand se présente sur une liste radicale-socialiste et devient conseiller municipal de Paris en 1884. L'année suivante, il entame une carrière parlementaire qui va durer cinquante-trois ans et se dérouler au Palais-Bourbon puis à celui du Luxembourg.

Au préalable, le 21 mai 1883, il se fait initier à la maçonnerie dans la loge « l'Amitié du Grand Orient ». Il en sera d'ailleurs exclu le 25 février 1905.

Il s'est d'abord forgé une solide réputation dans les milieux judiciaires et politiques en défendant devant la cour d'assises Paul Lafargue, gendre de Karl Marx, accusé de provocation à l'émeute.

Alexandre Millerand a longtemps cherché l'union des socialistes, éparpillés en différentes tendances, autour d'un programme commun de gouvernement. C'est l'objet du discours qu'il prononce le 30 mai 1896 à Saint-Mandé :

« Citoyens de tous les champs de bataille où la France socialiste a rencontré la réaction capitaliste, le même cri a jailli : Union ! Trêve aux querelles d'école, oubli des dissensions intestines ! Contre l'ennemi commun, un seul cœur, un seul esprit, une seule action ! », lance-t-il après avoir dénoncé « le conflit des ambitions et des rivalités personnelles ». Et la stratégie qu'il propose, se démarquant ainsi des révolutionnaires, est la prise du pouvoir par les élections. Il précise également le but que doivent s'assigner tous les socialistes : « le collectivisme ». « Cette socialisation progressive des diverses catégories des moyens de production ne peut être qu'un motif d'espérance et de joie pour des millions d'êtres humains appelés ainsi à s'élever par une progression qui [hissera] la condition des salariés à la qualité de coparticipants des richesses sociales. [...] N'est pas socialiste, conclut-il, quiconque n'accepte pas la substitution nécessaire et progressive de la propriété capitaliste. »

Il bénéficie alors à la Chambre des députés et dans les milieux socialistes d'une incontestable aura et d'une influence politique. Mais cela ne va pas durer : il accepte l'offre de Waldeck-Rousseau d'intégrer son gouvernement dit de « défense républicaine ». À trente-neuf ans, il est ainsi, depuis 1898, la première personnalité se réclamant ouvertement du socialisme à faire partie d'un ministère.

Quand on apprend que le général de Galliffet, qui avait dirigé la répression contre la Commune de Paris, est aussi membre de ce gouvernement, une onde de choc déferle sur le monde socialiste. Il n'est plus acceptable pour les socialistes d'approuver cette participation de Millerand à l'équipe gouvernementale.

La rupture avec Millerand est évidente. D'ailleurs, au congrès qui se déroule à Paris en décembre 1899, l'atmosphère est houleuse. Il n'est plus question de conquête légale du pouvoir, mais de lutte de classe, qui, au dire de Jules Guesde, « ne permet pas l'entrée d'un socialiste dans un gouvernement bourgeois ». Millerand est ainsi désavoué par nombre de ses camarades.

Deux stratégies s'opposent désormais frontalement : celle de la majorité des socialistes pour qui participer à un gouvernement de coalition constitue une trahison, un reniement, et celle qu'incarne

Millerand, convaincu au contraire que la politique de la « chaise vide » n'aboutit certainement pas à faire progresser la cause socialiste.

Irrémédiablement, Millerand s'éloigne de ses camarades, mais il ne se résout pas à rompre avec sa famille politique. Ainsi, en 1902, il continue à justifier la présence des socialistes au gouvernement. Aristide Briand prend alors ses distances avec lui en soutenant ceux qui dénoncent « ces compromis ministérialistes ».

Au congrès de Tours d'avril-mai 1902, à la veille des élections législatives, les socialistes posent comme règle que, dans la prochaine législature, « aucun socialiste ne pourra entrer dans une combinaison ministérielle tant qu'un congrès n'en aura pas décidé ». L'avertissement vise sans ambiguïté Millerand.

Cependant, l'œuvre réformatrice est évidente et se situe, comme Jaurès le reconnaîtra, dans l'idéal socialiste dont Millerand s'est toujours réclamé.

Au sein du gouvernement de Waldeck-Rousseau, il a la charge du Commerce, de l'Industrie, des Postes et des Télégraphes. À ce titre, il est à l'origine des décrets d'août 1899 qui imposent aux bénéficiaires des contrats passés avec l'État d'accorder aux salariés un jour de repos par semaine, de ne faire appel que dans une certaine proportion à de la main-d'œuvre étrangère. Il s'efforce de faire voter, le 30 mars 1900, une loi réglementant la durée maximum du travail pour tous les salariés. Il réorganise le Conseil du travail pour qu'il soit composé de délégués des employeurs, des ouvriers et de personnalités. Il tente aussi, mais sans succès, de faire voter un projet de loi sur les retraites ouvrières.

À partir de juin 1902, Millerand ne fait plus partie du gouvernement. Cependant, il a pris goût à l'exercice du pouvoir, et l'attitude de ses camarades socialistes l'a déçu et parfois moralement blessé. Jaurès a acquis un incontestable ascendant sur les députés de gauche. Millerand, lui, n'a plus la même influence qu'à l'époque du discours de Saint-Mandé. Marginalisé au sein de la gauche, plus vraiment à sa place sur les bancs des socialistes, la rupture est consacrée en janvier 1904, lorsque les socialistes du département de la Seine votent son exclusion.

À la Chambre des députés, Millerand s'oppose à Émile Combes. L'examen du projet de loi retirant aux congrégations religieuses autorisées le droit d'enseigner donne lieu à des débats passionnés, les députés de gauche affrontent vivement ceux de droite. Le clivage idéologique est évident. Jaurès soutient le gouvernement tandis que Millerand, applaudi par la droite, combat le projet qui est finalement voté.

Redevenu ministre dans le cabinet Briand en juillet 1909, Millerand poursuit son œuvre réformatrice. Il rénove l'administration des postes, crée la Direction des mines. Mais c'est l'année 1912 qui marque un point de non-retour dans ses relations avec les socialistes. Ministre de la Guerre de Raymond Poincaré, il prépare une loi portant à trois ans le service militaire, réorganise le commandement des armées, exprime clairement que son objectif est de préparer le conflit qui s'annonce. Nombreux, dans les rangs socialistes, sont ceux qui croient toujours au pacifisme et s'affichent volontiers antimilitaristes.

Au grand dam de la gauche, Millerand, ancien dreyfusard, fils d'une mère juive et qui a épousé une juive, pour apaiser les ressentiments, réintègre dans l'armée, le 6 janvier 1913, une semaine avant l'élection présidentielle, le lieutenant-colonel du Paty de Clam, principal accusateur de Dreyfus.

Cette décision est dénoncée en Conseil des ministres par le président du Conseil, Aristide Briand, et fustigée avec véhémence par les socialistes et les radicaux. Elle l'oblige, le 12 janvier 1913, à démissionner du gouvernement.

Millerand retrouve le 26 août 1914, dans le ministère d'« Union nationale » constitué par Viviani, le poste de la Guerre. Mais il demeure, à la Chambre des députés, la cible privilégiée des parlementaires. Il lui est reproché la faillite de nos armées, le manque de munitions, la faiblesse de notre artillerie. En réalité, les élus veulent, par leurs critiques, atteindre Joffre. Millerand apporte un soutien sans équivoque au commandant en chef des armées.

Le 20 janvier 1920, un mois avant de quitter l'Élysée, Poincaré désigne Millerand à la fonction de président du Conseil, et Deschanel, dès son élection à la présidence de la République, confirme cette nomination. Innovation majeure pour l'époque, Millerand intègre à son équipe ministérielle des non-parlementaires.

La période, agitée socialement, est perturbée par nombre de grèves et d'importantes manifestations. Soutenu par une majorité de centre droit regroupée sous l'appellation « Bloc national », Millerand gère énergiquement cette situation.

Suite à la démission précipitée de Deschanel, Millerand brigue sa succession. Avec l'aide de Briand et malgré l'hostilité des radicaux tels Édouard Herriot et Paul Doumergue, il est élu président de la République le 24 septembre 1920, avec 695 voix sur 892 votants.

Sa présidence est marquée par une volonté de modifier le fonctionnement des institutions et un désir de présidentialisation du régime. Le 14 octobre 1923, lors de la campagne pour les élections législatives, Millerand, à l'occasion d'un discours prononcé à Évreux, après avoir rendu hommage au courage de la majorité du Bloc national, se prononce sans ambiguïté en faveur des candidats s'en réclamant. Il s'en prend ouvertement aux partisans de la lutte des classes car, affirme-t-il : « pour introduire plus de justice dans les rapports entre les hommes et pour améliorer la condition du malheureux », la guerre civile n'est pas un préalable indispensable. Il fustige clairement aussi les « illusions pacifistes » des socialistes et, sans les citer, dénonce l'irréalisme des propositions des radicaux. En conclusion de ce réquisitoire politique, Millerand suggère un renforcement du pouvoir exécutif, réaffirme son souhait d'une réforme constitutionnelle pour mieux encadrer le pouvoir des parlementaires et ainsi lutter plus efficacement contre l'instabilité ministérielle.

Ce discours donne lieu à de vives critiques. La gauche dénonce cette intrusion présidentielle dans la campagne législative. Les socialistes et radicaux n'admettent pas que le président de la République soit sorti de son rôle d'arbitre et ait eu l'outrecuidance de lancer un appel à un renforcement des prérogatives de l'exécutif. Léon Blum, dans *Le Populaire*, écrit : « Lorsque, dans un discours public, le président de la République fait autre chose qu'exprimer les idées communes et banales qui sont le patrimoine indivis de la République, lorsque, à lui tout seul, il se jette dans la lutte, formule un programme, défend une politique contre d'autres, il viole donc la Constitution dont il a la garde. » Socialistes et radicaux évoquent le coup d'État du 2 décembre 1851, la crise du 16 mai 1877. Millerand est comparé à Napoléon III, à Mac Mahon ou même au général Boulanger. Il est désigné comme l'adversaire du Cartel des gauches, l'homme à éliminer du pouvoir.

À la veille des élections, le 13 mai 1920, on peut lire dans *Le Quotidien* : « Vainqueurs, prenez des garanties. Millerand [...] doit se démettre. [...] Il n'y a plus rien de commun entre le président de la République et les républicains. C'est un devoir de salut et de probité que de chasser Millerand, l'homme qui a inspiré tous les méfaits du Bloc national, qui s'est associé à tous [...]. » Les élections traduisent une évidente bipolarisation de la vie parlementaire. Les députés se réclamant du Cartel des gauches obtiennent la majorité à la Chambre. Les élections sont une défaite pour Millerand.

Les socialistes et radicaux avec qui Millerand avait commencé sa carrière politique vont désormais exiger son départ. La stratégie est rapidement mise au point, et l'issue prévisible. Les personnalités pressenties par Millerand pour constituer le gouvernement refusent son offre.

Les socialistes et les radicaux n'acceptant aucun compromis, Millerand n'a d'autre solution que de démissionner de l'Élysée. Ce qu'il annonce le 11 juin 1924. Le Cartel des gauches a fait tomber Millerand.

Voir : Cartel des gauches.

Mitterrand, François (1916-1996)

L'accession à l'Élysée de François Mitterrand inaugure une étape importante de la vie politique française. Elle met un terme à vingt-trois ans d'opposition pour la gauche et, pour la première fois depuis 1947, les communistes intègrent le gouvernement.

Cette élection, le 10 mai 1981, de François Mitterrand est celle d'une volonté politique hors du commun, d'une stratégie bien menée, d'une capacité d'adaptation aux événements exceptionnelle. C'est celle d'un virtuose de la politique.

*

Mobilisé en 1939, fait prisonnier par les Allemands, il s'évade des stalags nazis après dix-huit mois de détention. Bien que recherché par les Allemands, il n'est pas hostile au gouvernement de Vichy, intègre le Commissariat aux prisonniers de guerre à Vichy, est reçu par le maréchal Pétain le 15 octobre 1942, est décoré de la Francisque. Il est pétainiste tout le temps qu'il croit que le maréchal défend la France.

Début 1943, Mitterrand rejoint la Résistance. Traqué par la Gestapo, il s'enfonce dans la clandestinité et, en novembre 1943, rejoint Londres puis Alger où il rencontre le général de Gaulle. À partir de février 1944, en France, il unifie les réseaux de résistance des prisonniers de guerre, puis participe à la libération de Paris. D'août à septembre 1944, il siège au sein du gouvernement du général de Gaulle en tant que secrétaire général aux Prisonniers.

En 1934, il militait dans le mouvement de la jeunesse nationaliste du colonel de La Rocque, les Volontaires nationaux. Il était proche de membres de la Cagoule, écrivait dans le quotidien de droite *L'Écho de Paris* d'Henri de Kérillis. En 1935, il s'élevait contre « l'invasion métèque ». Il glissa progressivement vers le centre droit.

Avec la Vᵉ République, il poursuit sa transhumance idéologique et politique vers le centre gauche pour finir socialiste.

Il est convaincu que, face aux gaullistes, la conquête du pouvoir passe par l'union de la gauche, communistes compris, mais au sein de laquelle ils n'auront pas la prééminence. C'est toute la stratégie qu'il développe.

Après avoir créé le club intitulé la Convention des institutions républicaines, il anime la Fédération de la gauche démocrate et socialiste qui rassemble les partis de gauche à l'exception des communistes. En 1971, sans jamais avoir été membre de la SFIO (Section française de l'Internationale socialiste), il contribue à la naissance du Parti socialiste dont il se fait tout de suite élire premier secrétaire. La gauche socialiste ainsi rassemblée, il peut faire oublier son anticommunisme.

Il avait été élu en novembre 1946 député de la Nièvre sur une liste « Unité et action républicaine » qui affichait clairement son hostilité au communisme. En 1947, il siégeait cependant dans le gouvernement Ramadier avec des ministres communistes et notamment avec Maurice Thorez. En juin 1972, il signe au nom des socialistes avec les communistes et les radicaux de gauche un programme commun de gouvernement. En mars 1973, sous sa conduite, le Parti socialiste obtient aux élections législatives plus de voix que le Parti communiste, mettant ainsi fin à une supériorité qui datait de 1946. En 1981, il peut les intégrer au second gouvernement constitué par Pierre Mauroy. Union de dupes ? C'est durant sa présidence que le déclin des communistes est particulièrement évident.

Antigaulliste, François Mitterrand s'oppose au retour au pouvoir du Général. Il refuse le 1er juin 1958 de lui accorder sa confiance, appelle à ne pas approuver la Constitution de la Ve République. Il dénonce en 1964 *Le Coup d'État permanent* du général de Gaulle dans son livre au titre explicite. Il se présente contre lui au scrutin présidentiel de 1965.

Il est un opposant irréductible, un procureur intransigeant, un censeur permanent du général de Gaulle et du régime politique inspiré par les gaullistes.

Devenu président de la République, à plusieurs reprises, il rend hommage à l'action du Général. Ainsi, le 20 janvier 1963, quand il célèbre le 20e d'anniversaire du traité de l'Élysée scellant la réconciliation franco-allemande. Après avoir critiqué la volonté du général de Gaulle de doter la France d'une arme nucléaire, comme chef de l'État il ne remet pas en cause cette politique militaire et n'arrête pas immédiatement les expérimentations du programme nucléaire. Il se réfère au général de Gaulle pour justifier ses nationalisations en 1981. En pleine cohabitation politique, en 1987, il reconnaît qu'il y a une continuité entre la politique extérieure du général de Gaulle et la sienne.

Conversion sincère, habileté, ou stratégie politique ? Volonté de récupération électorale ? Peut-être un peu tout à la fois. Mais il est évident que la personnalité de De Gaulle fascine Mitterrand. Il avoue dans *Ma part de vérité* qu'il l'admirait. Dans *Le Coup d'État permanent*, il reconnaît que de Gaulle « aime la France et [il] aime l'État » et que « gouverner revient pour lui à rentrer chez soi ». Dans *La Paille et le Grain*, il admet que « le temps de Charles de Gaulle a été le temps des ruptures ». À côté de ces paroles bienveillantes, Mitterrand ne s'est pas privé de s'aventurer dans des critiques parfois très violentes.

Son attitude envers l'extrême droite apparaît aussi tout aussi difficile à cerner. Il n'en reste pas moins que c'est durant les quatorze ans où il fut président de la République que le Front national progresse de façon spectaculaire.

Ce parcours politique et ces variations idéologiques sont entièrement centrés sur une volonté de conquête du pouvoir.

Onze fois ministre de la IVe République après avoir voté « non » aux deux référendums constitutionnels de 1946, qui pouvait penser qu'il allait aussi marquer de son empreinte la Ve République ?

Il est difficile d'imaginer, en 1958, après sa défaite aux élections législatives, qu'il sera plus de vingt ans plus tard élu le quatrième président de la Ve République et celui qui symbolisera le retour à l'Élysée du socialisme, depuis Vincent Auriol en 1947.

Lorsque en 1962, après avoir animé la campagne des partis politiques contre l'élection du président de la République au suffrage universel, appelé à voter « non » au référendum, et donc avoir été largement désavoué par le peuple français, qui imagine alors qu'il pourra se faire élire président de la République ?

En 1964, on l'a dit, il publie *Le Coup d'État permanent*. Avec force, il dénonce le régime gaulliste :

> « Monarchie personnelle ? Consulat à vie ? Et qui est-il, lui, de Gaulle ? duce, führer, caudillo, conducator, guide ? À quoi bon poser ces questions ? Les spécialistes du droit constitutionnel eux-mêmes ont perdu pied et ne se livrent que par habitude au petit jeu des définitions. J'appelle le régime gaulliste dictature parce que, tout compte fait, c'est à cela qu'il ressemble le plus, parce que c'est vers un renforcement continu du pouvoir personnel qu'inéluctablement il tend, parce qu'il ne dépend plus de lui de changer de cap. Je veux bien que cette dictature s'instaure en dépit de De Gaulle. Je veux bien, par complaisance, appeler ce dictateur d'un nom plus aimable : consul, podestat, roi sans couronne, sans chrême et sans ancêtres. Alors, elle m'apparaît plus redoutable encore. »

Il semble être le plus déterminé des adversaires du Général.

Battu en 1965 par de Gaulle au deuxième tour de l'élection présidentielle, déconsidéré en 1968 par son annonce prématurée de candidature à la présidence de la République, désavoué par le triomphe gaulliste aux élections législatives de juin 1968, peut-il encore prétendre à un avenir politique ?

Après son deuxième échec à l'élection présidentielle en 1974, le départ des communistes de l'union de la gauche, son destin n'est-il pas plus derrière lui que devant ?

Mais vingt-trois ans d'opposition au régime gaulliste n'ont pas émoussé son ambition présidentielle.

Il croit encore en son avenir politique et continue à s'opposer en toutes occasions aux gaullistes.

François Mitterrand est élu le 10 mai 1981 avec 51,7 % des suffrages au second tour et devient le 21 mai chef d'un État dont il n'a cessé de critiquer les institutions, auxquelles d'ailleurs il ne va pas toucher. Cette « monarchie républicaine » qu'il a si souvent dénoncée lui convient parfaitement. Il entame un septennat qu'il prolongera en 1988 pour sept nouvelles années.

Dès son arrivée à l'Élysée, il désigne comme Premier ministre le socialiste Pierre Mauroy, député et maire de Lille, et dissout l'Assemblée nationale. Après la victoire de la gauche aux élections législatives, Mauroy constitue un deuxième gouvernement qui comprend quatre ministres communistes, une première depuis la Libération.

Le gouvernement tente alors de transcrire dans la réalité juridique les « 110 propositions » du candidat Mitterrand. Il s'agit de procéder aux nationalisations promises, de développer la décentralisation, de transformer les relations entre les représentants du capital et les salariés et « démocratiser le secteur public », de réformer l'audiovisuel, de mettre fin à la peine de mort et aux juridictions d'exception et, par l'ordonnance du 26 mars 1982, d'appliquer la 82e proposition du candidat Mitterrand sur l'abaissement à soixante ans de l'âge de la retraite. C'est en 1981 qu'est créé l'impôt sur les grandes fortunes.

L'« état de grâce » ne dure pas, la reprise économique n'est pas au rendez-vous, la France se doit de dévaluer sa monnaie par rapport au mark, mais le gouvernement n'ose pas initier rapidement une politique de rigueur qui aurait dû accompagner automatiquement la dévaluation. Le chômage touche 2 millions de personnes, les investissements s'effondrent.

Les élections partielles, les cantonales de 1982 et les municipales de mars 1983 ne sont pas favorables à la gauche et sonnent comme un désaveu pour le gouvernement et Mitterrand. Pour tenter d'éviter l'hémorragie politique, Pierre Mauroy constitue un troisième gouvernement. Mitterrand lui impose de procéder à une nouvelle dévaluation, la troisième depuis le début du septennat, et de s'engager dans une réelle politique de rigueur.

Pour satisfaire la gauche laïque, Mitterrand laisse le gouvernement entreprendre en 1984 une réforme de l'école privée, entraînant une forte mobilisation de la droite et des Français. En rouvrant la guerre scolaire, le gouvernement Mauroy signe sa perte. Les élections européennes se soldent le 17 juin 1984 par la déroute du Parti socialiste, l'effondrement des communistes, le succès de la droite et celui des extrémistes du Front national.

Mitterrand reprend l'initiative politique et accrédite l'idée de la nécessité d'une rupture politique. Elle s'incarne dans le nouveau Premier ministre, Laurent Fabius, le plus jeune chef de gouvernement que la France ait connu, il n'a que trente-huit ans. Cette rupture s'illustre aussi avec le départ des communistes du gouvernement. Ils prennent leurs distances vis-à-vis de Mitterrand.

C'est par un traitement social que le gouvernement entend lutter contre la progression du chômage. Il crée les travaux d'utilité publique en partie financés par l'État, limite les cas où l'on peut cumuler un emploi et une retraite, introduit plus de flexibilité dans le temps de travail.

Pour éviter une nouvelle déroute électorale, le gouvernement décide d'appliquer la 47e proposition du candidat Mitterrand et de modifier en 1985 la loi électorale pour l'élection des députés. Ils seront désormais élus selon le régime de la représentation proportionnelle.

Opportunité politique pour les extrémistes du Front national, Mitterrand espère qu'elle privera la droite d'une victoire annoncée. Elle ne fait qu'en restreindre le succès. Elle renvoie la gauche dans la minorité à l'Assemblée nationale, assure au Front national l'élection de 35 députés. C'est le début de la première cohabitation.

Jacques Chirac devient le troisième Premier ministre de François Mitterrand. Cette cohabitation, facilitée par la souplesse des dispositions constitutionnelles, est parfois difficile, notamment lorsque Mitterrand annonce, en juillet 1986, qu'il ne signera pas les ordonnances sur les privatisations. Il ne pourra cependant pas refuser de promulguer la loi de privatisation du 6 août 1986. La loi supprimant l'autorisation administrative de licenciement est votée et promulguée par Mitterrand. Le rétablissement du scrutin majoritaire pour l'élection des députés, les lois sur l'audiovisuel ou la lutte contre la délinquance et la criminalité, l'aménagement du temps de travail donnent lieu à des passes d'armes entre le président de la République et le gouvernement, opposent François Mitterrand et Jacques Chirac.

François Mitterrand, lors de l'élection présidentielle de 8 mai 1988, élimine au second tour avec 54 %

Jacques Chirac et entame un second septennat à l'Élysée.

Michel Rocard devient Premier ministre, l'Assemblée nationale est dissoute. Les Français envoient siéger au Palais-Bourbon une majorité relative de gauche.

Les relations entre le président de la République et son Premier ministre sont complexes. Mitterrand et Michel Rocard ne s'apprécient guère. De mai 1988 à mai 1991, ils cohabitent sans enthousiasme, le Président cherchant peu à cacher son mépris à l'égard de son Premier ministre.

Finalement, Édith Cresson, première femme chef de gouvernement, remplace, en mai 1991, Michel Rocard.

Ancienne collaboratrice de François Mitterrand, elle doit mettre fin à la confusion et l'ambiguïté qui a caractérisé les relations entre le Président et le Premier ministre, lorsque Rocard était à Matignon. La volonté de Mitterrand est d'éviter toute dyarchie à la tête de l'exécutif. Et bien marquer son autorité.

Cette période se caractérise par une aggravation du chômage, la persistance d'affaires politico-financières, une contestation au sein même du Parti socialiste des méthodes et de la personnalité du nouveau Premier ministre, une déroute électorale des socialistes aux élections régionales et cantonales de mars 1992. En avril 1992, Pierre Bérégovoy, ancien secrétaire général de l'Élysée, remplace Édith Cresson comme chef du gouvernement.

La situation économique, sociale et politique ne s'améliore pas, le gouvernement gère tant bien que mal la situation. Les scandales politico-financiers continuent à perturber l'opinion publique dont le désarroi est accru par l'affaire du sang contaminé. L'heure de la débâcle socialiste semble approcher inexorablement.

Sur le plan international, Mitterrand se mobilise pour faire progresser la construction européenne, affirme l'importance des relations franco-allemandes. Mais il semble pris de court par l'effondrement du mur de Berlin et la réunification allemande.

En mars 1982, il est le premier chef d'État français à se rendre en Israël. Il reconnaît le droit pour Israël de bénéficier de frontières sûres et celui du peuple palestinien de disposer d'une patrie.

Lorsque éclate la première guerre du Golfe, il range la France du côté des alliés contre Saddam Hussein qui a fait envahir le Koweït.

Les élections législatives de mars 1993 marquent un rejet des socialistes, le naufrage des communistes, l'émergence des écologistes, toutes tendances confondues, les progrès du Front national, et le succès de la droite parlementaire. Débute pour François Mitterrand, qui a soixante-seize ans, une deuxième cohabitation.

Édouard Balladur s'installe à Matignon alors que Jacques Chirac, vainqueur politique incontesté des élections, apparaît comme le chef de la majorité parlementaire et se prépare pour l'élection présidentielle de mai 1995.

François Mitterrand, fatigué, vieilli, miné par la maladie, ne brigue pas un troisième mandat. Le temps de l'alternance politique sonne. Jacques Chirac est alors élu le 7 mai 1995 et devient le 22e président de la République.

Moulin, Jean (1899-1943)

Funeste journée que ce 21 juin 1943 où la tragédie du drame personnel qui se noue le dispute au caractère sordide d'une arrestation brutale – qui aurait pu renverser le cours de l'histoire de la Résistance.

C'est à Caluire-et-Cuire, le 21 juin 1943, que Jean Moulin, dit Max, tombe aux mains du *Sicherheitsdienst*, le service de renseignements et de sécurité du IIIe Reich.

Aux alentours de 15 heures, sortant de trois tractions avant noires, une dizaine d'hommes de la Gestapo commandés par Klaus Barbie encerclent la villa du docteur Dugoujon, place Castellane, où se tient une réunion clandestine organisée autour de Jean Moulin. L'objet de cette réunion de Caluire devenue si tristement célèbre était de prendre des mesures conservatoires après l'arrestation du général Delestraint, le chef de l'Armée secrète, le 9 juin 1943 à Paris.

De ce rendez-vous fatal de Caluire, on retiendra que Jean Moulin fut en retard de trois quarts d'heure à la « consultation spéciale » du docteur Dugoujon ; la Gestapo, prévenue, fut en retard de trois quarts d'heure aussi…

Un seul des huit résistants parviendra à s'échapper. Les sept autres, dont Raymond Aubrac, sont transférés à la prison Montluc à Lyon. Le 25 juin, usant de méthodes barbares, Klaus Barbie parvient à percer l'identité de Max, *alias* Jean Moulin, qui est transféré à Paris à la fin du mois. Jean Moulin, martyr de la Résistance, l'homme qui ne parlera pas même sous la torture, meurt vraisemblablement le 8 juillet en gare de Francfort lors de son transfert à Berlin.

Jean Moulin est devenu pour nous tous le visage même de la Résistance, celui de la République qui n'abdique pas.

Vingt ans après les liesses de la Libération, un samedi 19 décembre 1964, les cendres de Jean Moulin entrent au Panthéon. André Malraux invoque « le pauvre roi supplicié des ombres », celui qui avait été Rex ou Max. Ses cendres rejoignaient ainsi « celles de Carnot avec les soldats de l'an II, [...] celles de Victor Hugo avec *Les Misérables*, [...] celles de Jaurès veillées par la justice [...] ».

À travers Jean Moulin, c'est la France du redressement national, c'est le sursaut de la République qui est honorée, la France de la lutte dans l'honneur, une France qui ne renonce pas et qui tourne le dos à la défaite.

Les résistants savaient avec de Gaulle que la liberté et la souveraineté d'un peuple dépendaient aussi de sa capacité à se libérer lui-même. De sa capacité à rétablir l'ordre et à se reconstruire.

De cette union de la Résistance intérieure, la France combattante tirera sa pleine légitimité. De cette union, la République des catacombes tirera l'énergie et la force pour redevenir la France du grand jour.

Pour que la France se relève, qu'elle retrouve son rang et son indépendance parmi les Alliés, il fallait que la Résistance intérieure, qui n'était d'abord, selon le mot d'André Malraux, qu'un « désordre de courage », soit unifiée autour du général de Gaulle. Cette unification de la Résistance, point de départ du renouveau national, restera l'œuvre capitale de Jean Moulin. Le renouveau de la France passait par le redressement de l'État de la même manière que son affaiblissement provenait d'une déliquescence de ses institutions. Et ce n'est pas, dès lors, une simple coïncidence que le premier chef de la Résistance fût préfet d'une République qui n'avait pas abdiqué. C'est le signe qu'il ne pouvait y avoir de sursaut sans renaissance de l'esprit républicain, prélude au retour de l'État républicain.

Le temps passe inexorablement, mais la reconnaissance de la nation reste et doit demeurer toujours aussi vive. Le message de la Résistance, loin de s'épuiser, doit persister. Car c'est en temps de paix, quand la tentation de la facilité et du lâche renoncement s'installe, que l'exemple de la France libre et combattante doit être exalté, doit être rappelé ! C'est la République qu'il ne faut pas perdre de vue.

Musique

« Si on veut connaître un peuple, il faut écouter sa musique », affirmait Platon.

Les républicains, dès la Révolution, ont compris que la musique pouvait avoir une finalité politique ou sociale, pas simplement n'être qu'une source de plaisir, une occasion de distraction. Elle se devait d'être un facteur d'éveil d'une conscience politique, d'une identité nationale.

En 1795, Marie-Joseph Chénier, à la tribune de la Convention, réclame la création d'une École nationale de la musique.

Le Comité de salut public accorde sur son budget un important crédit pour permettre la publication de partitions musicales.

Les dirigeants révolutionnaires estiment que la musique développe l'esprit public, excite le courage des défenseurs de la patrie.

Comme la musique et le chant font partie des offices religieux, ils ont toute leur place dans la liturgie républicaine.

Grâce à la musique et aux chants les célébrations du 14 juillet 1790 vibrèrent dans une émotion partagée et collective.

Le 14 juillet 1880, au Champ-de-Mars, à Paris, après les processions, les discours, 1 000 chanteurs entonnèrent le *Te Deum* composé par François-Joseph Gossec qui, au moment de la Révolution, avait été nommé compositeur officiel.

Ces banquets républicains de la IIe et de la IIIe Républiques étaient l'occasion pour les orchestres de jouer des musiques entraînantes, de reprendre des hymnes républicains ou chansons populaires. Volontiers, on chante en chœur : « Ah ! ça ira, ça ira, ça ira » ou « Le Temps des cerises… » et, naturellement, « La Marseillaise », qui galvanise les ardeurs républicaines. La République se doit d'apparaître joyeuse, fraternelle. La musique remplit parfaitement cette fonction.

Durant ces années où la République se cherche une identité, la musique apparaît plus que jamais comme un facteur de cohésion politique et sociale. Les concerts publics connaissent un grand succès, rassemblent un public large et populaire.

Les républicains sont convaincus de l'utilité politique et morale de la musique. Oscar Commettant, compositeur, musicologue, écrit en 1890 : « La musique est de tous les arts le seul dans lequel il soit impossible de se montrer malhonnête, le seul qui ne permette pas la manifestation d'un sentiment pervers, d'une pensée vicieuse quelconque. »

Agénor Bardoux, ministre de l'Instruction publique, des Cultes et des Beaux-Arts de décembre 1877 à janvier 1879, estimait que la musique permettait de lutter contre « l'invasion du mauvais goût ».

Le but de la musique est de transmettre des sensations, de procurer un plaisir. Les républicains ont voulu démocratiser l'accès à ce plaisir et à ces sensations en permettant au plus grand nombre de citoyens d'en profiter. Développer le sentiment de fraternité par une émotion partagée, favoriser la prise de conscience d'une identité commune sont une ambition républicaine.

La Marseillaise est l'hymne national de la France de 1795 à 1804 puis depuis 1879. Composée par

Rouget de Lisle en 1792 pour l'armée du Rhin, ce chant de guerre, cet appel à la mobilisation générale pour le combat contre la tyrannie et l'invasion étrangère est le seul chant en France qui a une valeur constitutionnelle. Il est d'ailleurs mentionné à l'article 2 de notre Constitution.

Voir : Banquets républicains ; Chants républicains.

O

Ouverture de l'instruction publique et de l'université aux jeunes filles

La République doit être admirée pour son œuvre scolaire et pour la volonté des républicains d'ouvrir l'accès des écoles publiques et de l'université aux femmes, de leur donner le droit de savoir, la possibilité d'une instruction identique à celle des garçons.

Il s'agissait de mettre fin à l'idée que la femme devait se contenter d'être une fidèle épouse et une bonne mère de famille, et de lui permettre d'échapper à la dépendance de sa famille ou de son mari. Les républicains ont voulu instaurer une égalité des sexes au regard de l'instruction, matrice de toutes les libertés et de la citoyenneté.

En 1687, dans son traité *De l'éducation des filles*, Fénelon (1651-1715) constatait déjà que : « Rien n'est plus négligé que l'éducation des filles. » Leur éducation était laissée à la mère ou confiée à l'Église, à ses couvents ou institutions religieuses.

Même Condorcet (1743-1794), si favorable à l'égalité de droits entre la femme et l'homme, pourtant partisan « que les femmes partagent l'instruction donnée aux hommes », subordonne la femme aux intérêts de sa famille. N'affirme-t-il pas, dans son rapport aux députés sur l'instruction publique, « que les femmes partagent l'instruction donnée aux hommes pour qu'elles puissent surveiller celle de leurs enfants » ?

Œuvre d'un pamphlétaire, militant anarchiste, communiste, auteur du *Manifeste des égaux*, le « projet d'une loi portant défense d'apprendre à lire aux femmes » de Sylvain Maréchal (1750-1803), même s'il ne faut pas en exagérer la portée, est significatif d'un refus d'admettre que la femme ait droit à l'instruction à l'égal à celui des hommes.

Les républicains vont réagir contre ce postulat et progressivement ouvrir les chemins de l'instruction aux jeunes filles.

L'unique réalisation de la Révolution viendra de Lakanal (1762-1845), député de l'Ariège, membre du Comité de l'instruction publique à la Convention, et de son décret annexé à la loi du 27 vendémiaire an IV, qui précise : « Chaque école primaire sera divisée en deux sections, l'une pour les garçons, l'autre pour les filles [...] qui apprendront à lire, à écrire, et les éléments de la morale républicaine. Elles seront formées aux travaux manuels. »

L'enseignement dispensé aux jeunes filles reste en réalité différent et très inférieur à celui dont bénéficient les garçons.

La loi Guizot de 1833 prévoit pour ceux-ci une école primaire dans chaque commune d'au moins 500 habitants.

Il faut le retour de la République pour que la législation commence vraiment à bouger dans le sens de l'égalité entre les garçons et les filles.

Voici Hippolyte Carnot, qui, le 30 juin 1848, dépose un projet de loi sur l'enseignement primaire pour les garçons comme pour les filles. L'instruction publique est déclarée obligatoire et gratuite pour les enfants des deux sexes dans les écoles de l'État.

Alfred de Falloux (1811-1886), ministre de l'Instruction publique et des Cultes, pose quant à lui, par la loi du 15 mars 1850, le principe d'une école pour les filles, mais seulement dans les villes à partir de 800 habitants. Cette loi aborde tous les aspects de l'éducation, à l'exception des études supérieures. Mais ses dispositions sur la liberté d'enseignement laissent une place plus importante à l'enseignement confessionnel et elle ne fait donc pas l'unanimité chez les républicains.

Dans cette évolution vers l'égalité entre garçons et filles concernant le droit à l'enseignement public, il serait naturellement injuste d'omettre l'œuvre de Victor Duruy ou de Jules Ferry. Ne pas mentionner Camille Sée (1847-1919) serait tout aussi injuste.

Mais l'histoire est ainsi, elle ne retient que les personnalités politiques qui ont œuvré pour transformer notre législation et promouvoir par la loi une plus grande égalité entre les hommes et les femmes au regard de l'instruction. Leur action a été remarquable mais ne doit pas faire oublier ces militantes de l'égalité, qui, sans mandat politique, ont également contribué de façon exemplaire à briser les règles posées par les hommes en leur interdisant d'accéder à des études et évidemment à l'université.

Ainsi, sont passés trop souvent sous silence le combat de Julie-Victoire Daubié (1824-1874) pour permettre aux femmes de présenter l'examen du baccalauréat et leur ouvrir la voie de l'université, ainsi que celui de Madeleine Brès (1842-1921) pour forcer les portes de la faculté de médecine et reconnaître aux femmes la capacité à devenir médecin.

Voir : Carnot, Hippolyte (1801-1888) ; Daubié, Julie-Victoire (1824-1874) ; Ferry, Jules (1832-1893) ; Sée, Camille (1847-1919).

P

Palais-Bourbon

C'est d'abord l'hémicycle, lieu magique où la démocratie parlementaire se fait transparente, où se retrouvent les 577 députés pour débattre de la loi, interroger et contrôler le gouvernement.

Construite de 1828 à 1832, l'actuelle salle des séances conserve le plan en hémicycle du Conseil des Cinq-Cents.

Scène nationale du théâtre de la politique, caisse de résonance des débats qui traversent notre société, témoin des grandes heures de la République, l'hémicycle a longtemps été un temple de l'éloquence.

La tribune de l'orateur date aussi du Conseil des Cinq-Cents. Décorés par François-Frédéric Lemot (1771-1827), les deux bas-reliefs illustrent l'Histoire écrivant et la Renommée proclamant cette histoire. C'est de cette tribune que Victor Hugo, Lamartine, Jaurès, Briand, Clemenceau, de Gaulle, Malraux... ont fait entendre la voix de la République.

Dans l'hémicycle, la parole devient action, et les lois la clé de voûte de notre société.

L'hémicycle, c'est le spectacle de la politique avec ce qu'elle a d'exaltant, de grandeur mais aussi de médiocre, de compromis, de règlements de comptes, tout ce qu'induit la lutte pour le pouvoir.

Il est vrai que le spectacle qui s'y joue n'est pas toujours digne des lieux, il est même parfois désespérant. Voir ses députés vociférer, hurler, lire le journal, s'assoupir véhicule une image négative du Parlement.

Je regrette que mon successeur à la présidence de l'Assemblée soit revenu sur ma décision d'empêcher techniquement les députés d'utiliser leur téléphone lorsqu'ils sont dans l'hémicycle. Les séances des questions au gouvernement étant retransmises en direct à la télévision, voir qu'au banc du gouvernement des ministres n'arrêtent pas d'envoyer des mails, observer certains députés téléphoner, prendre des photos ou pianoter sur leur ordinateur, indifférents aux débats, n'est pas convenable.

Il est aussi regrettable que l'absentéisme des députés offre des arguments à l'antiparlementarisme.

Éternel problème. Quels que soient le régime politique et les époques, c'est souvent dans un hémicycle loin d'être rempli que les députés discutent et votent les lois.

En 1790, à l'Assemblée nationale, le député Thibault s'écrie : « Je demande que tous les députés absents soient privés de leurs appointements ! », et ses collègues, dans une touchante unanimité, décident, le 22 juin 1790, que tous les membres de l'Assemblée nationale « qui, jusqu'à ce jour, se sont absentés, et qui, à l'avenir, feront des absences, sont et seront privés de leur indemnité, et cela pendant tout le temps de leur absence ». Cette décision ne sera pas appliquée longtemps.

En 1850, le président André Dupin invite les huissiers à résister aux députés qui mettent dans l'urne, lorsqu'il s'agit de voter, des bulletins au nom de leurs collègues absents.

Jules Grévy, en 1875, dénonce lui aussi l'absentéisme de ses collègues et leur fâcheuse habitude de voter par procuration. Cela n'a que peu d'effets. Aussi, en 1898, le président Henri Brisson, du haut du perchoir, s'adressant « à ceux [qu'il] ne voi[t] pas sur les bancs », déplore solennellement qu'« une demi-douzaine » de députés participent aux travaux de la Chambre.

Cet absentéisme révolte le député Jean-Louis Breton qui, le 17 juillet 1909, arrive à faire inscrire dans le règlement de la Chambre la mise en place de feuilles de présence, la liste des députés devant être publiée au *Journal officiel*. Celui qui n'a pas émargé pendant six séances est considéré comme absent et perd son indemnité parlementaire fixée à 15 000 francs.

Naturellement, de nombreux députés, très vite, contestent ce système. Ainsi Camille Pelletan s'élève-t-il contre cette feuille de présence, « utilisée dans les collèges et les casernes, attentatoire à la liberté des représentants du peuple ». Aussi, le 15 novembre 1911, ils la font disparaître de leur règlement.

Avec l'installation des caméras de télévision dans l'hémicycle, l'absentéisme est de plus en plus visible.

L'hémicycle est un espace de liberté pour les élus de la nation. Ils sont libres d'approuver, de critiquer la politique des ministres. Libres de voter, d'amender ou de refuser les lois, de contrôler, de censurer l'action du gouvernement. Libres de proposer une autre politique que celle présentée par le Premier ministre.

Cette liberté est la marque de la démocratie, d'autant plus que les députés ne peuvent pas être poursuivis en justice pour des opinions politiques exprimées dans l'hémicycle.

Du haut du perchoir, le président de l'Assemblée nationale dirige les débats, assis dans ce magnifique fauteuil décoré par François-Frédéric Lemot et Claude Michallon (1752-1799), celui de Lucien Bonaparte au Conseil des Cinq-Cents.

Pour en assurer une tenue digne, le président s'appuie sur le règlement intérieur qui détaille les règles élémentaires de bienséance auxquelles doivent se plier les députés et les sanctions encourues en cas de non-respect.

Quatre sanctions disciplinaires existent pour les membres de l'Assemblée.

Sanction la plus courante et la moins grave : le rappel à l'ordre oral du président, quand par exemple un député prend la parole sans y être autorisé.

Plus sérieux, le rappel à l'ordre avec inscription au procès-verbal concerne, entre autres, le cas où « un député adresse à un ou plusieurs de ses collègues des injures, provocations ou menaces ». Le député est alors privé « pendant un mois du quart de l'indemnité parlementaire ».

Vient ensuite la « censure », prononcée contre tout député « qui, dans l'Assemblée, a provoqué une scène tumultueuse ». Il est alors privé pendant un mois de la moitié de son indemnité de parlementaire.

Enfin, sanction ultime : la censure avec exclusion temporaire du Palais-Bourbon pour le député qui « a résisté à la censure simple ou qui a subi deux fois cette sanction », « a fait appel à la violence en séance publique », « s'est rendu coupable d'outrages envers l'Assemblée ou envers son président » ou « d'injures, provocations ou menaces envers le président de la République, le Premier ministre, les membres du gouvernement et les assemblées prévues par la Constitution ».

En pratique, le député ainsi sanctionné ne pourra prendre part aux travaux de l'Assemblée, et même, précise le règlement, « reparaître dans le palais de l'Assemblée jusqu'à l'expiration du 15e jour de séance qui suit celui où la mesure a été prononcée ». Il sera aussi privé de la moitié de son indemnité, pendant deux mois.

L'histoire du Palais-Bourbon fait ressurgir, d'un passé pas très éloigné, nombre d'incidents.

Le 19 avril 2013, c'est, semble-t-il, la première fois au cours de la Ve République que des parlementaires en viennent à se battre dans l'hémicycle. L'incident est né d'un sourire « moqueur » d'un collaborateur de Christiane Taubira, garde des Sceaux, assis derrière elle. Des députés de l'opposition se sont alors vivement opposés à ceux de la majorité. Des coups de poing ont été échangés.

En revanche, des esclandres, gestes inconvenants ou injures entraînant des sanctions disciplinaires se sont souvent produits. Sans remonter à la IIIe ou à la IVe République, la vie parlementaire fournit des exemples nombreux.

Pour « s'être laissés aller [...] à des insinuations injurieuses à l'encontre de monsieur le président de la République », les députés de l'opposition Jacques Toubon, Alain Madelin, François d'Aubert écopent, le 1er février 1984, d'une sanction de censure.

Ils avaient osé faire allusion aux relations que Mitterrand avait entretenues en 1945, sans le nommer, avec Eugène Schueller, fondateur de L'Oréal, proche de l'extrême droite, de la Cagoule. En 1941, en accord avec les autorités allemandes, il avait créé le Mouvement social révolutionnaire dont le programme précise : « Nous voulons construire la nouvelle Europe en coopération avec l'Allemagne nationale-socialiste et toutes les autres nations européennes libérées comme elles du capitalisme libéral, du judaïsme, du bolchevisme et de la franc-maçonnerie [...], donner aux juifs qui seront conservés en France un statut sévère les empêchant de polluer notre race. » Il participe ensuite à la direction du parti collaborationniste de Marcel Déat. Or, à la fin de l'année 1945, Eugène Schueller engage François Mitterrand comme président-directeur général des éditions du Rond-Point (et directeur du magazine *Votre beauté*). Il emploie également plusieurs anciens collaborateurs et cagoulards.

Pourtant, ils n'étaient pas les premiers à évoquer dans l'hémicycle le passé trouble de François Mitterrand. En 1954, le député gaulliste Raymond Dronne l'avait interpellé en ces termes : « Le grand républicain que vous prétendez être a un passé trop fluctuant pour pouvoir inspirer ce sentiment qui ne se commande pas, qui est en quelque sorte un élan instinctif et qui s'appelle la confiance. Je ne vous reproche pas d'avoir arboré la fleur de lys et la Francisque d'honneur. » Mitterrand l'interrompt : « Tout cela est faux. » Dronne lui répond : « Tout cela est vrai, vous le savez bien. » Raymond Dronne n'était pas n'importe qui : le soir du 24 août 1944, il entra le premier dans Paris, à la tête d'un détachement de la 2e division blindée de Leclerc.

Mais Mitterrand est devenu président de la République et, pour le pouvoir socialiste, l'évocation de ce passé risquait de faire remonter trop de souvenirs à la surface : Vichy, la Francisque reçue par Mitterrand… Pour avoir tenté de briser un tabou, la gauche obtint donc de l'Assemblée nationale que Toubon, Madelin et d'Aubert soient sanctionnés.

Le 24 juillet 1997, c'est le député vert Noël Mamère qui est réprimé pour avoir interpellé l'ancien ministre délégué à la Sécurité, Robert Pandraud, qui, selon lui, se complaisait dans « le poulardier » (l'hémicycle).

Il est de nouveau sanctionné, le 16 décembre 2009, pour avoir applaudi à l'intrusion de militants de Greenpeace dans l'hémicycle et avoir eu un « geste insultant » – un bras d'honneur – à l'égard de certains de ses collègues. Il écope d'un rappel à l'ordre avec inscription au procès-verbal. Avec une perte nette de

1 300 euros (un quart de son indemnité parlementaire).

Je présidais la séance des questions d'actualité le mardi 20 juin 2006. L'atmosphère dans l'hémicycle était à l'affrontement. Dominique de Villepin s'en prit au premier secrétaire du parti socialiste : « Monsieur Hollande, il est des moments dans la démocratie où l'on ne peut pas dire n'importe quoi [...]. Et je dénonce la facilité et je dirai même, en vous regardant, la lâcheté, la lâcheté qu'il y a dans votre attitude [...]. » Immédiatement, l'hémicycle s'enflamme, de part et d'autre on s'invective, on s'injurie. Des députés socialistes quittent leur siège et se rassemblent près du banc du gouvernement. Heureusement les huissiers s'interposent pour éviter une bagarre générale. Ne pouvant rétablir l'ordre, j'ai suspendu la séance. Il n'y a pas eu de sanction, il aurait fallu en prononcer de nombreuses.

Le 20 janvier 2009, en pleine nuit, un député de la majorité propose d'abréger l'examen d'un article qui encadre le droit d'amendement des parlementaires. Il fait cette demande alors que ses collègues de l'opposition n'ont pu encore tous s'exprimer. Furieux, les socialistes se regroupent au pied du perchoir, scandent : « Démocratie ! Démocratie ! » et entonnent *La Marseillaise*. Dans l'impossibilité de rétablir l'ordre, le président suspend la séance.

Lors de la séance des questions au gouvernement, le 7 septembre 2010, les députés communistes se lèvent et se dirigent vers le Premier ministre, afin de lui remettre une pétition signée par 120 000 personnes pour réclamer l'ajournement de l'examen de la loi sur les retraites. Nombre de députés de la majorité déboulent pour les empêcher d'arriver devant le banc du gouvernement. Il faut l'habileté des huissiers pour que cela ne se termine pas en pugilat généralisé. La séance est naturellement suspendue pour permettre aux uns et aux autres de se calmer.

Quelques jours plus tard, le 15 septembre, c'est le président de l'Assemblée, Bernard Accoyer, qui, ayant décidé de suspendre la séance pour contourner l'obstruction de l'opposition, est poursuivi dans les couloirs, aux cris de « Démission ! », et qualifié de « factieux », de « putchiste ». La scène est filmée et fera le bonheur des journaux télévisés.

Le 7 juin 2011, en plein hémicycle, lors des séances de questions au gouvernement, François Fillon, le Premier ministre, est au micro. Le ton monte au sujet de la fiscalité. Le député socialiste Henri Emmanuelli s'énerve et lui fait un doigt d'honneur. Emmanuelli s'en sortira avec un simple rappel à l'ordre.

Le 8 novembre suivant, François Baroin, ministre du Budget, dénonce la gauche pour avoir pris le pouvoir « par effraction » en 1997. Prétexte à un énorme chahut filmé par la télévision. Les députés socialistes lancent des boulettes de papier en direction du ministre. Bien évidemment, la séance est interrompue.

Le 27 février 2012, c'est un député radical de gauche, Serge Letchimy, qui accuse le ministre de l'Intérieur, Claude Guéant, de « porter une idéologie qui a donné naissance aux camps de concentration ».

Le député apparenté communiste Maxime Gremetz est, semble-t-il, le seul à avoir été, en 2011, exclu temporairement du Palais-Bourbon.

Ces insultes, agressions verbales échangées dans l'hémicycle par les députés font partie de la vie parlementaire et ne sont pas l'apanage de la période contemporaine. Au moment de l'affaire Dreyfus, par exemple, certaines séances de la Chambre ont été particulièrement violentes et pas uniquement verbalement. L'affront alors se réparait par un duel.

Le dernier a opposé, le 21 avril 1967, le député Gaston Defferre à René Ribière après que ce dernier l'eut qualifié d'« abruti ». Malgré la tentative de médiation du président Chaban-Delmas et du ministre Roger Frey, chargé des Relations avec le Parlement, les deux parlementaires ont réglé leur différend à l'épée à Neuilly. Ribière ayant été légèrement blessé au bras, le duel a été arrêté. À l'intention de son adversaire qui devait prochainement se marier, Defferre a déclaré qu'il aurait pu le toucher ailleurs, ce qui aurait compromis sa nuit de noces !

Heureusement, l'hémicycle n'est pas toujours aussi agité. Il y a des moments plus calmes mais surprenants.

Comment, dans cette vie quotidienne de l'hémicycle, ne pas mentionner ce débat, en septembre 1975, sur le projet de loi visant à réguler l'industrie du cinéma érotique ? Le député du Val-de-Marne, Robert-André Vivien, s'adresse au ministre de l'Économie et des Finances : « Monsieur le ministre, durcissez votre sexe… euh, pardon, votre texte. » Ce lapsus demeurera célèbre.

Je me souviens de la séance des questions au gouvernement du 3 juin 2003, que je présidais, au cours de laquelle le député Jean Lassalle a entonné, dans une stupéfaction générale, l'hymne pyrénéen, « *Aqueros Mountagnos* », pour protester contre une délocalisation d'une entreprise.

Impossible d'oublier cette séance des questions au gouvernement où, du perchoir, je vois, sur ma droite, arriver dans l'hémicycle Béatrice Vernaudon, députée de Polynésie, arborant un grand chapeau. Immédiatement, je fais signe aux huissiers de lui interdire l'entrée ainsi attifée.

Mécontente, à la fin de la séance, elle est venue me demander des explications sur ma décision. Je lui ai répondu qu'elle relevait du pouvoir discrétionnaire du président.

La tenue vestimentaire, dans l'hémicycle, fait partie de la liberté du parlementaire.

Pour la réunion des états généraux, des habits étaient prévus par ordre. Cette obligation entraîna une vive réaction de Mirabeau. Il écrit alors : « Prescrire un costume, quel qu'il soit, aux membres du Corps législatif présidé par le monarque, et par conséquent au pouvoir souverain, c'est soumettre les dépositaires de ce pouvoir à l'absurde et ridicule législature d'un maître des cérémonies. »

L'Empire et la Restauration tentèrent d'imposer aux députés le port d'un uniforme. Mais la liberté vestimentaire s'est imposée. Ainsi, l'histoire du Palais-Bourbon est traversée par certains députés qui ont siégé dans des tenues particulières.

En 1848, Pierre Leroux, député de la Seine, ami de George Sand et militant d'un socialisme républicain, mutualiste et associatif, a revêtu le bleu des travailleurs.

Député de l'Allier, Christophe Thivrier, partisan résolu de la lutte des classes, cet ancien mineur devenu marchand de vin, avait promis à ses électeurs, notamment aux mineurs de Bézenet, de siéger au Palais-Bourbon en blouse de travailleur. Fidèle à son engagement électoral, c'est ce qu'il fit à la surprise générale en 1889. Il arrive alors au Palais-Bourbon dans la blouse bleue des ouvriers de sa région qu'il refuse d'ôter malgré les injonctions des huissiers, leur rétorquant : « Quand l'abbé Lemire posera sa soutane, quand le général de Galliffet quittera son uniforme, je poserai ma blouse d'ouvrier. »

Son exemple a été repris à la rentrée parlementaire de 1997 par le député communiste Patrice Carvalho, arborant dans l'hémicycle son bleu de travail.

Philippe Grenier a lui aussi inscrit son nom dans l'histoire vestimentaire des députés au Palais-Bourbon. Il est élu en décembre 1896, sous l'étiquette radicale, député du Doubs, à la suite d'élections partielles. Il n'y aurait là rien d'extraordinaire si ce médecin, enfant du pays, ne s'était pas converti à l'islam lors d'un voyage en Algérie et n'avait pas accompli un pèlerinage à La Mecque : depuis, il portait l'habit des musulmans. À Pontarlier, il avait pris l'habitude de faire ses prières dans la rue.

Sa profession de foi aux électeurs et électrices de Pontarlier débute ainsi : « Au nom du Dieu clément et miséricordieux. Louange à Dieu seul », et il prône le « respect aux commandements de Dieu inscrits dans tous les Livres sacrés, Bible, Évangile ou Coran ».

Et le voici qui entre dans l'hémicycle en burnous blanc et enturbanné. Stupéfaction de ses collègues, tous en costume sombre, et des huissiers dans leur habit noir.

Battu en 1898, il ne reste pas longtemps député. Il voulait taxer l'alcool !

D'autres, comme le député Joseph Cadic, élu en 1924 député du Morbihan, apparaissaient en costume breton.

Sous la IVe République, les députés des départements de l'Algérie ou d'Afrique portaient parfois des vêtements traditionnels.

De 1958 à 1962, le bachagha Boualam, député d'Orléansville, vice-président de l'Assemblée nationale, présidait les séances en tenue de chef de tribu.

Naturellement, la soutane de Mgr Freppel, de l'abbé Lemire, celle du chanoine Kir sont demeurées célèbres.

Lorsque le ministre de la Culture de François Mitterrand, Jack Lang, arrive dans une tenue dite « Mao », il doit subir les rires moqueurs des députés. Heureusement, il avait une cravate sous son col Mao.

Quand j'en présidais les débats, j'avais bien repéré deux députés, l'un siégeant à droite, l'autre à gauche, qui revêtaient, le jour des questions au gouvernement, des vestes de couleur, jaune pour le premier, rouge pour le second, afin d'attirer l'objectif des caméras qui retransmettent en direct les débats du mardi et du mercredi. Je n'ai pu leur adresser le moindre rappel à l'ordre.

Aucun texte ne réglemente avec précision la tenue vestimentaire des députés. Toutefois, pour les hommes, une décision du bureau de l'Assemblée nationale, du 14 octobre 1981, réitérée le 9 juillet 2008, indique seulement que sont obligatoires dans l'hémicycle le port de la cravate et une tenue respectueuse des lieux.

Plus convenue est la tenue au Palais-Bourbon, lorsqu'ils effectuent une visite officielle en France, des chefs d'État étrangers. C'est une tradition à peu près respectée. Le premier à s'être exprimé dans l'hémicycle fut, le 3 février 1919, le président des États-Unis, Woodrow Wilson… Se sont adressés, du haut de la tribune, aux députés, Juan Carlos, le roi d'Espagne, le 7 octobre 1993, Bill Clinton, le président des États-Unis, en 1994…

Autre anecdote. J'avais prévenu le Quai d'Orsay que la date retenue, le 14 novembre 2002, pour que le président du Mexique, Vicente Fox Quesada, s'adresse aux députés n'était pas la bonne.

C'était un jeudi. En nombre, les députés de province regagnent leur circonscription dès le mercredi soir, et l'hémicycle risquait d'être désert, d'autant plus que le président mexicain ne suscitait pas un grand intérêt.

Mais impossible de changer la date. Le président mexicain s'est donc exprimé dans un hémicycle aux trois quarts vide. Il en a été surpris, m'en a fait la remarque, j'ai dû bredouiller une explication peu convaincante.

Désormais, certains chefs de gouvernement peuvent aussi, lorsqu'ils sont en visite officielle, prononcer un discours dans l'hémicycle. Il en fut ainsi pour Romano Prodi, le Premier ministre italien, le 19 novembre 1997, l'Anglais Tony Blair, le 24 mars 1998, ou Gerhard Schröder, le chancelier allemand, le 30 novembre 1999… Heureusement pour eux, une grande majorité de députés étaient présents.

Au Palais-Bourbon, la salle Colbert est un lieu essentiel de la vie parlementaire. Dans ce petit hémicycle se réunissent les députés du groupe majoritaire.

Chaque mardi, sous la direction de leur président, et souvent en présence du Premier ministre et des ministres importants, ils se retrouvent pour évoquer les prochains débats politiques.

Ces réunions du mardi matin pour tous les groupes parlementaires, majorité comme opposition, sont l'occasion pour les députés qui reviennent de leur circonscription de faire part à leurs responsables, aux ministres pour la majorité, de ce qu'ils ont entendu, des critiques qui leur ont été adressées par leurs électrices ou électeurs, d'extérioriser leurs états d'âme.

Pour la majorité, quelle qu'elle soit, la salle Colbert a toujours été le témoin de débats difficiles et parfois houleux, souvent feutrés. Les ministres venant y expliquer ou justifier leur politique aux députés censés les soutenir. Cela ne se passe pas toujours très bien pour eux. Expression parfois de rancœurs personnelles, luttes politiques qui traversent la majorité.

C'est aussi salle Colbert que les députés de la majorité tentent de se faire remarquer de personnalités importantes de leur groupe parlementaire afin d'acquérir une notoriété qui fera d'eux, un jour, qu'ils espèrent proche, un ministre ou secrétaire d'État. Quand le Premier ministre est présent, il est important pour celles et ceux qui nourrissent une ambition de se manifester par leurs interventions.

Le pouls politique des députés se prend bien lors de ces réunions.

Il faut savoir que la vie parlementaire au Palais-Bourbon a une « zone franche » où, loin des regards extérieurs, les clivages politiques s'estompent, c'est la buvette.

C'est le 1er décembre 1797 (11 frimaire an VI) que le citoyen Jacob, limonadier de son état, obtient l'autorisation d'ouvrir dans l'enceinte parlementaire un débit de boisson « pour l'usage des représentants du peuple », avec cette précision importante : « En aucun cas des étrangers ne pourront y entrer. »

La buvette a changé plusieurs fois d'emplacement, mais c'est toujours au zinc que se racontent les bonnes histoires, se colportent les rumeurs, naturellement les plus méchantes, se diffusent les cancans.

C'est aussi là où s'imaginent ou s'échafaudent parfois de petites stratégies. « Tu votes mon amendement et je soutiens le tien. » Là où se créent fébrilement de petites alliances et même des amitiés.

Il faut y passer la veille d'un remaniement ministériel annoncé ou prévisible, pour comprendre l'espoir de certains de figurer sur la liste du gouvernement. Ils attendent fiévreusement, souvent en vain, le coup de téléphone de l'Élysée ou de Matignon qui fera d'eux un ou une ministre.

Là aussi est lisible la déception de celles et ceux qui, lucides, sachant qu'ils n'ont aucune chance de figurer sur la liste des ministres, passent un moment à la buvette et laissent entendre, entre deux verres, qu'ils ont refusé le poste qu'on leur a proposé.

Lors du débat sur le budget du ministère de l'Agriculture, la buvette est particulièrement animée, les députés « ruraux » étant tous là. Cela discute fort et ressemble un peu au bar d'un comice agricole. L'alcool aidant, le niveau sonore est plus élevé que lors de l'examen des crédits du ministère de la Culture ou de la Jeunesse et des Sports !

Ministre de l'Agriculture, Chirac, pour parfaire ma culture politique, m'avait suggéré, j'étais un de ses collaborateurs, de venir assister au débat sur le budget de l'agriculture et de m'asseoir derrière lui, sur la banquette réservée à ce qu'on appelle les « commissaires du gouvernement ». Il m'avait précisé : « Ne viens pas trop tôt après le dîner, cela ne sert à rien. Tout commence vers 23 heures. »

Un député du Gers avait alors l'habitude d'organiser à la buvette une dégustation de ce qu'il appelait du « pousse-rapière », mélange d'armagnac et de vin. C'était devenu une sorte de rituel, et il faisait recette. Un verre ou deux de « pousse-rapière » avant le débat de nuit ou entre deux interventions de collègues, cela ne faisait pas de mal et, surtout, permettait de subir des discours souvent bien longs.

Certains députés oubliant qu'ils s'étaient inscrits pour intervenir dans le débat, il fallait que le président demande à un huissier d'aller les chercher à la buvette.

Le moment que Chirac souhaitait me faire découvrir eut lieu tard dans la nuit.

Le député initiateur de cette soirée à la buvette, naturellement, voulait défendre du haut de la tribune du Palais-Bourbon les agriculteurs de son cher département. Il avait patiemment attendu son tour et probablement beaucoup trinqué avec ses collègues.

Le président l'appelle pour son intervention. Alors aidé par un huissier bienveillant, notre député peine à se hisser à la tribune. Là, pendant un court instant, il prononce un discours, de mon point de vue totalement incompréhensible, puis tente de redescendre de la tribune, rate une marche. Heureusement, le secours d'un huissier prévoyant lui évite de s'étaler complètement.

Et, sous les applaudissements de ses collègues de la buvette, il se redresse, vient saluer Chirac, qui lui dit : « Ton discours était parfait et très intéressant. » Et notre député, heureux de ce compliment, reprend la direction de la buvette.

Mais le temps passe, et rien n'est plus comme avant, même lors des débats sur le budget du ministère de l'Agriculture…

Comment ne pas citer dans cette entrée sur le Palais-Bourbon la salle des Quatre Colonnes, proche de l'hémicycle et jouxtant la magnifique salle des Pas perdus ? C'est là où patientent les journalistes qui veulent interroger les députés sortant de séance. Les spécialistes des petites phrases assassines, des critiques désobligeantes, sont à leur affaire.

Le bureau de poste est aussi un lieu essentiel pour les députés, qui adressent des courriers importants à leurs électrices et électeurs et reçoivent de nombreux lettres et imprimés. Même si les mails ont pris une place importante, la poste du Palais-Bourbon est encore très active.

Depuis ces dernières années, chaque député bénéficie d'un quota de 12 000 euros pour expédier son courrier. Auparavant, il n'y avait pas de véritable limite.

Mais aujourd'hui, avec les mails et les SMS, le volume du courrier a diminué en cinq ans de 60 %. De 10 millions d'envois, il est passé à 4 millions.

Avec le scrutin majoritaire, le député qui, dès son élection, ne pense qu'à sa réélection se doit de consacrer une partie de son temps à écrire et répondre aux lettres de ses électeurs. Les Français aiment les interventions, les passe-droits, les recommandations, et pour cela sollicitent les élus.

Le député passe son temps à courir d'une manifestation à une autre dans son département pour être vu, à multiplier les promesses, peu importe qu'elles n'aboutissent pas – ce sera alors la faute des autres – et à écrire.

Une lettre d'un électeur engendre au minimum trois lettres du député. La première est un accusé de réception au solliciteur, la deuxième est celle transmettant au service administratif concerné la demande du solliciteur, la troisième pour transmettre la réponse de l'Administration.

18 postiers sont affectés à la poste du Palais-Bourbon. Il y a seulement huit ans, ils étaient 35. En période de vœux, ce n'est pas un effectif important. Un député, s'il veut espérer être réélu, se doit de souhaiter une bonne année à ses électrices et électeurs.

Les comptes Twitter remplacent désormais le courrier traditionnel.

Voir : Inviolabilité parlementaire.

Palais de l'Élysée

Le palais de notre monarque républicain, l'Élysée, fascine. Nous y retrouvons la trace de notre histoire politique, et le génie de nos architectes lui ont donné une majesté digne de la République.

Symbole de la République, l'Élysée est un lieu de pouvoir ou d'influence selon la personnalité du Président et les circonstances politiques. Il est aussi le palais qui rassemble nombre de ces petits marquis de la République, les collaborateurs, qui se croient importants.

Quoi de plus exaltant pour un politique que de nourrir l'ambition d'inscrire son nom sur la liste des résidents de l'hôtel d'Évreux, à la suite de Louis-Henri de La Tour d'Auvergne, comte d'Évreux qui, en 1722, le fait construire par l'architecte Armand Claude Mollet ?

Quoi de plus étrange que de succéder dans cet hôtel à la singulière et fascinante marquise de Pompadour qui s'y installe à partir de 1753 ? À trente-trois ans, elle est déjà la vieille maîtresse de Louis XV et certainement plus l'unique, mais elle bénéficie encore d'une influence redoutée dans les antichambres du pouvoir.

Surprenante est l'histoire de ce palais. Légué par la Pompadour à Louis XV, pour qu'il en fasse une demeure pour ses petits-fils, l'hôtel d'Évreux sert successivement de garde-meubles puis de résidence aux ambassadeurs extraordinaires avant d'être acquis en 1773 par Nicolas Beaujon, un riche financier qui le fait rénover par l'architecte Boullée. Il le vend à Louis XVI qui, peu après, en juillet 1787, le cède à Bathilde d'Orléans, duchesse de Bourbon, fille du duc d'Orléans. L'hôtel d'Évreux devient le palais de l'Élysée Bourbon, du nom des Champs-Élysées qui se trouvent à proximité et de celui de sa nouvelle propriétaire.

Avec la période révolutionnaire, la duchesse de Bourbon emprisonnée à Marseille, le palais est placé sous séquestre et transformé notamment en imprimerie nationale puis en dépôt pour les meubles saisis et sert de salle des ventes.

Le Directoire, en 1797, en restitue provisoirement l'usufruit à la duchesse de Bourbon. Elle en profite peu, car elle est exilée de France à la suite du coup d'État du 18 fructidor an V. Il est alors mis en vente par adjudication. Il connaît différents propriétaires et des vicissitudes diverses. Ouvert au public, il fut même un lieu de divertissements, de plaisirs et de danse.

En 1805, c'est le prince Murat, beau-frère de l'Empereur, qui l'acquiert. Les architectes Percier et Fontaine le transforment en un somptueux palais. Caroline Murat, née Bonaparte, y abrite sa liaison avec le général Junot. Devenu en 1808 roi de Naples et des Deux-Siciles, Murat abandonne son palais au gouvernement français. Il prend le nom d'Élysée-Napoléon et devient le palais de l'Empereur qui y séjourne pour la première fois en février 1809.

La duchesse de Bourbon obtient en 1814 de Louis XVIII la restitution de son hôtel, puis l'échange contre l'hôtel de Valentinois, rue de Varenne.

Napoléon l'occupe pendant les Cent-Jours. C'est dans le boudoir d'Argent qu'il signe, le 22 juin 1815, son abdication.

Louis XVIII en fait don à son neveu, le duc de Berry.

Louis-Philippe, de 1820 à 1848, l'affecte à la résidence des hôtes étrangers invités par la France. Il est plus souvent vide qu'occupé.

Le 12 décembre 1848, l'Assemblée nationale décide que « l'Élysée national » est désormais la résidence du président de la République. Lors du Gouvernement provisoire de la IIe République, il prend officiellement le nom de palais de l'Élysée. Louis Napoléon Bonaparte, élu Président, s'y installe en 1848, mais lorsqu'il devient empereur, après le coup d'État du 2 décembre 1851, il le quitte pour celui des Tuileries.

Adolphe Thiers n'y réside pratiquement pas, il loge à Versailles, à l'hôtel de la préfecture. Peu à peu, la peur du Paris révolutionnaire, des sans-culottes, de la Commune s'estompe, les républicains savent que, pour être dans le sillon de l'histoire de la France, il est indispensable que le président de la République retrouve Paris. À partir de janvier 1872, Thiers y organise des réceptions.

Le maréchal de Mac Mahon ne s'y installe définitivement qu'en 1874. Pour lui permettre d'y recevoir comme il convient, l'Assemblée nationale porte de 162 000 à 300 000 francs les frais de représentation alloués à la présidence de la République et, le 22 janvier 1879, consacre le palais de l'Élysée résidence officielle des présidents de la République.

Inoccupé entre 1942 et 1946, c'est Vincent Auriol qui ordonne sa restauration en 1947.

En 1958, de Gaulle hésite à s'y installer ou à rejoindre le château de Vincennes, mais finalement choisit la continuité.

Le palais connaît au fil du temps des aménagements toujours visibles. Murat, en 1805, fait réaliser par les architectes Vignon et Thibault l'escalier d'honneur et une salle de bal, le salon Murat aujourd'hui. En 1860, à l'emplacement de l'orangerie, c'est l'architecte Lacroix qui bâtit la salle manger Napoléon III qui s'ouvre sur le jardin d'hiver édifié en 1881 par Debressenne sous la présidence de Jules Grévy. Inaugurée en 1889 par Sadi Carnot, la salle des fêtes est le lieu où, après chaque élection présidentielle, se déroulent la cérémonie d'installation du nouveau président de la République et, chaque année, les principales cérémonies de vœux, mais aussi certaines grandes réceptions officielles.

Quelle est somptueuse, cette grille du Coq qui date du début de la IIIe République ! Elle ne s'ouvre en principe que pour laisser entrer le nouveau président quand il arrive pour la première fois à l'Élysée.

Des présidents de la République, c'est François Mitterrand qui y est demeuré le plus longtemps, quatorze ans (1981-1995), alors que Jean Casimir-Perier n'y est resté que six mois et vingt jours (27 juin 1894-16 janvier 1895).

Le plus jeune président de la République est Louis Napoléon Bonaparte. Il est élu à quarante ans. Thiers est le plus âgé et a soixante-treize ans lorsqu'il accède à la magistrature suprême.

C'est à soixante-dix-huit ans que Jules Grévy débute son second mandat à l'Élysée.

Sadi Carnot et Paul Doumer, quant à eux, sont assassinés alors qu'ils n'ont pas terminé leur septennat à l'Élysée.

Félix Faure y décède dans des circonstances particulières. « Le président a-t-il encore sa connaissance ? Non, elle est partie par la porte dérobée ! » Vraie ou imaginée, peu importe, cette anecdote, digne d'une réplique d'un vaudeville de Labiche ou de Feydeau, s'accroche aux derniers moments de Félix Faure à l'Élysée.

Les médisants décrivent avec un luxe de détails la scène, le 16 février 1899, quand, pénétrant dans le salon Bleu de l'Élysée, ils trouvent le président suffoquant, les mains accrochées à l'abondante chevelure d'une femme très dévêtue, Marguerite Steinheil, dite Meg.

Clemenceau, jamais avare de cinglantes formules, commentera : « Il a voulu être César, il est mort Pompée ! » Et les chansonniers de qualifier alors la maîtresse du Président de « Pompe funèbre ».

Certains présidents ont dû quitter l'Élysée avant le terme de leur mandat du fait de leur maladie, de scandales ou de crises politiques.

Paul Deschanel devient, le 18 février 1920, le 11e président de la IIIe République. Peu de temps après, le 21 septembre 1920, sa « folie » l'oblige à démissionner.

C'est le « scandale des décorations » qui contraint Jules Grévy à quitter l'Élysée, le 2 décembre 1887, avant la fin de son second mandat.

Alexandre Millerand est élu président de la République le 23 septembre 1920. Le 11 juin 1924, le Cartel des gauches le contraint à démissionner.

René Coty, élu le 23 décembre 1953, avec la fin de la IVe République, quitte l'Élysée avant le terme de son mandat. Sans grande autorité politique, à l'Élysée, René Coty assiste dès son élection, impuissant, à l'effondrement de l'autorité de l'État. Au printemps 1958, interpellé et confronté par les événements qui se déroulent en Algérie, il a le courage politique de faire appel au général de Gaulle.

De Gaulle, premier président de la Ve République, donne sa démission avant la fin de son deuxième septennat à la suite du référendum négatif sur la réforme du Sénat et la régionalisation, le 27 avril 1969.

C'est vaincu par la maladie que, le 2 avril 1974, Georges Pompidou ne termine pas ses sept ans à l'Élysée.

Événement plus heureux, c'est à l'Élysée que Doumergue officialise une union sentimentale et se marie. Élu célibataire, douze jours avant la fin de sa présidence, le 1er juin 1931, à soixante-huit ans, il épouse Jeanne Gaussal. La cérémonie eut lieu dans un salon du premier étage où a officié le maire du VIIIe arrondissement.

C'est alors qu'il est à l'Élysée que Nicolas Sarkozy se remarie, mais le mariage est célébré à la mairie du VIIIe arrondissement.

Quant à François Hollande, c'est depuis l'Élysée qu'il annonce sa rupture avec sa deuxième compagne.

Pour accéder au palais de l'Élysée, sous la IIIe et la IVe Républiques, il convient d'être élu par ses pairs – députés et sénateurs – réunis à Versailles.

Avec la Ve République, ce sont les parlementaires et les présidents de conseils généraux, maires… qui désignent le chef de l'État. L'élection ne se déroule plus à Versailles mais au chef-lieu de chaque département.

Depuis la réforme constitutionnelle de 1962, c'est au suffrage universel que sont désignés les présidents de la République.

De Gaulle, en 1965, est le premier président à être élu directement par les Françaises et les Français. Louis Napoléon Bonaparte, en 1848, ne l'a été que par l'électorat masculin, les femmes n'ayant pas encore le droit de vote.

Avec l'élection au suffrage universel du président de la République, l'Élysée, ce palais témoin de notre histoire nationale, est par excellence un lieu de pouvoir essentiel.

Pour mesurer l'importance du président de la République, il est intéressant de retracer l'évolution du nombre de ses collaborateurs qui s'installent auprès de lui à l'Élysée.

Les présidents de la IIIe République avaient peu de collaborateurs. Gaston Doumergue n'était entouré que de 4 personnes.

Avec la IVe République, le cabinet du Président s'étoffe. Vincent Auriol est entouré de 11 personnes, civils et militaires. René Coty de 15 collaborateurs. L'Élysée alors n'est pas réellement un lieu de pouvoir actif. La réalité de l'action gouvernementale est à Matignon, avec le président du Conseil. Le président de la République « inaugure les chrysanthèmes », pour reprendre l'expression qu'aura plus tard le général de Gaulle.

Avec la Ve République, près de 45 conseillers s'installent à l'Élysée avec de Gaulle. Le chiffre augmente avec Pompidou d'un bon tiers. Et il ne va cesser de s'étoffer dans les années qui suivent. Le nombre des collaborateurs élyséens atteint aujourd'hui, toutes fonctions confondues, un chiffre pas très éloigné du millier (collaborateurs politiques, intendance, sécurité…).

Palais du Luxembourg

C'est au palais du Luxembourg, bâti au milieu du XVIe siècle pour François de Piney, duc de Luxembourg, que siège le Sénat de la République.

Acquis par la régente Marie de Médicis, veuve d'Henri IV, qui s'y installe en 1625 et jusqu'à sa mort en 1642, elle le lègue à son fils Gaston duc d'Orléans, frère puîné du roi Louis XIII.

En 1715, le palais du Luxembourg revient au régent Philippe d'Orléans, qui le donne à sa fille aînée Marie Louise Élisabeth d'Orléans, duchesse de Berry, puis à sa cadette, Louise Élisabeth d'Orléans.

En décembre 1778, le roi Louis XVI l'attribue à son frère, comte de Provence, futur Louis XVIII.

En 1791, le palais du Luxembourg est déclaré « propriété nationale ».

Il devient une prison en juin 1793 pendant la Terreur avant d'être affecté, en 1795, au Directoire.

Bonaparte, Premier consul, s'y installe le 15 novembre 1799.

Avec la Constitution de l'an VIII, le palais du Luxembourg est affecté au Sénat. Lors de la Restauration, c'est celui de la Chambre des pairs.

Par la suite, il est le siège de toutes les Chambres hautes successives : Sénat du Second Empire, de la IIIe et Ve Républiques, Conseil de la République de 1946 à 1958.

Palais-Royal

J'aime flâner au Palais-Royal et « entendre » Camille Desmoulins, ce 12 juillet 1789, perché sur une chaise, haranguer la foule qui manifeste après le limogeage de Necker. Ce renvoi, s'écrie-t-il, « est le tocsin d'une Saint-Barthélemy des patriotes. Ce soir, tous les bataillons suisses et allemands sortiront du Champ-de-Mars pour nous égorger. Il ne nous reste qu'une ressource, c'est de courir *aux armes* et de prendre des cocardes pour nous reconnaître ». Le souffle de ce tribun attise la révolte, subjugue les manifestants par la force de sa voix, la Révolution est en marche.

Camille Desmoulins cueille alors une feuille qu'il place sur son tricorne, « inventant » une cocarde vert d'espérance qui sera bientôt remplacée par la cocarde tricolore.

J'aime aussi passer devant le café Corazza, lieu de rendez-vous des Jacobins, où ils poursuivaient leurs discussions commencées à leur club.

Olympe de Gouges, qui habitait non loin, y est venue. En réponse à la Déclaration des droits de l'homme et du citoyen, elle rédige cette même année 1791 une Déclaration des droits de la femme et de la citoyenne. Elle y écrit que « la femme naît libre et demeure égale à l'homme ». Elle revendique, pour les femmes, les mêmes droits civiques que ceux reconnus aux hommes…

Mais les hommes, fussent-ils révolutionnaires, n'admettent que l'égalité entre les hommes, et Olympe finira sur l'échafaud.

Mon esprit volage aime aussi à imaginer que c'est au Palais-Royal, ce 22 novembre 1787, que Bonaparte a perdu son pucelage – il a alors dix-huit ans.

Panthéon

L'idée d'un site où la nation peut manifester foi et reconnaissance envers ses grands hommes, les honorer, est ancienne.

Le mont Parnasse, dans la mythologie grecque, est la résidence consacrée du dieu Apollon et celle des neuf muses. À Rome, à l'origine, le Panthéon était un temple dédié à toutes les divinités de la religion antique. La basilique de Saint-Denis apparaît comme le symbole de la continuité monarchique française, là où elle vénère ses rois.

En 1757, l'Académie française institue un concours dont l'ambition est de faire l'éloge des personnalités qui pourraient être citées en exemple en raison de leurs mérites et de leurs talents.

Le 4 avril 1791, sur proposition du marquis Emmanuel de Pastoret, l'Assemblée constituante décide le transfert dans la crypte de l'église Sainte-Geneviève des cendres des « grands hommes [auxquels] la patrie doit reconnaissance », le premier d'entre eux devant être Mirabeau. La dépouille de Voltaire y reposera l'année suivante.

Les différents régimes politiques hésitent quant à la destination de l'église Sainte-Geneviève. Comment faire cohabiter le culte catholique et un temple laïc à la mémoire des grands hommes ?

La Restauration, par l'ordonnance royale du 12 avril 1816, prévoit « la suppression de tous les ornements et emblèmes étrangers au culte catholique » et réinstalle la croix au sommet du dôme.

Louis-Philippe retire l'église Sainte-Geneviève au culte catholique, lui rend sa destination de panthéon, alors appelé le « Temple de la Gloire ». La croix est remplacée par le drapeau tricolore. David d'Angers refait un nouveau fronton et y inscrit : « Aux grands hommes la patrie reconnaissante ».

De 1848 à 1851, sous la IIe République, l'édifice est « Temple de l'Humanité » mais, avec le Second Empire, il redevient une église, et l'inscription « Aux grands hommes… » disparaît.

Avec l'avènement de la République, s'engage le débat sur la possibilité de rendre à l'église

Sainte-Geneviève son statut de panthéon pour le culte des vertus civiques dans la tradition héritée de la Révolution. C'est l'objet de la loi du 19 juillet 1881.

Les obsèques de Victor Hugo officialisent cette affectation du Panthéon. À la suite du décret du 26 mai 1885 lui accordant des obsèques nationales, voté à la Chambre par 415 voix sur 418, la dépouille d'Hugo est finalement conduite au Panthéon.

Si l'hommage rendu à Victor Hugo a rassemblé quasi unanimement la classe politique, rien de tel pour Émile Zola. En 1902, à la mort de ce dernier, le député socialiste Jean-Louis Breton dépose une proposition de loi « relative à la translation des cendres de Zola au Panthéon ». Elle ne sera adoptée que le 13 juillet 1906 et elle ne sera effective que deux ans plus tard.

Voir : Culte de la République ; Jaurès, Jean (1859-1914) ; Moulin, Jean (1899-1943) ; Zola, Émile (1840-1902).

Peintres

Artistes engagés, témoins de leur époque, la République leur a donné cette liberté sans laquelle il n'y a pas de création véritable. Quel enchantement que ces toiles, d'une réalité vivante, souffles d'espérance, œuvres d'artistes témoins de l'ébullition de leur époque, qui ne se réfugient pas dans un ailleurs, mais plongent leur inspiration dans l'action.

Parmi les peintres qui ont représenté des scènes ou des personnages de la République, je me dois de citer l'un des plus emblématiques d'entre eux : Édouard Debat-Ponsan, et son tableau peint en 1898 *Nec mergitur ou la Vérité sortant du puits* qui se voulait une illustration du *J'accuse… !* de Zola.

Réponse probablement au projet des antidreyfusards d'ériger une statue au colonel Henri, leur héros, le tableau de Debat-Ponsan, à la suite d'une souscription, a été offert en 1900 à Émile Zola, en soutien à son combat en faveur de Dreyfus.

Pour remercier l'artiste et les souscripteurs, l'auteur du *J'accuse… !* leur écrit le 6 décembre 1900 : « La vérité est en marche et rien ne l'arrêtera. Remerciements à mes amis de la vérité qui ont bien voulu me faire le sympathique cadeau de cette œuvre belle et brave. »

Zola accrocha cette toile dans son appartement parisien et a manifesté son admiration pour son auteur.

Mais, pour l'artiste, cette prise de position en faveur de Dreyfus est à l'origine de la rupture avec sa famille toulousaine, catholique et naturellement antidreyfusarde. Il va alors s'installer en Touraine.

Cette *Vérité*, acquise par l'État il y a quelques années, a été mise en dépôt par le Louvre au musée d'Amboise.

Je veux ici aussi citer un autre peintre oublié, Henri Félix Emmanuel Philippoteaux (1815-1884). Son tableau de Lamartine sur les marches de l'hôtel de ville de Paris, le 24 février 1848, celui sur le dernier banquet des Girondins (1850) ou celui sur les derniers combats des communards au cimetière du Père-Lachaise (1871) illustrent parfaitement cette époque où la République s'installe en France, non sans drames ou difficultés, mais dans une grande espérance.

Comment ne pas évoquer également les deux œuvres de Jacques Guiaud (1810-1876) et Jules Didier (1831-1892) montrant la foule rassemblée le 4 septembre 1870 devant le Corps législatif à l'annonce de l'abolition du régime de Napoléon III, ou celle représentant le départ en ballon de Gambetta, le 7 octobre 1870 ?

L'Arrestation de Louise Michel (1871) et *Louise Michel à Satory* (1871), deux toiles peintes par Jules Girardet (1856-1938), sont d'une puissance saisissante.

En 1888, Jules Adler (1865-1952) se fait connaître avec sa toile *Misère*. Son thème de prédilection est le monde ouvrier. Il est surnommé le peintre des humbles. *Joies populaires* et, *La Grève-Le Creusot*, toile exposée au Salon de 1900, qui a énormément de succès, sont ses œuvres majeures.

La séance de la Chambre des députés peinte en 1907, où Jaurès, à la tribune, est interpellé par Clemenceau, de René Achille Rousseau-Decelle (1881-1964), illustre parfaitement l'ambiance passionnée des débats parlementaires.

Poincaré, Raymond (1860-1934)

Il serait injuste d'oublier Raymond Poincaré. Son élection à la présidence de la République, le 17 janvier 1913, est pour lui un moment très important dans une carrière politique habilement conduite. Elle se poursuit après l'Élysée, qu'il occupe pendant sept ans, jusqu'au 18 février 1920.

Originaire de Lorraine, d'une famille de notables, Raymond Poincaré restera toute sa vie marqué par le souvenir de l'occupation par les troupes prussiennes de sa ville natale de Bar-le-Duc. Il puise dans ces souvenirs de jeunesse non une volonté de revanche, mais la hantise de la guerre.

Sous l'influence de son cousin le mathématicien Henri Poincaré, il prend ses distances vis-à-vis de la religion et rejoint le camp des laïcs et des rationalistes. Gambetta et Ferry sont ses modèles républicains.

Talentueux avocat au barreau de Paris, il a été le premier secrétaire de la Conférence du stage.

Raymond Poincaré n'en est pas moins tenté très jeune par la politique.

Le vieil ami de sa famille, Jules Develle, député de la Meuse, est à l'origine de son engagement dans la politique. Devenant, en janvier 1886, ministre de l'Agriculture, il lui propose le poste de chef de son cabinet, puis lui conseille de se présenter aux élections cantonales. À vingt-six ans Raymond Poincaré devient conseiller général de la Meuse. Peu après, lors d'une élection partielle, il est élu député, en 1887, prélude à un itinéraire parlementaire et ministériel particulièrement bien mené et rehaussé, en 1909, par une élection à l'Académie française. D'ailleurs, c'est lui qui, en 1920, recevra sous la Coupole le maréchal Joffre. Ce jour-là, le 5 février, encore président de la République, il revêt l'habit vert pour accueillir le héros de la bataille de la Marne qui, lui, porte son uniforme militaire.

À la Chambre des députés, comme républicain, il s'affiche laïc mais pas anticlérical. Classé parmi les progressistes modérés, il demeure prudent à l'égard des gauches. Cette attitude d'ailleurs marque à la Chambre son premier mandat. Il ne cherche pas à s'imposer, ne prend pas la parole, il écoute, observe, apprend. La crise boulangiste se prolonge jusqu'en 1889, menaçant la République : il suit la politique gouvernementale. Réélu difficilement, il intègre la commission des finances et révèle alors sa personnalité. Il fait preuve d'une compétence reconnue à droite et à gauche. Ses pairs l'élisent en 1893 aux fonctions importantes de rapporteur général du budget. Il y montre caractère et courage politique, n'hésitant pas à démissionner à cause d'un désaccord avec les membres de cette commission.

Il est ministre de l'Instruction publique en 1893 puis des Finances le 26 janvier 1895. Il dit sa conviction qu'il n'y a pas de politique crédible si elle ne s'appuie pas sur un budget équilibré, un endettement maîtrisé, des finances publiques saines. Il défend avec talent ses idées et se révèle un excellent tacticien parlementaire.

Pour se faire applaudir de part et d'autre de l'hémicycle, après avoir critiqué le système fiscal qu'il qualifie de socialement injuste, ce qui plaît à la gauche, il se déclare hostile au principe même de l'impôt sur le revenu, ce qui ravit la droite. Et, pour contenter tout le monde et éviter une réforme mal préparée et difficile à faire adopter par des parlementaires toujours enclins à augmenter les dépenses mais pas les impôts, il crée une commission pour réfléchir à l'avenir de la fiscalité. Commission qui devra remettre un rapport que le gouvernement étudiera. Éternelle manière d'enterrer un projet de réforme que, sans majorité politique disciplinée, il est impossible de mener à son terme.

Ayant quitté les Finances pour retourner au ministère de l'Instruction publique, face à l'agitation politique, il fait preuve d'une grande prudence, évite de se mêler de l'affaire Dreyfus.

La valse des ministères lui donne l'opportunité de ne faire partie d'aucun gouvernement, de se concentrer, comme député, à la défense des Meusiens et, en tant qu'avocat, à celle de ses clients.

En 1903, à quarante-trois ans, il quitte le Palais-Bourbon pour celui du Luxembourg, devient sénateur de la Meuse tout en fréquentant très souvent le Palais de justice, au service d'une clientèle importante et parfois célèbre. Mais on n'a pas été ministre sans éprouver le désir de l'être de nouveau. Ainsi, en 1906, Poincaré retrouve le ministère des Finances pour sept mois.

Le temps passe, et Poincaré ne cesse d'espérer le moment où il pourra enfin réaliser son ambition, devenir président du Conseil. Il doit patienter jusqu'au 14 janvier 1912. Il accepte alors la proposition du président de la République, Armand Fallières, de constituer le nouveau gouvernement. Il a cinquante-deux ans et derrière lui vingt-deux années de présence au Parlement, quatre expériences ministérielles, et l'Académie française où il siège depuis le 9 décembre 1909. Son ambition se réalise enfin : diriger son gouvernement, étape importante pour briguer efficacement la présidence de la République.

Le nouveau président du Conseil, en même temps ministre des Affaires étrangères, découvre les difficultés pour le gouvernement de mener à bien sa politique, face à une Chambre où les députés sont ballottés par les ambitions, rivalités, rancœurs des principaux dirigeants parlementaires.

Poincaré se concentre surtout sur la politique étrangère. Des troubles agitent les Balkans. Il entreprend de refonder nos alliances, notamment celle avec l'Angleterre dont l'Allemagne tente de s'assurer la neutralité en cas de conflit, et à s'entendre avec la Russie. Le but de cette diplomatie étant l'encerclement et l'isolement de l'Allemagne.

Sur le plan intérieur, il s'oppose aux antimilitaristes et aux pacifistes. La guerre est inévitable et, avec le gouvernement, il incite les militaires à s'y préparer. Mais l'échéance présidentielle approche, les prétendants sont nombreux. Paul Deschanel, qui préside la Chambre, l'ancien président du Conseil Alexandre Ribot, Joseph Caillaux... mais aussi et surtout Clemenceau s'agitent, dénigrent, combinent, complotent. Poincaré, soutenu par Aristide Briand et Léon Bourgeois, qui jouit d'une grande autorité chez les radicaux, s'y prépare également.

Le 17 janvier 1913, il est élu dès le premier tour de scrutin par les députés et sénateurs siégeant à Versailles. Les parlementaires ont le sentiment, dans leur grande majorité, d'avoir choisi le président qui correspond au vœu de la nation.

En cette période d'angoisse et de menaces, le patriotisme de Poincaré convient aux nationalistes de droite comme de gauche. Poincaré n'a-t-il pas écrit, en 1912, que ce qui importe pour un régime politique, c'est de se montrer « soucieux de maintenir l'indépendance, la rigueur et l'honnêteté de l'État » ? À maintes reprises il a su, dépassant les clivages politiques et les nostalgies, exalter l'importance du patriotisme.

Mais il incarne aussi la conception d'un État qui puise sa force dans la volonté du peuple, un État non distributeur de prébendes, mais juste et impartial.

Lorsqu'il est élu à l'Élysée, Poincaré bénéficie d'une forte popularité dans le pays. Il est considéré comme ayant été un bon ministre et on juge qu'il a bien servi et défendu les intérêts de la France. Il incarne une volonté de résistance, un espoir de renouveau, le dépassement des querelles politiques et des intrigues parlementaires. Il apparaît comme la République que les Français veulent aimer. Fait inédit, la municipalité de Paris décide de donner un faste particulier à l'installation, le 18 janvier, de Poincaré à l'Élysée.

Dès le début de son septennat, Poincaré – cela lui vaudra le surnom de « président touriste » – visite la France. Il cherche ainsi à conforter son capital de sympathie. À Montpellier, il préside une séance de l'Assemblée des mutualistes, à Bar-le-Duc, devant plus de 1 000 notables conviés à un grand banquet, il affirme son respect de la République, sa volonté de paix et d'union nationale. Il assiste à des manœuvres navales en Provence, offre un repas aux officiers supérieurs. Il parcourt le Limousin, le Quercy, le Périgord… inaugure une route dans les Alpes. À Toulouse est organisée, en septembre 1913, une souscription publique pour financer le banquet présidé par Poincaré et offert aux officiers qui ont participé aux manœuvres militaires qui se sont déroulées dans la région. Le conseil général y souscrit, mais la mairie de Toulouse refuse. À Aubusson, après avoir été reçu par le maire et la municipalité et après avoir salué la foule, il visite avec son épouse l'exposition de tapisseries organisée pour l'occasion. Il profite de son passage Aix pour prononcer un vibrant hommage à Frédéric Mistral.

Partout, il représente la France dans son ensemble, et les Français, qui apprécient ses discours d'union et de rassemblement, le reçoivent avec sympathie voire enthousiasme, comme à Marseille. Même à Limoges, où le conseil municipal socialiste lui refuse l'entrée de la mairie, l'accueil est chaleureux.

Mais le temps des périls se précise. La question qui agite les milieux parlementaires est celle de l'allongement de deux à trois ans de la durée du service militaire. Les socialistes dénoncent ce projet. Ils publient avec leurs camarades allemands un manifeste condamnant le réarmement. Pour remplacer Aristide Briand dont le ministère, sur une autre question, a été mis en minorité à la Chambre, il lui faut trouver un président du Conseil capable de faire voter ce service militaire de trois ans.

Cela est nécessaire et urgent, car l'armée allemande, depuis 1912, accroît ses effectifs et se modernise. En février 1913, elle compte 875 000 hommes contre 480 000 pour l'armée française.

Poincaré, qui soutient ce projet, fait l'objet de vives critiques de la part des socialistes qui dénoncent le « poincarisme » et l'assimilent au « militarisme ». La loi sera finalement adoptée le 7 août 1913.

La réforme fiscale souhaitée par Poincaré donne lieu aussi à de rudes affrontements politiques.

C'est alors qu'il assiste aux courses à Longchamp – il préside le traditionnel grand prix, en cette fin juin 1914 – que Poincaré apprend l'assassinat à

Sarajevo de l'archiduc d'Autriche. Il sait que la guerre n'est pas loin. Il ne diffère cependant pas le voyage qu'il doit effectuer à la mi-juillet en Russie…

Accompagné par Viviani, président du Conseil et ministre des Affaires étrangères, il s'embarque le 16 juillet à Dunkerque sur le cuirassé *France* et accoste quatre jours plus tard dans le port de Cronstadt. Il lui importe de s'assurer de la solidité de l'alliance avec la Russie. La guerre apparaît inéluctable. Poincaré tente malgré tout de l'éviter. Le 29 juillet, Poincaré est de retour en France.

Le 2 août, l'Allemagne déclare la guerre à la Russie, annihilant les efforts de Poincaré pour l'empêcher. Par un décret signé ce jour même, il décide la mobilisation générale.

Le 4 août 1914, par un message aux parlementaires, lu par Viviani aux députés puis aux sénateurs, Poincaré exhorte à « l'Union sacrée » face à la guerre qui s'engage et lance un appel au patriotisme pour défendre la France.

Les Allemands se rapprochent de Paris.

Dès lors, Poincaré, impuissant politiquement, assiste à l'enchaînement des événements. Il incarne, au faîte de sa popularité, une autorité morale dénuée de pouvoirs effectifs. Le pouvoir est aux mains des militaires. Poincaré n'obtient pas l'autorisation du général Joffre d'aller au front inspecter les troupes.

Le 3 septembre, il s'installe à la préfecture de la Gironde, Bordeaux devient le siège des pouvoirs publics. La confiance en Poincaré et à l'égard du gouvernement s'émousse au fur et à mesure des nouvelles du front.

Après de nombreuses difficultés, Poincaré finit par obtenir l'autorisation de rendre visite aux soldats qui se battent, revient avec l'assentiment de Joffre à Paris, retrouve une certaine autorité, désigne Aristide Briand pour diriger le gouvernement.

Surmontant ses hésitations, Poincaré se résout finalement à faire appel, le 15 novembre 1917, à Clemenceau pour former le ministère.

Il ne l'apprécie pas et même s'en méfie – Clemenceau ne l'a jamais épargné dans ses critiques – et il sait que, avec lui à la tête du gouvernement, il sera un peu plus marginalisé, exclu des grandes décisions, volontairement écarté de la réalité politique. Le Conseil des ministres réduit à une chambre d'enregistrement des mesures décidées par Clemenceau. Mais la France et la situation réclament de l'autorité, de la fermeté, du courage et un gouvernement fort.

Et, de fait, Poincaré perd une grande partie de son influence politique. L'armée et la France sont à la recherche d'un « sauveur » et se tournent volontiers vers Clemenceau. « Le Tigre » ne partage pas le pouvoir et ne rate jamais une occasion de montrer que c'est lui et personne d'autre, pas même Poincaré, qui est à la barre de la France.

Il est écarté des négociations de paix par Clemenceau et, le 11 novembre 1918, les Français crient : « Vive Clemenceau ! Vive Joffre ! Vive Foch ! », sans mentionner son nom. Poincaré est relégué dans un second rôle, distribue des médailles. À Metz, flanqué de Clemenceau, le 22 novembre, il remet à Pétain le bâton de maréchal de France et, mû par l'émotion, donne aussi l'accolade à Clemenceau.

Le 18 janvier 1919, Poincaré, au Quai d'Orsay, accueille les représentants des 27 nations belligérantes avec l'Allemagne, mais c'est Clemenceau qui préside cette grande conférence de la paix dont le président des États-Unis, Woodrow Wilson, sera l'un des personnages importants. Il s'agit de préparer les conditions de la paix et de construire un nouvel ordre international censé empêcher une nouvelle guerre mondiale. C'est le 28 juin, dans la galerie des Glaces à Versailles, qu'est signé le traité mettant fin à la Première Guerre mondiale.

Poincaré a laissé agir Clemenceau. Avait-il l'autorité politique et les moyens constitutionnels de faire autrement ? Cependant les conditions de cet accord n'emportent pas son adhésion. Il n'est pas d'ailleurs le seul à se demander si Clemenceau, au lieu d'être acclamé « Père la Victoire », ne devrait pas être appelé « Perd la victoire ».

Avant de quitter le pouvoir et avant même le terme de son septennat, il se fait élire sénateur de la Meuse. Il a alors cinquante-neuf ans et pas l'intention de prendre sa retraite. Il croit en son destin.

À la demande de Millerand, élu président de la République, il redevient, le 15 janvier 1922, président du Conseil jusqu'en mars 1924, la victoire du Cartel des gauches et la démission de Millerand de l'Élysée.

En juillet 1926, la crise financière que traverse la France impose son retour, à la demande de Gaston Doumergue, à la direction du gouvernement. Il quitte la scène politique en juillet 1929.

Poinso-Chapuis, Germaine (1901-1981)

Il peut apparaître surprenant de mentionner dans ce *Dictionnaire amoureux de la République*, forcément sélectif, Germaine Poinso-Chapuis.

Certes, elle participe à la Résistance au sein du Mouvement de libération nationale (MLN). Elle n'est heureusement pas la seule femme à s'être illustrée dans la Résistance, à avoir eu le courage de combattre l'envahisseur nazi et à défendre la République. Elle sera membre du Comité de libération nationale, de la délégation municipale provisoire. Ce courageux engagement et sa proximité avec Gaston Defferre lui valent l'estime et la reconnaissance des Marseillais. Elle sera conseillère municipale de Marseille sans interruption, de 1945 à 1959.

Certes, elle est élue députée MRP des Bouches-du-Rhône en 1945 et le restera jusqu'à fin 1955. Elle n'est pas la seule femme à devenir députée en 1945. 33 femmes sont élues à la première Assemblée constituante sur un total de 586 représentants.

Alors pourquoi parler de Germaine Poinso-Chapuis ?

Elle sera la première femme ministre de la République.

Certes, avant elle, avec le Front populaire, trois femmes entreront au gouvernement. Elles furent sous secrétaires d'État, dépendaient d'un ministre de tutelle. Elle est la première à avoir le rang de ministre, bénéficiant d'un vrai portefeuille ministériel, celui de la Santé publique et de la Population dans le premier gouvernement de Robert Schuman, du 24 novembre 1947 au 26 juillet 1948.

En qualité de ministre, elle dépose dix projets de loi et fait voter celui sur la santé publique et la protection de l'enfance. Elle s'attaque aux ravages de l'alcoolisme, aux problèmes des handicapés, de l'adolescence et de l'enfance.

Le 22 mai 1948, le décret publié, sans son accord, affirmera-t-elle *a posteriori*, subventionne dans les mêmes conditions des associations pour l'éducation des familles n'ayant pas les moyens d'assurer financièrement cette obligation et en particulier les associations tenant des écoles confessionnelles pour mineurs du Nord et du Pas-de-Calais dont les mines mais aussi les écoles ont été nationalisées à la Libération. Elle rallume ainsi une guerre scolaire qui n'attendait qu'une occasion pour repartir. Les socialistes membres du gouvernement critiquent ce décret, au nom de la laïcité. Lâchée par ses amis politiques du MRP, elle ne fait pas partie du gouvernement qui se constitue le 26 juillet 1948.

Destin singulier, pour cette avocate marseillaise, issue d'une modeste famille catholique ardéchoise.

Presse féminine et républicaine

Marguerite Durand (1864-1936) et son journal *La Fronde* représentent parfaitement cette presse républicaine dont le combat est la promotion de l'égalité des droits civils et civiques des femmes et des hommes.

Attirée par l'univers artistique, Marguerite Durand intègre d'abord la troupe du Théâtre-Français. Mais son union avec George Laguerre, l'avocat de prévenus socialistes, anarchistes, ouvriers, de Louise Michel en

1883, aussi député du Vaucluse rattaché au groupe politique gauche radicale, lui fait découvrir une nouvelle scène, un autre décor, ceux du théâtre de la politique. Le journalisme militant est sa nouvelle passion.

La voici collaborant au journal de son mari, *La Presse*, qui l'entraîne sur les traces du général Boulanger. Elle est souvent surnommée « la muse du boulangisme ». Elle croit un moment que Boulanger aura assez d'audace pour sauver et régénérer la République.

Après son divorce, le 9 mai 1895, contaminée par le virus du journalisme, elle entre au *Figaro*, entretient une liaison avec son directeur, Antonin Périvier, qui lui donne un fils.

En avril 1896, elle suit pour *Le Figaro* le Congrès féministe international qui se tient à Paris.

L'ordre du jour de cette réunion est important : outre la reconnaissance des droits civiques, des questions aussi différentes que le mariage, le divorce, la famille, l'éducation, la prostitution, le travail doivent être abordées. Les congressistes ne sont pas unanimes sur tout.

Les débats risquent d'être confus, certains s'en réjouissent par avance, considérant que les revendications des féministes sont absurdes et risqueraient de faire croire que la femme peut ressembler à l'homme et nier les différences naturelles, qu'elles pourraient remettre en cause les fondements de la société.

Et, de fait, bien des discussions se révèlent houleuses, notamment sur le travail des femmes.

Les conservateurs estiment qu'il faut protéger les femmes, les laisser à la maison s'occuper du ménage, des repas et des enfants. Ils s'opposent aux partisans de l'émancipation nécessaire des femmes. Ils estiment qu'elles doivent être libres de travailler et recevoir le même salaire, à travail égal, que celui des hommes.

Certaines, même, sous l'influence d'hommes, reprochent aux femmes, en voulant travailler, d'entraîner une baisse des salaires pour les hommes.

Ces thèmes donnent lieu à des affrontements politiques sans concession de part et d'autre.

Sur le divorce, les congressistes sont plus modérés. Ils arrivent à émettre le vœu que le consentement des époux est suffisant pour faire prononcer le divorce et à réclamer l'abolition de l'article du code qui défend aux complices d'adultère de s'épouser après le divorce.

Sur la question du mariage, les débats redeviennent difficiles, surtout lorsque est affirmée l'inutilité du mariage, qualifié de « survivance du rapt ».

Mouvementés sont les débats sur la prostitution, lorsqu'il est proclamé à la tribune « que les femmes doivent être libres de se vendre si tel est leur bon plaisir ».

Pour Marguerite Durand, qui croit plus en la liberté qu'elle n'est militante féministe, plus modérée qu'extrémiste sur les questions soulevées par les membres du congrès, il eût été facile de caricaturer ces débats. Cela aurait sûrement plu aux lecteurs du *Figaro*.

Mais Marguerite Durand a compris et perçu le juste fondement des revendications. Malgré les différences, c'est une quête de justice, de dignité, d'égalité de droits entre les hommes et les femmes que les congressistes féministes recherchent.

Impressionnée par la pertinence de certaines revendications, elle n'écrit pas l'article critique commandé.

Elle décide alors de créer un journal où pourront s'exprimer l'aspiration à la liberté et à l'égalité des femmes. Elle pressent que la soif égalitaire des femmes va s'inviter de plus en plus souvent dans l'ordre du jour des débats politiques. Il est donc important pour elle de canaliser, pour leur donner une plus grande audience, les diverses revendications féministes et de rassembler les femmes sur ces revendications. Elle quitte *Le Figaro*.

C'est dans ce contexte qu'elle est à l'origine du quotidien *La Fronde*, dont le premier numéro paraît le 9 décembre 1897.

L'originalité du journal de Marguerite Durand est de ne pas être seulement un journal pour les femmes mais un quotidien conçu, rédigé, administré, fabriqué et distribué exclusivement par des femmes. Journalistes, rédacteurs, collaborateurs, typographes, imprimeurs, colporteurs, l'équipe est entièrement féminine.

Marguerite Durand entend prouver que des femmes peuvent très bien réussir dans ce monde du journalisme dominé par les hommes et qu'une entreprise de presse peut fonctionner sans avoir à recourir à leur assistance.

La Fronde prend résolument position en faveur de la République, veut incarner les forces du mouvement contre celles de l'immobilisme et du conservatisme.

L'ambition de Marguerite Durand est de défendre la cause des femmes par un journal plus féministe que féminin. Ainsi *La Fronde* se doit-elle d'aborder tous les sujets, de politique, nationale ou internationale, culturels, artistiques, mais également économiques, financiers… publier des informations boursières aussi bien que les pronostics hippiques… ou les résultats sportifs.

Il s'agit d'une nouveauté pour un journal destiné aux femmes.

Aucun sujet, pour Marguerite Durand, n'est tabou ou considéré comme ne devant intéresser que les hommes.

La Fronde, Marguerite Durand en fait son postulat, est destiné à « toutes les femmes, jeunes et vieilles, travailleuses et intellectuelles », précise l'affiche de lancement qui indique aussi que ce quotidien s'assigne comme but de défendre les droits, de faire entendre les revendications « des milliers de femmes, célibataires ou veuves », des « femmes qui forment en France la majorité de la population […], y vivent sans le soutien légal de l'homme ».

La condition des femmes n'est pas alors marquée du sceau de la liberté et de l'égalité avec les hommes.

En 1804, le Code Napoléon a consacré l'incapacité juridique de la femme. Il faudra attendre 1938 et 1965 pour qu'elle soit juridiquement totalement supprimée.

Comme mineure, la jeune fille est placée sous la tutelle de ses parents, elle passe sous celle de son époux lorsqu'elle est mariée. D'ailleurs, sous l'empire du Code Napoléon, pour se marier, le fils jusqu'à vingt-cinq ans doit en demander l'autorisation à ses parents : celle-ci est nécessaire sans limite d'âge pour la fille.

La femme mariée doit obéissance à son mari. C'est lui qui choisit le lieu de résidence du couple, gère la communauté de biens, a l'autorité parentale sur les enfants.

La fidélité dans le ménage est à sens unique. L'adultère est une infraction pénale, réprimé de trois mois à deux ans d'emprisonnement s'il est commis par la femme, d'une simple amende s'il est le fait de l'homme et à condition qu'il ait eu lieu au domicile conjugal. Le divorce est supprimé en 1816 et ne sera rétabli qu'en 1884.

En 1874, la loi, pour les protéger, restreint le droit des femmes à travailler. En 1892, le travail de nuit leur est interdit.

Il faut attendre 1881 pour que les femmes aient le droit d'ouvrir un livret de Caisse d'épargne sans autorisation du mari et, bien plus tard, 1938 et 1965, pour qu'elles puissent librement avoir un compte en banque et dans tous les cas se passer de l'assentiment de leur époux.

Elles n'ont pas la capacité juridique d'être témoins dans des actes civils et notariés, d'ester en justice, et devront attendre 1937 pour bénéficier d'un passeport sans autorisation du mari…

Naturellement, elles ne peuvent ni voter ni être élues aux élections politiques.

Même la tenue vestimentaire des femmes est réglementée. Ainsi le préfet de police de Paris décide-t-il, le 7 novembre 1800, que celles qui veulent porter un pantalon et s'habiller comme un homme devront y être autorisées par les services de la préfecture. Par la suite, deux circulaires préfectorales de 1892 et 1909 ont atténué cette interdiction. Le port du pantalon est toléré si la femme tient par la main les rênes d'un cheval ou le guidon d'une bicyclette… Maria Pognon, lors d'un congrès féministe, évoque en 1896 la « bicyclette égalitaire ».

Maria Pognon, féministe, libre-penseuse, franc-maçonne, républicaine, pacifiste et socialiste, est présidente de la Ligue française pour le droit des femmes. Elle contribue, par sa conviction que les femmes doivent pouvoir bénéficier du droit de vote et être éligibles, à asseoir l'autorité du quotidien de Marguerite Durand.

Le certificat de capacité à la conduite automobile créé en 1893 par le préfet Lépine pour la région parisienne est réservé aux hommes majeurs, de vingt et un ans au moins. Il faut attendre 1897 pour que les femmes aient accès à ce permis de conduire désormais nécessaire sur tout le territoire français. C'est la duchesse d'Uzès, en 1899, qui sera la première femme titulaire du permis de conduire et la première à recevoir une contravention pour avoir, au volant de sa Delahaye, place Saint-Augustin à Paris, dépassé les 20 kilomètres/heure autorisés.

D'une manière générale, il est alors admis que les femmes ne peuvent bénéficier des mêmes droits que les hommes. Les lois élaborées par les politiques leur refusent la reconnaissance des droits civils qui scellent la liberté, l'accès aux droits politiques qui fondent l'égalité.

Cependant, *La Fronde* ne se veut pas un pamphlet antihommes. Si ses responsables déclarent la guerre, « ce n'est pas à l'antagonisme masculin mais aux tyrans qui s'appellent : abus, préjugés, codes caducs, lois arbitraires », comme le précise le premier numéro.

Le but du journal « ne cherche pour la femme aucun triomphe sur l'homme ni le pouvoir despotique par la ruse, ni l'identité des sexes », mais « réclame l'égalité des droits, le développement sans entraves des facultés de la femme, la responsabilité consciente de ses actes, une place de créature libre dans la société ».

La Fronde, « journal absolument éclectique, porte-parole de tous les partis féministes », « rêve de l'union de toutes les femmes sans distinction de culte ni de race », écrit Marguerite Durand dans le numéro du 13 décembre 1897. Elle ajoute : « [*La Fronde*] prêchera la croisade des intelligences et des cœurs contre les ennemis de l'humanité tout entière : l'ignorance qui fait des brutes, les tourmenteurs de bêtes, les bourreaux d'enfants ; l'alcoolisme, pépinières de fous et d'assassins ; l'intransigeance qui crée les martyrs ; la guerre qui met en deuil les familles et ruine les cités. »

Et *La Fronde* va publier des articles sur l'histoire du féminisme ou sur le mouvement en faveur du droit des femmes à l'étranger, se faire l'écho des revendications d'associations féministes. Ainsi, le numéro du 11 décembre 1897 évoque le « féminisme chrétien ».

Le 10 décembre 1897, *La Fronde* publie la pétition de la Ligue française pour le droit des femmes au conseil municipal de Paris, demandant un tarif minimum pour les travaux de couture. La motion de la Société des femmes aux groupes parlementaires en vue de la promulgation d'une loi permettant aux femmes de plaider en justice est publiée dans le numéro du 17 décembre 1897.

Pour permettre à *La Fronde* d'exister, d'être un quotidien normal, que ses journalistes femmes aient accès aux mêmes sources d'information que leurs confrères masculins, Marguerite Durand doit lutter contre des habitudes, des conformismes et les lois imposées par une société régie par des hommes.

Elle fait tomber l'interdiction faite aux femmes d'entrer à la Chambre des députés. Sa journaliste Hélène Sée peut rencontrer pour *La Fronde* les députés dans le salon de la Paix du Palais-Bourbon. Elle est la première femme à intégrer les rangs de la presse parlementaire.

La politique, c'est aussi pour Marguerite Durand l'affaire des femmes. Elle entend mettre fin au monopole des hommes sur la politique.

Les femmes doivent être tenues informées des questions concernant la politique de la nation, des débats qui se déroulent dans l'hémicycle de la Chambre des députés ou du Sénat, aussi bien que de l'élaboration des lois, même si elles n'ont pas encore le droit de désigner les députés.

Marguerite Durand obtient pour elle-même une place dans la tribune de l'hémicycle réservée aux directeurs de journaux.

Pour Mathilde Méliot, responsable de la rubrique financière et boursière, elle fait ouvrir les portes de la Bourse. Quotidiennement, *La Fronde* publie les cotations boursières.

Preuve de l'importance et de l'influence acquises dans les milieux financiers et économiques par Mathilde Méliot, elle est invitée le 5 octobre 1903 à prononcer une conférence sur le thème : « Le féminisme a-t-il quelque chose à attendre ou à redouter des économistes ? » devant les membres de la très masculine et sérieuse Société d'économie politique.

Jeanne Brémontier accède quant à elle aux bancs de la presse du Palais de justice. Malgré l'allégorie féminine de la Justice, le tribunal est un lieu presque exclusivement masculin : une femme n'a pas le droit d'être juré, et il faut attendre 1900, et le combat de Jeanne Chauvin, pour que la loi lui autorise l'accession au métier d'avocat. Cependant, toute présence féminine n'est pas exclue des prétoires : Jeanne Brémontier va en profiter, et avec talent rendre compte du procès de Dreyfus.

Maria Vérone bénéficie de l'autorisation de suivre les délibérations du conseil municipal de Paris et du conseil général de la Seine.

Marguerite Durand affronte aussi le monde syndical contrôlé par les hommes.

Les typographes de *La Fronde*, naturellement, composent le journal la nuit pour lui permettre la distribution le matin. Marguerite Durand doit s'opposer à l'application de la loi du 2 novembre 1892 interdisant aux femmes tout travail de nuit. Elle commence par transgresser les dispositions législatives et doit payer des amendes, affronter la justice et s'opposer à la

Fédération du livre, qui n'accepte pas la concurrence des femmes.

L'argument avancé par Marguerite Durand pour braver la loi est que ses ouvrières ne sont pas exploitées, ne courent aucun danger, sont payées comme les hommes qui occupent des emplois identiques.

Face à l'intransigeance de la Fédération du livre et avec l'aide de Marguerite Durand, est fondé, le 31 mars 1899, le Syndicat des femmes typographes. Le 22 novembre 1900, une société coopérative de femmes typographes est créée, toujours avec l'assistance de Marguerite Durand.

À l'occasion d'un conflit social au sein de la maison Berger-Levrault, en 1902, plusieurs membres du Syndicat des femmes typographes se rendent à Nancy pour occuper les emplois laissés libres par les typographes en grève. Cette action déclenche la colère du responsable de la Fédération du livre. Elle entraîne l'exclusion de la Bourse du travail du Syndicat des femmes typographes, au motif que l'action des femmes constitue une rupture de la solidarité syndicale et une complicité avec les patrons de Berger-Levrault.

Marguerite Durand décide de ne pas céder et porte devant la justice cette décision d'exclusion. Finalement, le Conseil d'État lui donne raison le 23 décembre 1904 et, peu après, la représentante du Syndicat des femmes typographes peut, non sans difficulté et malgré les huées des hommes, retrouver son bureau à la Bourse du travail.

L'autorité et le prestige de Marguerite Durand sortent renforcés de ce conflit opposant les femmes typographes à leurs collègues masculins et à la Fédération du livre.

L'influence de *La Fronde* provient non seulement de la pugnacité de Marguerite Durand mais aussi des collaboratrices qu'elle sait s'adjoindre.

Et d'abord son amie Caroline Rémy, connue sous le nom de « Séverine » (1855-1929). Secrétaire de Jules Vallès, Séverine poursuit après la mort de son mentor la publication du *Cri du peuple*, qu'il avait fondé en 1871.

Elle participe à la création du prix La Vie heureuse (ancêtre du prix Femina) en 1904, qu'elle préside longtemps.

Séverine s'engage dans la lutte pour le droit de vote des femmes, notamment à travers son billet hebdomadaire qu'elle publie à partir de 1906 dans *Nos loisirs*, diffusé à plus d'un demi-million d'exemplaires.

Elle ne cesse d'écrire pour de nombreux journaux dans lesquels elle défend la cause de l'émancipation des femmes et dénonce les injustices sociales.

Elle revendique pour les femmes l'égalité des droits, et, en novembre 1890, plaide, dans un article du journal *Gil Blas*, pour le droit à l'avortement.

Séverine signe chaque jour, jusqu'en 1900, en première page du quotidien de Marguerite Durand, un éditorial intitulé « Notes d'une frondeuse ». Elle écrit également de longs articles sur le procès Zola, prend sa défense, apporte son soutien à Dreyfus.

La Fronde devient ainsi la cible haineuse de la presse nationaliste et l'objet de campagnes injurieuses de la part d'Édouard Drumont, fondateur du journal *La Libre Parole*, initiateur de la Ligue antisémitique de France et du slogan : « La France aux Français ».

Séverine apporte à Marguerite Durand la puissance de ses convictions et son talent de journaliste.

Hubertine Auclert milite dans le même sens et publie régulièrement une chronique sous le nom de « Thémis ».

Nelly Roussel, militante antinataliste, ose dès 1908 revendiquer la « liberté de maternité » et défendre la « libre maternité ». Elle est l'une des premières à affirmer le droit pour les femmes à disposer librement de leur corps. Elle dénonce la « maternité sans consentement » et donc le droit aux contraceptifs et à l'avortement. Elle fustige les capitalistes, patriotes et cléricaux, rassemblés dans les « ligues reproductrices », la « société férocement masculine », soutient les « mères opprimées ».

Sa proximité avec Marguerite Durand, la force de ses convictions et l'originalité de ses prises de position en font une collaboratrice de premier ordre pour *La Fronde*.

Clémence Royer figure aussi au nombre des collaboratrices du journal.

Autodidacte, Clémence Royer est la première traductrice en français de *L'Origine des espèces* de Charles Darwin, la première femme à être admise à la Société d'anthropologie de Paris, en 1884, à enseigner à la Sorbonne. Elle est à l'origine de la Société des études philosophiques et morales et milite activement pour l'instruction des femmes. Elle est aussi la cofondatrice de la première obédience maçonnique mixte « le Droit humain ». En 1901, pour ses travaux scientifiques, elle sera la première femme à recevoir la Légion d'honneur.

Jeanne Chauvin, qui a ouvert en 1900 le barreau aux femmes, et l'avocate Maria Vérone apportent à Marguerite Durand et à *La Fronde* la richesse de leur personnalité de même qu'Adrienne Avril de Sainte-Croix qui signe ses articles « Savioz », du nom de sa mère. Elle dénonce et milite avec détermination et courage contre la prostitution et le trafic des femmes. Elle fondera en 1901 l'Œuvre libératrice, société destinée à leur venir en aide.

Ces femmes, qui se retrouvent auprès de Marguerite Durand, permettent à *La Fronde* de canaliser toutes les formes du féminisme et d'en gérer certaines contradictions, d'être une fantastique porte-parole des revendications à l'égalité.

Marguerite Durand ne partage pas l'ensemble des exigences qu'affichent les collaboratrices de son journal. Elle ne semble pas cependant les avoir censurées, bien qu'elle soit plus nuancée dans l'expression de certaines de ces doléances.

Ces personnalités qui entourent Marguerite Durand expriment des opinions politiques, idéologiques ou philosophiques différentes. Certaines ne cachent pas leur attirance pour le socialisme, d'autres sont ouvertement anarchistes, les catholiques voisinent avec les franc-maçonnes.

Marguerite Durand s'affirme anticléricale, lutte, avec *La Fronde*, pour que l'État détache l'enseignement des jeunes filles de la tutelle de l'Église catholique. Bien des « frondeuses » sont moins modérées et approuvent sans réserve la politique radicale d'Émile Combes.

Les combats dans lesquels Marguerite Durand et *La Fronde* s'investissent concernent aussi bien la condition des ouvrières et employées, l'égalité pour les salaires, l'accès à la fonction publique ou les professions libérales, la liberté pour la femme de gérer librement son patrimoine et de disposer des fruits de son travail…

Pour les droits civiques, la position des « frondeuses » n'est pas sans ambiguïté, Marguerite Durand considérant, semble-t-il, que la priorité est d'obtenir des progrès dans l'éducation politique des femmes. Tant que l'Église catholique n'aura pas lâché son emprise sur l'enseignement des jeunes filles, il est préférable, pour elle, d'être prudente sur la reconnaissance du droit de vote des femmes. Elle se méfie de la récupération antirépublicaine que pourrait opérer un clergé catholique conservateur si les femmes avaient la possibilité de voter et d'être éligibles. Sa prudence n'est pas partagée par toutes les « frondeuses ».

Elle n'entend pas pour autant abdiquer et assiste à plusieurs congrès ou réunions féministes, participe à la création d'un nouveau journal en 1909, *Les Nouvelles*. Elle défend désormais le droit pour les femmes de voter et d'être élues.

Elle profite des élections législatives du 24 avril 1910 pour faire résonner sa voix et présenter dans tous les arrondissements de Paris des candidates féminines alors même qu'elles ne sont pas éligibles et bien sûr pas électrices. Elle entend braver la loi et les hommes qui s'opposent au vote et à l'élection de députés féminins.

Lors d'une réunion qu'elle organise, bien qu'il lui ait été signifié qu'elle ne pouvait solliciter les suffrages des électeurs du IXe arrondissement, elle fait monter à la tribune un débile mental et lui donne la parole. Naturellement, le malheureux est incapable de s'exprimer. Elle en conclut que, pour le législateur, il vaut mieux être un homme même dérangé mentalement plutôt qu'une femme. Le premier peut voter et même être élu alors qu'une femme en aucun cas n'en a la possibilité.

Mais le féminisme n'assure pas la pérennité financière d'un quotidien dont les frais fixes sont importants.

Le premier numéro de *La Fronde* bénéficie d'un important tirage, plusieurs dizaines de milliers d'exemplaires, il est l'objet d'attentions, de curiosités, voire de critiques de la part d'une certaine presse qui permettent à Marguerite Durand d'espérer en son succès prochain.

Quotidien de 1897 à 1907, *La Fronde* arrive à survivre, revendique un an après son lancement près de 4 000 abonnés. Mais ses ventes au numéro sont difficiles et déclinent régulièrement, le nombre d'invendus progresse pour, semble-t-il, atteindre les deux tiers des dépôts de Paris. De ces difficultés financières découlent des problèmes sociaux, le personnel est souvent payé avec retard. Marguerite Durand doit licencier une partie des salariées et finalement se résoudre à la fin de sa parution quotidienne. Il devient mensuel à partir 1903 pour disparaître de 1905.

Pacifiste, elle condamne l'Union sacrée en 1914, mais finit par soutenir l'effort de guerre. Collaboratrice à *L'Humanité*, elle adhère au Parti républicain socialiste et, en 1921, au Parti communiste, qu'elle quitte lorsqu'on la met en demeure de rompre avec la Ligue des droits de l'homme qu'elle avait contribué à créer.

Voir : Auclert, Hubertine (1848-1914) ; Chauvin, Jeanne (1862-1926) ; Daubié, Julie-Victoire (1824-1874).

Presse satirique

Les journaux satiriques apparaissent en France avec la Révolution française. Mais c'est véritablement avec la monarchie de Juillet qu'ils s'installent dans le paysage politique en France.

Fondé en 1829, le journal illustré *La Silhouette* est condamné en avril 1830 pour une caricature du roi Charles X en jésuite.

Le Charivari, publié en décembre 1832 par Charles Philipon (qui dirige aussi *La Caricature*) comme un journal d'opposition républicaine à la monarchie de Juillet, s'affirma au cours de son histoire tantôt radical, tantôt conservateur, républicain ou encore anticlérical.

Charles Philipon représente le roi Louis-Philippe sous la forme d'une poire.

Au cours du XIXe siècle, de nombreux autres titres satiriques se créent et disparaissent : *Le Nain Jaune* (1863-1876), *La Lune* (1865-1868), *L'Éclipse* (1868-1876), *Le Grelot* (1871-1903)…

La presse satirique poursuit son développement dans la première moitié du XXe siècle.

Immigré hongrois naturalisé français, fondateur de *L'Assiette au beurre*, Samuel Schwarz a voulu créer en 1901 un journal magnifiquement illustré pour aborder librement les thèmes d'actualité. Hebdomadaire jusqu'en 1912, après une interruption, il réapparaît mensuellement de 1921 à 1925, et disparaît définitivement en 1936.

Anarchiste par anticonformisme, antiautorité, *L'Assiette au beurre* se plaît, au fil du temps, à ridiculiser le bourgeois et ses valeurs, à fustiger la justice, les juges et les procureurs, à dénoncer les politiques, leurs manies par un regard volontiers désobligeant à leur égard.

Le dessin d'Aristide Delannoy, publié en janvier 1908, représentant Clemenceau, ministre de l'Intérieur, avec l'apparence d'une tête de mort, pour illustrer la sanglante répression d'une manifestation à Draveil, illustre la force critique de ce journal.

Le 26 septembre 1908, Delannoy est condamné à un an de prison pour avoir représenté dans *L'Assiette au beurre* le général Albert d'Amade, qui s'était « illustré » au Maroc, en boucher au tablier taché de sang.

Le colonialisme est représenté souvent comme une opération sanguinaire.

La vie parlementaire est particulièrement et sans complaisance caricaturée.

Je souhaite aussi, pour l'époque contemporaine, évoquer *Le Canard enchaîné*. J'entends déjà les critiques. Évoquer cet hebdomadaire dans ce *Dictionnaire amoureux de la République* n'a pas de sens, c'est même un contresens.

Pour certains, cela apparaîtra même comme une provocation. Ils n'hésiteront pas à m'opposer sa déplaisante impertinence à l'égard du général de Gaulle, à me rappeler ses critiques permanentes et injustes vis-à-vis de mon père et toujours méprisantes à mon égard. C'est exact, nous n'avons jamais été ménagés.

Qu'on se rassure, je ne suis pas un fan du *Canard enchaîné*, mais un amoureux de la République et du respect de la liberté qu'elle porte en elle en permettant au *Canard enchaîné* d'exister.

La phrase de Beaumarchais est connue : « Sans la liberté de blâmer, il n'est point d'éloge flatteur. » La suite l'est moins : « Il n'y a que les petits hommes qui redoutent les petits écrits » !

C'est à mettre au crédit de la République que d'accepter un tel journal qui ne cesse de critiquer, de dénoncer, de déstabiliser les élus, de se complaire dans les scandales, qui est contre ce qui est proche du pouvoir. Quand on est prévenu et lorsque la satire est pertinente, alors cela peut être positif pour la démocratie.

Quels sont les régimes politiques capables d'accepter durablement une telle publication ? Quelle dictature ou quel État communiste tolère d'être ainsi observé, traqué, dénoncé, méprisé, jugé, condamné ? Il est vrai, le combat pour la liberté est aujourd'hui plus accepté qu'il y a quelques années du fait de la multitude des organes d'information.

Le Canard enchaîné est apparu en 1915 par la volonté de Maurice Maréchal, journaliste d'extrême gauche, et du dessinateur Henri-Paul Deyvaux-Gassier, semble-t-il classé socialiste, qui publie ses premiers dessins en 1908 dans *L'Humanité*.

Le Canard enchaîné, dont l'histoire a été écrite en 2001 dans l'ouvrage de Laurent Martin et Bernard Comment, a « accompagné » la République, notamment pendant sa période contemporaine.

Sous la IVe et la Ve République, *Le Canard enchaîné* dénonce divers scandales liés à la guerre d'Indochine et d'Algérie et nombre de scandales politico-financiers…

Une chronique très critique du pouvoir gaullien, « La Cour », due à la plume de Roger Fressoz, *alias* André Ribaud, et au crayon du dessinateur Roland Moisan, est inaugurée en 1960 et, après le départ du général de Gaulle, en 1969, elle s'intitule « La Régence ».

Aujourd'hui disparue, « La Cour » reste une des chroniques les plus célèbres du *Canard enchaîné.*

L'affaire des diamants de Bokassa fut révélée par *Le Canard enchaîné* le 10 octobre 1979, mettant en cause Valéry Giscard d'Estaing et l'empereur de Centrafrique Bokassa.

En 1972, le journal satirique annonce que le Premier ministre Chaban-Delmas a utilisé un moyen alors légal pour ne pas payer d'impôt sur le revenu.

En 1981, *Le Canard enchaîné* lève un coin du voile sur le rôle de Maurice Papon dans la déportation des juifs quand il était secrétaire général de la préfecture de Gironde pendant la Seconde Guerre mondiale.

En 1973, le journal est victime d'une tentative d'espionnage de la part des services de la DST. Cette affaire dite « des plombiers » eut un grand retentissement médiatique.

Le Canard enchaîné révèle, le 3 février 1993, le prêt de 1 million de francs, sans intérêt, obtenu en 1986 par Pierre Bérégovoy de la part de Roger-Patrice Pelat, ami intime de Mitterrand, pour l'achat d'un appartement dans le XVIe arrondissement de Paris.

Or, Pelat se retrouve au centre d'une autre affaire de corruption, concernant une entreprise de travaux publics du Mans, qui constituera elle-même le point de départ de l'affaire Urba, sur les conditions d'attribution de marchés publics et le financement occulte du Parti socialiste.

Le 1er mai, un mois après son départ de Matignon, Pierre Bérégovoy se suicide. François Mitterrand reprochera à la presse d'avoir « livré aux chiens l'honneur d'un homme ».

Il révèle en 1997 que de nombreux électeurs seraient inscrits illégalement sur les listes électorales dans le Ve arrondissement de Paris. Le maire Jean Tiberi sera condamné en 2009 à dix mois de prison avec sursis et trois ans d'inéligibilité.

Volontiers donneur de leçons et de morale, en 2002, *Le Canard enchaîné* publie un rapport sur les « frais de bouche » du couple Chirac lorsqu'il résidait à l'Hôtel de Ville de Paris : plus de 2 millions d'euros entre 1987 et 1995 ! Deux ans plus tard, l'enquête se solde par un non-lieu.

De même, alors qu'en Tunisie des manifestations ont lieu contre le président Ben Ali et son régime, *Le Canard enchaîné* révèle, en 2011, les vacances de Michèle Alliot-Marie, ministre des Affaires étrangères, passées dans ce pays ainsi que les « largesses » qu'elle aurait obtenues d'un homme d'affaires proche du pouvoir. Elle démissionnera quelques semaines plus tard.

Le Canard enchaîné, le 29 octobre 2014, publie le devis des travaux, financés par la CGT, prévus pour l'appartement de son secrétaire général Thierry Lepaon.

En 2016, Hollande n'est pas épargné. C'est *Le Canard enchaîné* qui révèle que François Hollande disposerait depuis 2012 d'un coiffeur personnel payé près de 10 000 euros par mois…

J'ai envie de terminer ce passage par « Vive la République », qui accepte ces critiques et dénonciations.

Voir : Caricaturistes.

Prières pour la République

Depuis le Concordat de 1801, les catholiques et les protestants sont contraints de prier « pour la prospérité de la République française et pour les consuls », les juifs y seront aussi obligés en 1806.

Avec l'Empire, les croyants de toutes confessions devront réciter une prière en hommage à l'Empire, en fait à l'Empereur et à sa famille. Paroles imposées plus que dévotions sincères.

La proclamation de la République en 1848 est reçue avec prudence chez les catholiques.

Certes, la Constitution du 4 novembre 1848, promulguée « en présence de Dieu », conserve les cultes concordataires, mais supprime toute référence propre à la religion catholique. Et, à l'Assemblée constituante, s'installe un Comité des cultes, qui réfléchit à une refonte du Concordat.

Le coup d'État rendra sans objet cette réflexion.

Avec l'établissement d'une République laïque, l'obligation des prières à la République pour les religions est abrogée lors de la révision des lois constitutionnelles du 14 août 1884, mais le gouvernement impose que le « *Domine, salvam fac rem publicam* » soit chanté par le clergé qu'il salarie, jusqu'à poursuivre les contrevenants en justice.

Le combat qui précède et accompagne le vote de la loi de 1905 ne laisse pas de bons souvenirs à l'Église catholique. Ses ministres trouvent, au fond d'eux-mêmes, incongru de prier pour des institutions, conçues par définition sans lien religieux, et pour ses représentants, dont bon nombre affichent clairement une laïcité agressive. La République leur apparaît souvent inamicale. Or, prier, c'est appeler des bénédictions…

L'Église catholique préfère inscrire ses prières dans l'histoire nationale, et la longue litanie des saints et saintes de France.

Disparaît alors l'ancien usage d'exiger qu'à l'Église soient élevées des prières pour l'État et son chef. Cette prière prenait la place de l'oraison traditionnelle « Seigneur, sauve le roi ». Mais il est convenu que, après l'office, les fidèles peuvent réciter la formule de prière suivante : « Seigneur, sauve la République ».

Néanmoins certaines prières qu'on peut entendre au début de la IIIe République, notamment en la basilique de Montmartre, ou à Fourvière à Lyon, sont nettement opposées à la République et réaffirment le rattachement des catholiques français à Rome. Plus question de prier pour le chef d'un État dont le régime affirme gallicanisme et laïcité.

Catholique et Français toujours,
[…]
La France revient à son Dieu ;
Viens, souris à notre patrie,
D'être chrétienne elle a fait vœu
[…]
Fais que le successeur de Pierre
Connaisse des jours heureux […].

En Alsace, la messe solennelle célébrée lors de la fête nationale est une initiative des confessions concordataires pour solenniser le retour de l'Alsace-Lorraine et elle est l'occasion de prier pour la République.

La prière catholique demeure néanmoins d'abord un hymne à la nation française et selon les heures, et l'époque, l'esprit républicain fait plus ou moins bon ménage avec les cœurs.

Depuis la monarchie, on peut entendre dans les synagogues, durant les prières de shabbat, une prière pour l'État et pour le roi.

La Révolution bouscule la vie des juifs et leur confère la citoyenneté, prier pour la République apparaît pour le judaïsme comme un acte de reconnaissance.

De la République, on attend liberté et égalité. Prier pour elle, de la part d'un juif, c'est aussi une manifestation espérance, c'est implorer sa protection.

« Répandez-vous, ô mes frères, en actions de grâces ; la terre sacrée sur laquelle nous vivons est devenue notre patrie ; les lois de la République française sont aussi nos lois ; une sainte alliance nous a tous compris dans la grande famille des hommes libres », peut-on entendre à Metz en octobre 1793.

La promotion de la méritocratie, l'éloignement des catholiques du pouvoir, le triomphe du positivisme concourent à satisfaire les juifs. Jusqu'en 1940, c'est avec une âme ardente et optimiste que le judaïsme français récitait la prière pour la République.

L'assassinat de Carnot, présenté par une certaine presse comme le fait d'un anarchiste juif, l'affaire Dreyfus, le retour au fanatisme religieux, l'apparition des ligues antisémites vont provoquer un doute chez les juifs. Convient-il de prier pour une République qui n'empêche pas le virus antisémite de se répandre dans notre société et même au cœur de la République parlementaire, la Chambre des députés ?

Le régime de Vichy, la collaboration, pour les juifs, est un épisode dramatique et leur donne le sentiment qu'ils ne peuvent compter sur la mère patrie pour les protéger.

Au lendemain de la Libération, en 1947, lors de l'inauguration par Vincent Auriol, président de la République, du monument élevé à la mémoire des juifs parisiens morts durant la Seconde Guerre mondiale, le grand rabbin de Paris prononce la prière pour la République et le peuple français. Cette prière élaborée avec l'avènement de la République est de nouveau prononcée par les rabbins et les fidèles lors des shabbat.

Elle marque la fidélité et l'amour des juifs pour la République mais elle est devenue anxieuse. Elle est suivie aujourd'hui d'une prière pour l'État d'Israël.

« Éternel, Maître du monde, Ta providence embrasse les cieux et la terre ;

La force et la puissance T'appartiennent ; par Toi seul, tout s'élève et s'affermit.

De Ta demeure sainte, ô Seigneur, bénis et protège la République française et le peuple français. Amen.

Regarde avec bienveillance depuis Ta demeure sainte notre pays, la République française, et bénis le peuple français. Amen.

Que la France vive heureuse et prospère. Qu'elle soit forte et grande par l'union et la concorde. Amen.

Que les rayons de Ta lumière éclairent ceux qui président aux destinées de l'État et font régner l'ordre et la justice. Amen.

Que la France jouisse d'une paix durable et conserve son rang glorieux au milieu des nations. Amen.

Accueille favorablement nos vœux et que les paroles de nos lèvres et les sentiments de notre cœur trouvent grâce devant Toi, ô Seigneur, notre créateur et notre libérateur. Amen. »

Après la Grande Guerre, la République sut tendre la main aux musulmans. Elle décida de construire à Paris, dans le Quartier latin, tout près du Panthéon, de l'église Saint-Étienne-du-Mont et du séminaire israélite, une mosquée pour honorer la religion de ces soldats venus de tout l'Empire combattre dans l'armée française.

Ce jour-là, la République reconnaissant l'islam comme religion de France et Lyautey, pour exalter les uns et rassurer les autres, pouvait déclarer : « Quand s'érigera le minaret que vous allez construire, il ne montera vers le beau ciel de l'Île-de-France qu'une prière de plus dont les tours catholiques de Notre-Dame ne seront point jalouses. »

Dès le début du XIXe siècle, la franc-maçonnerie cherche à épouser la République. En 1848, anonymement, est publiée cette prière, vraisemblablement écrite par l'un de ses membres, un anticlérical actif. Elle parodie l'*Ave Maria* des catholiques.

> « Salut Marianne, pleine de force,
> Le peuple est avec toi,
> Le fruit de tes entrailles, la République, est bénit.
> Sainte Marianne, mère du droit, aie pitié de nous !
> Délivre-nous
> Vierge de la Liberté, délivre-nous des rois et des papes !
> Vierge de l'Égalité, délivre-nous des aristocrates !
> Vierge de la Fraternité, délivre-nous des soldats !
> Vierge de la Justice, délivre-nous des juges !
> Vive la République démocratique et sociale universelle !
> Ainsi soit-il. »

Avec la République qui s'installe, la franc-maçonnerie devient progressivement l'une des composantes du mouvement républicain et l'armature des gouvernements de la IIIe République. Daniel Halévy, dans son essai *Pour l'étude de la IIIe République*, s'interroge d'ailleurs sur les accointances maçonniques du régime républicain, affirmant que les agissements occultes, par définition non documentés, passent outre l'analyse de l'historien.

Imaginée, vers 1896, cette autre prière est une supplique pour que le pape accorde son indulgence et pardonne les francs-maçons et anticléricaux.

« Seigneur Jésus-Christ, qui Vous plaisez à faire éclater Votre toute-puissance principalement en pardonnant aux pécheurs, Vous qui avez dit : “Priez pour ceux qui vous persécutent et vous calomnient” ; nous implorons la clémence de Votre cœur sacré pour des âmes créées à l'image de Dieu, qui ont été misérablement trompées par les séductions perfides de la franc-maçonnerie et se précipitent dans la voie de leur perte éternelle. Ne permettez pas, nous Vous en conjurons, que l'Église, Votre sainte épouse, soit opprimée par eux plus longtemps, mais apaisée par l'intercession de la Bienheureuse Vierge Marie, Votre Mère, et par les prières des justes, daignez Vous souvenir de Votre miséricorde infinie. Oubliez leur perversité, et faites que, revenant à Vous, ils consolent l'Église par une éclatante pénitence et obtiennent la gloire éternelle. Ô Vous qui vivez et régnez dans les siècles des siècles. Ainsi soit-il ! »

Voir : Debré, Simon (1854-1939).

Profession de foi

Les promesses n'engagent que ceux qui les reçoivent, dit-on souvent. C'est un reproche fréquemment adressé aux politiques. Encore aujourd'hui !

C'est à tort qu'on borne trop souvent l'étude de la vie parlementaire aux seuls discours prononcés dans l'hémicycle. Qu'il ait ou non un talent de plume, le député, en général, consacre beaucoup de temps à écrire des questions au gouvernement, amendements, propositions de loi, motions, rapports, articles, communiqués de presse… Mais le plus intéressant demeure sans doute le premier de ses textes, ce que l'Administration appelle « documents électoraux », c'est-à-dire la profession de foi, ce texte qu'il a rédigé étant encore simple candidat, pour expliquer ce qui le motivait à briguer la confiance des électeurs et des électrices et préciser ce qu'ils pouvaient attendre de lui, s'il était élu. La profession de foi est adressée par l'Administration aux électeurs et électrices. Document important s'il en est.

Au temps du suffrage censitaire, le candidat député ne s'adressait qu'à quelques dizaines d'électeurs, avec lesquels il pouvait entretenir une relation personnalisée. « Du reste, messieurs, […] si quelques-uns d'entre vous conservent des doutes sur mes opinions, qu'ils me fassent l'honneur de venir me voir, j'achèverai de me montrer à eux sans détour. Si on préfère m'écrire, qu'on le fasse ; je répondrai », écrivait Alexis de Tocqueville, député de la Manche, dans une circulaire de 1839.

Le recours à l'écrit devient une obligation en 1848 avec la République et l'avènement du suffrage universel qui permet à des inconnus de solliciter les voix d'autres inconnus.

Les murs se couvrent d'affiches, les journaux insèrent toutes sortes de déclarations, des candidats placardent leur programme. Un certain Jouy, ouvrier ébéniste du faubourg Saint-Antoine, publie une « Adresse d'un ouvrier à ses frères ouvriers de tous les corps d'État ». Il fait preuve d'une grande modestie : « Quelques-uns de mes amis m'ayant engagé à me présenter comme candidat, j'ai accepté ; mais comme j'ai toujours su faire abnégation de tout sentiment d'orgueil et d'intérêt personnel, quand il s'est agi de l'intérêt commun, je suis prêt à me retirer et à faire place à un citoyen plus méritant et pouvant être plus utile que moi aux intérêts de la République. » Gageons qu'il ne l'a pas trouvé !

L'altruisme et la modestie sont de mise, en ces temps romantiques.

« Pénétré de mon insuffisance, je n'aurais jamais prétendu à siéger parmi les représentants du peuple », affirme l'écrivain Eugène Sue (1804-1857) qui, naturellement, cède à la pression de ses amis. Il est élu le 28 avril 1850 député républicain et socialiste de Paris. Sa profession de foi est simple : « Adhésion de cœur et d'âme à la forme et à l'esprit du gouvernement républicain. Ferme volonté de réclamer, avec toutes ses conséquences sociales et politiques, l'application de cet immortel principe : Liberté, Égalité, Fraternité. »

Même humilité proclamée de la part de Paul Féval (1816-1887), l'auteur du *Bossu*, candidat malheureux dans le Finistère : « La seule pensée que j'ai pu être regardé par un grand nombre de citoyens comme digne de soutenir les intérêts de la France dans notre

Assemblée nationale est pour moi une gloire précieuse. » Il ajoute, pour tout programme électoral : « Breton comme vous, je me présente à vous, et au lieu d'allonger un programme inutile, j'inscris sur mon drapeau le mot d'ordre des vrais citoyens : liberté pour tous, dévouement à la patrie, triomphe de la paix publique. » Cette modestie affichée et cet esprit de synthèse n'ont pas suffi à convaincre les électeurs.

Intéressante est la profession de foi de Victor Hugo. « Deux Républiques sont possibles », écrit-il. L'une anarchique et sanguinaire, l'autre progressive et harmonieuse. « De ces deux Républiques, celle-ci s'appelle la civilisation, celle-là s'appelle la terreur. Je suis prêt à dévouer ma vie pour établir l'une et empêcher l'autre », proclame le poète.

« Républicain dès mon enfance, issu d'une famille ayant donné des gages à la patrie dans tous les temps difficiles, homme pur et désintéressé, dont les convictions n'ont jamais varié, je crois que mon tour est enfin venu de me mettre sur les rangs », déclare le jeune Alphonse Baudin (1811-1851) aux électeurs de l'Ain qui ne lui accorderont pas leur confiance en avril 1848. Mais il eut sa revanche dans ce même département le 13 mai 1849.

On sait qu'il mourra sur les barricades, parmi les insurgés de décembre 1851 qui tentèrent de faire obstacle au coup d'État de Louis Napoléon Bonaparte.

Les professions de foi de 1848, comme celles de 1870, ont été rassemblées en recueils à l'initiative de personnes privées, tel l'écrivain Alfred Delvau.

En 1880, Désiré Barodet (1823-1906) a eu l'idée d'une compilation des professions de foi de ses collègues.

Feuilleter « le Barodet » est donc une source inépuisable d'étonnement et la preuve que, souvent, les promesses électorales ne durent que l'espace d'une campagne électorale.

« Le Barodet » a été longtemps pour moi une lecture dont je ne me lassais pas. J'étais à la recherche des promesses envolées, des engagements non tenus, de cette nécessité, en politique, d'élaborer des programmes, de promettre. L'électeur n'y croit généralement pas, mais il en a besoin. Confrontés aux réalités politiques, économiques, sociales, internationales, ministres ou députés ne peuvent pas ne pas s'apercevoir que certains de leurs engagements ne sont pas réalisables.

Pour que les engagements électoraux des députés puissent bien après le scrutin leur être rappelé, Désiré Barodet, représentant du peuple à l'Assemblée nationale de 1873 à 1876 puis député républicain de la Seine jusqu'en 1896 – il deviendra alors sénateur jusqu'en 1900 – propose, le 11 novembre 1881, à ses collègues députés, une résolution tendant à nommer « une commission de 22 membres chargés d'examiner et de résumer les promesses, professions de foi et programmes qui ont présidé aux élections législatives de 1881 et de présenter dans le plus bref délai possible un rapport à la Chambre sur la nature des réformes réclamées dans le pays ».

Désiré Barodet est parti d'un constat simple : « les élections[...] étaient à peine connues que, déjà, certains hommes politiques[...] s'ingéniaient à trouver le moyen d'éluder l'exécution des engagements contractés à la face du pays.[...] Il faut que de pareilles tentations d'escamotage soient déjouées[...] ».

À l'origine, sa démarche est d'abord politique. Il s'agit, pour lui, de combattre l'opportunisme politique, notamment de Gambetta, et de contraindre les élus oublieux à se montrer moins changeants, plus respectueux de leurs engagements électoraux. Louable intention.

Sa résolution est adoptée le 7 février 1882 avec effet rétroactif. Ainsi, depuis les législatives de 1881, les professions de foi des candidats élus sont rassemblées en une série d'importants registres imprimés par le *Journal officiel*, couramment appelés « le Barodet ».

Oubliée pour les scrutins qui suivent la Libération, la confection du « Barodet » reprend en 1950, continue sous la Ve République. Il est depuis quelques années beaucoup moins intéressant, les candidats recopiant souvent des modèles de professions rédigées par les états-majors nationaux de leur parti. Ils font moins preuve d'originalité.

« Le Barodet » conserve cependant la mémoire de nos passions électorales et de bien des promesses oubliées.

Malheureusement, dans « le Barodet » ne figurent que les professions de foi des candidats députés élus.

Celles de Ferdinand Lop ne sont donc pas passées à la postérité. Pourtant, pendant la IVe République, éternel candidat malchanceux, il proposait un programme ambitieux : l'extinction du paupérisme à partir de 10 heures du soir ; la construction d'un pont de 300 mètres de large pour abriter les clochards ; la prolongation de la rade de Brest jusqu'à Montmartre et l'extension du boulevard Saint-Michel jusqu'à la mer (dans les deux sens). Il réclamait aussi la nationalisation des maisons closes pour que les filles puissent avoir les avantages de la fonction publique ; l'aménagement de trottoirs roulants pour faciliter le labeur des péripatéticiennes…

Ce loufoque candidat, qui faisait la joie des chansonniers, suggérait aussi : le raccourcissement de la grossesse des femmes de neuf à sept mois ; l'octroi d'une pension à la femme du soldat inconnu ; l'installation de Paris à la campagne pour que les habitants profitent de l'air pur ; la suppression du wagon de queue du métro.

Il fait partie du folklore qui entourait jadis toute consultation populaire.

Q

Quatre-vingts

C'est le nombre des députés et sénateurs (sur 846) qui refusèrent de voter, le 10 juillet 1940, les pleins pouvoirs au maréchal Pétain.

À la suite de la défaite, le gouvernement et le Parlement se replient à Vichy. Les députés et les sénateurs régulièrement élus sont convoqués et rassemblés au casino de Vichy, pour voter les pleins pouvoirs à Pétain.

80 parlementaires : 23 sénateurs et 57 députés refusèrent de donner un blanc-seing à une révision constitutionnelle dont ils pensaient qu'elle conduirait à la fin de la République, à une odieuse collaboration avec l'occupant nazi.

Parmi eux, d'anciens communistes ayant rompu avec leur parti après le Pacte germano-soviétique, des socialistes comme Léon Blum, des radicaux élus à gauche et d'autres élus à droite, un démocrate-chrétien comme Auguste Champetier de Ribes, député puis sénateur des Basses-Pyrénées, ou un industriel catholique comme le marquis Léonel de Moustier, arrêté par la Gestapo et déporté en Allemagne.

Mais aussi Vincent Auriol, député socialiste de Haute-Garonne, qui a été ministre des Finances du front Populaire et sera le premier président de la IVe République.

Également Georges Mandel, député de la Gironde, dès 1930, il avait dénoncé les dangers de l'Allemagne nazie, fut ministre, notamment en 1940. Déporté et livré à la milice, il fut assassiné le 7 juillet 1944…

Leur courage ne doit pas être oublié.

Quinquennat

Cinq ans, c'est la durée du mandat du président de la République.

Du septennat, institué en 1873, nous sommes passés au quinquennat avec la loi constitutionnelle du 24 septembre 2000, approuvée par référendum.

Cette idée de la réduction de la durée du mandat présidentiel trottait dans la tête des politiques depuis longtemps.

En 1848, déjà, elle faisait l'objet de débats. Certains estimaient alors que le mandat devait durer trois ans. Finalement, il fut décidé qu'il serait de quatre ans et non renouvelable. Mais cette durée et cette impossibilité de faire plusieurs mandats ont été funestes pour la IIe République et ont entraîné le coup d'État du 2 décembre 1851.

En 1873, le débat reprit, et les politiques hésitèrent entre un quinquennat et un septennat. On opta pour une durée de sept ans par opportunisme politique afin d'attendre que les monarchistes arrivent à un accord.

L'idée d'un quinquennat fut relancée par Georges Pompidou. Mais la réforme ne put aboutir, faute d'une majorité des trois cinquièmes au Congrès du Parlement pour modifier la Constitution.

François Mitterrand mentionna cette idée dans ses propositions alors qu'il était candidat, mais, devenu président de la République, il s'empressa de l'oublier et fit deux septennats.

Jacques Chirac reprit cette proposition et la fit adopter par référendum, le 24 septembre 2000, donc il fit un septennat et un quinquennat.

Nicolas Sarkozy fit réformer la Constitution le 23 juillet 2008 par le Congrès du Parlement. Désormais, le président de la République ne peut exercer plus de deux quinquennats consécutifs.

On mesure aujourd'hui toutes les conséquences politiques de ce raccourcissement de la durée du mandat présidentiel sur le bon fonctionnement de l'État.

R

République des camarades, La

Tel est le titre de l'essai critique publié par Robert de Jouvenel en 1914. Il illustre parfaitement le désir de ces intellectuels républicains, déçus par le fonctionnement du régime de la IIIe République, de favoriser sa renaissance.

Il est rare qu'un ouvrage de ce type conserve après un siècle un intérêt autre qu'historique. Il m'est arrivé plusieurs fois, ces dernières années, lorsque certains souhaitaient publiquement l'avènement d'une VIe République, de me plonger dans *La République des camarades*. Bien des descriptions n'ont guère vieilli.

J'ai découvert Robert de Jouvenel (1882-1924) – frère cadet d'Henry de Jouvenel, ambassadeur de France, sénateur et époux de Colette – quand, préparant mon diplôme d'études supérieures de sciences politiques à la faculté du Panthéon, j'ai suivi les conférences de son neveu Bertrand de Jouvenel qui enseignait la sociologie politique.

Lorsqu'il devient président, le 19 mars 1920, de la conférence Molé-Tocqueville, Robert de Jouvenel, journaliste militant de la gauche républicaine, proche de la mouvance radicale, ne cache pas son ambition : œuvrer pour que ce lieu de débat, ce forum de l'éloquence, qui apparaît comme le carrefour des réseaux politiques de la gauche républicaine et démocratique, favorise le renouvellement des élites politiques.

Observateur des mœurs politiques, il les dénonce avec talent, vérité, parfois avec humour. Il reproche au système parlementaire, tel qu'il fonctionne alors, son impuissance à prendre en compte l'intérêt général. Il fait état de sa « mélancolie », c'est son expression, devant un régime qui s'enfonce dans une dérive qui trahit les idéaux de la République parlementaire.

Critique d'une République dévoyée « au nom » de la République, description des mœurs politiques en France à la veille de la Première Guerre mondiale, *La République des camarades* montre que le « système » façonne des députés qui se ressemblent. « Il y a moins de différence entre deux députés dont l'un est révolutionnaire et l'autre ne l'est pas qu'entre deux révolutionnaires dont l'un est député et l'autre ne l'est pas. » « Si les hommes que le peuple souverain envoie au Palais-Bourbon représenter pour quatre ans ses opinions, ses intérêts et sa souveraineté n'ont ni la même origine, ni les mêmes facultés, ni les mêmes conceptions : ils ont du moins le même état d'esprit. »

Jouvenel le constate déjà, les députés sont de « véritables représentants de commerce » sous la direction d'un patron, et des électeurs soumis aux influences d'intérêts particuliers.

Il dénonce le défaut de renouvellement des députés, l'obsession de la réélection qui est la marque du député : « Lorsqu'on est devenu député, on ne doit plus avoir qu'une préoccupation essentielle : le rester.[...] Pour se maintenir, il n'y a qu'une règle essentielle : y penser toujours. Le député "qui y pense toujours" doit alors partager son temps entre trois besognes particulières ; courir, promettre, écrire. » Réflexion qui dépasse la période où elle a été formulée.

Et Jouvenel peut, avec une vérité encore contemporaine, noter : « Le Parlement ne règne pas, ne gouverne pas, il écrit. Le régime qui préside à nos destinées n'est ni la République, ni l'Empire, ni la royauté, ni l'autocratie, ni la démocratie – c'est la correspondance. »

Sur le travail parlementaire, les promesses électorales, les partis politiques et les groupes parlementaires... certaines descriptions de Robert de Jouvenel devraient faire réfléchir le législateur d'aujourd'hui. « On adopte ainsi des lois par centaines ; et nul ne se doute de ce qu'elles sont ni de ce qu'elles deviennent. »

Jouvenel n'est pas plus complaisant dans sa description du rôle des ministres, des cabinets ministériels, des fonctionnaires et des magistrats.

Cet essai de Robert de Jouvenel devrait être une source de réflexion pour ceux qui croient aux vertus de la République parlementaire. *La République des camarades* est un appel à un sursaut au moment où « la démocratie s'endort dans la complaisance ».

La Ve République a voulu mettre un terme à cet enlisement, et les institutions alors conçues devaient assurer un renouveau parlementaire et engendrer un rapport équilibré entre le pouvoir législatif et le pouvoir exécutif.

La lecture aujourd'hui de *La République des camarades* montre que les époques se succèdent, les régimes politiques changent, les générations se renouvellent, des majorités différentes ou opposées se remplacent au nom de la rupture politique, mais finalement bien des mœurs demeurent sinon toujours identiques, du moins apparentées, et les mêmes dérives ressurgissent. Les institutions, aussi satisfaisantes soient-elles, finissent toujours par se détériorer au contact des partis et démagogues politiques.

Voir : Palais-Bourbon.

S

Sand, George (1804-1876)

George Sand a bâti son destin comme on part en guerre.

Née l'année de la promulgation du code civil qui fait de la famille la base de la société, entièrement dominée par le père ou le mari, son avenir ne sera pas celui de toutes ces femmes qui, alors, ont dû choisir entre un époux et Dieu, dans un monde entièrement masculin.

Elle a épousé son époque marquée par l'onde de choc politique et sociale de la Révolution. Cette France qui, après avoir vécu l'espérance de la liberté et de l'égalité, a subi la « Terreur ». Cette France qui a perdu ses certitudes, ses repères s'abandonne à un nouveau régime politique qui ne lui demande pas son avis, puis à une restauration monarchique qui ne lui ressemble plus et ne la fait plus rêver. Cette France où l'injustice et l'inégalité sociale jamais acceptables sont de moins en moins supportées.

À l'image du siècle, de ses turbulences, tumultes, combats et espérances, George Sand porte en elle la Révolution, la liberté et l'égalité. Dans *Histoire de ma vie*, elle avoue : « Je serai avec l'esclave et avec la bohémienne et non avec les rois et leurs suppôts. »

Ni aristocrate ni bourgeoise, elle est un peu des deux par la rencontre de la lignée paternelle et maternelle. Son métissage social, ses rencontres, son génie propre lui ouvrent très vite les chemins de la République et les portes du socialisme. Sa voix va inspirer, rythmer, accompagner la lutte de ces femmes qui portent en elles une volonté de bâtir une nouvelle société, celle de l'égalité civile avec les hommes et de la liberté.

Dès 1830, elle exprime son adhésion à la République en même temps qu'elle approfondit ses réflexions sur les raisons de la Révolution. Elle y voit l'expression d'une lutte de classes. Elle observe de plus en plus ce qui se passe à Paris. Elle n'est pas encore socialiste et regarde avec une distance certaine la doctrine saint-simonienne.

Le procès des insurgés parisiens et lyonnais d'avril 1834 qui débute devant la Cour des pairs, le 5 mai 1835, fut pour elle l'occasion d'un premier engagement collectif concret pour la cause républicaine. Ce procès a joué un rôle important dans son évolution politique et surtout dans l'établissement de relations directes avec les milieux révolutionnaires. Il lui a permis de nouer des liens avec notamment Ledru-Rollin, Barbès, Garnier-Pagès. L'avocat Michel de Bourges, présent dans le prétoire, était son amant, un amant passionnément aimé ; il l'initia aux idées jacobines et à un certain radicalisme politique.

Elle assiste, déguisée en homme, aux séances du procès, contribue à écrire la « lettre des défenseurs aux accusés » et organise une souscription pour les familles de ces derniers. Elle dévore les livres sur la Révolution française. Elle est désormais convaincue que les artistes doivent agir pour la cause. Autour du procès d'avril, c'est une grande partie de l'état-major de la IIe République qui se constitue.

Sous l'influence de Pierre Leroux, l'inventeur du mot socialisme, son mentor en philosophie et en politique, George Sand, la militante de la liberté, la républicaine, devient socialiste.

Avec lui, elle fonde en 1841 *La Revue indépendante*. Elle y publie son roman *Horace*. George Sand y dénonce l'hypocrisie et la lâcheté de ces « petits-bourgeois » dont l'adhésion aux idées républicaines n'a duré que l'espace d'un moment et qui sont vite redevenus ce qu'ils n'avaient cessé d'être : des conservateurs imbus de leurs privilèges. Avec *Le Compagnon du Tour de France*, *Le Meunier d'Angibault*, *Le Péché de M. Antoine*, elle traite de la difficulté d'aimer lorsqu'on n'appartient pas à la même classe sociale. Elle s'élève contre les conditions de travail des ouvriers, critique les effets du capitalisme et les conséquences sociales du règne de l'argent-roi.

La révolution sociale lui apparaît comme la conséquence, la suite de la révolution politique et doit entraîner une révolution morale. George Sand s'affirme clairement anticléricale.

En 1844, elle participe avec un groupe d'amis berrichons à la fondation du journal *La Vraie République* et à la création de plusieurs journaux dont *L'Éclaireur* qui se présente comme l'organe de l'opposition républicaine dans les départements de l'Indre, du Cher et de la Creuse. Dans un article intitulé « La politique et le socialisme », elle définit la politique comme « une action toute matérielle exercée sur la société pour modifier et améliorer ses institutions sociales », et le socialisme comme « une action toute scientifique exercée sur les hommes pour les disposer à réformer les institutions sociales ».

Lorsque surgissent les événements de février 1848, George Sand est à Nohant, mais, très vite, le 1er mars, elle arrive à Paris. Elle veut être là où la République apparaît, auprès de ses amis membres du Gouvernement provisoire, la porter sur ses fonts baptismaux.

Elle écrit pour faire part de son enthousiasme, de sa foi en l'avenir républicain de la France. Elle milite pour faire partager son idéal politique, celui d'une société réconciliée avec elle-même, libre, égalitaire, fraternelle.

Dans une lettre au « bon et grand peuple », publiée par les *Bulletins de la République*, eux-mêmes édités par le ministère et distribués dans les départements, en date du 7 mars 1848, elle salue la révolution en ces termes :

> « Un abîme où ton sang a coulé sépare ton existence d'hier de celle d'aujourd'hui. Hier, tu semblais écrasé, anéanti par la souffrance : la patrie était en danger plus qu'elle ne fut jamais à l'aurore de notre République car la honte pesait sur nous et la honte est mortelle à cette nation qui s'appelle la France. Hier, tout semblait perdu, et ceux mêmes qui voyaient de près la puissance du mal la croyaient établie pour longtemps encore. [...] Tu vas régner, ô peuple ! Règne fraternellement avec tes égaux de toutes les classes, car la République [...], cette forme par excellence des sociétés durables, proclame et consacre devant l'univers, qu'elle prend à témoin de son serment, l'égalité des droits de tous les hommes. »

Peu après, le *Journal du Loiret* publie, le 8 mars 1848, un article de George Sand intitulé « Un mot à la classe moyenne ». Elle entend réconcilier Paris avec la province, les classes sociales les unes avec les autres.

> « La Révolution est accomplie ; la République est conquise. C'est aujourd'hui, dans nos provinces, un fait avéré. [...] La République est la plus belle et la meilleure des formes des sociétés modernes. [...] La République que nous inaugurons n'aura que des hommes libres, égaux en droits. Elle vivra. [...] Avec le régime que

nous venons de détruire par l'aide de Dieu et la volonté de la Providence, le riche était aussi malheureux que le pauvre. Ces deux classes se sentaient dangereuses, hostiles l'une à l'autre. Le pauvre craignait la trahison et la tyrannie du riche, le riche craignait la colère et la vengeance du pauvre. Ses nuits étaient souvent sans sommeil. Il pouvait craindre de trouver un voleur et un assassin dans tout homme pressé par la faim. Cet état de choses contre nature doit cesser prochainement. [...] »

George Sand insiste sur cette réconciliation indispensable des différentes classes sociales et ajoute : « La classe moyenne a acquis désormais assez de lumière pour comprendre ses devoirs [...]. »

Intéressant et significatif de ses convictions, son article publié dans *Les Petites Affiches de la Châtre*, le 16 mars, entend démontrer « aux riches » qu'il ne faut pas confondre : « Le peuple, c'est le peuple ; le communisme, c'est l'avenir calomnié et incompris du peuple, [...] un fantôme créé par une panique dont tout Français devrait rougir. »

Dans « sa » revue *La Cause du peuple*, début avril, elle défend le principe de la souveraineté qui « implique des devoirs, en premier lieu celui de la réforme sociale » qui doit se faire sans violence.

Dans le numéro 12, daté du 6 avril 1848, des *Bulletins de la République*, elle somme les Français qui vont voter de se préoccuper des questions sociales, celle des salaires, celle de la place des femmes car :

> « [Leur sort] est celui qui a jusqu'ici le moins occupé l'attention des législateurs. [...] La femme a nécessairement subi la plus lourde part de cette oppression accablante que la misère exerce sur l'âme et sur le corps.

Condamnée par la nature à la douleur physique, au travail terrible et sacré de la maternité, c'est elle particulièrement que la société eût dû entourer d'une protection digne de ses fonctions augustes. [...] Ce sont les classes privilégiées qui ont toujours raillé et dédaigné le courage et le dévouement de la femme. L'homme du peuple sait bien que, quand il est frappé dans le combat, son enfant et sa femme restent sur la barricade jusqu'à ce que sa mort soit vengée. Dans ces derniers temps, plusieurs femmes, encouragées par l'esprit de secte, ont élevé la voix pour réclamer, au nom de l'intelligence, les privilèges de l'intelligence. La question était mal posée. En admettant que la société eût beaucoup gagné à l'admission de quelques capacités du sexe dans l'administration des affaires publiques, la masse des femmes pauvres et privées d'éducation n'y eût rien gagné. Ces réclamations personnelles n'ont point ému la société. La société qui va se reconstruire sera émue profondément des pétitions simples et touchantes qui se formuleront au nom du sexe entier, et qui auront pour but de détruire le manque d'instruction, l'abandon, la dépravation, la misère qui pèsent sur la femme, en général, encore plus que sur l'homme. [...] L'homme est en train de s'affranchir du joug de l'ignorance et de la misère. Il ne s'agit plus d'ouvrir un temple à quelques élus d'une théocratie déguisée. Il s'agit d'ouvrir un monde à tous les êtres qui composent l'humanité ; qu'ils soient hommes ou femmes, ils doivent échapper à l'esclavage de la misère et de l'ignorance. C'est maintenant ou jamais que les femmes instruites, qui prétendent au titre de "bons citoyens" doivent oublier leur personnalité ; et si elles veulent prouver leur mérite, c'est en faisant abnégation d'elles-mêmes pour ne s'occuper que des pauvres femmes et des pauvres filles du peuple. [...] Pauvres femmes, fleurs flétries avant d'éclore, martyres d'une civilisation menteuse et d'une société impie ! lamentez-vous comme les filles de Sion, car il n'y aura pas assez de larmes pour laver les affronts que vous avez subis. Mères infortunées qui avez vu vos enfants, pâles et sombres, rentrer le soir, après l'heure, et tomber dans vos bras avec le frisson convulsif de l'horreur et de l'épouvante ! parlez à vos époux, à vos frères, à vos fils. C'est une grande prédication que celle de "l'affranchissement" sérieux et moralisateur de la femme. C'est vous qu'elle concerne, et il n'est pas besoin de bouches éloquentes qui se fassent vos interprètes. Vous serez toutes de grands orateurs au foyer domestique, et il n'est point d'hommes dont les entrailles ne s'émeuvent pas au récit de vos poignantes douleurs. »

Après une telle profession de foi, elle refuse de se présenter aux élections à l'Assemblée nationale du 23 avril 1848.

Dans le dernier des *Bulletins de la République*, elle envisage le cas où les élections ne tourneraient pas en faveur des socialistes et elle ose cette suggestion : « Il n'y aurait alors qu'une voie de salut pour le peuple qui a fait les barricades, ce serait de manifester une seconde fois sa volonté et d'ajourner les décisions d'une fausse représentation nationale. »

La République qui triomphe en 1848 ne va pas durer, elle va être confisquée par le prince-président, qui la fait disparaître par son coup d'État en 1851. Réfugiée à Nohant, elle n'oublie pas ses convictions ni ses amitiés : « Jusqu'à mon dernier souffle, je serai pour le pauvre et, fussé-je déchirée de ses mains égarées, je crierais comme les Chouans [...] : Vive le peuple quand même ! », écrit-elle dans sa correspondance.

George Sand, la républicaine, nous lègue ses rêves d'une nouvelle société, plus égalitaire et libre, son amour pour la République.

Sarda Garriga, Joseph (1808-1877)

Un jour, le maire de Mesnil-sur-l'Estrée, une commune du département de l'Eure, dans le canton de Nonancourt, dont j'étais le conseiller général, me dit que dans le cimetière de sa commune il y a une sépulture en ruine d'un personnage connu.

Je découvre que c'est celle de Sarda Garriga. C'est lui qu'Arago, ministre de la Marine, et Victor Schoelcher, sous-secrétaire d'État aux Colonies, désignent, en 1848, commissaire général de la République à La Réunion avec pour mission de mettre en œuvre le décret de l'abolition de l'esclavage.

Ce fils de berger roussillonnais, militant républicain, franc-maçon, devra affronter l'hostilité des planteurs et de nombre d'affranchis qui ne veulent plus travailler. La Réunion compte alors plus de 60 000 esclaves.

Quand il débarque à La Réunion, le 13 octobre 1848, les propriétaires planteurs de canne à sucre, très inquiets des conséquences de cette abolition, réclament avec force le report de l'application du décret mettant fin à l'esclavage, jusqu'au terme de la campagne sucrière.

Sarda Garriga, le jour de sa prise de fonctions, prononce alors une déclaration très républicaine :

> « Chers concitoyens, mes amis. Organe de la République et dépositaire de ses pouvoirs, j'arrive au milieu de vous non pour assister à la décomposition de votre société mais pour l'organiser dans une pensée d'union, de fraternité et dans des vues d'ordre, de prospérité et de développement agricole. [...] La France nouvelle, enfin

dégagée de tout intérêt dynastique, ne consultera plus désormais que ce qui est droit, que ce qui est justice, [...] je vais publier les institutions que la République destine à ce pays. Je ne les considère que comme les premiers pas dans la voie d'une complète assimilation avec les institutions de la mère patrie. [...] Quand cette terre si éminemment française ne portera plus d'esclaves, elle formera, j'en ai l'assurance, dans la grande unité nationale, un département d'outre-mer, gouverné par les lois générales de la métropole. Vive la République, vive la colonie. »

Le lendemain, le 18 octobre 1848, sans céder aux demandes et pressions des planteurs, il fait publier le décret d'abolition de l'esclavage à La Réunion.

Voir : Schoelcher, Victor (1804-1893).

Schoelcher, Victor (1804-1893)

Il restera dans notre histoire comme l'abolitionniste de l'esclavage. Républicain, il fortifie ses convictions politiques dans l'idéologie des révolutionnaires.

Avant Schoelcher, certes deux projets avaient été soumis à l'Assemblée nationale en 1791 qui prévoyaient l'accès progressif des esclaves à la liberté.

Le 4 mars 1848, il est nommé sous-secrétaire d'État aux Colonies et président de la Commission d'abolition de l'esclavage dont le principe a été adopté le même jour. Le 27 avril, le décret d'abolition de l'esclavage est signé par le Gouvernement provisoire.

Élu député de la Martinique en août 1848, il quitte la France après le coup d'État du 2 décembre 1851, s'exile pendant dix-huit ans d'abord à Bruxelles puis en Grande-Bretagne.

Il revient en France en 1870, il est réélu député de la Martinique, puis devient sénateur inamovible en 1875. Il décède en 1893.

Voir : Sarda Garriga, Joseph (1808-1877).

Sée, Camille (1847-1919)

Lorsqu'on évoque l'histoire de l'accès des jeunes filles à l'école publique, le nom de Camille Sée ne vient pas spontanément à notre mémoire.

On cite plus volontiers Guizot, ministre de l'Instruction publique sous la monarchie de Juillet, qui a posé les fondements de l'enseignement primaire public. Naturellement, on cite Hippolyte Carnot et son projet de loi du 30 juin 1848 sur l'enseignement primaire qui concernait aussi bien les garçons que les filles. Il serait injuste de ne pas faire référence aussi à Falloux et à la loi du 15 mars 1850 qui reconnaît l'enseignement primaire des filles.

Évoquer l'enseignement des jeunes filles sans faire référence à Victor Duruy serait un oubli impardonnable. On lui doit l'obligation pour les communes de « 500 âmes » d'ouvrir une école pour filles. Il n'est pas plus concevable de ne pas citer Jules Ferry dont on a conscience de l'importance de l'œuvre scolaire.

Et Camille Sée ? Il est l'inspirateur d'une loi importante, celle de 1880 sur l'enseignement secondaire pour les jeunes filles.

Originaire de Colmar, brillant étudiant en droit à Strasbourg, avocat au barreau de Paris, il est secrétaire général du ministère de l'Intérieur avec Léon Gambetta jusqu'en février 1871. Il sera sous-préfet de Saint-Denis, jusqu'à sa démission le 24 mai 1873, après la chute d'Adolphe Thiers.

Député de la Seine en 1876. Il fait un bref passage – cinq ans – au Palais-Bourbon. Républicain, membre de la gauche républicaine, il partage la conviction exprimée en 1870 par Jules Ferry : « Celui qui tient la femme tient tout. […] C'est pour cela que l'Église veut retenir la femme […] et c'est pour cela qu'il faut que la démocratie la lui enlève […]. »

Aussi, Camille Sée dépose dès 1878 une proposition de loi tendant à créer un enseignement secondaire pour les jeunes filles. Présentant son texte de loi à ses collègues députés, le 27 mars 1878, il déclare : « En France, à l'heure qu'il est, la jeune fille qui n'a pas le bonheur d'être inscrite chez ses parents n'a le choix qu'entre un pensionnat laïc, où l'enseignement se meut dans d'étroites limites, et le couvent où l'enseignement est pour ainsi *dire* nul. […] Elle en sort l'esprit vide et le cœur faussé. […] »

Sa proposition de loi est votée par la Chambre des députés en 1879, par 347 voix contre 117. Au Sénat, l'année suivante, le résultat du vote est plus difficile à obtenir et c'est seulement par 44 voix de majorité sur 278 votants que les sénateurs approuvent cette proposition.

La loi prévoit la création par l'État, avec le concours des départements et des communes, d'établissements destinés à l'enseignement secondaire des jeunes filles. Ce seront des externats. Les programmes comprendront, c'est le souhait de Camille Sée, « un enseignement moral », l'apprentissage du français et au moins une langue étrangère. Également, l'enseignement des « littératures anciennes et modernes, la géographie et la cosmographie, l'histoire nationale et un aperçu de l'histoire générale, l'arithmétique, les éléments de la géométrie, de la chimie, de la physique et de l'histoire naturelle, l'hygiène, l'économie domestique, les travaux d'aiguille, des notions en droit usuel, le dessin, la musique, la gymnastique ».

Sujet délicat, qui, lors de l'examen de la loi, déclenche des débats passionnés à la Chambre et au Sénat, l'enseignement religieux « sera donné, sur la demande des parents, par les ministres des différents cultes, dans l'intérieur des établissements, en dehors des heures de classe ». La loi précise que les ministres des cultes seront agréés par le ministre de l'Instruction publique et ne résideront pas dans l'établissement.

Cette disposition donne lieu à d'importantes controverses tant à la Chambre qu'au Sénat. Conservateurs et cléricaux y décèlent la volonté des franc-maçonneries, dont Camille Sée ferait partie, de lutter contre l'influence de l'Église. Mais, tout au long du débat, il ne faiblit pas, ne cesse d'argumenter et répond aux orateurs avec passion et détermination.

« Nous répétons à satiété que l'État doit donner l'instruction, qu'il doit la donner à tous les enfants, qu'il doit même donner gratuitement l'enseignement primaire. Nous faisons de grandes dépenses pour donner un enseignement plus élevé aux enfants qui sont capables de le recevoir. Si, dans la distribution de cet enseignement, on fait aux garçons et aux filles une part inégale, qu'on en dise le motif ; qu'on trouve une raison, quelle qu'elle soit, pour expliquer l'infériorité à laquelle on condamne un sexe par rapport à l'autre. [...] Les filles sont aussi aptes à recevoir [l'instruction secondaire] que les garçons ; la capacité est la même, l'intérêt est le même, d'où vient l'inégalité ? Est-ce que les filles n'appartiennent pas comme nous à l'humanité et à la patrie ? [...] »

Pour parachever sa réforme, Camille Sée fait voter une autre proposition de loi, celle du 26 juillet 1881, qui crée une École normale supérieure de jeunes filles pour recruter et former des enseignantes de qualité. Cette école va s'installer à Sèvres le 12 décembre 1881.

Battu aux élections, il intègre le Conseil d'État, fonde et dirige la revue *L'Enseignement secondaire de jeunes filles*.

Voir : Carnot, Hippolyte (1801-1888) ; Ferry, Jules (1832-1893) ; Ouverture de l'instruction publique et de l'université aux jeunes filles.

Sédar Senghor, Léopold (1906-2001)

Élu par trois fois député du Sénégal, de 1945 à 1958, il gommait déjà les frontières étroites de la France en chantant les avantages d'une alliance de tous les peuples d'outre-mer, d'une harmonie culturelle et politique qui dessinerait autour du globe un bel arc-en-ciel de frères de toutes les couleurs. C'est bien une vision poétique et idéaliste que Senghor tenta de transposer en politique.

Ceux qui opposèrent la lutte pour la négritude et l'attachement francophone de Senghor ont abîmé la richesse d'une pensée plurielle et florissante, partisane du « métissage culturel ». Pour que la « greffe » miraculeuse des civilisations ait lieu, pour que l'Afrique soit en mesure d'adopter et d'apprécier la civilisation française, il fallait au préalable qu'elle puisse offrir, elle aussi, une culture à échanger. Ainsi, Senghor n'établit aucune contradiction mais bien une dépendance entre ses deux combats : « C'est ainsi que, pendant les quinze années de mon mandat, renouvelé, j'ai continué de me battre, et pour la négritude, et pour la francophonie », a-t-il écrit en 1988.

Alors que l'institution de la francophonie n'avait pas vu le jour, l'idée d'un grand rassemblement germait dans cet esprit fertile. Il n'est donc pas hasardeux d'affirmer que la lutte que Senghor mena en faveur d'une Union française flexible annonçait déjà le mariage entre les multitudes humaines autour de l'héritage culturel des Lumières et de la langue française.

Pour Senghor, l'Union française avait une mission, celle de construire une fraternité mondiale placée sous l'aile de la langue française. Il a clairement exprimé cette idée lors de la séance du 13 février 1958 en déclarant à la tribune de l'Assemblée nationale : « La France ne peut se contenter d'être heureuse mais petite, limitée spirituellement à l'Hexagone, car elle trahirait sa vocation vraie qui est de libérer tous les hommes aliénés de leurs vertus d'hommes. »

L'opiniâtreté dont Senghor fit preuve pour arracher à la métropole les droits attendus par l'outre-mer fut souvent incomprise. L'indécision de Paris face au statut des peuples d'outre-mer ne convenait pas à cet homme entier et sincère : car enfin, disait-il, « il faut qu'une porte soit ouverte ou fermée. Il faut que nous soyons dans la République ou hors de la République ».

La pensée que Senghor construisit peu à peu durant ses années parlementaires fut un humanisme adapté aux réalités africaines, au droit coutumier, aux problèmes agricoles, aux défaillances pédagogiques. Cette réalité du terrain, méprisée par les partis de la métropole, fut largement utilisée par Senghor qui en fit la source même des programmes politiques du bloc démocratique sénégalais.

Ce n'est pas parce que Senghor délaissait la France qu'il se dévoua entièrement aux difficultés du peuple sénégalais, mais bien parce qu'il croyait en une France où tout ne serait qu'harmonie qu'il s'engagea à revendiquer plus de droits pour ceux qui en avaient fait leur député.

Déjà, en 1945 et 1946, il influença la rédaction du projet de Constitution en prônant avec émotion une réforme totale du statut des indigènes, de ceux qui avaient successivement, lors des deux guerres mondiales, versé leur sang pour un pays réticent à reconnaître leurs droits. Malgré les réformes inscrites dans la Constitution de la IVe République, l'égalité telle que l'a souhaitée Senghor peinait à éclore, existant à peine dans une forme théorique.

Plus de justice pour les territoires revenait à concrétiser l'équité indispensable à la réalisation d'une « union française » composée de citoyens égaux et solidaires.

L'œuvre d'unification qu'il entreprit, en travaillant pour revaloriser les statuts des employés sénégalais ou multiplier le personnel éducatif en Afrique, ne peut se comprendre qu'à la lumière de son adhésion à une tradition quasi mythique : celle de la France terre d'égalité, celle de la France mère des droits de l'homme.

L'autonomie croissante qu'il réclama pour les territoires revenait à construire la République fédérale française dont il a, un temps, rêvé, une République riche par sa diversité, grande par sa tolérance, universelle par son langage, qui serait le point d'orgue d'un humanisme nouveau à vocation planétaire.

Ce n'est pas parce que Senghor était rongé par la fièvre indépendantiste qu'il refusa avec vigueur la loi-cadre de 1956. Bien au contraire.

L'universaliste convaincu dénonça l'émiettement de l'Afrique orchestré par la loi Defferre, qui transférait de nouvelles compétences à des territoires étroits et non aux larges fédérations africaines qu'il appelait de ses vœux. Cette « balkanisation » obligatoire, le fédéraliste invétéré la repoussa, et le francophile sentimental évoqua l'idée d'une grande « Eurafrique » où l'Europe en construction s'allierait avec une Afrique fière, forte, unie.

Ainsi déclare-t-il à l'Assemblée nationale, le 29 janvier 1957 :

> « "La République une et indivisible", au sens de l'État unitaire et centralisateur, [...] a été, au XIXe siècle, une exigence nationale : elle a fait la force de la France, et les volontaires avaient raison d'aller à la bataille à Valmy en criant : "Vive la nation !"
>
> Mais nous sommes aujourd'hui en 1957, au XXe siècle, à l'heure où les États et les empires les plus forts sont

de structure fédérale : USA, URSS, Inde, Canada, Brésil, Allemagne occidentale, Yougoslavie et, plus près de nous, l'Angleterre qui va donner l'indépendance à la Gold Coast au sein du Commonwealth, lequel a cessé d'être britannique.

Fédérer effraie certains membres de l'Assemblée. Mais, mes chers collègues, fédérer n'est pas séparer. Fédérer, au sens étymologique du mot, c'est lier, mais sans étouffer, on l'oublie trop souvent.

S'accrocher au mythe de la "République une et indivisible", car c'est un mythe, sans quoi il y aurait dans cette Assemblée 300 députés noirs et arabo-berbères, s'accrocher à ce mythe c'est, je le crains, travailler à l'abaissement de la France. C'est pratiquer l'immobilisme le plus stérile.

Je vous dis que la France est un arbre vivant ; ce n'est pas du bois mort promis à la cognée. [...] »

La détermination de Senghor à réviser la Constitution de 1946, son opposition farouche à la loi Defferre, son combat en faveur de l'Afrique noire, sa volonté d'aider ses frères africains à acquérir une dignité qui leur était refusée depuis trop longtemps marquent ses années parlementaires.

Ce brillant orateur, aux discours précis et empreints de culture, a été un député particulièrement actif. Il suffit pour s'en convaincre de consulter les tableaux d'archives qui retracent ses actes de parlementaire. C'est au Palais-Bourbon qu'il a construit une bonne part de sa pensée politique qui a su évoluer au gré des réalités et des exigences du temps, depuis une acceptation de la présence française jusqu'à l'évidente nécessité de l'indépendance.

La relation fraternelle que la France entretient avec les membres de la francophonie en est une. Elle peut être attribuée en grande partie à cet homme à l'itinéraire singulier au Sénégal, qui fut successivement un brillant étudiant agrégé de grammaire, un professeur de lycée à Tours et à Saint-Maur-des-Fossés, un résistant, un député, un membre de l'Assemblée consultative du Conseil de l'Europe, plusieurs fois délégué de la France à la conférence de l'Unesco et à l'assemblée générale de l'Onu, ministre de la République française, président du Sénégal et membre de l'Académie française et qui sut, durant toute sa carrière, conjuguer un véritable attachement à la France avec un patriotisme africain tout aussi fort.

En ces temps de mondialisation, où l'homme est trop souvent oublié, où la diversité culturelle est tous les jours menacée, son message d'« humanisme intégral » reste d'une grande actualité.

Élu à l'Académie française, comme je l'ai dit, il prononce le 29 mars 1984 son discours de réception. Il évoque l'importance de l'Histoire, la nécessité de son enseignement. Il tire de notre passé la conviction « que l'histoire de France offre aux peuples du tiers-monde un modèle exemplaire, [...] le modèle d'une symbiose biologique, mais surtout culturelle ». Pour devenir universelle, notre civilisation s'est emparée de valeurs qui lui étaient étrangères, et « elle les assimile pour faire du tout une nouvelle forme de civilisation à l'échelle de l'universel ».

Sénat

Formant la deuxième assemblée du Parlement, les sénateurs sont élus par des grands électeurs (députés, conseillers régionaux, conseillers départementaux, conseillers municipaux et leurs délégués).

Les conseillers municipaux représentant plus de 95 % de leur collège électoral, les sénateurs sont essentiellement les élus des élus des municipalités.

À la différence des députés, ils ne sont donc pas issus du suffrage universel direct.

La question de la suppression du Sénat est une vieille rengaine.

Gambetta, comme la plupart des républicains, hostiles au principe d'une Chambre haute, dans son discours de Belleville du 23 avril 1875 salue avec ironie la création d'un « Grand Conseil des communes de France ».

Georges Clemenceau, en mai 1879, juge le Sénat « au mieux inutile, au pire dangereux ». Lors d'un discours à Marseille le 21 octobre 1880, il réclame la suppression du Sénat qui dispose sous la IIIe République des mêmes pouvoirs législatifs que la Chambre des députés.

Il est vrai que Clemenceau déclare, après son élection au palais du Luxembourg, en 1902 : « Pendant une partie de ma vie, j'ai eu foi en la Chambre unique, émanation directe du sentiment populaire. J'en suis revenu. Les événements m'ont appris qu'il fallait laisser au peuple le temps de la réflexion. Le temps de la réflexion, c'est le Sénat. »

Léon Blum proposera lui aussi, au moment du Front populaire, reprenant une idée qu'il avait émise lors du congrès de Tours en 1920, la disparition du Sénat.

À l'extrême gauche, Marceau Pivert, fondateur, en 1938, du Parti socialiste ouvrier et paysan (PSOP), ne peut que dénoncer cette « poignée de vieillards au cœur sec installés dans leur bastille sénatoriale pour la défense des 200 familles, qui s'oppose depuis dix-huit mois aux volontés du peuple ».

Au lendemain de la Libération, la première Assemblée constituante rédige un texte constitutionnel qui propose de remplacer le Sénat par un Conseil économique. Mais il est rejeté par référendum le 5 mai 1946. Le second, approuvé le 13 octobre, prévoit simplement de le rebaptiser Conseil de la République.

En 1947, René Pleven, pour le Mouvement républicain populaire (MRP), souhaite la fusion de l'Assemblée nationale avec le Conseil de la République.

La résolution du communiste Jacques Duclos, présentée à la Chambre des députés le 18 novembre 1955, tendait à supprimer purement et simplement le Conseil de la République.

Le radical Pierre Mendès France, dans son livre *La République moderne*, en 1962, proposait qu'un Conseil économique et social remplace le Sénat.

27 avril 1969 : c'est l'échec du référendum voulu par le général de Gaulle tentant à fusionner le Sénat avec le Conseil économique et social. Le « non » prôné par les notables, même ceux dont les familles politiques avaient souhaité dans le passé une telle réforme, est majoritaire à l'issue du référendum : la réforme n'est pas adoptée, et le général de Gaulle démissionne de la présidence de la République.

Ceux qui avaient fait campagne pour le succès du « non » parce que la réforme était proposée par de Gaulle ne vont pas pour autant abandonner leurs critiques à l'égard du Sénat.

Voici le député écologiste Noël Mamère qui qualifie le Sénat de « maison de retraite pour privilégiés ». Pour la députée et candidate socialiste à l'élection présidentielle de 2007, Ségolène Royal, c'est un « cimetière pour éléphants ». Auparavant, elle avait qualifié le Sénat d'« anachronisme démocratique insupportable ».

Le débat n'est pas clos, mais le Sénat est toujours la deuxième assemblée du Parlement.

Sid Cara, Nafissa (1910-2002)

Lorsque, le 23 janvier 1959, son nom apparaît sur la liste des membres du gouvernement constitué par Michel Debré en ce début de la Ve République, certains s'interrogent sur sa personnalité. Elle est une inconnue pour beaucoup. Dans tous les cas une nouvelle venue sur la scène politique nationale. Elle devient la première femme musulmane membre d'un gouvernement de la République.

Fille d'un instituteur, originaire de la région de Sétif, Nafissa Sid Cara, née le 18 avril 1910, fait partie d'une fratrie de sept enfants.

> « Je dois dire que mes parents et mes grands-parents, fidèles à l'Émir Abd-El-Kader, ne voulaient pas que la voie qu'il avait ouverte pour la modernisation de l'Algérie, en symbiose avec les valeurs françaises, se referme. Mais par une extraordinaire inspiration, ils ont estimé qu'un choc profond était nécessaire pour amener la population algérienne à s'engager dans cette voie. Donc, une fille,

dans le lieu même de sa naissance, le lieu où sa famille était connue et respectée devait, élevée dans la spiritualité de l'islam, se construire dans la culture française, au grand jour et à découvert. Un matin, mon grand-père me prit dans ses bras, m'enveloppa des deux pans de son burnous blanc et me déposa dans la cour de l'école maternelle. »

Après le certificat d'études, le brevet élémentaire, l'école normale des instituteurs de Constantine, la jeune Nafissa devient institutrice, professeur de français dans un collège technique d'Alger.

Elle incarne cette génération de jeunes Algériennes qui refusent la fatalité d'une société archaïque où la femme a du mal à exister en tant que telle. Elle espère le maintien de l'Algérie dans la France. Elle se bat pour un islam républicain, compatible avec les lois de la République.

Au cours de conférences et d'émissions à la radio, au nom du mouvement de « Solidarité féminine » dont elle fait partie, elle milite pour l'émancipation de la femme musulmane.

Élue députée d'Alger-banlieue à l'Assemblée nationale, lors de la première législature de la Ve République, tout de suite, avec le titre de secrétaire d'État auprès du Premier ministre, elle intègre le premier ministère de la Ve République, dont elle est la seule femme. Elle est chargée « de suivre les questions sociales posées par les conditions de vie dans les départements d'Algérie, des oasis et de la Saoura, ainsi que les problèmes d'évolution du statut personnel du droit musulman ».

La question de la place de la femme musulmane dans la société est l'une de ses principales préoccupations.

Dans un discours prononcé le 25 mai 1959, elle dresse l'état de la condition féminine en Algérie et celui de la société algérienne :

> « Ces femmes musulmanes [...], qu'étaient-elles ? Pour la plupart, des inconnues avec lesquelles on ne comptait pas. Pourquoi ? Parce que beaucoup parmi elles étaient illettrées, pauvres. Elles étaient préoccupées par une vie toute matérielle et par conséquent en étaient les esclaves. Ce que je vous dis concerne surtout les femmes des campagnes, celles des montagnes, celle des djebels qui mènent une vie archaïque, moyenâgeuse, extrêmement dure. Ces femmes des montagnes, toutes pour la plupart habitent une maison à pièce unique, sans ouverture. Elles ont comme seul horizon évidemment le paysage qui est très beau, mais comme seul horizon le mari et les enfants, leur unique joie. »

Évoquant ensuite la situation des femmes qui demeurent dans les villes, elle précise : « illettrées et pauvres, [ces femmes] ont cependant senti qu'il fallait envoyer leurs enfants à l'école et elles les y ont envoyés. Mais lorsque les fillettes atteignaient l'âge de douze, treize, quatorze ans elles se voyaient bouclées, coupées de l'extérieur, ramenées à la maison, voilées et mariées ». Et Nafissa Sid Cara, avec une grande lucidité, évoque alors leur « résignation » et leur « tristesse ».

Abordant les difficultés des jeunes filles des familles « qui tout de même ont rompu avec les traditions » et qui ont pu poursuivre des études, elle décrit l'état archaïque de la société algérienne.

> « Elles ont eu à lutter contre l'hostilité des femmes âgées, des grands-mères, des tantes qui ne voulaient pas les voir aller "faire l'instruction", parce que l'instruction c'était l'émancipation, la rupture avec les traditions et, par conséquent, avec la famille. [...] Elles ont eu à lutter contre l'hostilité des voisines nombreuses et jalouses. Du côté européen, elles ont eu aussi à lutter contre des réticences, car elles n'étaient pas complètement acceptées ; il y avait quand même des différences entre la jeune fille musulmane et la jeune fille européenne qui poursuivaient des études sur le même banc. Des différences de costume par exemple. [Pour la jeune musulmane], il fallait [...] que le corps ne soit pas découvert et alors la robe était trop longue, trop large, elle n'était jamais à la mode [...], ces jeunes filles [...] ont souffert d'avoir en somme rompu avec le milieu familial et, d'un autre côté, de ne pas se sentir à l'aise avec le milieu européen. »

Le 10 avril 1960, recevant des élues musulmanes venues d'Algérie, elle leur déclare : « Votre première mission est d'abord de témoigner ici du renouveau de l'Algérie, de son désir de promotion humaine. À vous de montrer que la société musulmane veut participer à cette évolution et que, parmi elle, les femmes musulmanes s'engagent sans réticence sur cette voie de l'avenir. Vous avez constaté tout l'intérêt que la métropole attache à connaître la vie, la vraie vie de l'Algérie [...]. »

Nafissa Sid Cara a toujours œuvré pour un véritable statut de la femme musulmane, une compatibilité entre la dignité de la femme, le respect de l'islam et de la République.

Elle a voulu ainsi qu'en Algérie les mariages soient libres et non imposés ou forcés. Ainsi a-t-elle préparé et cosigné avec Michel Debré l'ordonnance du 4 février 1959 sur la condition de la femme musulmane qui stipulait que les mariages en Algérie ne seront valables qu'à la suite d'un consentement libre et volontaire des deux époux.

Les nationalistes algériens du FLN ont considéré que ces dispositions portaient atteinte aux principes du Coran et violaient les principes de l'islam. Peu lui importait, elle persista. Dans une lettre du 6 août 1959 adressée à Michel Debré qui lui avait soumis le projet de décret relatif au mariage musulman, elle lui suggéra de modifier l'article 11. Il indiquait : « le juge prononce », elle préféra : « le juge décide », car écrivit-elle, « le rôle d'arbitre moral laissé au juge est conforme à la religion ».

Elle est restée au gouvernement trois ans et trois mois. Elle quitte ses responsabilités ministérielles avec la démission de Michel Debré en avril 1962. Après son départ du gouvernement, elle est nommée inspecteur général des affaires sociales.

Fidélité et dévouement marqueront toujours son attitude à l'égard de la France. Authentiquement attachée aux valeurs de la République et persuadée que l'intérêt pour l'Algérie était de demeurer dans la communauté française, elle a vu avec tristesse l'Algérie s'éloigner de la France. Elle est décédée le 1er janvier 2002.

Soldats de l'an II

Lors de la cérémonie du transfert des cendres de Jean Moulin, André Malraux fait référence aux « soldats de l'an II ».

Plusieurs fois j'ai entendu mon père évoquer ces soldats.

Le 23 février 1793, la Convention décide la levée en masse, par tirage au sort, de 300 000 hommes, pris parmi les célibataires ou veufs de dix-huit à vingt-cinq ans pour faire face à la baisse des effectifs de l'armée et défendre la nation. C'est la nation et ses citoyens qui doivent protéger la patrie menacée par un ennemi extérieur. La défense nationale se doit d'être non plus la responsabilité de seuls professionnels, mais la cause du peuple.

Le mythe de l'armée de l'an II, celui du soldat citoyen et de l'armée appelée à défendre la nation est associé à la République. Les soldats de l'an II, c'est la force de l'armée citoyenne, celle de la République.

Lisons Victor Hugo leur rendre hommage en exaltant leur courage :

Ô soldats de l'an deux ! ô guerres ! épopées !
Contre les rois tirant ensemble leurs épées,
Prussiens, Autrichiens,
Contre toutes les Tyrs et toutes les Sodomes,
Contre le czar du nord, contre ce chasseur d'hommes
Suivi de tous ses chiens,

Contre toute l'Europe avec ses capitaines,
Avec ses fantassins couvrant au loin les plaines,
Avec ses cavaliers,

Tout entière debout comme une hydre vivante,
Ils chantaient, ils allaient, l'âme sans épouvante
Et les pieds sans souliers !

Au levant, au couchant, partout, au sud, au pôle,
Avec de vieux fusils sonnant sur leur épaule,
Passant torrents et monts,
Sans repos, sans sommeil, coudes percés, sans vivres,
Ils allaient, fiers, joyeux, et soufflant dans des cuivres
Ainsi que des démons !

La Liberté sublime emplissait leurs pensées.
Flottes prises d'assaut, frontières effacées
Sous leur pas souverain,
Ô France, tous les jours, c'était quelque prodige,
Chocs, rencontres, combats ; et Joubert sur l'Adige,
Et Marceau sur le Rhin !

On battait l'avant-garde, on culbutait le centre ;
Dans la pluie et la neige et de l'eau jusqu'au ventre,
On allait ! en avant !
Et l'un offrait la paix, et l'autre ouvrait ses portes,
Et les trônes, roulant comme des feuilles mortes,
Se dispersaient au vent !

Oh ! que vous étiez grands au milieu des mêlées, soldats !
L'œil plein d'éclairs, faces échevelées
Dans le noir tourbillon,
Ils rayonnaient, debout, ardents, dressant la tête ;
Et comme les lions aspirent la tempête
Quand souffle l'aquilon,

Eux, dans l'emportement de leurs luttes épiques,
Ivres, ils savouraient tous les bruits héroïques,
Le fer heurtant le fer,
La Marseillaise ailée et volant dans les balles,

Les tambours, les obus, les bombes, les cymbales,
Et ton rire, ô Kléber !

La Révolution leur criait : – Volontaires,
Mourez pour délivrer tous les peuples vos frères ! –
Contents, ils disaient oui.
– Allez, mes vieux soldats, mes généraux imberbes ! –
Et l'on voyait marcher ces va-nu-pieds superbes
Sur le monde ébloui !

La tristesse et la peur leur étaient inconnues.
Ils eussent, sans nul doute, escaladé les nues
Si ces audacieux,
En retournant les yeux dans leur course olympique,
Avaient vu derrière eux la grande République
Montrant du doigt les cieux !...

T

Tardieu, André (1876-1945)

Son portrait, acquis par l'Assemblée nationale en 2009, a été accroché au Palais-Bourbon, près de la salle des Quatre Colonnes. Hommage justifié, même s'il est tardif.

Personnalité complexe, contradictoire, originale, l'une des plus intéressantes de la IIIe République, André Tardieu marque de sa réflexion notre histoire institutionnelle et politique.

Philosophe du pouvoir, à la différence par exemple d'Alain qui a abondamment disserté sur le pouvoir sans jamais l'avoir exercé, Tardieu en parle, fort d'une riche expérience, celle d'un penseur politique engagé dans l'action parlementaire et ministérielle.

Il a été député pendant vingt ans, de 1914 à 1924 et de 1926 à 1936, chef incontesté de la droite de 1929 à 1936, trois fois président du Conseil en même temps que ministre de l'Intérieur et des Affaires étrangères, onze fois ministre sous quatre présidents du Conseil : Clemenceau, Poincaré, Briand et Laval.

Il a dénoncé les faiblesses du régime parlementaire de la IIIe République, osé prôner une réforme constitutionnelle. L'important pour lui n'était pas le jeu, les rivalités, les oppositions des politiques mais les institutions. « Qu'importent les hommes, ce qui compte, ce sont les institutions », écrit-il dans *La Réforme de l'État*. Il en est convaincu, l'action en politique, son efficacité ne sont possibles qu'à la condition que les institutions le permettent.

L'idée même d'un exécutif ayant une autonomie par rapport au législatif heurte bon nombre de parlementaires qui n'osent imaginer que le gouvernement puisse échapper à leur tutelle permanente. Le régime d'assemblée, même qualifié de parlementaire, est le seul en réalité qui leur convienne. Mais, pour Tardieu, il conduit à l'instabilité ministérielle et à l'inaction de l'État.

En 1934, dans *La Réforme de l'État*, il défend la réduction du nombre de partis politiques, un renforcement du pouvoir exécutif, la perte du droit d'initiative des dépenses pour le Parlement, le droit de vote pour les femmes, le recours au référendum pour contrer l'opposition du Parlement, la possibilité pour le Premier ministre de dissoudre la Chambre des députés…

En 1936, dans son ouvrage *La Révolution à refaire. Le souverain captif*, ou le tome 2, publié l'année suivante, consacré à la profession parlementaire, André Tardieu affirme que le régime parlementaire est contraire aux intérêts de la France.

Les idées de Tardieu, qui doivent être replacées dans le contexte des années 1930, apparaissent originales et isolées. Après le souvenir du coup d'État de 1851, la crise du 16 mai 1877, le modèle de la République parlementaire, afin de se prémunir contre toute dérive plébiscitaire, est ancré dans les convictions des politiques. Le pouvoir présidentiel est voué à l'effacement, et la prédominance du Parlement est consacrée. Toute tentative pour s'opposer à cette évolution sera considérée par les républicains comme une volonté de porter atteinte à la République.

L'échec du boulangisme va conduire les républicains à élever au rang de dogme la prépondérance de la Chambre des députés. S'appuyant sur le principe proclamé en 1789 de la souveraineté de la nation et analysant ou interprétant l'histoire politique comme étant marquée par la volonté de tout pouvoir d'abuser de ses prérogatives et de chercher à museler la liberté des citoyens – Montesquieu n'est pas loin –, les républicains de la IIIe République veillent à préserver des règles institutionnelles soumettant le gouvernement à une tutelle et à un contrôle permanent des députés. Les ministres ne tiennent leur autorité que de l'onction parlementaire. Dans ce schéma, le président de la République incarne la nation, sa continuité, mais ne gouverne pas. Il représente plus qu'il n'agit. De Gaulle dira qu'il ne faisait qu'inaugurer des chrysanthèmes.

Les républicains se persuadent que ce schéma institutionnel est le seul capable d'éviter les abus d'autorité.

Ce n'est pas du tout ce que pense André Tardieu. Il croit au contraire en l'autorité de l'État, elle-même essentielle pour faire respecter les libertés.

La Constitution de la IVe République établit un régime politique à l'opposé de celui souhaité par Tardieu.

Alors que je rédigeais ma thèse de doctorat de droit consacrée aux « Idées constitutionnelles du général de Gaulle », j'avais interrogé mon père sur ce qu'il pensait des convictions de Tardieu. Il m'avait répondu combien elles lui semblaient pertinentes. Mais il m'avait aussi précisé que les dispositions qu'il avait introduites dans la Constitution, concernant « le parlementarisme rationalisé », provenaient surtout de l'expérience qui était la sienne. Comme sénateur, il avait vécu l'inefficacité des institutions de la IVe République. Il s'était aussi inspiré du fonctionnement du régime parlementaire britannique.

Tardieu et Michel Debré ont appuyé leur approche constitutionnelle sur une forte expérience politique et une connaissance précise de notre histoire constitutionnelle.

Tardieu écrit *La Révolution à refaire*, Michel Debré publie un livre intitulé *Refaire la France*, le premier rédige un ouvrage intitulé *Sur la pente*, le second *La Mort de l'État républicain*, Tardieu écrit *La Réforme de l'État*, Michel Debré *Refaire une démocratie, un État, un pouvoir*…

Lorsque Tardieu affirme dans *Sur la pente* que « nous pouvons, dans la ligne de notre vie nationale, restaurer l'autorité sans étrangler la liberté », on trouve écho de cette conviction dans la certitude de Michel Debré selon laquelle la liberté meurt de l'absence d'État ou d'un État qui n'assume pas ses responsabilités.

Les règles du parlementarisme rationalisé inscrites dans la Constitution de la Ve République par Michel Debré, telles la limitation du nombre des commissions parlementaires permanentes, des pouvoirs financiers des parlementaires et l'obligation, lorsqu'ils souhaitent qu'une dépense nouvelle soit inscrite au budget de l'État, de proposer en même temps la réduction d'une dépense… se retrouvent chez Tardieu.

L'instauration d'un « pouvoir présidentiel », pour reprendre sont expression, n'est-ce pas ce qu'ont voulu le général de Gaulle et Michel Debré ? L'idée de l'élection du président de la République non plus par les députés et les sénateurs, mais par un collège électoral élargi, prônée par Tardieu, est reprise dans la Constitution de la Ve République. La réglementation du droit de dissolution voulue par Michel Debré et inspirée du modèle anglais est très proche de ce que souhaitait Tardieu.

Pérennité d'une pensée politique qui a trouvé un écho dans notre Constitution, remise en cause par celles et ceux qui veulent revenir au fonctionnement d'un régime politique justement dénoncé par André Tardieu.

Thiers, Adolphe (1797-1877)

Marseillais d'origine, avocat de profession, journaliste, historien, académicien, député, Adolphe Thiers devient chef du pouvoir exécutif le 17 février 1871, puis président de la République du 31 août 1871 au 24 mai 1873. Thiers s'est rallié à la République.

Méthodique ascension, preuve d'une grande habileté pour se déjouer des pièges politiques, se faufiler au travers des changements de régime, les révolutions, et toujours demeurer au premier rang. Ce n'est pas sans profit que Thiers fit de Talleyrand son modèle. Il est d'ailleurs souvent dépeint comme un rusé, entêté, autoritaire.

Hostile à la restauration des Bourbons, il contribue à la chute de Charles X, convaincu qu'un changement de dynastie peut éviter à la France les excès d'une révolution. Il appelle de ses vœux une « monarchie sans pouvoir absolu, sans les caprices de cour, sans l'influence des prêtres, des mauvais prêtres donnés pour précepteurs à l'héritier du trône [...], sans pacte avec la Sainte-Alliance », précise-t-il *a posteriori*, en 1834. Il dit son attirance pour la monarchie parlementaire.

Rallié au duc d'Orléans, il est pendant les dix premières années de la monarchie de Juillet six fois ministre. Il n'a pas trente-neuf ans quand il devient, le 22 février 1836, chef du gouvernement. Il demeure à cette fonction jusqu'au 6 septembre, puis du 1er mars au 29 octobre 1840. Il prend ensuite ses distances avec le régime de Louis-Philippe, rejoint les rangs de l'opposition. Le 23 février 1848, il tente de sauver la monarchie, mais n'y parvient pas. Le vent de la révolution souffle trop fort. Louis-Philippe abdique en faveur de son petit-fils, le comte de Paris, et prend le chemin de l'exil. L'Assemblée est envahie, la République est proclamée à l'hôtel de ville de Paris.

Par peur du socialisme et de ses utopies, il rallie le prince-président. Après le coup d'État, il rejoint les rangs de l'opposition, est expulsé de France en 1851, revient l'année suivante, est élu en 1863 député de Paris, se rapproche du camp des républicains. Puis il critique l'expédition du Mexique et la guerre contre la Prusse.

Le 2 septembre 1870, la défaite de Sedan brise le Second Empire. Le régime impérial implose sous les coups portés par l'Allemagne à la France.

La poursuite de la guerre voulue par le gouvernement dit de la Défense nationale et Gambetta semble à Thiers être d'une irresponsabilité criminelle. Thiers s'affirme partisan d'une conclusion rapide de la paix et de la fin de l'occupation du territoire.

Le 8 février 1871, conformément à la convention d'armistice, les Français désignent 768 députés à l'Assemblée nationale. Ils font alors un double choix. Celui de la paix et celui d'être représentés par des notables. La majorité est donc très largement monarchiste et conservatrice. Les républicains qui prônent la poursuite de la guerre sont fortement minoritaires. Au contraire de la province, Paris a voté pour la continuation de la guerre et pour la République.

Le 17 février, les députés, réunis au Grand Théâtre de Bordeaux, confient à la presque unanimité à Thiers la fonction de « chef du pouvoir exécutif de la République française ». Les monarchistes lui concèdent le terme de République. Ils auraient préféré qu'il prenne tout simplement le titre de chef du pouvoir exécutif.

À soixante-treize ans, Thiers apparaît comme l'homme providentiel. Il est populaire. Grâce au droit de déposer sa candidature dans plusieurs départements en même temps, il s'est fait élire dans 27 départements. Il inspire confiance et rassure. Il se veut compatible avec toutes les tendances, aussi bien avec les conservateurs que les progressistes, les monarchistes ou les républicains modérés.

Son passé ministériel sous le règne de Louis-Philippe, son statut de chef de file du parti de l'Ordre sous la IIe République rassurent la majorité monarchiste de cette assemblée.

Les républicains sont convaincus qu'il ne portera pas atteinte aux principes républicains. Ils n'oublient pas le discours qu'il prononça en 1864 sur la défense des libertés alors qu'elles étaient bafouées par le régime impérial.

Tous savent que l'urgence, c'est la paix avec Bismarck, et Thiers est la personnalité française qui convient pour cette négociation délicate. Il fait accepter le 10 mars 1871 par les députés une « trêve patriotique » pour permettre la conclusion de la paix et la reconstruction du pays. Les négociations entamées à Versailles par lui et Jules Favre, ministre des Affaires étrangères, aboutissent à la signature d'un accord ratifié par les députés le 18 mai 1871. La France perd l'Alsace et la Lorraine.

Pour faire face à l'indemnité de 5 milliards due à l'Allemagne par les accords de paix, Thiers a recours à l'emprunt et à l'impôt direct. À mesure que les paiements s'effectuent, les troupes allemandes évacuent les départements occupés. Le 16 septembre 1873, le dernier « casque à pointe » passe la frontière. Les Français crient leur joie, Thiers est au faîte de sa popularité. Mais les difficultés politiques s'annoncent pour lui.

La question de la forme constitutionnelle du régime se pose : restauration du système monarchique ? Installation, enfin, de la République ? Thiers reste prudent.

La majorité de l'Assemblée rêve d'un retour à la monarchie. Elle est cependant divisée entre légitimistes et orléanistes, entre partisans du comte de

Chambord et du comte de Paris, et n'arrive pas à se doter d'un chef parlementaire. Elle s'accommode du flou constitutionnel – le régime se dit plutôt républicain, mais rien n'est fixé juridiquement. Elle pense que Thiers, les blessures de la guerre cicatrisées, l'humiliation de la défaite oubliée, l'insurrection parisienne matée, ne s'opposera pas ou que très modérément à la restauration d'une monarchie constitutionnelle.

Les élections partielles qui se déroulent le 2 juillet dans 46 départements marquent une nette victoire des républicains et notamment des plus radicaux d'entre eux. Leurs résultats jouent comme un révélateur de l'urgence pour les monarchistes d'empêcher que la République ne devienne inévitable. La majorité à l'Assemblée se rééquilibre entre monarchistes et républicains.

Le 31 août 1871, les députés modifient le titre de Thiers. Il devient président de la République. Les monarchistes ont finalement obtenu qu'il soit affirmé que l'Assemblée conservait « le droit d'user du pouvoir constituant, attribut essentiel de la souveraineté ».

La République est toujours provisoire puisque l'Assemblée nationale conserve le pouvoir constituant, mais elle s'installe. Le président de la République reçoit désormais un traitement de 600 000 francs et 162 000 francs d'indemnités pour « frais de maison ». C'est bien moins que les 31 945 000 francs que percevait Napoléon III pour sa liste civile.

Les élections d'octobre 1871 aux conseils généraux marquent un nouveau progrès des républicains.

Thiers a compris dans quel sens soufflait désormais le vent politique et, au grand dam des monarchistes, toutes causes confondues, le 12 novembre 1872, à l'ouverture de la session parlementaire, il déclare : « La République existe, elle est le gouvernement légal du pays. Vouloir autre chose serait provoquer une nouvelle révolution, la plus redoutable de toutes. La République sera conservatrice ou elle ne sera pas [...]. » Peu après, le 22 novembre, il est encore plus clair : « Si quelqu'un croit que la monarchie est possible, qu'il le dise ! S'il y a une majorité dans l'Assemblée pour le faire, qu'elle le tente ! Je me retirerai. »

Pour les monarchistes, c'est une évidence, ils ne peuvent plus compter sur Thiers pour attendre la possibilité d'une restauration monarchique. Ils constatent combien l'évolution politique de Thiers est grande. N'avait-il pas déclaré, jadis, à la grande satisfaction des monarchistes : « Toute République finit dans le sang ou dans l'imbécillité » ? Il leur faut donc vite écarter Thiers du pouvoir. Le 13 mars 1873, les monarchistes trouvent une majorité de députés pour décider que le président de la République ne pourra plus communiquer avec l'Assemblée que par des messages et, s'il veut s'exprimer devant elle, il devra en faire la demande vingt-quatre heures à l'avance. Sous l'impulsion du duc de Broglie, les députés monarchistes ne ménagent plus Thiers et ses ministres.

Le 24 mai 1873, un ordre du jour de défiance, pour reprendre la terminologie parlementaire, est voté par 360 voix contre 344. Le vainqueur de la Commune et le libérateur de la patrie, qui se croyait irremplaçable, est désavoué par la majorité des représentants du peuple.

Enfermé dans une assurance exaspérante, un caractère dont l'irascibilité s'était, au dire de ses contemporains, renforcée avec l'âge, il n'a pas imaginé ce qui lui arrivait. L'historien Daniel Halévy en décrivant, dans *La Fin des notables*, le style de Thiers, explique peut-être pourquoi le soutien de certains de ses amis lui a alors fait défaut : « Il était insatiable, il voulait être à la fois président et ministre, cumuler toutes les situations et mêler toutes les questions pour décider sur toutes. [Il] ne cessait d'être un homme d'intrigues, irritable, irritant. »

Il remet sa démission de président de la République au président de l'Assemblée, espérant ainsi créer une émotion et un vide politique qui joueront à son profit pour retrouver une légitimité et sa place au sommet de l'État. Mais Thiers perd son pari politique. Mac Mahon, la nuit même de sa démission, est élu président de la République.

V

Valmy

Un symbole né d'une victoire militaire.

Le 20 septembre 1792, après la chute de la monarchie, sous les ordres de Kellermann et de Dumouriez, l'armée française stoppe la puissante armée prussienne, près du moulin de Valmy, alors qu'elle se dirigeait vers Paris.

Depuis l'arrestation à Varennes, en juin 1791, de Louis XVI, les monarques d'Europe, inquiets du risque de contagion révolutionnaire dans leur pays, s'étaient coalisés pour rétablir la monarchie en France.

Mais la victoire de Valmy ruine ces espérances. Dans le message en date du 22 septembre 1792, que l'empereur d'Autriche reçoit de son frère l'archiduc Charles-Louis, on perçoit la détermination des Français à défendre leur patrie menacée par des étrangers : « À mesure que nous nous sommes avancés en France, nous avons trouvé les paysans de plus en plus épris de la nouvelle Constitution et par suite de plus en plus hostiles à nous autres [...], nous avons trouvé le pays tellement prévenu contre l'Ancien Régime et pour le nouvel ordre des choses qu'il faut regarder comme absurde et impossible le projet des émigrés français de tout rétablir sur le pied d'autrefois. »

Goethe écrira : « De ce jour, de ce lieu date une ère nouvelle dans l'histoire du monde. »

Valmy est avant tout une victoire symbolique de la République.

La bataille de Bouvines, le 27 juillet 1214, a marqué l'éveil de la nation française. Celle de Valmy apparaît comme la prise de conscience de la force de la nation rassemblée autour de ses armées volontaires, défendue par son peuple, au service d'un idéal de liberté et d'indépendance.

Versailles

Versailles, pour moi, c'est un retour sur l'histoire de la République, plus que sur celle de la monarchie.

Versailles, c'est Mirabeau, ce 23 juin 1789, face au marquis de Dreux-Brézé, grand maître des cérémonies, venu apporter l'ordre de dissolution de l'Assemblée constituante signé par le roi Louis XVI, et qui lui réplique : « Allez dire à votre maître que nous sommes ici par la volonté du peuple et que nous n'en sortirons que par la force des baïonnettes. »

Peu m'importe, selon *Le Moniteur*, que ce ne soit pas exactement la réplique de Mirabeau, qui aurait déclaré :

> « Oui, monsieur, nous avons entendu les intentions qu'on a suggérées au roi ; et vous qui ne sauriez être son organe auprès des états généraux, vous qui n'avez

ici ni place ni voix, ni droit de parler, vous n'êtes pas fait pour nous rappeler son discours. Cependant, pour éviter toute équivoque et tout délai, je vous déclare que si l'on vous a chargé de nous faire sortir d'ici, vous devez demander des ordres pour employer la force ; car nous ne quitterons nos places que par la puissance des baïonnettes. »

Oui, peu importe, la réponse est cinglante et fondatrice d'une ère politique nouvelle.

Grâce à David, à Dalou, à la gravure à l'eau-forte de Langlois d'après Moreau le Jeune, cette séance historique, fondatrice de la République, est encore vivante.

Versailles, pour moi, ce sont les cartes postales que m'adressait mon père, lorsque, sénateur, il participait à l'élection du président de la République en 1953.

À Versailles, sous la IIIe République, de 1879 à 1939, 12 présidents ont été élus et 2, Jules Grévy et Albert Lebrun, réélus. Seuls 2 présidents sont élus pendant la IVe République. Vincent Auriol, le 16 janvier 1947, et René Coty, en décembre 1953.

Il fallut sept jours de séance, du 17 au 23 décembre, et 13 scrutins pour l'élection de ce dernier.

Versailles, pour moi, c'est la réunion, le 22 janvier 2003, dans la salle du Congrès, de députés français et allemands pour commémorer le traité de l'Élysée de 1963.

Je présidais, avec Wolfgang Thierse, le président du Bundestag, cette réunion où, assis par ordre alphabétique, les représentants des nations allemande et française ont entendu Gerhard Schröder, le chancelier, et le président Chirac s'adresser à eux. Ce fut un moment très émouvant, notamment lorsque, à la fin de la séance, retentirent les hymnes nationaux allemand et français. Et il m'a fallu vaincre bien des réticences pour organiser cette séance.

J'ai alors pensé au traité de paix signé le 28 juin 1919 entre l'Allemagne et les Alliés à l'issue de la Première Guerre mondiale.

Versailles, pour moi, c'est cette séance au Palais-Bourbon, le jeudi 7 avril 2005, au cours de laquelle j'ai fait adopter par les députés ma proposition de loi, aux termes de laquelle l'Assemblée nationale et le Sénat renonçaient aux 25 000 mètres carrés qu'ils occupaient dans une partie importante du château. L'hémicycle restant à la disposition du Parlement pour les Congrès. Les 4 236 mètres carrés qui étaient jusque-là destinés à des logements de fonction pour le personnel et les élus de l'Assemblée et du Sénat étant restitués à l'établissement public qui gère le château.

Ma proposition fut définitivement votée le 12 juillet 2005, en dépit des vives réticences exprimées par des sénateurs. Grande satisfaction.

Versailles, ce sont aussi ces moments exceptionnels passés le 17 mars 2003 et le 28 février 2005, au perchoir du Congrès, pour faire adopter les réformes de la Constitution, notamment la Charte de l'environnement.

J'aime me rappeler que c'est à Versailles qu'est née la démocratie parlementaire en France, qu'en 1789 l'Assemblée nationale a été portée sur ses fonts baptismaux, que c'est là que furent abolis les privilèges et votée la Déclaration des droits de l'homme et du citoyen.

Versailles, pour moi, c'est ce pavillon de la Lanterne, devenu la « résidence » secondaire des Premiers ministres de 1959 à 2007.

Les chefs de gouvernement de la Ve République ont succombé au charme élégant de ce pavillon. Rendez-vous familiaux, occasions aussi de rencontres officieuses et discrètes !

En mai 2007, Nicolas Sarkozy décide d'en faire sa résidence en tant que président de la République.

Versailles, c'est la République.

W

Waldeck-Rousseau, Pierre (1846-1904)

Alors que Waldeck-Rousseau entre dans le gouvernement de Gambetta, aux fonctions de ministre de l'Intérieur, il est le plus jeune titulaire de ce poste. *L'Illustration* du 26 novembre 1881 le dépeint comme : « un Breton du genre froid, une façon d'Anglais brun et maigre. Il est élancé de taille et même un peu courbé. Ses cheveux sont noirs et courts, sa moustache fine. Il a la parole mesurée, élégante, presque littéraire, qui tient de l'avocat pour la facilité, du diplomate pour la réserve. Républicain de vieille date, [il] n'est pas de ceux dont les opinions ont déteint ; il s'est au contraire accentué ; de la gauche modérée, il est passé à l'union républicaine ».

Après dix années passées comme avocat, à Saint-Nazaire puis à Nantes, sa ville natale, puis dix années comme député d'Ille-et-Vilaine, après avoir été deux fois ministre, dix ans sénateur, dont trois ans, de juin 1899 à juin 1902, et enfin président du Conseil, Waldeck-Rousseau fait partie de ces oubliés de la République.

Et pourtant, dès son arrivée place Beauvau, ce jeune ministre de l'Intérieur se fait tout de suite remarquer en adressant aux préfets une circulaire les mettant en garde contre les recommandations des députés :

« La volonté du gouvernement est de constituer une administration forte, indépendante et dans laquelle chaque fonctionnaire reprenne l'autorité qui lui est impartie [...], il ne peut être admis que les sollicitations, les demandes d'emploi ou d'avancement continuent d'arriver au ministère en passant par-dessus la tête de ses fonctionnaires. Leur autorité en est diminuée sans profit pour personne, et les services qu'ils peuvent rendre en sont amoindris. Vous êtes, monsieur le préfet, le représentant du pouvoir central, le seul fonctionnaire qui, dans le département, en réunisse tous les intérêts et tous les droits. Il suit de là que votre action doit s'étendre à tous les services. »

Le gouvernement Gambetta ne dure pas. Constitué le 14 novembre 1881, il tombe peu après, le 26 janvier 1882. Mais Waldeck-Rousseau retrouve le ministère de l'Intérieur avec Jules Ferry qui préside, du 21 février 1883 au 30 mars 1885, l'un des plus longs gouvernements de la IIIe République.

Oublié, Waldeck-Rousseau. Pourtant, à la Chambre des députés, en avril et mai 1883, ses interventions sur « la relégation des récidivistes » sont particulièrement intéressantes, même si elles n'ont pas fait l'unanimité. Elles sont l'expression d'un esprit indépendant et courageux :

« Jamais mesure n'a été demandée avec autant d'unanimité, parce qu'il n'en est pas, remarquez-le bien, qui corresponde à un besoin intime de ces classes laborieuses, au nom desquelles certains de nos collègues parlent souvent, mais que nous avons aussi la prétention de représenter, et dont je m'honore de partager, autant que qui que ce soit, les tendances et les généreuses passions. Oui, c'est dans ces couches populaires qu'on réclame avec plus d'ardeur la transportation des récidivistes, parce que c'est là qu'on souffre le plus de cette plaie sociale. Ce ne sont pas les fils de la bourgeoisie qui en souffrent le plus, ce sont les fils des travailleurs, ceux qui vivent dans un contact forcé avec ces parvenus de la police correctionnelle et du crime, et qui souffrent de la flétrissure que leur inflige ce contact odieux. [...] Nous demandons à cet effet que tout homme ou femme, condamné pour la troisième fois, y compris les condamnations antérieures pour délit de vol ou de vagabondage, soit expédié à vie dans une colonie pénitentiaire agricole, outre-mer. [...] »

Pourquoi ne pas se souvenir que, comme ministre de l'Intérieur de Jules Ferry, il fit voter la loi sur les libertés syndicales en 1884, dont il n'est pas l'auteur, mais qui, sans sa volonté, aurait vraisemblablement continué à attendre le bon vouloir des députés ?

Alors que certains se réfèrent volontiers, à juste titre, aux gaullistes qui prônèrent la nécessaire association du capital avec le travail, l'intéressement des travailleurs aux résultats de leur entreprise ou leur participation à son fonctionnement, pourquoi oublier Waldeck-Rousseau ? Ne déclarait-il pas déjà le 21 décembre 1884 : « Je suis le partisan résolu de cette autre combinaison qui, en associant chaque jour davantage l'ouvrier au profit de son entreprise, [...] attache le travailleur à l'atelier, établit entre tous une collaboration de plus en plus intime » ?

Oublié, Waldeck-Rousseau, certes. Pourtant, le 1er juillet 1901, il fait adopter, au terme d'une longue bataille parlementaire, la loi « relative au contrat d'association », qui garantit une des grandes libertés républicaines. Ainsi, tout citoyen dispose du droit de s'associer, sans autorisation préalable.

Elle met fin au régime restrictif et d'interdiction préventive de la loi « Le Chapelier », de l'article 291 du code pénal, de la loi de 1854. Elle fonde le droit d'association sur les principes issus de la révolution de 1789 : primauté de l'individu, de ses droits et de sa liberté, liberté d'adhérer ou de sortir d'une association, limitation de l'objet de l'association à un objet défini, égalité des membres d'une association, administration de l'association par libre délibération de ses membres.

Oublié, Waldeck-Rousseau, certes. Cependant, je retrouve dans sa conception du régime républicain bien des idées voisines de celles qui animeront les constituants de la Ve République, par réaction à la IIIe et à la IVe République, et à l'incapacité des gouvernements à agir avec autorité et finalement à sa remise en cause.

Pour bon nombre de républicains, dans le sillage idéologique de la Révolution française, la République ne saurait s'accommoder que d'un pouvoir exécutif faible, sans autorité propre, et ne peut se concevoir qu'avec un gouvernement soumis à une étroite et paralysante tutelle du Parlement.

Cette conception du régime parlementaire, cette méfiance à l'égard du pouvoir gouvernemental ne sont pas celles de Waldeck-Rousseau. « Il faut, une bonne fois pour toutes, s'affranchir de ce préjugé qui veut que la République et le principe gouvernemental ne puissent pas faire bon ménage ensemble. Ils sont étroitement liés l'un à l'autre et on ne pourrait pas les séparer impunément », déclare-t-il dans un discours, le 11 mars 1895.

L'autorité gouvernementale, la République en a besoin, c'est son absence qui fait courir un risque aux libertés. Ainsi, Waldeck-Rousseau a toujours affirmé que le fondement même du régime républicain n'est pas en opposition avec le principe d'autorité, et c'est même le contraire. « C'est par l'affaiblissement de toute autorité, par les réactions qui en résultent, qu'il y a peu d'années la cause même de la liberté s'est trouvée menacée [...] », affirmera-t-il le 8 juillet 1896, faisant allusion à l'épisode boulangiste.

Certes, il admet que le pouvoir gouvernemental doit être surveillé, contrôlé, qu'il a à répondre, devant le Parlement, de sa politique, mais cela ne doit pas aboutir à son impuissance, à ligoter et à paralyser sa capacité à agir. Il ajoutait, le 8 juillet 1896 : « Il faut que la République soit l'affirmation [...] d'un gouvernement plus durable, d'un gouvernement présentant plus de garanties d'ordre et de stabilité, puisant dans ses origines plus de force qu'aucun autre gouvernement. »

Tardieu disait-il autre chose quand il dénonçait les faiblesses du régime parlementaire de la IIIe République ? Le général de Gaulle, dans le discours de Bayeux, n'est pas loin d'affirmer des idées voisines. Les dispositions introduites régissant les rapports entre le gouvernement et le Parlement, inscrites dans la Constitution de la Ve République par Michel Debré, procèdent d'une vision pas très éloignée de celle Waldeck-Rousseau.

Comme Gambetta ou Ferry, dont il fut le ministre, rappelons-le Waldeck-Rousseau incarne une tradition républicaine jacobine, non seulement au regard de sa conception des institutions et de l'autorité de l'État, mais aussi en s'affirmant partisan de la centralisation, pour garantir les prérogatives de l'État.

Ainsi, lors du débat sur la loi municipale, en 1884, s'opposant aux radicaux qui militaient pour une grande liberté pour les communes, il indique, lors de la séance du 6 mars, « qu'on donne aux communes le plus de liberté d'action qu'on pourra, mais à une condition », qu'« on ne désarme pas l'État quand il s'agira de mesures qui l'intéresseront au premier chef ».

Favoriser un pouvoir municipal autonome, c'était pour lui miner l'autorité de l'État : « Ce que vous allez reconstituer sous prétexte de faire œuvre révolutionnaire, ce sont les provinces », déclare-t-il aux partisans de la décentralisation le 26 janvier 1883 à la tribune de la Chambre des députés. À ceux qui, pour promouvoir l'indépendance de la justice, prônent l'élection des juges, il reproche de préparer le retour des parlements de l'Ancien Régime.

La pensée d'un homme politique, cela est normal, ne doit pas être totalement déconnectée de son contexte historique. Elle peut varier en fonction des circonstances et des défis auxquels il est confronté. Ainsi l'affaire Dreyfus et la lutte pour la laïcité sont-elles des marqueurs essentiels à cette époque, même pour Waldeck-Rousseau. Le pragmatisme a partie liée avec l'action politique et peut favoriser la réalisation de l'ambition. Il n'en reste pas moins qu'une certaine unité ou cohérence de la pensée ne nuit pas forcément.

Waldeck-Rousseau était de ces républicains qui ne se laissaient pas trop séduire par l'opportunisme.

Wallon, Henri (1812-1904)

Auteur d'un amendement essentiel pour la République, Henri Wallon est aujourd'hui, lui aussi, bien et injustement oublié. Indélicatesse de l'histoire à son encontre.

Après l'effondrement du Second Empire et sa proclamation, le 4 septembre 1870, la République pour durer a besoin d'une architecture constitutionnelle. Or, l'Assemblée élue en février 1871 comprend 230 députés de gauche acquis à la République et 396 monarchistes qui espèrent une restauration monarchique.

Heureusement pour les républicains, les partisans de la royauté sont profondément divisés. 182 partisans du comte de Chambord s'opposent à 214 fidèles du comte de Paris et refusent tout compromis avec eux.

L'impossibilité de réconcilier les Bourbons et les Orléans empêche l'adoption d'un texte constitutionnel favorisant le retour d'une monarchie. Ses partisans doivent patienter pour que cela devienne possible, par le décès de l'un des deux prétendants au trône de France. Pour ne pas hypothéquer l'avenir de la monarchie, ils tentent de gagner du temps et manœuvrent à l'Assemblée pour que le provisoire institutionnel se prolonge. Ainsi, le 30 novembre 1873, s'accordent-ils sur une loi qui confie pour sept ans le pouvoir au maréchal de Mac Mahon. C'est autant de gagné.

Mais les députés républicains ne sont pas dupes, ils n'entendent pas perdre de temps. Ils veulent sortir du provisoire, donner rapidement un statut constitutionnel à la République, rendre juridiquement impossible une nouvelle restauration monarchique.

Le 15 juillet 1874 et le 28 janvier 1875, les parlementaires rejettent une première tentative stipulant que « le gouvernement est formé de deux chambres et d'un président ».

Mais les élections partielles enregistrent une progression des républicains dans le pays. Naturellement, cela inquiète les orléanistes modérés qui se rendent compte de la nécessité de trouver une solution institutionnelle pérenne pour la France avant qu'il ne soit trop tard et que les républicains ne leur imposent leur loi.

C'est dans ce contexte politique que, fort opportunément, Henri Wallon dépose, le 30 janvier 1875, son amendement.

La personnalité de son auteur joue un rôle dans son adoption.

Henri Wallon siège sur les bancs républicains. Ami et collaborateur de Michelet, son ton modéré d'universitaire lui confère une estime politique au sein de l'hémicycle. D'autant plus qu'il ne s'est pas compromis avec le Second Empire. Élu député en 1849, il a démissionné en 1850 pour se tenir à l'écart de la politique. Cela lui attire la sympathie de nombre de ses collègues orléanistes du fait au surplus qu'il n'a pas hésité à dénoncer les révolutionnaires. N'a-t-il pas écrit qu'« un rouge [...] n'est pas un être moral, c'est un déchu et dégénéré » ?

Catholique pratiquant, rallié à une République conservatrice, Henri Wallon bénéficie donc d'une autorité manifeste au Palais-Bourbon.

Le 30 janvier 1875, donc, il dépose un amendement qui prévoit que : « Le président de la République est élu à la majorité des suffrages par le Sénat et la Chambre des députés réunis en Assemblée nationale. Il est nommé pour sept ans, il est rééligible. »

Après un âpre débat, 353 députés approuvent cet amendement, et 352 le refusent.

Ainsi, c'est avec une voix de majorité que l'armature républicaine de nos institutions s'installe dans notre paysage politique. Tout y est : le titre républicain du chef de l'État, l'officialisation des deux Chambres, la proclamation de la souveraineté du Parlement dont le président en sera l'expression. On peut donc légitimement affirmer que la République s'est ancrée en France à une voix de majorité, et grâce à Henri Wallon.

Z

Zay, Jean (1904-1944)

Parce qu'il était originaire, par son père, d'une famille juive mosellane, mais était protestant comme sa mère, qu'il était franc-maçon, anticlérical et libre-penseur, parce qu'il incarnait et aimait la République, dans l'esprit de laquelle il avait été élevé, parce qu'il avait choisi le radical-socialisme pour engagement politique et parlementaire, parce qu'il a voulu défendre la République contre le fascisme, parce qu'il a été ministre du Front populaire, condamné politique et emprisonné, en octobre 1940, par une justice aux ordres du pouvoir, Jean Zay sera assassiné le 20 juin 1944 par la milice de Vichy.

De la République, et de la démocratie, il avait une haute exigence. « En face de toutes les campagnes dirigées contre les régimes de liberté, les démocrates ont un double devoir : mettre en valeur le bilan de ces institutions que l'on veut abattre ; renforcer, par un effort de discipline, de travail et d'énergie, ces régimes libres contre lesquels se dressent les dictatures et de puissantes coalitions d'intérêts », écrit-il en 1938.

Ministre de l'Éducation nationale et des Beaux-arts dans les gouvernements Blum, Chautemps, Daladier, il a repensé l'école de la République, avec la volonté de la démocratiser, de l'ouvrir socialement.

Jean Zay a conscience, comme Ferry avant lui, que les fondements de la République reposent sur une « républicanisation » de l'école, sur sa démocratisation et l'accès de tous à la culture.

Il est à l'origine de la loi du 13 août 1936 qui porte de treize à quatorze ans la scolarité obligatoire. Son but premier était la réduction du nombre des chômeurs. Néanmoins, elle contribuera au développement de l'enseignement secondaire et à la création des collèges.

Il a conçu une réforme de l'enseignement, du secondaire, de l'école unique. Ainsi, il précise, dans l'exposé des motifs de son projet de loi : « L'école unique [...] sera tout à la fois une œuvre de justice et un instrument de progrès social. » Déposé le 5 mars 1937 sur le bureau de la Chambre des députés, ce projet de loi ne sera jamais voté.

Il faut dire que ce projet ne fait pas l'unanimité. La droite y voit un texte d'essence marxiste et révolutionnaire. Le Syndicat national des instituteurs, faisant primer des revendications corporatistes sur l'intérêt général, s'y oppose.

Mais l'orientation vers un collège unique entre dans les esprits et va s'imposer dans les faits et administrativement Et très vite apparaissent des « classes d'orientation ». En 1937, Jean Zay expose et précise sa conception de l'orientation scolaire :

« De quoi s'agit-il ? Avant tout de favoriser le libre, le juste choix des études, de diminuer les barrières qui séparaient les différents ordres d'enseignement, ce qui conduit naturellement à l'idée d'orientation. Cette idée, confondue jusqu'ici avec celle de l'orientation professionnelle est, en réalité, beaucoup plus large. On peut dire qu'elle est inséparable de l'idée d'éducation rationnelle et démocratique. On élève un enfant pour qu'il vive et achève pleinement sa destinée, pour qu'il tire le meilleur parti de l'ensemble de ses aptitudes, pour qu'il soit lui-même au plus haut degré, sans gêner l'épanouissement des autres personnalités [...] ; il faut que l'éducation ne contrarie pas les aptitudes. La première condition d'une éducation rationnelle est donc que les études soient conformes à la nature de l'enfant. La seconde est que ces études permettent à l'enfant de tenir dans la société le rôle qui lui convient le mieux et où il est le plus utile. Tout le problème de l'éducation est de concilier ces conditions, d'unir l'individuel et le social sans les sacrifier l'un à l'autre. [...] »

Le baccalauréat ne doit pas être une fin en soi, laissé à la seule appréciation des familles. Certes, « c'est à la famille de choisir » mais Jean Zay ajoute :

« C'est à l'école de l'éclairer et de lui venir en aide. La famille, seule, manque trop souvent de lumières. La complexité des études et des tâches sociales rend de plus en plus difficile un choix judicieux. [...] L'école a le droit, elle a le devoir de donner des conseils, prudemment, mais nettement. C'est son rôle, c'est en cela qu'elle est pleinement éducative. Lui demander de ne point intervenir dans l'orientation de l'enfant, c'est lui demander de trahir sa fonction. »

Si cela, aujourd'hui, peut sembler normal, à l'époque, pour certains, c'était révolutionnaire et inacceptable.

Par deux circulaires aux recteurs, notamment la deuxième en date du 15 mai 1837, comme Jules Ferry et les républicains, Jean Zay manifeste une volonté de promouvoir la laïcité dans les écoles de la République laïque.

> « Ma circulaire du 31 décembre 1936 a attiré l'attention de l'administration et des chefs d'établissement sur la nécessité de maintenir l'enseignement public de tous les degrés à l'abri des propagandes politiques. Il va de soi que les mêmes prescriptions s'appliquent aux propagandes confessionnelles. L'enseignement public est laïc. Aucune forme de prosélytisme ne saurait être admise dans les établissements. Je vous demande d'y veiller avec une fermeté sans défaillance. »

Jean Zay est à l'origine de la création du CNRS, à l'instigation du physicien Jean Perrin, du musée de l'Homme et du musée des Arts et traditions populaires, ainsi que du festival de Cannes.

Il a l'idée d'une École nationale d'administration, mais ne pourra la mettre en œuvre.

Le 27 mai 2015, les cendres de Jean Zay sont transférées au Panthéon à la suite de la décision du président de la République.

Zola, Émile (1840-1902)

Honneur à ces parlementaires qui décidèrent de faire entrer Émile Zola au Panthéon le 13 juillet 1906.

Au lendemain de l'annulation par la Cour de cassation du jugement condamnant Alfred Dreyfus, le transfert des cendres d'Émile Zola au Panthéon est décidé par la Chambre des députés le 13 juillet 1906, par 316 voix contre 165. Au Sénat, le 11 décembre de la même année, la loi est votée par 150 voix contre 117. Son application n'a été effective que deux ans plus tard, le 4 juin 1908.

Ce jour-là, le cercueil de Zola repose dans la nef centrale du Panthéon, sur un catafalque de 12 mètres de haut. La veille, l'exhumation du corps de Zola au cimetière de Montmartre a donné lieu à des manifestations hostiles de la part des nationalistes et des antisémites.

La cérémonie débute à 9 h 30, en présence d'Armand Fallières, le président de la République, aux côtés de Georges Clemenceau, le chef du gouvernement, et de Dreyfus.

On joue *La Marseillaise* puis le prélude du *Messidor* d'Alfred Bruneau sur un livret en prose de Zola et la *Marche funèbre* de Beethoven, avant que le ministre de l'Instruction publique, Gaston Doumergue, n'exalte l'héroïsme de Zola qui « connut les égarements et les fureurs de la foule qui hurle la mort et qui veut le sang de ceux qui se refusent à flatter ses passions et à partager ses erreurs ».

Juste hommage national à Zola, qui sonne comme un désaveu pour les académiciens français qui ont repoussé vingt-cinq fois son entrée sous la Coupole. Zola posa sa première candidature en 1890, lors de la succession d'Émile Augier. Malgré cet échec, il la réitéra pendant sept ans.

Éveilleur de la conscience humaine, Zola fait partie de cette lignée de personnalités, écrivains, philosophes, artistes, politiques, qui ont placé leur vie au service de la justice, du respect de la dignité de l'homme, de la liberté.

Par son *J'accuse... !*, Zola a montré la puissance de l'indignation quand elle sert une juste cause, celle de la dénonciation d'une magistrature servile, aux ordres du pouvoir. Dans le texte publié le 13 janvier 1898 en première page du quotidien parisien *L'Aurore*, sous la forme d'une lettre ouverte au président de la République, il écrit :

> « Quant aux gens que j'accuse, je ne les connais pas, je ne les ai jamais vus, je n'ai contre eux ni rancune ni haine. Ils ne sont pour moi que des entités, des esprits de malfaisance sociale. Et l'acte que j'accomplis ici n'est

qu'un moyen révolutionnaire pour hâter l'explosion de la vérité et de la justice. Je n'ai qu'une passion, celle de la lumière, au nom de l'humanité qui a tant souffert et qui a droit au bonheur. Ma protestation enflammée n'est que le cri de mon âme ».

La cérémonie s'achève lorsque retentissent deux coups de feu : ils ont été tirés sur Alfred Dreyfus qui n'est que légèrement blessé au bras.

L'auteur de l'attentat est Louis Grégori, journaliste rédacteur à *La France militaire* et au *Gaulois*, nationaliste et antisémite, proche d'Édouard Drumont, qui a écrit *La France juive*, pamphlet antisémite publié en 1886. Grégori se qualifie comme un « fervent patriote » et déclare n'avoir pu supporter l'humiliation infligée à l'armée française.

Son geste fait écho aux cris des manifestants nationalistes qui, au même moment, entourent le Panthéon et, depuis la veille, tentent par tous les moyens d'empêcher la cérémonie.

Le 11 septembre 1908, Grégori sera acquitté par le jury de la cour d'assises de la Seine !

Dans « La République et la littérature », article publié en 1879, Zola précise son rapport avec la politique et la République :

« Je ne tiens par aucune attache au monde politique. Je n'attends du gouvernement ni place, ni pension, ni récompense d'aucune sorte. Je suis seul et libre. J'ai travaillé et je travaille : mon pain vient de là. D'autre part, il me faut établir un second point. Je suis un républicain de la veille. Je veux dire que j'ai défendu les idées républicaines dans mes livres et dans la presse, lorsque le Second Empire était encore debout. J'aurais pu être de la curée, si j'avais eu la moindre ambition politique. Il suffisait de me baisser pour ramasser les épis après les avoir fauchés. Ainsi donc ma situation est nette. Je suis un républicain qui ne vit pas de la République. [...] »

Émile Zola et Victor Hugo au Panthéon : plus qu'une reconnaissance de leur génie littéraire, l'illustration d'une République, celle des Droits de l'homme et du citoyen, qui érige la liberté comme fondement de la démocratie.

Table

Du même auteur (suite)

Essais politiques (suite)

Qu'est-ce que l'Assemblée nationale ? L'Archipel, 2006

Racontez-moi le Conseil constitutionnel, Name éditions, 2010 et 2014

Françaises, Français. Ces discours qui ont marqué la Ve République, Archipel, 2013

Le Monde selon Chirac, Tallandier, 2015

Ce que je ne pouvais pas dire, Robert Laffont, 2016 ; Points, 2017

3 minutes pour comprendre l'histoire, les fondements et les principes de la République française, Courrier du livre, 2017

Jacques Chirac : l'album souvenir, Archipel, 2019

Quand les politiques nous faisaient rire, Bouquins, 2021

Romans policiers

Le Curieux, Éditions n° 1, 1986

Pièges, Robert Laffont, 1998

Quand les brochets font courir les carpes, Fayard, 2008

Meurtre à l'Assemblée, Fayard, 2009

Regard de femme, Fayard, 2010

Jeux de haine, Fayard, 2011

La Rumeur, Robert Laffont, 2020

Témoignage

Je tape la manche (avec Jean-Marie Roughol), Calmann-Lévy, 2015

Tu le raconteras plus tard, Robert Laffont, 2017 ; Points, 2018

Une histoire de famille, Robert Laffont, 2019

Collection « L'Abeille » Plon

Dernières parutions

1. *Les Derniers Mondains*, Camille Pascal
2. *Dictionnaire amoureux de Marcel Proust*, Jean-Paul et Raphaël Enthoven
3. *Contre Macron*, Juan Branco
4. *Les Métamorphoses de Dieu*, Frédéric Lenoir
5. *La Sorcière et l'Occident*, Guy Bechtel
6. *Mémoires*, Maurice Druon
7. *Dictionnaire amoureux de la langue française*, Jean-Loup Chiflet
8. *Joseph Kessel*, Yves Courrière
9. *Dictionnaire amoureux de la Bretagne*, Yann Queffélec
10. *Dictionnaire amoureux de l'Inde*, Jean-Claude Carrière
11. *La Sexualité selon Jean-Paul II*, Yves Semen
12. *Des animaux au prétoire*, Chantal Knecht
13. *Duras, la traversée d'un siècle*, Alain Vircondelet
14. *Dépasser Darwin*, Didier Raoult
15. *Dictionnaire amoureux de la Résistance*, Gilles Perrault
16. *La Spiritualité conjugale selon Jean-Paul II*, Yves Semen
17. *Conseils du cœur*, Sa Sainteté le Dalaï-Lama
18. *Dictionnaire amoureux de l'Histoire de France*, Max Gallo
19. *Avocate irrespectueuse*, Gisèle Halimi
20. *Ne vous résignez jamais*, Gisèle Halimi
21. *Ces psychopathes qui nous gouvernent*, Jean Luc Hees
22. *Charles le catholique*, Gérard Bardy
23. *Les Rebelles*, Jean-François Kahn
24. *Un si long silence*, Sarah Abitbol
25. *Dictionnaire amoureux de Mozart*, Ève Ruggieri
26. *Si tu meurs, je te tue*, Chloé Verlhac
27. *Ma vie toute crue*, Mauricio Garcia Pereira
28. *Le Dernier Mitterrand*, Georges-Marc Benamou
29. *Jacques de Bascher*, Marie Ottavi
30. *Gainsbourg, intime adresse*, Marie David
31. *Dictionnaire amoureux de Venise*, Philippe Sollers
32. *La Défaite des femmes*, Dominique Simonnet

33. *Kurt*, Laurent-David Samama
34. *Claire de Castelbajac*, Dominique-Marie Dauzet
35. *Dictionnaire amoureux de l'islam*, Malek Chebel
36. *Cavales*, François Besse
37. *Dictionnaire amoureux du Festival de Cannes*, Gilles Jacob
38. *La vie est un choix*, Yves Boisset
39. *La Couronne du diable*, Alexandre Najjar
40. *Dictionnaire amoureux de Paris*, Nicolas d'Estienne d'Orves
41. *Le Paris de mes amours*, Régine Deforges
42. *L'Opéra de Paris*, Jean-Philippe Saint-Geours et Christophe Tardieu
43. *Dictionnaire amoureux de l'esprit français*, Metin Arditi
44. *Contes philosophiques du monde entier*, Jean-Claude Carrière
45. *Inceste*, Virginie Talmont
46. *Le Théâtre du Corps*, Marie-Claude Pietragalla
47. *Pour l'amour de l'art*, Alain Pompidou et Armand César
48. *Hugo Pratt, la traversée du labyrinthe*, Jean-Claude Guilbert
49. *Dictionnaire amoureux de l'Espagne*, Michel del Castillo
50. *La Bible et le Coran*, Serge Lafitte
51. *Il était une fois le judaïsme*, Armand Abécassis
52. *La traque est mon métier*, colonel Éric Emeraux
53. *Dictionnaire amoureux de la République*, Jean-Louis Debré

À paraître

Pop & psy, Jean-Victor Blanc
Dictionnaire amoureux des faits divers, Didier Decoin

Achevé d'imprimer en Espagne en janvier 2022 par Liberdúplex
á Sant Llorenç d'Hortons (Barcelone)